民国大师文库

（第十辑）

中国史（上）

王桐龄◎著

北京联合出版公司
Beijing United Publishing Co.,Ltd.

图书在版编目（CIP）数据

中国史 : 全 3 册 / 王桐龄著 . -- 北京 : 北京联合出版公司 , 2015.4
ISBN 978-7-5502-4993-6

Ⅰ . ①中… Ⅱ . ①王… Ⅲ . ①中国历史 Ⅳ . ① K20

中国版本图书馆 CIP 数据核字 (2015) 第 068624 号

中国史
作　　者：王桐龄
选题策划：北京三联弘源文化传播有限公司
责任编辑：王　巍

北京联合出版公司出版
（北京市朝阳区安华西里一区13楼　100088）
三河市燕春印务有限公司　　新华书店经销
字数 1272 千字　710 毫米 × 1000 毫米　1/16　95.5 印张
2015 年 4 月第 1 版　2021 年 6 月第 2 次印刷
ISBN 978-7-5502-4993-6
定价：191.00 元（全 3 册）

出版说明

一、民国大师文库，旨在为读者提供20世纪二三十年代以来的中国学术精品。当时，学问家经历了新文化运动，西学东渐，学术革新；因时应势而现出版高峰，大师名家之作数量激增，质量上乘，对此时及后世的中国学术发展与演进均产生了巨大的影响。

二、本丛书精选此时大师名家之有关学术文化经典著作，以期对20世纪以来的中国学术文化做一系统整理。

三、丛书所收书目，虽各自早有出版，但零散而不成规模。此次结集，欲为推动中华文化之大发展、大繁荣尽出版人绵薄之力，成一民族文化珍品，为后代留存传之久远的鸿篇巨作。

四、为丛书系列之计，故以史学、国学、文学、一般学术著作之顺序编排。

1. 单种书文字量过少的著作，寻二三种内容相近，或作者为同一名家者，则合成一册，字数以30万字为限；

2. 单种书文字量超过50万字的著作，则分为上、下两册；

3. 单种书文字量超过100万字的著作，则分为上、中、下三册。

五、所收著作，版本不一；流布之中，文字错讹；择其善本，一一折校。现虽为通行横排简体，然尽量保持二三十年代原貌。

1. 人名、地名、异体、通假，仍从原书繁体；

2. 标点符号，从作者习惯，非排版差误者不予改动；

3. “的”，“底”一类文字之分，均从原书；

4. 遇原书字句有疑问者，非有根据不予更改，力求保持原貌。

“民国大师文库”丛书，工程浩大、环节繁多，编辑、校对、照排、印制人员虽勉力为之然错漏不免，还望方家谅解之余不吝指正。

序　历代学术与政治之交互的影响

游禹域、入燕京、登城门之高楼，近观殿阁之参差、远望川原之萦迴，怀古思今之慨，油然而生者何也，因其为同一土地，而为辽、金、元、明、清及当代之国都；又足征契丹、女真、蒙古、汉族盛衰兴亡之迹故也。然同一土地，而阅历代之兴亡者，不独燕京！长安然，洛阳然，开封、江宁，亦莫不然！虽此等土地屡易国主，为中国几经革命易世应有之现象；而其间犹有通古今一贯之汉文化，能流传至于今日，不可谓非一大奇迹也！今试以各民族之盛衰兴亡为经、汉文化之消长变迁为纬，观察中国四千年之大势。

◎中国民族之中心

中国位于东亚大陆之一端，领有广大版图，其域内能容各种民族，又与周围之民族交涉关系常不绝者，固为当然之事；而由古及今，为各种民族之中心及文化之枢轴者，厥为汉族。约当西历纪元前二千年，汉族住居黄河流域之沃野，有总部落，有社会，其文化程度，似已较他族为优，黄帝、尧舜之事迹，属于传说区域，虽不敢断定其有无；而夏、殷二代，皆汉族建设之君主政体国家，当时各部落之酋长——即诸侯，皆割据一方，外民族之戎狄亦杂居内地，中央政府统一力一衰，诸侯专横，戎狄内侵之祸必起，移至演成革命。夏之衰也，诸侯中之殷起而代之；殷之衰也，诸侯中包有外民族之周起而代之。

◎周代文化之特色　管仲之功业

周朝继承其固有之文化，又融合夏殷传来之文化，组织一种新文化，遂呈郁郁乎发皇之观！语言为单音、文字为象形，富于敬天尊祖之思想；以家庭为社会之单位、以礼乐为教化机关，维持君主政体，采用封建制度。周衰，统一之力弛、诸侯之专横、戎狄之侵入，相继而起。因而王室东迁，变为春秋时代。古来发达之汉文化，际此衰乱时期，几濒于破产之境。当时山东有一大英雄，名管仲者；相齐桓公，创立霸业，纠合小诸侯，抑制强诸侯，尊周室、攘夷狄，维持汉族之文化！孔子称其功曰："微管仲，吾其被发左衽矣。"诚哉是言！其后强有力之诸侯，各假霸业为名，以自逞其野心，驯至酿成晋楚之争衡、吴越之迭兴，混乱纠纷，不可名状，遂渐变为战国时代。

◎春秋战国时代诸家学说纷起之原因及其影响

霸业最初之目的，原为救济国家与社会，其后霸者徒以争权夺利为事，不惟不能达救济之目的，反成为纷乱之祸源。又其救济之手段，专依赖政治的权力，未及于社会思想之根本问题，是为识者之遗憾。于是自春秋至战国，中间诸家之学说辈出；内容虽不一致，而多向根本问题，试行解决，则几为诸家之所同。其主要之学说，为儒家之仁义礼乐，墨家之兼爱节用，道家之虚无自然，法家之刑名法术，以上诸家皆未能统一思想界，其互立门户相竞争之情形，与战国七雄日以攻伐争战为事之形势同。当时秦人僻处西陲，杂居戎狄之间，据天然形胜，采用法家学说，以富国强兵，为内治之要具，以远交近攻，为对外之政策，着着努力于拓地殖民。关东诸国，或合纵，或连横，其国是常动摇不定，于是秦遂乘机陆续并吞六国，建立一统之大帝国。

◎秦始皇之统一政策

夏、殷及周初之中国，仅在黄河流域，及秦始包有扬子江流域。始皇帝废封建，设郡县，以图政权之统一，用法家学说，以图思想界之统一，其焚书坑儒，虽受后世学者非难，但与其谓为破坏汉文化，毋宁谓为统一中国政权后，并企图统一中国教权之较适当也。惟此统一事业，未及完成而中辍，其代之者为汉。汉虽大体袭用秦制，而恢复封建制度，使与郡县制度并行。当时分封各地之诸侯王，强大有势力，凌驾中央政府，于是汉之国家，政权上有统一之外形而无其实。又除秦挟书律，诸家学派再现于各地，主张自己学说，思想界亦缺乏统一之致。形势如此！敌国外患遂乘机来相侵陵，几有双方受压迫之势。当时威逼汉之国家者，为北方之匈奴与南方之南越。

◎匈奴南下之原因及其影响
◎封建问题之解决与思想界之统一
◎对匈奴问题之解决

先是汉民族建国于黄河流域时，北方之患在今长城一带，南方之患在今江淮流域。其后汉民族之国家，发展至于江南；南方之患，限于五岭以南，其祸稍舒，而北方之患，依然如旧。因五岭以南之地形，不似朔北之广漠奥衍，气候炎热，富于天然之食物，住民多土著而居，无冒险北侵之必要。朔北地势高燥、气候寒冷、土地斥卤、天惠缺乏、人民慓悍、逐水草移徙，彼等南下一步，即有一步之利。每乘天高气清之秋，南下牧马，故当秦汉之交，北方之患，常较南方之患为大。秦筑万里长城以为国防，征发多数人民使为守备，诚属于事之不得已。而因是引起内乱，遂以亡秦。然则录图书中所载“亡秦者胡”一语，毋宁释为匈奴较适当也。秦亡以后，楚汉相争，汉民族无暇注意外事。匈奴乘机统一其部族，西走月氏，东灭东胡，复南下侵略中国北境。前汉统一中国后，不能不与北方之强敌匈奴对抗。汉高帝自将拒匈奴，被围于平城，不得已，用和亲政策，求一时苟安，固因汉室建国，为日犹浅、创痍未愈；抑亦因内部封建之诸侯王，割据各地，政权不能统一之所致也。职是之故，欲解决对匈奴问题，不得不先解决封建问题。吴楚七国之乱，虽一时海内动摇，然其镇定之结果，幸将封建问题解决。武帝施行推恩令，诸侯遂全成有名无实。于是政权统一，遂进而试行统一思想界。当时儒、墨、道、法、阴阳诸家对峙，人心缺乏归一，武帝以最有历史的根据、便于统治国民的儒教，为政治道德之标准，以图统一思想界，于是汉民族之国家的统一逐渐完成。凭借此统一的大国家，试行解决匈奴问题，实为千载一时之好机会。武帝先征南方，灭南越、闽越、东瓯等国，以除后顾之忧，东取朝鲜、以断匈奴之左臂。西通西域、遣使大月氏、结好乌孙，以断匈奴之右臂。更举大兵北伐，驱逐匈奴于漠北。坐是之故，财政紊乱，民心动摇，于是对匈奴问题，遂未能完全解决而中止。武帝崩后，霍光秉政，汉廷对外政策，暂取收缩方针，专图整理内政。会匈奴内乱起，诸酋分党相争，汉用抑强扶弱策，助呼韩邪，灭郅支，于是匈奴服从于汉。自汉兴以来，几经困难，未曾解决之对匈奴问题，至是遂完全告一结束。

◎佛教之输入与道教之成立
◎儒教学说及于时局之影响
◎清谈派学说及于时局之影响

外患绝灭，同时内乱发生，王莽以外戚篡主家，开以臣篡君之例，内政外交皆失败，外民族悉背叛。后汉中兴，先整理内政，然后经略外民族，恢复西域，征服匈奴，汉民族之威灵，扩张到外蒙及中亚。当时汉与西域交通频繁，汉文化传至西方者固多，西方文化输入中国者亦不少，佛教由此时输入，其初无甚势力，后来汉民族逐渐流行信仰，影响及于汉文化者甚大。同时道家学说与方士之神仙说相合，造成道教基础，后更受佛教影响，渐具宗教的形势。儒教自前汉时，受国教的待遇，研究经学之风极盛，尚古思想与迷信风习相伴，信天人之关系，重阴阳五行，酿成谶纬说之流行。当时科学家虽发明地动说及地震器，而儒教解释经学，陷于训诂之末，选举孝廉，激成矫饰之风，一般人心流于形式，拘于外观，东汉末年号称气节之士之言动，实为当时思想界之反映。彼等屡与外戚宦官冲突，几招全灭之祸，因而内乱迭起，汉室卒为曹魏所篡，刘备、孙权起而抗之，于是变为三国鼎峙之形势，相持者约五十年，复为晋所统一。此时思想界，为后汉时代之反动，清谈之风盛行，崇拜老庄学说，好为放诞不羁之言行，不顾礼法名教，甚至有倡为无政府论者。此等放荡风俗，使当时社会从根本动摇，遂酿成八王之乱，终至引起五胡十六国之大乱。

◎民族之迁移与汉族文化之南下

自后汉以来，西北民族杂居于内地者甚多，匈奴、鲜卑、氐、羌等诸民族，由中国北边，蔓延及于中国西边，彼等乘晋室内乱与社会之颓废，击破耽于清谈之汉民族，占领黄河流域，建立若干短命之帝国王国。汉民族奔避于江南，凭借长江流域立国，是为中国民族之大移转，汉文化普及于江南，亦由于此。自此以后，遂成南北两朝对立形势，南朝为汉民族所建，北朝为鲜卑民族所建。南北相争之际，南詈北为索虏，北詈南为岛夷。南北两朝俱怀抱统一中国之理想。南朝欲恢复北方，北朝欲并吞南方，双方冲突时常不绝。秦晋之战，汉民族胜，宋魏之战，鲜卑民族胜，齐魏之战，梁魏之战，相继而起，虽大体鲜卑民族战胜，然汉民族尚能保持对抗态度，卒未为鲜卑民族所兼并。及隋以汉民族起于北朝，终并吞南朝，混一宇内。

◎南北文化之融合

汉民族久居长江流域，外民族久居黄河流域，南北之文化颇受影响。清谈之风传于南朝，北朝不行；骈体文学盛于南朝，北朝不振；儒教经传之注释，南北注意之点不同。惟佛教道教，南北俱盛行，则因当时社会昏乱，求安身立命于宗教之人甚多故也。儒教依然为注疏训诂之学，势甚不振。道佛两教之争颇烈，影响及于思想界者甚深。西域艺术随佛教之流行以俱来，影响及于汉文化者亦不少。北方民族风俗输入，颇变更汉民族一部分旧风，例如汉民族旧尚右，至是改尚左，汉民族旧日席地坐卧，至是改用床椅，汉民族旧日着屐与履，至是改着靴鞋等，皆其例也。北朝风俗多风靡南朝，南朝文艺反压倒北朝，南北文化逐渐混合融化，遂产生出隋唐时代之新文化。

◎隋唐文化之特色

秦汉与隋唐之文化，相似之点甚多，绝对不同之点亦不少。隋唐文化大体系胚胎于南北朝时代者，学者不可不知也。唐代儒教经传之研究，虽多数不能轶出五经正义范围，而道教因受帝室崇拜，颇得势力，佛教则大乘各宗并立，高尚如天台宗、华严宗，缜密如禅宗、法相宗等，各发挥特色，有百花灿熳之观。文章虽未脱骈体余习，而诗学异常发达，书画雕刻之技艺，亦无不面目一新。然其间犹有古来一贯之汉文化的特色，依然继续存在，受此汉文化之洗礼者，无论何种民族，无一不受其支配，终至被同化于汉民族。北朝君臣，崇拜汉文化者甚多，彼等移居中国以后，用汉语、写汉字、编译儒教佛教经典，几与汉民族无异。是固由于外民族中无较优之文化，抑亦因鲜卑民族资质颖悟，与汉民族有同等之脑力故也。隋唐统一以后，南北民族，遂同时投入汉文化之熔矿炉中，不复留差异之迹。此等事实，后世其例甚多，此番为其嚆矢也。

◎隋唐之武功
◎安史之乱及于中国之影响

隋唐时代，为汉民族最隆盛之时代，其文化上之势力与政治上之势力，同时波及于周围各民族。先是南北朝时代，朝鲜半岛上，高丽、百济、新罗三国鼎立，东与日本，西与中国大陆，关系时常不绝。当时蒙古境内，有鲜卑人创立之游牧帝国曰柔然者，通好南朝，屡侵北朝。及柔然衰亡，突厥勃兴，常威压北朝。隋唐时代，征服突厥，汉民族之威灵振于漠北。唐室与新罗结合，翦灭百济、高丽，驱逐半岛上日本之势力。而西方吐蕃勃兴，唐自力不能抗，乃北结回纥，西通大食，南招南诏，从三面牵掣之，虽其计划未能完全成功，然一时汉民族之势力，伸张到亚洲大半。安史之乱以后，内则宦官跋扈，挟制宫庭，外则藩镇专横，割据土地。后梁起于藩镇，翦除宦官，篡夺唐室，他藩镇尤而效之，各据地自王，变成五代十国之形势，互相争者五十年。中国内部分裂，汉民族无力统一，外民族契丹之势力，乘机由北方侵入。石晋与后唐争国，乞援于契丹，割燕云十六州以赂之，于是河北山西北部藩篱尽撤。代表汉民族之君主，欲攘契丹，不可不先统一中国。后周世宗、宋太祖、太宗之统一计划，皆顺应时势者也。

◎宋代理学之发达及其及于政争之影响

有宋勃兴，鉴于唐末五代以来藩镇跋扈之祸，力行尚文之政治，其结果，汉文化虽异常发达，而文弱之弊益甚。北惧契丹之侵陵，西畏西夏之扰乱，不得不忍辱媾和。神宗用王安石，行新法，讲求富国强兵策，思欲对外雪耻，然其改革终归失败。是时宋之文化益发展，自唐以来久支配思想界之道佛二教，其本身虽势渐不振，而影响及于儒教方面，于是儒教哲学——即宋儒所谓“道学”——发生。濂——周濂溪——洛——程明道、伊川——关——张横渠——闽——朱晦庵——诸家，融化销纳道佛二教之思想，用以解释儒教经典，于是儒教呈复活之曙光，现出活泼有为之气势。彼等精于儒学，立一种宇宙观，抱一定之人生观，自信力太强，容易与第三者不相容，此风触及政治问题，遂成党争之远因。前有旧法派与新法派之争，后有主战派与主和派之争，其原因虽甚复杂，然与学风颇有间接之关系。而其一胜一败，直接妨碍汉民族之统一，动摇国家之基础，甚可惜也。

◎宋室之南迁

是时女真民族勃兴于松花江流域，轻骑南下，侵略契丹边境。宋人以为有机可乘，与女真联盟，南北夹攻契丹，以图恢复燕云十六州。契丹既灭，女真仅与宋燕京及山前六州。又欺宋人文弱，背盟南侵，黄河之险不守，汴京陷落，徽钦二宗被虏，拘留于五国城，女真遂占领黄河流域。宋人奔避于江南，忍辱割地乞和，称臣纳贡，以求一时之苟安。虽时有倡为主战论者，轻启衅端，惹起南北之纷争，终不能成功而止。

◎蒙古民族之大一统

是时外蒙古不儿罕山麓，斡难河边，蒙古民族中，有一大英雄出现，即历史上著名之成吉思汗。先征服近邻同族，率漠北健儿南侵，略取女真北境。复大举西征，平定中亚诸国。又东旋，灭西夏，然后再大举侵女真，途中构疾，殂于六盘山，未及成功而殁。其子孙继其伟业，一时蒙古民族之意气，几有统一全世界之概。宋人不与女真联合，以当蒙古，反蹈从前覆辙，与蒙古同盟，击灭女真，一时虽稍有成功，不旋踵即与蒙古冲突，蒙古兵大举南下，宋之忠臣义士，声罪致讨、仗义勤王者虽多，然实力无一足与蒙古抗者，遂演成临安之降服，崖山之没落，汉民族完全屈服于蒙古民族之下。宋之灿烂光华的文化，终不能救亡国之祸，可慨也！

◎契丹女真蒙古民族之汉化

由来契丹女真民族之文化程度，远不如汉民族，然犹各制国字，思以易汉字。其中若女真之世宗、章宗等，皆努力保存国粹，然终不能排除汉文化之势力，一未几皆被汉文化所侵蚀，同化于汉民族。蒙古民族建设空前之大帝国，包容许多民族，吸收东西文化，本不偏重汉文化，复欲使汉民族行使蒙古文字，然终不能发生效力，汉文化之伟大势力依然存在。蒙古人统治中国，不满百年，其间君位之争夺，宰相之专横，加以喇嘛之跋扈，财政之紊乱，遂致国本动摇，内乱迭起，为汉民族所驱逐，复奔回外蒙古，于是元亡明兴，汉文化复入于隆盛之运。

◎明代理学及于政局之影响
◎满洲民族之勃兴

通元明二代，宋代儒教哲学，支配当时上流社会之人心。其他各种文艺，虽非无足观者，然明代复古之气重，东林党受儒教哲学影响，尽瘁于无聊之三案争议。加以宦官跋扈，流寇扰乱，政局纷纠益甚。又自明初以来，北虏南倭，更迭骚扰，汉民族疲于奔命。其中有女真遗族之满洲人，勃起于浑河流域，渡辽河、破长城、克燕京、下江南，击败文弱之汉民族，颠覆明之宗社，禹域山河全归爱新觉罗氏掌握，遂变为清朝时代。

◎满洲民族之汉化

清朝盛时，征服中国本部，平定蒙古、青海、西藏、新疆，建设统一汉、满、蒙、回、藏五民族之大帝国。上有世祖、圣祖、世宗、高宗之英主，相继在位，一方面努力保存国粹，防被汉人同化，强制汉民族使从满洲风俗；一方面又为收揽人心计，内外百官参用满汉人物，奖励中国学术。清廷施行此等自相矛盾之政策，固出于不得已，然满洲民族终为汉文化之奴隶，完全被同化于汉民族。镇压汉人机关之满洲八旗，驻屯中国已久，尚武精神消失。形势如此，满洲朝廷之不能久有中国，固已为识者所共喻矣。

◎清代之学术

明代之儒教哲学，流于空理空论。清初，反动力起，考据之风盛行，经学之讲明，史学之研究，多倾向于考据。同时金石文字之学大兴，然尚不足以刺激汉民族之思想。中叶以后，春秋公羊学派出现，影响及于少数一部分之人心。佛教虽存，只余形式，道教只能支配下流社会。回教虽在一定之地方绰有势力，然中流以上之士大夫社会，概不流行。明末西人东渐，西方文化，若耶稣教，若天文学、地理学、数学等各种科学，同时随之输入中国，然对于汉文化上，尚未能大有影响。因之汉民族一般之思想界，大体近于消沉。清朝犹赖历史上因循之惰力，得以统治中国。

◎鸦片之战及于中国之影响
◎湘军起义及于中国之影响

已而清廷因对英通商关系，惹起鸦片战争，连战连败之结果，订立南京条约，在清朝外交史上，留下第一次国耻记念，是为西人之政治上的权力伸入中国之始。一方面损清朝之威严，一方面促汉民族之觉醒。未几，耶稣教徒洪杨作乱，创立太平天国，以颠覆清室为目的，同时并试行破坏汉文化，企图政治的兼社会的革命。曾国藩倡义湖南，率湘军、讨乱党，一方面为清廷效忠，一方面亦为汉民族拥护汉文化。及其大功告成，汉文化得以保存，汉民族之势力亦大行膨胀。以汉民族之力，平汉民族之乱，当时清室虽号为中兴，然清朝之死活，已归汉民族掌握中矣。已而清廷受俄人压迫，复与英、法、日本等国冲突，每战必败，徒损威灵，始觉国政有改革之必要，欲采泰西文化所长，补汉族文化所短。派遣多数学生，留学海外，吸收外国新文化。其结果使多数青年，发生民族的观念，增长政治的识见。武昌举义，满洲民族二百余年之社稷颠覆，于是以汉民族为中心，组织共和政体之中华民国，是为新来之泰西文化，影响及于汉文化者之一。此共和政体，果适于中国与否，虽为疑问，然民国成立已十余年，南北纷争犹未息，伟人、政客、军阀日从事于内讧。循此以往，中国之统一无期，汉民族之结合不固，周围外民族之势力，必重来压迫，可危也已！

◎中国历史上之外民族与当代外民族之比较

从来历史上压迫中国之外民族，武力虽优于汉民族，文化常劣于汉民族。故外民族虽以武力征服中国，同时被中国文化所征服。而今何如也！今日压迫中国之外民族，非满族、非蒙族、非回族、藏族，乃文化与武力双方俱优越之欧美民族。此等诸民族，利用富强之实力，与海陆交通之便利，欧洲大战以后，同向东亚伸张势力。其首先受影响者，当为汉民族发祥地之中国本部，因而关于汉民族之前途与汉文化之将来，不得不发生许多悬念，汉文化存，则有汉民族，汉文化亡，则无汉民族。中国自有史以来，虽经过四千余年之变迁，几多民族之盛衰消长，然其国家依然有继续存在之观者，实以通古今各时代，犹有一贯之汉文化存在故也。然则为中国计，联络土地最接近之国，文化最类似之民族，互相扶助，以抵抗欧美诸民族，拥护本国民族，保持本国文化，岂非当代之急务？不此之图，而徒袭远交近攻之旧策，蹈宋联女真灭辽，联蒙古灭金之覆辙，他日一有变动，不但危及汉民族国家之独立，并影响及于汉文化之存灭。故为日本计，固当提倡中日亲善，即为中国计，亦何可不主张中日亲善也。

右系日本东京帝国大学教授、文学博士市村瓒次郎先生所作之短篇论文，原名《支那历代史观》，以其文简单明了，可以通观中国历代之大势，译登于右，以代序文。

中华民国十四年一月二十六日

王桐龄自志

自序　历代各民族之盛衰兴亡

中国者，合六大族组织而成，中国之历史，实六大族相竞争相融合之历史也。此六大族中，现于中原者曰汉族，现于南方者曰苗族，现于东北方者曰通古斯族，现于正北方者曰蒙古族，现于西北方者曰突厥族，现于西方者曰西藏族。汉族以文化胜，他族以武力胜，他族以武力压倒汉族者，汉族以文化制服之。故每一竞争，而汉族势力一膨胀。其终也，他族自忘其为他族，相率融合于汉族之中，遂合多数人民，铸成今日庞大之中国。

◎汉苗之冲突

距今四千余年前，汉族滋生于黄河流域，以耕耘为业。同时有苗族者，据有扬子江流域，与之对抗。虞帝舜倦勤，大禹摄政，自将以征之，三旬弗克，是为汉族与苗族冲突时代。其终也，班师振旅诞敷文德而苗降，顽梗者窜之三危，柔顺者留居故土。于是汉族势力一膨胀。

◎东夷南蛮之汉化

中国确史，始于春秋。春秋之时，汉族势力范围最狭，所谓中原者，不过河南全省及陕西、山西、河北、山东、安徽、湖北一部分而已。环汉族周围而居者，曰东夷、西戎、南蛮、北狄。东夷、南蛮，杂居于山东、江苏、安徽、江西、浙江、湖北、湖南等省，土著而居，以耕耘为业，其生活状态略如汉族。其后东夷并于齐，南蛮入于楚，汉族文化所及，东跨海，抵朝鲜，南越扬子江，讫五岭，旧时苗族领域，大半入汉族势力范围矣。

◎汉藏之冲突
◎汉与满蒙之冲突

当是时，西北二方有异民族出现，以游牧为业，逐水草而居，性质慓悍，喜争斗、好杀伐。其现于西方者曰戎，陷长安、灭西周，略取陕西、甘肃一大部分，是为有史以来汉族与西藏族冲突之始。现于北方者曰狄，现于东北方者曰山戎，侵卫、灭邢、攻燕，略取山西、河北一大部分，焚掠及于河南北部，是为有史以来汉族与通古斯族及蒙古族冲突之始。幸而齐以山东兵救燕，击破山戎，于是通古斯族气焰稍息。其后秦起陕西，破戎、复长安。晋起山西、燕起河北，蚕食狄国略尽。狄人大半北窜，仅少之遗留者，亦被同化于汉族。于是今日长城以南各地，悉入汉族势力范围，汉族势力再膨胀。

◎管仲之功业

当是时，周室已衰，汉族各国，大者不过数百里，小者不及数十里，形势涣散，如一团散沙。异族有豪杰，如冒顿、苻坚、忽必烈者起，略而取之至易也。幸也戎狄二族，其涣散与汉族等，汉族有大英雄曰管仲，崛起山东，相齐桓公，纠合汉族各小国，击退异族，于是中原得安枕者垂二百年，而变为战国之世。

◎秦与匈奴之对峙

战国之时，汉族益强，合众小国为七大国。而通古斯族、蒙古族之势力亦盛，所谓东胡、林胡、匈奴等部落，时常南下牧马，滨北方秦赵燕三国，乃筑长城以拒之。始皇勃兴，并吞六国，统一中原。同时冒顿崛起匈奴，亦灭东胡、林胡，统一北方各国。汉族之秦与蒙古族之匈奴南北对峙，形势皆异常发展，是为东亚史上一大变动。

◎汉族第一次大一统

始皇崩，中原乱，汉族内讧，不暇对外。冒顿南侵，汉高帝御之，败于白登，匈奴骤强，汉族屡受其侮。文景之世，养精蓄锐，汲汲谋自保。武宣之世，乘匈奴内乱，一举破之，呼韩邪款关内附，处之五原塞下。匈奴势衰，汉族势力益膨胀，北抵贝加尔湖，西逾葱岭，皆为汉族势力范围，是为汉族第一次大一统时代。

◎西北民族第二次侵入中原

当是时，通古斯、蒙古混血族之鲜卑出现于东北方，据有辽河上流地。后汉末年，略取匈奴故地，与汉族南北对峙。同时西藏族之氐羌现于西方，侵略四川、陕西、甘肃境，匈奴遗族据有山西北境，亦蠢蠢欲动。汉族中衰，代表汉族之司马晋，南迁扬子江流域。黄河流域上流为氐羌所据，中流、下流为匈奴鲜卑所据，是为西北民族第二次侵入中原时代。

◎南北朝之对峙

当是时，西藏族英雄有苻坚者，崛起陕西，统一扬子江上流及黄河流域全土，略取中国本部十分之八。惜也好大喜功，知攘外不知治内，淝水一役，为晋所败，全国土崩瓦解，身死敌手，为天下笑，西藏族之势力骤衰。继起之英雄曰拓拔珪，系出鲜卑，为通古斯、蒙古之混血族，崛起山西北境，统一黄河流域，国号魏。与代表汉族之刘宋，南北对峙，是为南北朝时代。

◎南北民族之汉化
◎汉族第二次大一统

当是时，汉族文明渐渍于南方，举凡昔日之东越、闽越、南越，断发文身之族悉被汉化，而固有之中原反为异族所据。同时鲜卑据有中原，亦弃其固有之风俗习惯，而同化于汉族。后魏孝文帝时，迁都洛阳，禁胡服、冠姓氏，凡百举措，皆以汉族固有文化为标准，冥冥之中，已自忘其为异族。隋室勃兴，合汉族、通古斯族、蒙古族、西藏族，铸成一大帝国。是为汉族第二次大一统时代。而突厥族之突厥勃起于西北方，据有漠南、漠北，为隋室大患。通古斯族之高丽勃起于东方，据有朝鲜西北及辽宁东南境，亦与隋为敌。

唐室继隋而兴，北灭突厥，东灭高丽，通古斯、突厥族始服属于中国，漠南、漠北无王庭焉。而突厥族之回纥勃起于西北方，西藏族之吐蕃勃起于西方，苗族之南诏勃起于南方，终唐之世为边患。

◎西北民族第三次侵中原

以上有史以来千余年间六大族之竞争，为汉族优胜时代，虽有时异族侵入中原，或占领之者，大抵为汉族所击退，或融合之使同化于汉族。强大如苻秦，绵延如元魏，奄有中原，声施烂焉，其终也，如朝露之花，忽焉凋谢。遗族服汉衣、用汉语、冠汉姓，不自知其为异族也。曾几何时，唐室骤衰，汉族内讧，突厥族之沙陀，通古斯、蒙古混血族之契丹，更迭云扰中原，黄河流域主权为二族所攘夺，汉族各小国，苟延残喘于南方。党项遗族拓拔氏乘势占领夏州，略取河套地，开异日西夏之基础，黄河流域上流复为西藏族所据，是为西北民族第三次侵入中原时代。

◎宋室之褊小

周室勃兴，代沙陀刘氏为君主，黄河流域主权，复归于汉族。宋室继之，翦除群雄，统一中国。而辽宁全省及河北、山西北境为契丹所据，陕西、甘肃北境为西夏所据，终北宋之世不能复，三国鼎峙者百余年。虽时有战争，汉族大半败衄，幅员缩小，无复汉唐时旧观也。

◎北方民族第四次侵入中原

金兴，率猛鸷慓悍之通古斯族南下，灭辽、服夏、败北宋兵，略取河北、山东、山西、河南、陕西、甘肃及安徽、江苏之淮北地，尽有黄河流域，是为北方民族第四次侵入中原时代。代表汉族之南宋窜居江左，称臣纳贡，苟且以求自保，不敢与之抗也。

◎蒙古民族大一统
◎明室之褊小
◎通古斯民族大一统

元起漠北，灭金、灭宋，统一中国本部。遣兵四出，略取亚洲大半及欧洲东部。黄祸之声，腾喧于白色人种耳鼓，是为蒙古族大一统时代。奈长于外攻者，短于内治，种族庞杂，则易启纷争，幅员辽阔，则难于统一。不得已，分国为四，以皇子皇孙领之。而宗族内讧，时常构兵，未及百年，土崩瓦解。明太祖起长淮流域，逐蒙古而代之，中原复归于汉族。壤地褊小，声灵远不及汉唐。漠北蒙古遗族，若鞑靼、卫拉特等，又时常内犯，明廷苦之。清室勃起满洲，乘明室之衰而灭之，略取中国本部，蒙古、青海、西藏及天山南北路，合汉族、通古斯族、蒙古族、突厥族、西藏族为一大帝国，鸭绿江以西，葱岭以东，贝加尔湖以南，交趾以北悉内属，幅员之广，逾于汉唐，是为通古斯族大一统时代。惜也清廷内政，专注意于防家贼，以科举牢笼汉人，以宗教愚弄蒙藏，其终也，国民脑力日趋于愚昧，体力日趋于惰弱，欧人东渐，无力抵抗，国势日削。国民之发愤求自强者，起而议改革，清廷复不能因势利导之，国民乃诉之于干戈，清帝退位，一变而为共和之世。

民国成立，袁世凯以前清内阁总理大臣资格，被举为临时大总统。违背世界潮流，颇欲励行专制。宋案发生以后，民党诸钜子，群起而抵抗之，于是有第二次革命。已而民党失败，袁氏自为正式大总统，解散正式国会，变更临时约法，利用人民心理上之弱点，万机皆欲复古。复乘欧战正酣无暇东顾之际，颇思偷窃尊号，聊以自娱。筹安会起，帝制发生，革除民国，改元洪宪，王公侯伯，一时辈出，颂圣恩献符瑞者，纷然群集辇下，人才济济，称极盛焉。国民多忿懑不平，外人尤多訾议。已而第三次革命军起，民党诸钜子，凭借西南各省为根据地，联合举兵讨袁氏，袁氏气结成病，郁郁以终，黎副总统继任为大总统，罢兵息民，复成为共和之世。

以上中国有史以来数千年间，六大民族所创立之帝国王国，不知凡几，以幅员之广狭言之，则蒙古民族之元为最，通古斯民族之清，汉民族之汉、唐次之，西藏民族之苻秦，突厥民族之后唐、后晋、后汉，虽一时奄有黄河流域，蔚为大国，不得厕于其列也。以国祚之修短言之，则汉民族之汉，享国四百余年者为最久——起西历纪元前二〇六年，终西历纪元二六三年，共四六九年。中间除去新莽篡位十五年不计外，共得四五四年。——汉民族之唐，——起西历纪元六一九年，终九〇七年，共二八八年。——宋，——起九六〇年，终一二七九年，共三一九年。——明，——起一三六八年，终一六六一年，共二九三年。——通古斯民族之辽，——起九一六年，终一二〇一年，共二八五年。——清，——起一六一六年，终一九一一年，共二九五年。——享国三百年者，次之，西藏民族之西夏，——起九九〇年，终一二二七年，共二三七年。——享国二百余年者又次之，蒙古民族之元，享国仅百余年——起一二〇六年，终一三六九年，共一六三年。——虽子孙绵延至今，犹为民国贵族，然主权久不在握，不得与汉唐比隆也。闲尝考之：领土之广狭，与国家武力之强弱为正比例；国祚之修短，与主权者政治上的能力之大小为正比例。六大民族中，以武力论，当以蒙古民族为第一，而其政治上能力终不如汉族，故蒙古帝国，幅员之广，为中国史上所仅见，然不旋踵瓦解云散，不能追踪汉唐也。通古斯族界居二者之间，武力亚于蒙古族，政治上的能力亚于汉族，故所创立之帝国，政治文化绰有可观，不似蒙古帝国之短命也。突厥民族势力虽膨胀于西方，然在中国史上，则关系较为薄弱。西藏民族益甚。至于苗族势力，则仅上古史上一现昙花，迄中古已烟消云敛，现今已在若存若亡之间矣。

右系拙著《东洋史》序论第四章，原名“中国史概略”，以其详于中国境内各民族之盛衰兴亡，且眉目清醒，容易了解，录登于右，以代序文。

中华民国十四年一月二十六日

王桐龄自志

编辑缘起及经过

一、本编原稿为北京高等师范学校历史地理部中国史讲义。民国二年九月，为第一届学生开始编辑，五年三月脱稿；是年九月，为第三届学生订正增补，删繁就简；八年九月，为第六届学生重行订正增补；十二年九月，为第七届学生三次订正增补；至十四年冬季始付印。盖前后改正凡四次以上，虽间有错误漏略重复之处，然自信当不甚多。

二、本书第一编以民国十五年一月出版，十六年一月再版，增加附表七十六张，页数四十页；第二编以民国十五年七月出版，十七年七月再版，增加附表一百三十五张，页数一百二十四页；第三编以民国十五年十月出版，十八年七月再版，增加附表八十一张，页数七十六页；第四编上卷以民国十八年八月出版，二十年五月再版，增加附表七十张，页数五十二页。

三、本编第四编内容为清史，编辑异常困难；实录既不足据，野史更不足凭，苦于断定，一难也。对外交涉，我国记载与对方国家之记载互有出入、甚且彼此冲突，穷于取舍，二难也。职是之故，秉笔已数年，艰于脱稿；现将已脱稿之一部分，即清史前半部付印，以应社会需要，以餍读者诸君渴望。其余一部分，继续订正修改，俟就绪后即行出版。

中华民国二十年四月二十三日

王桐龄自志于北平察院胡同十五号之寓所

凡 例

一、本书共分四编：第一编为序论及上古史，第二编为中古史，第三编为近古史，第四编为近世史。上古史分三期：第一期为传说时代，第二期为唐虞三代时代，第三期为春秋战国时代。中古史分三期：第一期为秦汉时代，第二期为三国两晋南北朝时代，第三期为隋唐时代。近古史分三期：第一期为辽宋金对峙时代，第二期为元时代，第三期为明时代。近世史分二期：第一期为清室勃兴时代，第二期为清室衰亡时代。

二、本编之体裁为通史，最注意于民族之盛衰，国家之兴亡。凡有关于盛衰兴亡事迹，一一详述其原因结果，以为当代及后世借镜之资。正面文章因有正史可查，故多从略。

三、中国旧史书，分记传体、编年体、纪事本末体、书志体。本编用纪事本末体，而去其琐碎事迹；每一时代之盛衰兴亡大事，多用统括的形式，以一二章说明之。凡欲明了一时代之大局者，熟读本编，自能得明确概念。

四、每一时代之终，必详载其时代之制度、学术、宗教、风俗、实业，以观其社会文化之隆替。

五、每章每节之终，附载本章本节事迹表；每时代之终，附载大事表；每朝代之终，附载世系表；每大人物出现，附载本人事略表或与其他伟人比较表以便检查。

六、本编所引人名间或注明其家世籍贯；所引地名，皆注明为现今何地，以便参考。

七、本编引证前贤或时贤学说，皆写明著者姓名及书名以便读者自己翻阅。

八、每时代之终，当加附图，每编之终，当加索引；现在时间作不到，姑且俟诸将来。

九、中国对外关系，可参考商务印书馆出版之拙著《东洋史》；中国六大民族对内之混合、对外之发展事迹，可参考文化学社出版之拙著《中国民族史》；本编恕不多叙。

十、中国史料浩如烟海，多数未加整理，非个人所能遍读。著者能力有限，所引用之史料多系人所共知，无特别新发现。然对于事迹皆持客观态度，无主观夹杂于其间，自问尚属忠实。大雅君子有赐函以匡所不逮者，极表欢迎。将来三版或四版时，定加补正。

中华民国十九年十月十五日

王桐龄自志于北平察院胡同十五号之寓庐

目录

序　论

目录

目录

第二期　唐虞三代时代

目录

第三期　春秋战国时代

目录

目录

第二编　中古史　汉族全盛时代

第一期　秦汉时代

目录

目录

目录

目录

目录

目录

目录

目录

目录

目录

第三期　隋唐时代

目录

目录

第三编　近古史　汉族衰微时代

第一期　辽、宋、金时代

目录

目录

目录

目录

目录

目录

目录

第三期　明时代

目录

目录

目录

目录

第四编　近世史　西力东渐时代史

第一期　清室勃兴时代

目录

目录

目

录

目录

目录

目录

目录

目录

序　论

第一章　定　义

第一节　历史之范围

历史者，研究人类之进化，社会之发达，与凡百事物变迁代替之现象者也。宇内事物，皆有过去、现在、未来三界。未来之想像，模糊暧昧。冥搜潜索，当归之哲学家。过去之现象，昭昭在天壤间，一一确定之，指实之，不涉影响含混，是为史学家责任。广义之历史，自当兼有生物与无生物而言，然广义历史之研究，当归之各科专家，历史学者未遑兼顾也。历史学者所研究，专在人类社会，凡道德智慧之进化、农工商业之发达、治术学术之隆替，皆属历史范围。研究历史学之目的，在考据过去人类社会之进化事迹，编纂成书，以启迪今人之智慧。又以现在人类社会之进化事迹，笔之于书，启迪后人之智慧者也。明乎此，则凡无益之考据、泛漫之议论，虽篇幅冗长，皆与历史无涉。诸君研究中国史，愿着眼我邦建国之体制，历代学术之隆替，武备之张，政治之沿革，文明之进步与退化，实业之发达与衰退，风俗之变迁，与夫伟人贤哲之事迹，以激发国民之爱国心，团结其合群力，以与世界列强竞争于此大舞台上，是则著者之所厚望也。

第二节 历史之种类

历史者，亘古今，通中西，为极繁博无涯之学，若欲一一取而读之，恐穷年莫殚，故研究是学者，宜先明析其种类。概而言之，考据世界之大势，研究国与国之关系者，曰万国史，如东洋史、西洋史之类是也；考据一国家或一民族之盛衰兴亡者曰某国史，如日本史、朝鲜史之类是也。本编定名曰《中国史》，属于第二类，故其内容详于中国内部之兴衰治乱，而对于世界之大势，则以参考拙著之《东洋史》为归宿焉。

历史有政治史、文化史之区别，政治史者，研究国家之状态者也，凡法制史、外交史、教育史、战争史之类属之；文化史者，研究社会之状态者也，凡风俗史、宗教史、言语史、文学史、美术史、农业工业商业等史之类属之。专研究一类者曰专门史，泛涉及各类者曰普通史。普通史者，普通学校用之，专门史者，专门学校用之。本编为师大诸君说法，师大者，为将来中等学校教员储材起见，中等学校者，造就国民普通知识，纯系普通学校，与专门无涉，故本编泛涉及于各类，宁详毋略，养成诸君之普通知识，以供他日之参考焉。

附 历史之种类表

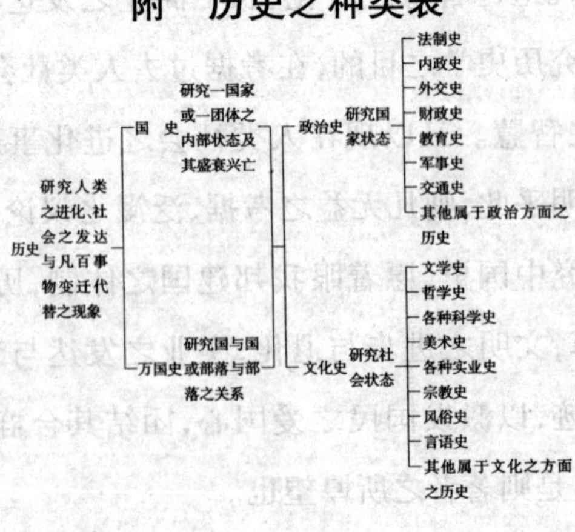

第三节　历史与国家之关系

国民爱国心发达则国兴，薄弱则国衰，绝无则国亡。历史者，爱国心之源泉，国民教育之基础也。历史教授之得法与否，与国家盛衰兴亡有直接关系。东西洋各国教育家，皆以本国史占教科最高地位，我国亦然。民国二年教育部部令小学校教则第五条云：

本国历史要旨，在使儿童知国体之大要，兼养成国民之志操。本国历史，宜略授黄帝开国之功绩，历代伟人之言行，亚东文化之渊源，民国之建设，与近百年来中外之关系。

又，中学校令施行规则第五条云：

历史要旨，在使知历史上重要事迹，明于民族之进化，社会之变迁，邦国之盛衰，尤宜注意于政体之沿革，与民国建立之本。

云云。诚重之也。法国对于越南，日本对于朝鲜，严禁止其读本国史，凡越南、朝鲜旧日已出版之本国史书，皆被法日政府搜索焚毁殆尽。此外，凡征服者对于被征服者，皆取一致手段，诚恐其一读本国史，即发动爱国心，对于上国，未免有反抗之举动也。是故史学发达，则国民爱国心日强，史学衰微，则国民爱国心日弱。我国土地之广，人口之众，物产之丰饶，气候之温和，甲于五洲，顾日趋于贫弱者，则以国民缺乏爱国心故。爱国心所以缺乏，虽有种种原因，而史学不发达，历史教授不得法，亦其最重要原因之一端。诸君研究历史，担任我国将来普通学校教育责任，愿注重我国国粹，考求立国之根本、国祚之绵延、历代先民之盛业、文化之由来、外交之关系，知我国为文明之古国，而思有以光大之；知我国为现在极贫极弱之国，而思有以补救之，养成一般中小学校学生之国民志操，以为救国之本，中国之兴，庶指日可待乎。

第四节 中国旧史学之缺点

欲研究中国历史，不可不知中国旧史学。欲研究中国旧史学，思得其利益，不可不知其缺点，以免为其所误。梁任公先生《饮冰室全集》中有《中国之旧史学》一篇，批评颇详，兹节录于下以供参考：

（前略）中国史学之派别如下——

- 史学
  - 第一 正史
    - 甲 官书 所谓二十四史是也。
    - 乙 别史 如华峤《后汉书》、习凿齿《蜀汉春秋》,《十六国春秋》、《华阳国志》、《元秘史》等。其实皆正史体也
  - 第二 编年——《资治通鉴》等是也
  - 第三 纪事本末
    - 甲 通体 如《通鉴纪事本末》、《绎史》等是也
    - 乙 别体 如《平定某某方略》、《三案始末》等是也
  - 第四 政书
    - 甲 通体 如《通典》、《文献通考》等是也
    - 乙 别体 如《唐开元礼》、《大清会典》、《大清通礼》等是也
    - 丙 小纪 如《汉官仪》等是也
  - 第五 杂史
    - 甲 综记 如《国语》、《战国策》等是也
    - 乙 琐记 如《世说新语》、《唐代丛书》、《明季稗史》等是也
    - 丙 诏令奏议 四库另列一门。其实杂史耳
  - 第六 传记
    - 甲 通体 如《满汉名臣传》、《国朝先正事略》等是也
    - 乙 别体 如《某帝实录》、《某人年谱》等是也
  - 第七 地志
    - 甲 通体 如《各省通志》、《天下郡国利病书》等是也
    - 乙 别体 如纪行等书是也
  - 第八 学史——如《明儒学案》、《国朝汉学师承记》等是也
  - 第九 史论
    - 甲 理论 如《史通》、《文史通义》等是也
    - 乙 事论 如《历代史论》、《读通鉴论》等是也
    - 丙 杂论 如《二十二史札记》、《十七史商榷》等是也
  - 第十 附庸
    - 甲 外史 如《西域图考》、《职方外纪》等是也
    - 乙 考据 如《禹贡图考》等是也
    - 丙 注释 如《裴松之三国志注》等是也

都为十种二十二类

试一翻四库之书，其汗牛充栋、浩如烟海者，非史学书居十之六七乎。上自太史公、班孟坚，下至毕秋帆、赵瓯北，以史家名者，不下数百。兹学之发达，二千年于兹矣。然而陈陈相因，一丘之貉，未闻能有为史界辟一新天地，而令兹学之功德普及于国民者，何也，吾推其病源，有四端焉：

一曰知有朝廷而不知有国家　吾党常言二十四史非史也，二十四姓之家谱而已。其言似稍过当，然按之作史者之精神，其实际固不诬也。吾国史家以为天下者君主一人之天下，故其为史也，不过叙某朝以何而得之、以何而治之、以何而失之而已，舍此则非所问也。昔人谓《左传》为相斫书，岂惟《左传》，若二十四史，真可谓地球上空前绝后之一大相斫书也。虽以司马温公之贤，其作《通鉴》，亦不过以备君主之浏览，其论语无一非忠告君主者。盖从来作史者，皆为朝廷上之君若臣而作，曾无有一书为国民而作者也。其大弊在不知朝廷与国家之分别，以为舍朝廷外无国家，于是乎有所谓正统闰统之争论，有所谓鼎革前后之笔法。如欧阳公之《新五代史》，朱了之《通鉴纲日》等。今日盗贼，明日圣神，甲也天命，乙也僭逆，正如群蛆啄矢，争其甘苦。狙公伺狙，辨其四三，自欺欺人，莫此为甚。吾中国国家思想至今不能兴起者，数千年之史家岂能辞其咎也。

二曰知有个人而不知有群体　历史者，英雄之舞台也。舍英雄几无历史。虽泰西良史，亦岂能不置重于人物哉。虽然，善为史者，以人物为历史之材料，不闻以历史为人物之画像。以人物为时代之代表，不闻以时代为人物之附属。中国之史，则本纪列传，一篇一篇，如海岸之石，乱堆错落。质而言之，则合无数之墓志铭而成者耳。夫所贵乎史者，贵其能叙一群人相交涉相竞争相团结之道，能述一群人所以休养生息同体进化之状，使后之读者爱其群善其群之心油焉生焉。今史家多于鲫鱼，未闻有一人之眼光能见及此者。此则国民之群为群智群德所以永不发生，而群体终不成立也。

三曰知有陈迹而不知有今务　凡著书贵宗旨。作史者将为若干之陈死人作纪念碑耶？为若干之过去事作歌舞剧耶？殆非也。将使今世之人，鉴之裁之，以为经世之用也。故泰西之史，愈近世则记载愈详。中国不然，非鼎革之后，则一朝之史不能出现。又不惟正史而已，即各体莫不皆然。故温公《通鉴》，亦起战国而终五代。果如是也，使其朝自今以往永不易姓，则史不其中绝乎。使如日本之数千年一系，岂不并史之为物而无之乎。太史公作《史记》，直至今上本纪，且其记述不少隐讳焉，史家之天职然也。后世专制政体日以进步，民气学风日以腐败，其末流遂极于今日。推病根所从起，实由认历史为朝廷所专有物，舍朝廷外无可记载故也。不然，则虽有忌讳于朝廷，而民间之事，其可纪者不亦多多乎，何并此而无也。今日我辈欲研究二百六十八年以来之事实，并无一书可凭借。非官牍铺张循例之言，则口碑影响疑似之说耳。时或借外国人之著述，窥其片鳞残甲，然甲国人论乙国之事，例固百不得一。况吾国之向闭关不与人通者耶，于是乎吾辈乃穷。语曰："知古而不知今，谓之陆沉。"夫陆沉我国民之罪，史家实尸之矣。

四曰知有事实而不知有理想　人身者，合四十余种原质而成者也。合眼耳鼻舌手足脏腑皮毛筋络骨节血输精管而成者也。然使采集四十余种原质，作为眼耳鼻舌手足脏腑皮毛筋络骨节血输精管，无一不备。若是者可谓之人乎，必不可，何则，无其精神也。史之精神为何，理想是已。大群之中有小群，大时代之中有小时代。而群与群之相际，时代与时代之相续，其间有消息焉，有原理焉。作史者苟能勘破之，知其以若彼之因，故生若此之果，鉴既往之大例，示将来之风潮，然后其书乃有益于世界。今中国之史，但呆然曰某日有甲事，某日有乙事。至其事之何以生，其远因何在，近因何在，莫能言也。其事之影响于他事或他日者，若何当得善果，当得恶果，莫能言也。故汗牛充栋之史书，皆如蜡人院之偶像，毫无生气，读之徒费脑力。是中国之史，非益民智之具，而耗民智之具也。

以上四者，实数千年史家学识之程度也。缘此四弊。复生二病：

其一 能铺叙而不能别裁 英儒斯宾塞曰："或有告者曰：'邻家之猫昨日产一子。'以云事实，诚事实也，然谁不知为无用之事实乎。何也，以其与他事毫无关涉，于吾人生活上之行为毫无影响也。然历史上之事迹，其类是者正多。能推此例以读书、观万物，则思过半矣。"此斯氏教人以作史读史之方也。泰西旧史家固不免之，而中国殆更甚焉。某日日食也，某日地震也，某日册封皇子也，某日某大臣死也，某日有某诏书也，满纸填塞皆此等邻猫生子之事实。往往有读书一卷，而无一语有入脑之价值者。就中如《通鉴》一书，属稿十九年，别择最称精善。然今日以读西史之眼光读之，觉其有用者，亦不过十之二三耳（《通鉴》载奏议最多，盖此书专为格君而作也，吾辈今日读之实嫌其冗），其他更何论焉。至如《新五代史》之类，以别裁自命，实则将大事皆删去，而惟存邻猫生子等语，其可厌不更甚耶。故今日欲治中国史学，真有无从下手之慨。二十四史也，九通也，通鉴续通鉴也，大清会典大清通礼也，十朝实录十朝圣训也，此等书皆万不可不读，不读其一，则挂漏正多。然尽此数书而读之，日读十卷，已非三四十年不为功矣。况仅读此数书，而决不能足用。势不可不于前所例十种二十二类者，一一涉猎之（杂史、传志、札记等所载常有有用过于正史者，何则，彼等常载民间风俗，不似正史专为帝王作家谱也）。人寿几何，何以堪此。故吾中国史学智识之不能普及，皆由无一善别裁之良史故也。

其二 能因袭而不能创作 中国万事，皆取述而不作主义，而史学其一端也。细数二千年来史家，其稍有创作之才者惟六人：一曰太史公，诚世界之造物主也，其书亦常有国民思想。如项羽而列诸本纪，孔子、陈涉而列诸世家，儒林、游侠、刺客、货殖而为之列传，皆有深意存焉。其为立传者，大率皆于时代极有关系之人也，而后世之效颦者则胡为也；二曰杜君卿。《通典》之作，不纪事而纪制度。制度于全体国民之关系，有重于事焉者也，前此所无，而杜创之。虽其完备不及《通考》，然创作之功，马何敢望杜耶；三曰郑渔仲。夹漈之史识卓绝千古，而史才不足以称之。其通志二十略，以论断为主，以记述为辅，实为中国史界放一光明也。惜其为太史公范围所困，以记传十之七八填塞全书，支床叠屋，为大体玷；四曰司马温公。《通鉴》亦天地一大文也。其结构之宏伟，其取材之丰瞻，使后世有著通史者势不能不据为蓝本，而至今卒未有能逾之者焉。公亦伟人哉；五曰袁枢。今日西史，大率皆纪事本末之体也，而此体在中国实惟袁枢创之，其功在史界者亦不少。但其著《通鉴纪事本末》也，非有见于事与事之相联属，而欲求其原因结果也，不过为读《通鉴》之方便法门，著此以代钞录云尔。虽为创作，实则无意识之创作。故其书不过为《通鉴》之一附庸，不能使学者读之有特别之益也；六曰黄梨洲。黄梨洲著《明儒学案》，史家未曾有之盛业也。中国数千年，惟有政治史，而其他一无所闻，梨洲乃创为学史之格，使后人能师其意，则中国文学史可作也，中国种族史可作也，中国经济史可作也，中国宗教史可作也。诸类此者其数何限。梨洲既成《明儒学案》，复为《宋元学案》，未成而卒。使假以十年，或且有汉唐学案、周秦学案之宏著，未可料也。梨洲诚我国思想界之雄也。若夫此六君子以外，则皆所谓公等碌碌，因人成事。《史记》以后，而二十一部皆刻画《史记》。《通典》以后，而八部皆摹仿《通典》。何其奴隶性至于此甚耶。若琴瑟之专台，谁能听之。以故每一读辄惟恐卧，而思想所以不进也。

合此六弊，其所贻读者之恶果厥有三端：一曰难读。浩如烟海，穷年莫殚，前既言之矣；二曰难别择。即使有暇日，有耐性，遍读应读之书，而苟非有极敏之眼光、极高之学识，不能别择其某条有用，某条无用，徒枉费时日脑力；三曰无感触。虽尽读全史，而曾无有足以激励其爱国之心，团结其合群之力，以应今日之时势，而立于万国者。然则吾中国史学，外貌虽极发达，而不能如欧美各国民之实受其益也职此之由。（后略）

中国旧史学之缺点

- 病原
  - 知有朝廷不知有国家
  - 知有个人不知有团体
  - 知有陈迹不知有今务
  - 知有事实不知有理想
- 病状
  - 能铺叙而不能别裁
  - 能因袭而不能创作
- 恶果
  - 难读
  - 难别择
  - 无感触

本编系著者于民国二年九月，为北京高等师范学校历史地理部第一届学生开始编纂，随编随讲，每周三小时以八学期讲毕。五年九月，为第三届学生重行校订，删繁就简，再行出版。八年九月，复为第六届学生二次校订，三次出版。虽于以上诸弊，未必能删除净尽，然总期以减少为目的焉。

第五节　中国史之命名

东西洋各国，若英，若法，若美，若日本，各有固定国名，与朝代无涉。我国自唐虞以后，历夏商周秦汉晋隋唐宋元明清，凡数千年，国号随朝代为转移，朝代易则国号亦易。是直以我国为一家一姓私产，非国民之共有物，自西洋史学家之眼光观之，亦一大笑话也。中国上古时代，自称曰夏，或曰华夏；中古时代，西北各国称我曰汉，东南各国称我曰唐，此皆以一代之名为国名，非确论也。近世西洋各国称我曰 China、日本书汉字，称我曰“支那”。“支那”二字之起源，一见于南北朝时《宋书》之夷蛮列传，再见于唐太宗时玄奘三藏禅师所作之《大唐西域记》。其文字亦不一，或作“支那”，或作“震旦”，或作“脂难”。说者谓“震旦”二字始于印度佛经：震东方、旦朝也，谓东方之开明地。顾印度不能为我创国号，称为“震旦”，亦当有所本也。据史学家所研究：“支那”二字，实秦之转音，秦始皇统一中国，废封建，设郡县，创立汉族第一次之大帝国，声名传至欧洲，适当罗马时代，以拉丁字母译秦字之音则作为 Chin。而西洋各国语，例加一二字母为语尾，Chin 加 a 字为语尾，则为 China，此“支那”二字之名称所由来也。顾外人加我之名称，不能当作我之国号，我国自来为东方开化地，自称多曰中华、或曰中国，以与四围未开化之民族区别。民国成立，兼取中华及中国二义，定名曰中华民国。兹特正名定分，截长取短，用吾人口头之习惯称号，命名曰《中国史》，以表明本编范围，系通古今各朝代兼收并蓄之作，非一家一姓之传记也。

参考书　著作者

教育法规　教育部

饮冰室全集（第二十九册　新史学篇）　梁启超

（日本东京帝国大学讲义）支那史概说（总论　第一　土地篇）　市村瓒次郎先生

新体中国历史　叙论　商务印书馆

第二章　中国史上之种族

第一节　中国民族之分布

历史者，人类所衍成，无人类则无历史。世界五洲种族至复杂，有全开化之人种，有半开化之人种，有不开化之人种。不开化之人种，无历史可稽，考求其盛衰存灭之迹，当委之人类学者，与历史学者无与也。全开化之人种，与历史有密切关系，半开化之人种，亦时有关系焉。我中国为文明古国，其内部系合六大族组织而成，而其与历史上有关系者，则除此六大族外，尚有若干种族。其中开化人种实居最大多数，其历史斐然可观。故欲述中国历史，必先叙中国种族。

中国境内人民号称四亿余万，细别之有十余族，历史上最有关系者约六大族。兹略述如下：

一、交趾支那族，即苗族（Indo-chinese）

蛰居于云南、贵州、广西及湖南西部、四川南部，有生苗、熟苗之别。生苗居深山中，不与汉人来往。熟苗居山边，学耕作，渐与汉人同化。面方、颈长、皮肤褐色、性愚陋。在中国本部为不开化之民族。西洋人类学者，谓此族为中国本部旧土人，有史以前曾占优胜地位。及汉族日渐发达，此族遂日渐衰退，僻居西南深山中，仅得保其残喘。

二、汉族（Chinese）

现时遍布于全国，所谓文明之胄，黄帝之子孙也。人口约三亿八千三百万。发黑而直、头圆、额平、眉目清秀、须少、皮肤带黄色。西洋学者，谓此族旧居帕米尔高原，东下入中国本部，栖息黄河两岸，次第蕃殖于四方。数千年来，赫赫有声于世界，所谓东亚文化者，皆此族之生产物。中国历代君主，大半出于此族，数千年来政权教权，大半握于此族之手。

三、通古斯族，即满洲族（Tunguse）

自朝鲜北部，经奉天、吉林，直抵黑龙江滨，皆此族所分布地。人口约五百万。发黑而直、面平而圆、颧骨突出、鼻低而广、皮肤带黄色、须稍多。此族旧居乌苏里江、松花江流域，逐渐西下南下，占有势力。金之帝室，前清之帝室，皆起于此族。

四、蒙古族（Mongol）

住居内外蒙古、青海及天山北路。人口约四百余万。体格伟大，容貌概与通古斯族同。性强悍喜杀伐。住居概用天幕，逐水草移徙，言语文字与他族异。此族旧居贝加尔湖以南，鄂嫩克鲁伦色楞、格鄂尔坤等河流域，逐渐南下，蔓延于长城以西以北。有元之帝室实起于此族。

五、突厥族，即回族（Türk）

住居天山南北路，散布于黄河流域各省，蔓延及于扬子江及西江流域。人口约百余万。容貌概与通古斯族同。其中间有深目、高鼻、发蜷屈而须浓厚者，则白色人种之穆罕默德教徒，与突厥人同时归化中国，中国人误认为突厥族者，非真正突厥族也。此族旧居土耳基斯坦地方，逐渐东下，移入中国内地。现今除宗教以外，风俗习惯与汉族无异。唐宋之际，此族强盛达于极点。后唐、后晋、后汉之帝室，皆起于此族。

六、图伯特族，即西藏族（Tibet）

旧居前藏后藏，散布于青海及天山南路。人口约五百余万。体格类似汉族，而身长稍低、颧突、须疏、鼻平、口广、唇薄、眼小而角微斜。富于宗教思想，迷信甚深，崇拜喇嘛教。以牧畜耕作为业。唐宋时此族最强，西夏之帝室起于此族。

以上六大族为中国史上重要人物。此外东北各地，与韩民族、大和民族时有关系。沿江沿海各地，与塞民族（Semitic race），阿利安民族（Aryan race），时有关系。讲中国史者，时常连类及之。

	今名	学名	欧文学名	主要居住地
中国之民族	汉	汉	Chinese	本部十八省
	满	通古斯	Tunguse	东三省
	蒙	蒙古	Mongol	内外蒙古
	回	安厥	Türk	天山南路
	藏	图伯特	Tibet	西藏
	苗	交趾支那	indo-Chinese	云贵、广西及湖南西部、四川南部

参考书

（日本东京帝国大学讲义）支那史概说（总论　第二　民族）　市村瓒次郎先生

新体中国历史（第二章　人种）　商务印书馆

第二节　汉民族之特性

中国虽有六大族，然以人口之多寡，开化之程度，握政权年代之久暂论，自当以汉族为主人翁。中国史者，汉族之历史，舍汉族以外，几无历史可言，舍汉族史学家所著之书以外，亦无史书可研究。兹特先述汉族特色，以代表中国民族。

汉族优点在于文化。四千年前，孳生于黄河流域，有固有之言语，固有之文字，固有之宗教，固有之伦理，与西亚之埃及、美索波达米亚、南亚之印度遥遥对峙为东半球四大文明祖国。他族以武力压倒汉族者，汉族以文化征服之，故苗族、通古斯族、蒙古族、突厥族、西藏族，士风勇悍，凭陵汉族，非不煊赫于一时。其终也声气销沉，相率同化于汉族而不自觉。汉族传世久远，人口繁多，其性格亦有种种特色。欲以最短之时间批评判断之，甚非易易。且著者亦系汉民族一分子，以自己批评自己，所批评容或不当。兹特置身于第三者位置，以历史家的眼光，批评汉族性格之优劣点，不置毁誉，不加褒贬，公平论断，以供研究历史者之参考。知我罪我，是在诸君。

汉民族之特性
- 尊天命
- 敬祖宗
- 重财利
- 重文轻武
- 重仪式娴辞令
- 自尊与自屈

一、尊天命

天之为物，儒教尊为上帝，道教号称玉皇，西洋人称之曰 Heaven、曰

God，日本人称之曰神样，实各民族之共同崇拜物也。然天之为物，虚无缥缈，颇难下定义。自历史上汉民族之思想观之，天有三义：一为物质上之天，《诗·王风·黍离篇》所谓“悠悠苍天”，《秦风·黄鸟篇》所谓“彼苍者天”者是也；一为万物主宰之天。《诗·大雅·皇矣篇》所谓“皇矣上帝，临下有赫”者是也；一为人力所不能作到者则归之于天。《孟子·万章上》所谓“天也，非人之所能为也”者是也。上古之人思想幼稚，凡自然现象，有不可思议者，则崇拜之，敬畏之。汉民族第一义之天，即自然现象也。及思想稍进步，则取自然现象，悉以人类比附之。希腊上古神话，谓风神、雨神、火神、海神，悉具人类之体格性质，日本谓之人间化。汉民族第二义之天，即人间化的自然现象也。及思想再进步，则凡人力所不能及者悉归之于天。凡侥幸之成功，不幸之失败，皆谓为天所命。以抽象观念解释天命二字，是为汉族第三义之天，儒教所谓天命者是也。第一义第二义之天，为各民族之共同思想，无足诧异。第三义之天，则儒教之精髓：儒教所以含有几分宗教性质者以此，不可不注意也。

《中庸》曰：“天命之谓性。”《论语》曰：“五十而知大命。”孟子曰：“莫之为而为者天也，莫之致而至者命也。”是为天命二字之定义，天命二字作为抽象的解释实始于此。孔子曰：“天生德于予。桓魋其如予何！”又曰：“天之将丧斯文也，后死者不得与于斯文也，天之未丧斯文也，匡人其如予何！”盖孔子当患难之时，所恃者惟一天也。孔子曰：“莫我知也夫！”子贡曰：“何为其莫知子也？”子曰：“不怨天，不尤人，下学而上达，知我者，其天乎！”盖孔子当烦闷之时，所借以排遣者亦惟一天也。孟子曰：“夫天，未欲平治天下也！如欲平治天下，当今之世，舍我其谁也？吾何为不豫哉！”盖孟子自负之心，亦自料惟天谅之也。惟儒教以人力所不能及者归之于天，故有守分安命顺时听天之说。由命生运，故有委心任运之说。于是当穷困之时，能以淡泊处之，患难之际能以镇定将之，不营营以求利，不汲汲以求生，所谓“见利思义，见危授命”者，二千年来儒教中大人物概服膺于此。是亦儒教中一特别休养方法，我辈所急宜提倡者也。南宋亡国时，宰相文天祥为元所擒，幽于大都狱中三年，强迫使降，天祥不从，作正气歌以自发表其志趣。其歌云：

天地有正气，杂然赋流形。下则为河岳，上则为日星。于人曰浩然，沛乎塞苍冥。皇路当清夷，含和吐明庭。时穷节乃见，一一垂丹青：在齐太史简，在晋董狐笔，在秦张良椎，在汉苏武节；为严将军头，为稽侍中血，为张睢阳齿，为颜常山舌；或为辽东帽，清操厉冰雪。或为出师表，鬼神泣壮烈；或为度江楫，慷慨吞胡羯；或为击贼笏，逆竖头破裂。是气所磅薄，凛烈万古存。当其贯日月，生死安足论。地维赖以立，天柱赖以尊。三纲实系命，道义为之根。嗟予遘阳九，隶也实不力。楚囚缨其冠，传车送穷北。鼎镬甘如饴，求之不可得。阴房阒鬼火，春院闷天黑。牛骥同一皂，鸡栖凤凰食。一朝蒙雾露，分作沟中瘠。如此再寒暑，百沴自辟易。嗟哉沮洳场，为我安乐国。岂有他谬巧，阴阳不能贼。顾此耿耿在，仰视浮云白。悠悠我心悲，苍天曷有极。哲人日已远，典型在夙昔。风檐展书读，古道照颜色。

以上所举，知儒教伟人，于颠沛流离中，而能守分安命如此，是真尊天命之特色也。然信天命太过，于是凡事皆诿之于天，虽宜尽之人事亦不尽，甚或措施不当以取败，反诿过于天以自解释。纣曰："我生不有命在天。"项羽曰："此天亡我，非战之罪也。"此等不负责任之言，充满于二十四史，误解生存竞争优胜劣败之理，使天代人认过，甚可笑也。历代鼎革之时，新邦多借口于天命，以耸动世人耳目。商人代夏，周之代商，皆托言受天之命，后世篡臣奉为衣钵，王莽、曹操、司马炎、刘裕、杨坚辈皆师之。无耻之徒，身为贰臣，复假托天命，以自解其失节之罪。故历代新朝佐命，往往多旧朝遗老，此真历史上污点，我辈所不敢苟同者也。顾儒教所谓之天，与西洋宗教家所称之"God"异。西洋之天与民无涉，儒教之天则否。《书经·大禹谟》曰："天聪明自我民聪明，天明畏自我民明威。”《泰誓》曰：“天矜下民，民之所欲，天必从之。”又曰：“天视自我民视，天听自我民听。”天人混为一体，以民为天之代表。是故苟顺民心，虽匹夫可奉之戴之，曰天与也，苟拂民意，虽君主可诛之戮之，曰天所弃也。惟此等思想发达，故舜禹以匹夫而为天子，桀纣以君主而为独夫，中国士大夫不以为怪 Republicanism 思想，古来略见一斑。此真儒教特色，西洋小儒所望而咋舌者也。然天下事不能有利而无弊，儒教既以民心天意混为一谈，奸雄遂假天命以钳制民意。王莽篡汉，乃曰：“天生德于予，汉兵其如予何!”曹操窃弄汉柄，乃曰：“苟天命在孤，孤为周文王矣。”矫诬上天如此，此亦利用汉民族崇拜天命思想之流弊，不可不知也。

代表天意者曰民心，代表天之主宰权者曰天子。天子者，奉天之命，以治理万民者也。天子对于天有父子之关系，郊天之礼异常严肃，历代君主例须亲往，其仪式隆重，犹在祭太庙以上焉。

- 天之定义
  - 自然现象……物质上之天
  - 具有人格的自然现象……万物主宰之天
  - 凡人力所不能及者……以抽象观念解释之天
- 尊天命之优点
  - 当穷困之时，能以淡泊处之，不营营以求利……见利思义
  - 当患难之际，能以镇定将之，不汲汲以求生……见危授命
- 尊天命之劣点
  - 凡事皆诿之于天，不尽人事；甚或措施不当以取败，反诿过于天以自解释
  - 历代鼎革时，新朝多借口于天命以耸动世人耳目，贰臣复假托天命以自解其失节之罪
- 尊天命之特色……天人混为一体，以民为天之代表

附　梁任公先生论中国学术思想变迁之大势

梁任公先生《饮冰室文集》，载有《论中国学术思想变迁之大势》一篇，其中叙述中国古代思想颇详，兹节录于下，以供参考。

第二章　胚胎时代

第一　黄帝时代

第二　夏禹时代

第三　周初时代

第四　春秋时代

综观此时代之学术思想，实为我民族一切道德法律制度学艺之源泉。约而论之，盖有三端：一曰天道，二曰人伦，三曰天人相与之际是也。而其所以能构成此思想者，亦有二因：一曰由于天然者。盖其地理之现象，空界（即天然界近于地文学范围者）之状态，能使初民（此名词从侯官严氏译，谓古代最初之民族也）对于上天，而生出种种之观念也。二曰出于人为者。盖哲王先觉利导民族之特性，因而以天事比附人事，以为群利也。请一一论次之。

中国无宗教，无迷信，此就其学术发达以后之大体言之也。中国非无宗教思想，且其思想之起特早，且常倚于切实。故迷信之力不甚强，而受益受弊皆少。中国古代思想，敬天畏天，其第一著也。其言天也，与今日西教言造化主者颇近。但其语圆通，不似彼之拘墟迹象，易滋人惑。综观经传所述，以为天者，生人生物，万有之本原也。（《诗》：天生蒸民；《书》：惟天阴骘，下民体记，万物本乎天）天者，有全权，有活力，临察下士者也。（《诗》：皇矣上帝，临下有赫，监观四方，求民之瘼；又，天监在下，有命既集）天者，有自然之法则，以为人事之规范，道德之基本也。（《诗》：天生蒸民有物有则；《书》：天叙有典，天秩有礼）故人之于天也，敬而畏之。一切思想皆以此为基焉。

各国之尊天者，常崇之于万有之外。而中国则常纳之于人事之中，此吾中华所特长也。中国文明起于北方，其气候严寒，地位确瘠，得天较薄，故其人无余裕，以驰心广远，游志幽微，专就寻常日用之问题悉心研究。是以思想独倚于实际。凡先哲所经营想像，皆在人群国家之要务。其尊天也，目的不在天国而在世界，受用不在未来而在现在。是故人伦亦称天伦，人道亦称天道。《记》曰："善言天者必有验于人。"此所以虽近于宗教，而与他国之宗教自殊科也。

人群进化第一期，必经神权政治之一阶级，此万国之所同也。吾中国上古，虽亦为神权时代，然与他国之神权又自有异。他国之神权，以君主为天帝之化身，中国之神权，以君主为天帝之雇役。故寻常神权之国，君主一言一动，视之与天帝之自言自动等。中国不然，天也者，统君民而并治之也。所谓天秩天序天命天讨，达于上下，无贵贱一焉。质而言之，则天道者，犹今世之宪法也。欧洲今世君民，同受治于法之下。中国古代君民，同受治于天之下。不过法实而有功，天远而无效耳。但在邈古之世而有此精神，不得不谓为文明想像力之独优也。泰西皆言君主无责任（古代神权之无责任，以其为天地之化身也，今世立宪之无责任，归其责于大臣，使人民不必有所顾忌得以课其功罪也。过渡时代不得不然也），惟中国则君主有责任。责任者何？对于天而课其功罪也。日食、彗见、水旱蝗螟，一切灾异，君主实尸其咎。此等学说，以今日科学家之眼视之，可笑孰甚，而不知其有精义存焉也。其践位也，荐天而受。其殂死也，称天而谥。《春秋》所谓以天统君，盖虽专制，而有不能尽专制者存。此亦神权政体之所无也。不宁惟是，天也者，非能谆谆然命之者也。于是乎有代表之者，厥为我民。《书》曰："天聪明自我民聪明，天明畏自我民明威。"又曰："天视自我民视。天听自我民听。"又曰："天矜下民，民之所欲，天必从之。"于是无形之天，忽变为有形之天。他国所谓天帝化身者，君主也。而吾中国所谓天帝化身者，人民也。然则所谓天之秩序命讨者，实无异民之秩序命讨也，立法权在民也。所谓君主对于天而负责任者，实无异对于民而负责任也，司法权在民也。然则中国古代思想，其形质则神权也，其精神则民权也（虽其法不立，其效不睹，然安可以责诸古代）。当邃古之初而有此，非伟大之国民其孰能与于斯。

- 上古时代中国之学术思想
  - 天道
  - 人伦
  - 天人相与之际
- 构成此思想之原因
  - 由于天然者
    - 地理之现象
    - 空界之状态
  - 由于人为者 —— 哲王先觉之利导民性

- 中国上古之学术思想与欧洲上古思想比较
  - 天
    - 欧人崇之于万有之外
    - 中国纳之于人事之中
  - 君主
    - 欧人认为天帝之化身
    - 中国认为天帝之雇役

附　市博村士《支那革命论》

日本《史学杂志》第二十二编第十号，载有东京帝国文科大学教授文学博士市村瓒次郎先生《支那革命论》一篇，解释“革命”二字之义颇详，兹节译于下，以供参考。

（一）革命之语原及其定义

革命一语，始见于《尚书·多士篇》，其辞曰：“殷革夏命。”将二字隔离用之，不成其为专门名辞也。二字联合用者，始于《易经·革卦·彖传》，其辞曰：“汤武革命，顺乎天而应乎人。”程子《易传》，释为“王者之兴，受命于天。故易世谓之革命”。申言之，即一国之主权，名实俱移归他人之谓。所谓王朝之更迭，乃政局上一大变动也（纬书解革命谓为一时代间天道之变革，借以表验人事之应征，是为阴阳五行家言与儒家之解释异）。西文所用革命之原字为 Revolution，与儒教之解释，大体相似而不同。Revolution 之义为转回，大抵应用于政体。而不必一定牵掣及国体与皇室。革命之义为天命之变化，其意义虽高尚，而国体与皇室之移动俱包含于其中。欧美解释革命，与中国解释革命，不同之点在是。

（中略）天既不能直接用言语动作，表示自己意见，不得不借人民之思想及感情以代表之。天子受天命而为天子，直接受民意之监督，即间接受天意之钳制。有敢悍然拂民意者，即可承认其为逆天意。逆天意者，天得褫夺其天子之资格，而另委诸适当之人。所谓王朝之更动，国家主权之转移，皆于此时见之，此革命二字之定义也。独是天不能直接行使其权力，执行革命之任务者，不得不委之于人。于是一世骁雄，或大野心家，凡具有篡窃之质格者，皆假托天命，以自文其大盗移国之罪。《汤誓》曰：“非台小子敢行称乱。有夏多罪，天命殛之。”又曰：“夏氏有罪。予畏上帝，不敢不正。”《泰誓》曰：“商罪贯盈，天命诛之。予弗顺天，厥罪惟钧。”又曰：“上帝弗顺，祝降时丧。尔其孜孜奉予一人，恭行天罚。”强

诸侯夺国，动以天命为口实，若有所甚不得已于其间者。此固后世莽、操所奉为衣钵者也。(后略)

(二) 革命之种类

革命约分二类：一平和革命；二武力革命。平和革命，史称之曰禅让；武力革命，史称之曰征诛。

征诛复分为二种：一内乱之结果；二外患之结果。内乱之结果复分为二：甲、同族间之内乱。若汉之与秦，其成功者也。秦末之陈胜、吴广、项羽，唐末之黄巢、明末之李自成等，其失败者也；乙、异族间之内乱。若刘石之于西晋、明之于元，其成功者也。唐之安、史，清之洪、杨，其失败者也。外患之结果亦分为二：甲、同族间之外患。若秦之于六国、魏之于蜀、晋之于吴、后赵之于前赵、后秦之于前秦、北周之于北齐、隋之于陈、后晋之于后唐、宋之于后蜀、南汉、南唐、明之于夏，其成功者也。列国对峙时代，皆其一时未能即刻成功者也；乙、异族间之外患。若前燕之于后赵、前秦之于前燕、后魏之于大夏、北凉、北燕、后唐之于后梁、前蜀、契丹之于后晋、元之于金、于夏、于宋、清之于明，其成功者也。前秦之于晋、北周之于梁、金之于南宋，皆其未能成功者也。

以上所举内乱外患之结果。凡以武力夺取人国之主权者，史书皆定名曰征诛，此列国之所同，非中国之所独也。其为中国独有之特色，而列国之所无者，厥为禅让。禅让亦分为二种：一自由禅让；二强迫禅让。自由禅让复分为二：甲、君臣之间自由禅让。若尧之于舜、舜之于禹，其成功者也。燕王哙之于子之，其失败者也；乙、国际间之自由禅让。若行河西五郡大将军事窦融之于东汉（窦融与光武同于新莽末年举兵，君臣之分未定，故列为邻国），吴越王钱弘俶之于北宋，其成功者也。定难节度使李继捧之于北宋，其失败者也。强迫禅让亦分为二：甲、君臣间之强迫禅让。若新莽之于孺子婴、曹丕之于汉献帝、司马炎之于魏元帝、刘裕之于晋恭帝、萧道成之于宋顺帝、萧衍之于齐和帝、陈霸先之于梁敬帝、高洋之于东魏孝静帝、宇文觉之于魏恭帝、杨坚之于周静帝、李渊之于隋恭帝、朱温之于唐昭宣帝、徐知诰之于吴让皇、郭威之于汉湘阴公、赵匡胤之于周恭帝，其成功者也。西晋之赵王伦、东晋之桓玄、梁之侯景，其失败者也。乙、国际间之强迫禅让。若周赧王之于秦（周与秦名义上虽君臣，实则等于邻国）是也。尧舜之自由禅让，古今传为美谈。然理想上之唐虞，未必实有其人，实有其事。春秋战国时代，儒家鉴于时局之险恶，极力鼓吹唐虞郅治，以为后世朝廷模范。燕王哙欣慕艳羡以为盛德事，起而实行试验，及一度失败以后，自由禅让之风乃中绝，强迫禅让之风乃大起矣。实行强迫禅让之鼻祖，当推王莽。王莽生于西汉末年，当经学盛行之际，儒家理想皆企慕唐虞。王莽利用人民心理上之弱点，事事效法古人，移世篡臣奉为衣钵。凡有志实行篡窃者，例须拥立少主，自握国柄。大臣有反对者则除去之，然后讽示己党，上书君主，请求禅位。及诏书已下，又为敷衍场面计，表面上辞让数次，然后由君主敦请，臣民劝进，貌为不得已而受之。此历代禅让式之通例，王莽之所创，后世篡臣之所因也。至于国际间之自由禅让，其例绝少。光武之与窦融，一为宗室，一为世臣。表面虽为敌国，实则非敌国。融之归汉，乃大势所趋，不得不尔，非自由禅让也。吴越王之于宋，差近于自由禅让矣，然其中实含强迫之迹。至于英之于印度，法之于越南及马达加斯加，日本之于琉球、朝鲜，更无论矣。故虽谓国际间无自由禅让可也。

（三）革命之原因

革命之原因，亦因禅让与征诛而异。君臣之间自由禅让，历史上不成问题，姑置勿论。君臣间之强迫禅让，大抵因君弱臣强而起。其君主幼弱、或庸暗。其大臣或以武功、或以文望、或以外戚资格当国。积之数年或数十年，威权遂远出君主上，于是强迫禅让乃成为事实矣。国际间之禅让，大抵因国力悬隔而起。若匹敌之国，未闻有以国授人者也。

外患结果演成之征诛，其原因有种种。其一，二国并立，有连鸡不同栖之势。非甲并乙，即乙并甲，其结果自然并为一国。若七雄竞争时代、三国鼎立时代、南北朝对峙时代之类是也。亦有因敌国之君主或国民野心之所驱，而为所兼并者。若六国之并于秦、亚欧二洲诸国之并于元是也。又有因国势衰弱，不能自立，而与强国结同盟，以冀维持于一时者。然其势不能久，大抵不旋踵即为其同盟国所吞并。若北宋之于金、南宋之于元、朝鲜之于日本之类是也。

内乱结果演成之征诛，原因甚复杂。要而言之，国家之进行状态，妨害国民生命财产之安全时，往往酿成革命。而其中又分为二种：一天然状态，若水旱饥馑之荐臻是也；二人为状态，若暴君污吏所施之虐政苛税酷法之类是也。而此二种又连类而起，若秦末汉末唐末宋末元末明末之状态皆然。草莽英雄，往往乘衅起兵，颠覆帝室。汉高祖、明太祖之徒，皆其成功者也。此外又有利用宗教思想酿成革命者，若汉末之黄巾贼、元末之红巾贼、明末之白莲教、清末之太平天国是也。然中国人迷信思想薄弱，故利用宗教者往往不能成功。不若以维持人民之生命财产为口实者，较为有把握也。

（四）革命后之处置

革命后之处置约分二种：一对于前朝主权者及其子孙之待遇；二对于前朝人民之待遇。

对于前朝主权者及其子孙之待遇分为二种：甲、优待。若周之对于虞夏殷之后人，皆封以大国，款以宾礼（周灭殷，封纣子武庚于朝歌，其后以谋叛诛。复封纣庶兄微子启于宋，封夏后于杞，封舜后于陈），所谓三恪者是也。周礼八议中有议宾之条，对于前朝子孙，有罪可以减刑，亦一种特别优待法也。此外若曹魏之对于汉献帝、蜀后主，司马晋之对于魏元帝、吴归命侯，唐之对于隋恭帝、宋之对于周恭帝、后蜀孟后主、南汉刘后主、南唐李后主等，概取优待主义；对于吴越王之礼尤隆重，及身封王，子孙皆列台阁，终北宋之卅百有余年，功名相继。元之对于宋恭宗、明之对于元崇礼侯，大都待以相当之礼，皆其例也；乙、虐待。南北朝时代，对于前朝或敌国君主，大都处以极刑。若刘裕之于晋恭帝，陈霸先之于梁敬帝、宇文护之于西魏恭帝之类是也。或竟夷其族，若萧道成之于宋顺帝、萧衍之于齐和帝、高洋之于东魏孝静帝、北周武帝之于北齐后主、杨坚之于北周静帝之类是也。

对于前朝人民之待遇亦分为二种：甲、优待。汉高祖之初入关也，除秦苛法。光武帝之初至河北也，除莽苛政。此外若唐高祖之代隋，明太祖之代元，宋太祖之统一列国时，皆除去弊政，与民更始者，是其例也；乙、虐待。秦始皇并吞六国，对于六国人民之生命财产，滥用无度，绝不加以保护爱惜者之类是也。大抵历代开国方针，对于新附之人民，多取优待主义，所以怀柔人心也。秦始皇用李斯为相，承商鞅学说，专以刑名法术为治，往往流于苛刻。隋文帝之初即位也，亦以宽大为治，至炀帝时始逐渐酷虐，在历史上为例外，故秦隋两代皆二世而亡，不足以为后世法也。此外若周初对于殷之遗民，清初对于明之遗老，时或流于残虐。然一时为防御内乱计，取高压手段，故不避暴虐之名而行之。至内乱绝不发生时，仍取缓和政策也。至对于前朝主权者及其子孙之待遇则稍异于是。当新朝全盛时代，度前朝子孙生命虽存，不足为害，则姑且优待，以博宽大之名。若大局未定，或虑前朝遗民以奉戴故君为名，起兵反抗时，则用极残忍手段，虽杀逆亦所不顾。往往有故君已没数十年，犹不能保其宗族者。若周世宗时，周师伐南唐，取扬州，南唐园苑使尹延范恐其故主吴让皇遗族为乱，尽杀其族之男子六十人者是也。

（五）革命后之天命论

中国儒教思想发达，故历代鼎革之时，大都借口于天命。三国六朝时代禅让盛行之时，禅位者之诏书，篡立者之诏书，无一不以天命为解释，几乎千篇一律。其后宋室成立，苏轼表忠观碑文，引用赵抃疏曰："大宋受命。"有元建国号诏书亦云："诞膺景命，奄四海以宅尊。必有美名，绍百王而纪统”云云。明太祖即位诏书云：“朕为中国之君。自宋运既终，天命真人于沙漠，入中国为天下主。传及子孙百有余年。今运亦终，海内土疆豪杰分争。朕本淮右庶民，荷上天眷顾祖宗之灵，遂乘逐鹿之秋，致英贤于左右”云云。宋景濂之代祀高丽山川记亦云：“皇帝受天明命。”清室之勃兴也，明室降人上书于太宗者，多称说天命以劝进。其中若马光远之劝进表云：“天命靡常，惟德是与。人心不贰，惟恩乃归”云云。太宗之克旅顺也，亦云：“旅顺天险，非人力所能致。是非得天命之助不至此”云云。此外之例尚多，不胜枚举。诸如此类，凡口谈天命者，其衷心诚信与否，姑不具论。然中国既崇奉孔教，则表面上不得不推崇天命，以压倒一切也。独秦始皇一代为例外。始皇之统一六国也，巡行海内，到处立颂德碑，大都昌言自力，无有推尊天命者。盖此时李斯当国，法家学说流行，自信力绝强，故不屑以天命为口实也。

以上所举天命二字，系儒教中鼓吹革命之独有思想。独是儒教思想中，有自相矛盾之点。即一方面鼓吹革命，一方面复提倡忠孝。每当新旧朝代更迭之时，旧朝遗老与新朝降臣互起冲突。遗老詈降臣为不忠，降臣詈遗老为不识天命。双方俱持之有故，言之成理。此则儒教提倡鼓吹方法自相矛盾之所致也。然历代鼎革之时，倡忠孝论者往往不能成功，倡天命论者往往坐享富贵。于是世人多舍忠孝而谈天命。至于降臣之中，亦间有为新朝尽节者，则又豫让“众人遇我，众人报之，国士遇我，国士报之”等议论提倡之所致也。（后略）

附　梁任公先生《中国历史上革命之研究》

梁任公先生《饮冰室全集》，载有《中国历史上革命之研究》一篇，兹节录于下，以与市村博士学说相对照。

革命之义有广狭。其最广义，则社会上一切无形之事物，所生之大变动皆是也。其次广义，则政治上之异动，与前此划然成一新时代者。无论以平和得之，以铁血得之，皆是也。其狭义，则专以兵力向于中央政府者是也。吾中国数千年来，惟有狭义的革命。今之持极端革命之论者，惟心醉狭义的革命。故吾今所研究亦在此狭义的革命。

十九世纪者，全世界革命之时代也。而吾中国亦介立其间，曾为一次大革命者也。顾革命同，而其革命之结果不同。所谓结果者，非成败之云也，欧洲中原之革命军，败者强半，而其所收结果，与成焉者未或异也。胡乃中国而独若此。西哲有言，历史者民族性质之缫演物也。吾缘恶果以溯恶因，吾不得不于此焉询之。中国革命与泰西革命比较，其特色有七。

一曰有私人革命，而无团体革命　泰西之革命，皆团体革命也。英人一千六百四十六年之役，冲其锋者为国会军。美人一千七百七十六年之役，主其事者为十三省议会。又如法国三度之革命，则皆议员大多数之发起，而市民从而附和之者也。一千八百四十八年以后欧洲中原诸地之革命，莫非由上流团体主持其间也。综而论之，则自希腊罗马以迄近世，革命之大举百十见罔非平民团体与贵族团体相斗争也。独吾中国不然。数千年来，革命之迹不绝于史乘，而求其主动之革命团体无一可见。惟董卓之役，关东州郡会合推袁绍为盟主以起义，庶几近之，然不旋踵而同盟涣矣。其余若张角之天书，徐鸿儒之白莲教，洪秀全之天主教，虽处心积虑历有年所，聚众稍伙然后从事，顾皆由一二私人之权术，于团体之义仍无当也。其在现世，若哥老三合之徒，就外观视之，俨然一团体，然察其实情无有也。且其结集已数百年，而革命之实竟不克一举也。此后或别有枭雄者起，乃走附焉而受其利用，则非吾所敢言。若此团体之必不能以独立革命，则吾所敢言也。故数千年莽莽相寻之革命，其畜谋焉戮力焉喋血焉奏凯焉者，靡不出于一二私人。此我国革命与泰西革命最相违之点也。

二曰有野心的革命，而无自卫的革命　革命之正义，必其起于不得已者也。曷云乎不得已？自卫心是已。泰西之自卫，每用进取。中国人之自卫，惟用保守。故以自卫之目的，乃崛起而从事革命者，未之前闻。若楚汉间之革命，固云父老苦秦苛法，然陈涉不过曰“苟富贵毋相忘”，项羽不过曰“彼可取而代也”，汉高不过曰“仲之所就孰与我多”。其野心自初起时而已然矣。此外若赵氏之南越、窦氏之河西、马氏之湖南、钱氏之吴越、李氏之西夏，其动机颇起于自卫，然于大局固无关矣。故中国数十次之革命，自其客观的言之，似皆不得已，自其主观的言之，皆非有所谓不得已者存也。何也？无论若何好名目，皆不过野心家之一手段也。

三曰有上等下等社会革命，而无中等社会革命　泰西革命之主动，大率在中等社会。盖上等社会则其所革者，而下等社会又无革之思想，无革之能力也。今将中国革命史上事实类表之。则：

- 上等社会之革命
  - 成者
    - 唐高祖
    - 宋太祖（准革命）
    - 明成祖
  - 败者
    - 汉初异姓诸王
    - 汉文景间同姓诸王
    - 东汉末诸牧守
    - 晋十六国之强半
    - 唐之诸藩镇
      - 晋十六国及唐五代之方镇其性质颇复杂
      - 有不能尽日为革命者，今举其概耳
    - 五代时诸方镇
    - 明宸濠等
    - 清初之三藩及台湾
    - 其他
- 下等社会之革命
  - 成者
    - 汉高祖
    - 汉光武
    - 明太祖
  - 败者
    - 汉初之陈涉、项羽等
    - 西汉末之赤眉、王郎等
    - 东汉末之黄巾等
    - 隋末之李密、窦建德等
    - 唐末之黄巢等
    - 元末之张士诚、陈友谅等
    - 明末之流寇等
    - 清末之洪秀全等
    - 其他

表例说明：（一）凡在本朝任一方镇，拥土地人民以为凭借者，皆谓之上等社会。（二）凡欺人孤儿寡妇，假名禅让以窃国者，不以入革命之列。

准此以谈，则数千年历史上求所谓中等社会之革命者，舍周共和时代，国人流王于彘之一事，此后盖阒乎未有闻也（或疑中等与下等之界线颇难划，同为无所凭，籍则中与下等耳于何辨之？曰起事者为善良之市民命之曰中等，其为盗贼命之曰下等，或由下等而渐进为中等，不能计也，或裹胁善良之市民，亦不能计也）。夫泰西史上之新时代，大率以生计问题为枢纽焉。即胎孕革命者，此亦其重要之一原因也。故中等社会常以本身利害之关系故，奋起而立于革命之场。若中国则生计之与政治向固绝无影响存者也。故彼中革命一最要之机关，而我独阙如也。

四曰革命之地段　吾欲假名泰西之革命曰单纯革命，假名中国之革命曰复杂革命。长期国会时之英国，除克林威尔一派外，无他革命军也。独立时之美国，除华盛顿一派外，无他革命军也。自余各国前事，大都类是。（其成者每类是，反之，而各地蜂起者每不成。）中国不然，秦末之革命，与项羽汉高相先后者，则陈涉、吴广也、武臣也、陈婴也、周市也、田儋也、景驹也、韩广也、吴芮也。如是者数十辈。西汉末之革命，与光武相先后者，则樊崇也、徐宜、谢禄、杨音也、刁子都也、王郎也、秦丰也、平原女子迟昭平也、王常、成丹也、王匡、王凤也、朱鲔、张印也、陈牧、廖湛也、李宪也、公孙述也、隗嚣也、窦融也、卢芳也、彭宠也、刘永也、张步也、董宪也。如是者数十辈。东汉末之革命，与曹操、刘备、孙权相先后者，则黄巾十余大部也、董卓也、北宫伯玉也、张举也、李傕郭汜也、袁绍也、袁术也、吕布也、公孙瓒也、张鲁也、刘璋也、韩遂马腾也、陶谦也、张绣也、刘表也、公孙渊也。如是者数十辈。隋末之革命，与李唐相先后者，则王簿、孟让也、窦建德也、张金称、高士达也、郝孝德也、杨玄感也、刘元进也、杜伏威、辅公祐也、宇文化及也、翟让李密也、徐圆朗也、梁师都也、王世充也、刘武周也、薛举也、李轨也、郭子和也、朱粲也、林士弘也、高开道也、刘黑闼也。如是者数十辈。自余各朝之鼎革，大都类是。即如最近洪杨之役，前乎彼者，广西群盗既已积年，后乎彼者，捻回苗夷蜂起交迫，犹前代也。由是观之，中国无革命则已，苟其有之，则必百数十之革命军同时并起。原野餍肉，川谷阗血，全国糜烂，靡有孑遗，然后仅获底定。苟不尔者，则如汉之翟义、魏之毋丘俭、唐之徐敬业，并其破坏之目的亦不得达，更无论成立也。故泰西革命，被革命之祸者不过一方面，而食其利者全国。中国革命，则被革命之祸者全国，而食其利者并不得一方面。中国人闻革命而战栗，皆此之由。

五曰革命之时日　泰西之革命，其所敌者在旧政府。旧政府一倒，而革命者之潮落矣。所有事者，新政府成立善后之政略而已。其若法兰西之变为恐怖时代者，盖仅见也。故其革命之日不长。中国不然，非群雄并起，天下鼎沸，则旧政府必不可得倒。如是者有年，既倒之后，新政府思所以削平群雄，绥靖鼎沸，如是者复有年。故吾中国每一度大革命，长者数十年，短者亦十余年。试表列之：

时代	旧政府未倒以前		既倒以后		合计
秦末	三年	二世元年壬辰陈涉起首难二年甲午沛公入关秦亡。	十三年	高帝十二年丙午平陈豨卢绾兵事息。	十六年
西汉末	八年	新莽天凤四年丁丑新市下江兵起，地皇五年癸未更始入长安莽亡。	十八年	光武建武十五年庚子卢芳降，兵事息。	二十六年
东汉末	十二年	灵帝中平元年甲子黄巾起献帝兴平二年乙亥李傕郭汜作乱汉亡。	八十五年	晋太康元年庚子平吴，兵事息。	九十七年

时代	旧政府未倒以前		既倒以后		合计
隋末	九年	炀帝大业七年辛未王簿张金称等起，恭帝二年王世充弑帝隋亡。	十一年	唐太宗贞观二年平梁师都兵事息。	二十年
唐末	三十四年	僖宗乾符元年甲午王仙芝作乱，昭宣帝天佑四年丁卯朱温篡弑唐亡。	七十四年	宋太宗太平兴国四年己卯北汉主刘继元降，兵事息。	一百零四年
元末	二十一年	顺帝至正八年戊子方国珍起，二十八年戊申徐达定中原，元主北遁，元亡。	二年	明太祖洪武二年己酉徐达擒张良臣，兵事息。	二十三年
明末	十七年	思宗崇祯元年戊辰陕西流贼起，十七年甲申帝殉国，明亡。	四十年	清圣祖康熙二十二年癸亥平三藩，台湾兵事息。	五十七年
附洪杨	道光二十三年癸卯李沅发始乱，二十九年己酉洪秀全起广西，同治七年李鸿章平捻兵事息。				二十六年

（附注）若晋十六国南北朝间，混乱固极矣。然其性质复杂，不纯然为革命。且大革命中复包含无数小革命焉，故今不列于表。又东汉末，旧政府既倒后，犹拥虚号，其嬗代亦与他时代之性质稍异。以严格算之，其年数略可减少，谓献帝建安十八九年间为一段落可也，则亦二十年矣。

由是观之，中国革命时日之长，真有令人失惊者。且犹有当注意者一事，则旧政府既倒以后，其乱亡之时日，更长于未倒以前是也。（其间惟元明之交其现象出常例外，则由革命军太无力，久不能倒旧政府耳，其性质非有以异于前代也。）当其初革伊始，未尝不曰吾之目的在倒旧政府而已，及其机之既动，则以悬崖转石之势，波波相续，峰峰不断，驯至数十年百年而未有已。泰西新名词曰强权，强权之行，殆野蛮交涉之通例，而中国其尤甚者也，中国之革命时代其尤甚者也。如斗蟋蟀然，百蟀处于笼，越若干日而毙其半，越若干日而毙其六七，越若干日而毙其八九，更越若干若干日，群蟀悉毙，仅余其一，然后斗之事息。中国数千年之革命殆皆若是。故其人民襁褓已生金革之裹，垂老犹餍鼙鼓之声。朝避猛虎夕长蛇，新鬼烦冤旧鬼哭。此其事影响于社会之进步者最酷且烈。夫中国通称三十年为一世，谓人类死生递嬗之常期也。其在平和时代，前人逝而后人直补其缺，社会之能力殆继续而不断。若其间有青黄不接之顷，则进化之功用，或遂中止焉矣。英国博士福亚民，尝以统计上学理，论人口死亡之率，“谓英国生产者，一百万人中其十五岁至四十五岁间，以肺痨病死者七万二千三百九十七人。譬如每人以三十年间力作所得，平均可得二百磅。则是肺痨一疾，使英国全国之总殖损失千四百四十七万九千四百磅也。”此等语随机指点，已有足令人瞿然惊者。然此犹生计上直接之损害也，若语其间接者，则壮者死亡离散，而生殖力为之损耗，有去无来，人道或几乎息。观中国历史上汉末隋末唐末之人口，比于前代全盛时十仅存一（参观第三节附录《中国史上人口之统计篇》）。此岂尽由于杀戮耶？亦生殖力之锐减为之原也。坐事之故，其所影响者，若生计上、若学术上、若道德上、若风俗上，前此经若干年之群演，而始达于某级程度者，至是忽一切中绝，混然复还于天造草昧之状态，文明之凝滞不进皆此之由。泰西革命，蒙革命之害者不过一二年，而食其利者数百岁。故一度革命，而文明程度进一级。中国革命，蒙革命之害者动百数十岁，而食其利者不得一二年。故一度革命，而所积累以得之文明与之俱亡。此真东西得失之林哉。

六曰革命家与革命家之交涉　泰西革命家，其所认为公敌者，惟现存之恶政府而已，自他皆非所敌也。若法国革命后而有各党派之相残，则其例外仅见者也。中国不然，百数十之革命军并起，同道互戕。于旧政府之外，而为敌者各百数十焉。此鼎革时代之通例，无庸枚举者也，此犹曰异党派者为然也。其在同党，或有事初起而相屠者，如庄贾之于陈涉、陈友谅之于徐寿辉之类是也。或有事将成而相屠者，如刘裕之于刘毅、李密之于翟让之类是也。或有事已成而相屠者，如汉高祖、明太祖之于其宿将功臣皆是也。求其同心戮力全始全终者，自汉光武以外殆无一人。夫岂必远征前代，即如最近洪杨之役，革命之进行尚未及半，而韦昌辉与石达开同杀杨秀清矣，昌辉旋复谋杀达开矣，诸将复共杀昌辉矣。军至金陵，喘息甫定，而最初歃血聚义之东西南北翼五王，或死或亡，无复一存矣。其后陈玉成被卖于苗沛霖，而上游始得安枕。谭绍洸被杀于郜云官等，而苏州始下，金陵随之而亡。岂必官军之能强，毋亦革命家之太不济也。吾前者屡言，非有高尚严正纯洁之道德心者，不可以行革命，亦谓此而已。彼时洪杨等固无力以倒北京政府也，籍令有之，试思其后此与张总愚、赖汶洸辈之交涉何如，与苗沛霖辈之交涉何如，即与其部下石达开、陈玉成、李秀成、李世贤辈之交涉何如，此诸党魁之各各互相交涉又何如。其必缫演前代血腥之覆轨，无待蓍蔡矣。此真吾中国革命史上不可洗涤之奇辱也。

七曰革命时代外族势力之消长　呜呼，吾观法国大革命后，经过恐怖时代，巴黎全市血污充塞，而各国联军干涉，犹能以独力抵抗，不移时而出拿破仑，大行复仇主义，以震慑欧陆。吾因是以反观中国，吾不自知其汗浃背而泪承睫矣。中国每当国内革命时代，即外族势力侵入之时代也。综观历史上革命与外族之关系，可分为五种：

一曰革命军借外族之力以倒旧政府者　如申侯之以犬戎亡周、李世民之以突厥亡隋、石敬塘之以燕云十六州赂契丹等类是也。

二曰旧政府借外族之力以倒革命军者　如郭子仪之以回纥讨安史、李鸿章之以戈登灭洪秀全等类是也。

三曰旧政府借外族之力以倒革命军，而彼此两毙者　如吴三桂以满洲亡李闯，而并以亡明是也。

四曰革命军借外族之力以倒旧政府，而彼此两毙者　如成都王颖以刘渊为大单于，同抗王室，卒不能成，而遂以亡晋是也。

五曰革命军败后，引外族以为政府患者　如汉初陈豨、卢绾辈，东汉初卢芳辈之导匈奴，唐初刘黑闼、梁师都辈之导突厥等类是也。

此皆其直接关系也。若语其间接者，则如刘项斗而冒顿坐大，八王乱而十六国势成，安史扰而蕃鹘自强，五代棼而契丹全盛，闯献毒氛遍中原，而满洲遂尽收关外部落。此则未假其力以前，而先有以养其势者矣。呜呼，以汉高之悍鸷，而忍垢于白登之役，以唐太之神武，而遗憾于高丽之师。我国史之污点其何日之能雪耶？即如最近数十年间西方之东渐，固有帝国主义自然膨胀之力，而常胜军之关系亦宁浅薄耶？识者观此，毛发俱栗矣。（后略）

中国革命与泰西革命比较

中国	泰西
皆私人革命	多团体革命
多野心的革命	多自卫的革命
皆上等下等社会革命	多中等社会革命
革命军士派别极多	革命军只有一派
革命之时间甚长	革命之时间甚短
革命军互相残杀	革命之目的物只有旧政府
革命时代外族势力伸入	革命时代外族势力不能伸入

附 革命种类表一

- 革命之种类
  - 禅让
    - 自由禅让
      - 君臣间之自由禅让
      - 国际间之自由禅让
    - 强迫禅让
      - 君臣间之强迫禅让
      - 国际间之强迫禅让
  - 征诛
    - 内乱
      - 同族
      - 异族
    - 外患
      - 同族
      - 异族

附 革命种类表二

- 禅让
  - 自由禅让
    - 君臣间之自由禅让
      - 成功者
        - 尧之于舜
        - 舜之于禹
      - 未成功者
        - 燕王哙之于子之
    - 国际间之自由禅让
      - 成功者
        - 河西五郡大将军窦融之于东汉
        - 吴越王钱弘俶之于北宋
        - 清源节度使陈洪进之于北宋
      - 未成功者
        - 定难节度使李继捧之于北宋
  - 强迫禅让
    - 君臣间之强迫禅让
      - 成功者
        - 王莽之于孺子婴
        - 曹丕之于汉献帝
        - 司马炎之于魏元帝
        - 刘裕之于晋恭帝
        - 萧道成之于宋顺帝
        - 萧衍之于齐和帝
        - 陈霸先之于梁敬帝
        - 高洋之于东魏孝静帝
        - 宇文觉之于魏恭帝
        - 杨坚之于周静帝
        - 李渊之于隋恭帝侑
        - 朱温之于唐昭宣帝
        - 徐知诰之于吴让皇
        - 郭威之于汉湘阴公
        - 赵匡胤之于周恭帝
      - 未成功者
        - 赵王伦之于西晋惠帝
        - 桓玄之于东晋安帝
        - 侯景之于梁豫章王栋
        - 宇文化及之于隋秦王浩
        - 王世充之于隋恭帝侗
        - 袁世凯之于清宣统帝
    - 国际间之强迫禅让
      - 成功者
        - 周赧王之于秦
      - 未成功者

附 革命种类表三

- 征诛
  - 内乱
    - 同族
      - 成功者
        - 秦末之汉高帝
        - 王莽末年之汉光武帝
      - 未成功者
        - 秦末之陈胜、吴广等
        - 王莽末年之赤眉、王郎等
        - 东汉末年之黄巾等
        - 隋末之李密、窦建德等
        - 唐末之黄巢、王仙芝等
        - 北宋末之方腊、南宋初之杨么、范汝为等
        - 明末之张献忠、李自成等
    - 异族
      - 成功者
        - 西晋末之刘渊、石勒
        - 元末之明太祖
        - 清末之中华民国
      - 未成功者
        - 有唐中叶之安禄山、史思明等
        - 元末之刘福通、陈友谅等
        - 清末之洪秀全、杨秀清等
  -
    - 同族
      - 成功者
        - 商之于夏
        - 周之于殷
        - 秦之于六国
        - 汉之于楚
        - 魏之于蜀
        - 晋之于吴
        - 后赵之于前赵
        - 后秦之于前秦
        - 后燕之于前燕
        - 隋之于陈
        - 后晋之于后唐
        - 宋之于后蜀、南汉、南唐
        - 明之于夏
      - 未成功者
        - 六国之于秦
        - 项羽之于汉
        - 蜀之于魏、吴

- 外患
  - 异族
    - 成功者
      - 前燕之于后赵
      - 前秦之于前燕、前凉、代
      - 东晋之于南燕、后秦
      - 后魏之于北凉、北燕
      - 吐谷浑之于大夏
      - 后唐之于后梁、前蜀
      - 契丹之于后晋
      - 宋之于北汉
      - 元之于金、于夏、于宋
      - 清之于明
    - 未成功者
      - 匈奴之于汉
      - 前秦之于东晋
      - 元魏之于南朝
      - 北周之于梁
      - 突厥之于隋
      - 金之于南宋
      - 瓦剌之于明
      - 英法之于清

附　历代革命原因表

（一）人主昏暴　如夏桀、商纣、周厉王，幽王、吴归命侯孙皓、宋前废帝子业、后废帝昱、齐东昏侯宝卷、北周宣帝、隋炀帝、南汉后主刘𬬮、金海陵王完颜亮等之类，皆是也。

或庸愚。如秦二世、西汉成帝、哀帝、东汉桓帝、灵帝、蜀后主禅、晋惠帝、东晋孝武帝、安帝、北齐后主纬、陈后主叔宝、唐懿宗、僖宗、昭宗、后蜀后主孟昶、南唐后主李煜、宋徽宗、辽末帝天祚、元顺帝、明武宗、世宗、神宗、熹宗、思宗等之类，皆是也。

或幼弱。　如西汉平帝、东汉献帝、西晋愍帝、东晋恭帝、宋顺帝、齐郁林王昭业、海陵王昭文、和帝、梁敬帝、陈临海王伯宗、周静帝、隋恭帝侑、恭帝侗、唐昭宣帝、前蜀后主王衍、汉隐帝、周恭帝、南宋恭宗、帝昺、清文宗、毅宗、德宗、宣统帝等之类，皆是也。

（二）女后　擅权如汉高帝皇后吕氏、元帝皇后王氏、晋惠帝皇后贾氏、唐高宗皇后武氏、中宗皇后韦氏、后唐庄宗皇后刘氏、清毅宗德宗太后那拉氏等之类，皆是也。

（三）女宠　如夏桀之妹喜、商纣之妲己、周幽王之褒姒、南齐东昏侯之潘贵妃、陈后主之张丽华、唐玄宗之杨太真等之类，皆是也。

（四）宦官　如秦二世之赵高、汉灵帝之十常侍、蜀后主之黄皓、唐玄宗之杨思勖、高力士、肃宗之李辅国、代宗之程元振、鱼朝恩、德宗之窦文场、霍仙鸣、宪宗之吐突承璀、陈弘志、敬宗之刘克明、文宗之王守澄、仇士良、僖宗之田令孜、杨复恭、昭宗之刘季述、韩全诲、南汉后主之龚澄枢、李托、宋徽宗之童贯、明武宗之刘瑾、熹宗之魏忠贤、清孝钦皇后之安得海、李莲英等之类，皆是也。

（五）外戚　如西汉之霍禹、王莽、东汉之窦宪、梁冀等之类，皆是也。

（六）权臣　如汉末之曹操、曹丕、魏之司马懿、司马师、司马昭、司马炎、东晋之桓温、桓玄、刘裕、宋之萧道成、齐之萧鸾、萧衍、梁之陈霸先、魏之尔朱荣、高欢、宇文泰、北周之杨坚、后周之赵匡胤等之类，皆是也。

（七）朋党　如东汉末之钩党、唐之牛李党、北宋之元祐党、熙丰党、明末之东林党、阉党、清末之立宪党、革命党及守旧党等之类，皆是也。

（八）藩镇　如夏之商汤、殷之周武王、周之七雄、西汉初之七国、东汉末之守牧、隋末之李渊、有唐中叶以后之河朔诸藩镇、后唐之李从珂、石敬塘、后汉之郭威、元之海都、纳延、明之燕王棣、宁王宸濠、清初之吴三桂、耿精忠、尚之信等之类，皆是也。

（九）乱民　如秦末之陈胜、吴广、项羽、刘邦等，西汉末之赤眉、王郎等，东汉末之黄巾等，隋末之李密、窦建德等，唐末之黄巢、王仙芝等，北宋末之方腊等，元末之刘福通、陈友谅、朱元璋等，明末之张献忠、李自成等，清末之洪秀全、杨秀清等之类，皆是也。

（十）外国　如汉之匈奴，晋之匈奴及鲜卑、魏之柔然、北周隋唐之突厥、唐之回纥、吐蕃、南诏、宋之辽金，西夏及元、明之鞑靼、瓦剌、满洲，清之英、法、俄、日诸国等之类，皆是也。

参考书

《支那史概说》（总论　第二　民族）　市村瓒次郎先生

《儒墨之异同》（第二章　第一节《对于天之观念》　第二节《对于命之观念》）自著

《中国历代党争史》（结论）　自著

《饮冰室全集》（第十九册　第三十册）　梁启超

《史学杂志》（第二十二编　第十号）　日本史学会

二、敬祖宗

西洋伦理横以计算，中国伦理纵以计算；西洋社会思想发达，中国家族思想发达；西洋重公德，故慈善事业流行于社会间；中国重私德，故孝友风尚流行于家庭间，敬祖宗之习惯，即由孝友思想沿习养成者也。《中庸》曰：“春秋，修其祖庙，陈其宗器，设其裳衣，荐其时食。宗庙之礼，所以序昭穆也。序爵，所以辨贵贱也。序事，所以辨贤也。旅酬，下为上，所以逮贱也。燕毛，所以序齿也。践其位，行其礼，奏其乐，敬其所尊，爱其所亲，事死如事生，事亡如事存，孝之至也。”《论语》曰：“慎终，追远，民德归厚矣。”圣经贤传对于敬祖宗再三致意。此外，若《书经》、《诗经》、《礼记》等书无不皆然，故天子有七庙、诸侯五庙、大夫三庙、士二庙、庶人一庙，对于祖宗之崇报，无贵贱一也。中国思想，谓死者魂升魄降，魄入于地，毫无知觉，魂升于天，其精灵依旧存在。故每一祭祀，必招魂归来受享。又恐死者寂寞，于是有殉死之风。后世象形为俑，至今流行未辍。惟其以家庭为本位，故同居之风盛行，唐张公艺家九世同居，宋陈兢家十八世同居，历史上传为美谈。子弟富于依赖性质，人少独立之风，而恬不为怪。惟其敬祖主义发达，故凡事必则古称先，老师宿儒，猾胥劣吏，动辄持以要挟君主长官，而当局者不敢与抗。分明恶劣习惯，而不敢不从，曰祖宗有此例也。分明良法美意，而不敢遽从，曰祖宗无此例也。历代变法之难概由于此。以宋神宗之英武而不能成功，以清德宗之聪明而竟以贾祸。变更祖宗成法，虽君主亦有力与心违之叹。至于商鞅、王安石、康有为辈，以匹夫上干天子，持一己学说，欲令世风丕变，岂不难哉？惟其敬祖主义发达，故历代君主，多推崇古圣先贤为祖宗，以门阀笼络百姓。夏祖禹、商祖契，此毫无疑义者也。周祖后稷，则稍费考据。秦祖伯益、汉祖尧，则微觉荒唐。至于新莽祖虞舜，凡天下姚、妫、陈、田、王五姓皆为宗室。唐祖老子，追尊为玄元皇帝，则尤为妄诞无稽矣。政治家如此，宗教家亦然。古代创立学说者，往往推崇古圣贤为教祖，以夸耀其学说所自出。儒教，孔子所创也，而祖述尧舜。道教，老庄所创也，而推崇黄帝。至于墨子尊崇夏禹，许行尊崇神农，更无论矣。政治家宗教家如此，各界皆然。书家摹拟锺、王、颜、柳（锺繇、王羲之、颜真卿、柳公权），诗家效法李杜元白（李白、杜甫、元稹、白居易），古文家崇拜唐宋八大家（韩愈、柳宗元、欧阳修、王安石、苏洵、苏轼、苏辙、曾巩），词曲家推崇李笠翁、王实甫。至于靴工祀孙膑，木工祀鲁班，造酒者祀杜康，女闾祀管仲，梨园祀明皇，虽其中不无迷信讹误，要皆出于则古称先之一念也。则古之念太重，流弊至于卑今，置理想之黄金世界于过去时代。于是凡事皆欲复古，对于未来希望太薄。保守之风盛，研究之风衰，思想界一时停滞。中国自战国以后二千余年，形而上形而下之学问，所以无新发明者，职此之由。

- 敬祖宗养成之优点
  - 孝
  - 友
- 敬祖宗养成之流弊
  - 以家庭为本位，同居之风盛行，子弟富于依赖性质，缺乏独立气概
  - 凡事必则古称先，不敢作创举，亦不许他人创举
  - 凡事皆欲复古，对于未来希望太薄，保守之风盛，研究之风衰
- 敬祖宗养成之现象
  - 历代君主多推崇古圣贤为祖宗
  - 宗教家多推古圣贤为教祖
  - 学者多摹仿古人
  - 技术家多崇奉古人为祖师

参考书

《支那史概说》（总论第二　民族）　市村瓚次郎先生

《阅微草堂笔记》（卷四　滦阳消夏录四百工技艺各祠一神条）　纪昀

《两般秋雨庵随笔》（卷一　世俗诞妄篇）　梁绍壬

三、重财利

自来天子不言有无，诸侯不计多寡。利之一字，似为儒教所讳言。顾历史上之现象则颇异是。伊古以来，家庭及国家之剧变，由利而起者恒十之八九。古圣贤恻然尤之，乃亟思所以防御之术。儒教提倡仁义说以抵制之，道教提倡虚无说以排除之。《论语》曰："君子喻于义，小人喻于利。"又曰："见利思义。"此孔子学说，举义以与利对抗者也。孟子之见梁惠王也，王曰："叟不远千里而来，亦将有以利吾国乎?"孟子对曰："王何必曰利。亦有仁义而已矣。王曰何以利吾国，大夫曰何以利吾家，士庶人曰何以利吾身。上下交征利，而国危矣。万乘之国，弑其君者，必千乘之家。千乘之国，弑其君者，必百乘之家。万取千焉、千取百焉，不为不多矣。苟为后义而先利，不夺不餍，未有仁而遗其亲者也，未有义而后其君者也。王亦曰仁义而已矣，何必曰利。"此孟子学说，兼举仁义以与利对抗者也。老子《道德经》云："绝圣弃智，民利百倍。绝仁弃义，民复孝慈。绝巧弃利，盗贼无有。"此老子学说，举极端消极之虚无说以

与利对抗者也。惟古昔圣贤极力排斥利字，故其结果，中上流社会中修深养到之人，往往有自甘清贫，超然于富贵名利之外者。若伊尹之耕莘、太公之钓渭、诸葛武侯之躬耕南阳、谢太保之高卧东山。先圣后贤，其揆一也。希世之大政治家犹恬淡如此，其他高人逸士之流风余韵概可知矣。顾中下流社会之人颇难以语此。唐人张谓题长安主人壁诗云："世人结交须黄金，黄金不多交不深。纵令然诺暂相许，终是悠悠行路心。"此为一般世人写照也。惟修深养到之人少，而一般世人多，故鄙夫市侩贱丈夫触目皆是，朝野上下皆为若辈逐鹿之场。功名可以捐纳，罪人可以贿放，政治家新闻记者可以买收，金钱万能主义纵横跋扈于世界。循是以往，举国男女老少，无贵无贱，不相率沦为盗贼娼妓不可得也。老子曰："天下攘攘，皆为利往。天下熙熙，皆为利来。"此真用画火画影画水画声手段，描尽世态人情。可谓他人有心，予忖度之矣。圣贤深知好利之弊也，故极力排斥之。《论语》曰："子罕言利。"孟子曰："鸡明而起，孳孳为善者，舜之徒也。鸡明而起，孳孳为利者，跖之徒也。欲知舜与跖之分，无他，利与善之间也。"深恶痛绝之如此，终不能挽回大多数俗人心理也。

说者谓西洋人开口动言权利，与中国之言利者将毋同。顾"权利"二字，系"right"之译语，与中文利字之义稍有区别。利字之义，以金钱为唯一目的。故苟有金钱，虽丧名屈节亦所不惜。权利二字之义，所包含者广。不仅金钱，且有时与金钱主义相抵触，而亦不得不谓之权利。德儒Jhering所著之《权利竞争论》（Der Kampf ums Recht）云："英国人之游历欧洲大陆者，或偶遇旅馆舆夫有无理之需索，辄毅然斥之。斥之不听，或争议不决者，往往宁延迟行期数日数旬。所耗旅费，视所争之数增至十倍亦所不恤焉。无识者莫不笑其大愚，而岂知此人所争之数先令（英国货币名，一先令约当墨银半圆实），所以使堂堂英吉利国屹然独立于世界之要具也。盖权利思想之丰富，权利感情之敏锐，即英人所以立国之大原也。今试举一奥大利人（伊氏著书教授于奥大利，故以此鞭策奥人）与此英人地位同财力同者相比较，其遇此等事，则所以处置者如何。必曰此区区也，岂值以之自苦而滋事端，直掷金拂衣而去耳。而乌知夫此英人所拒奥人所掷数片先令之中，有一绝大之关系隐伏焉，即两国数百年来政治上之发达，社会上之变迁，皆消息乎其间也。”又民国二年间，《亚细亚报》载一剧谈，标题为《丹马人之特性》。据云，“丹马人某甲，遗失一千元纸币于途。某乙行经其地，拾得之，坐待某甲之来寻而还之。某甲惊喜过望，愿分其半以酬乙。乙不受曰：君宜向余行一大礼。某甲怒，谓君若向余行一大礼，余宁以千元赠君。二人争执多时，卒委其纸币于途而去。”此虽笑谈，然亦可知西洋人所争之权利，与中国人所好之金钱，固自有别。唯此二者二而一、一而二。故中国人往往丧失权利，而博得金钱，西洋人则损失金钱，而换得权利。得金钱者固未尝不自鸣得意，而得权利者乃窃笑于傍矣。

中国古语，名利二字往往并举。顾好利者多，好名者少。一当名利关头，则舍名而取利，此中国社会所以日趋于腐败也。

财之字义，与利有别。《大学》曰：“生财有大道。生之者众，食之者寡，为之者疾，用之者舒，则财恒足矣。仁者以财发身，不仁者以身发财。”财之一字，固圣贤所不讳言。而大政治家尤着眼于此。昔者子适卫，冉有仆，子曰：“庶矣哉。”冉有曰：“既庶矣，又何加焉。”曰：“富之。”曰：“既富矣，又何加焉。”曰：“教之。”孟子曰：“富岁子弟多赖，凶岁子弟多暴。”管子《治国篇》曰：“凡治国之道，必先富民。民富则易治也，民贫则难治也。（中略）是以善为国者，必先富民，然后治之。”又《牧民篇》云：“国多财则远者来，地僻举则民留处。仓廪实则知礼节，衣食足则知荣辱。”盖财之为物，与国计民生有密切关系。财政丰裕则国强，财政紊乱则国弱，财源枯竭则国亡。当代西洋政治家以理财为治国唯一要义，与中国古代圣经贤传学说相近。非若孳孳谋利者，纯为一己之私也，顾理财者不必孳孳以言利，谋利者则必先汲汲以求财。财利二字，遂若有形影相随之势。中国一般社会多倾向之，而商人尤甚。试一游街市，商家门首之春联，皆取发财主义为吉祥语。入其室则家家供享财神。其供献物则为旧式铜币与元宝式纸锭。又北方风气，阴历新年，亲友初对面时，必互行一揖礼，口称“见面发财”以为祝。此亦重财利之思想发达后逐渐养成之习惯也。惟此等思想发达，故储蓄之风盛。人人勤俭，善于治家及经商，中国富力因而增进。同时，金钱万能主义流行，上下交争利，一有金钱，则置国家于脑后，弃名节而不顾，举国相率流为市侩。其长处即其短处，优点即其劣点也。推此等思想发达之由来，其原因厥有二端：

一、封建制度及井田之破坏　中国上古时代，诸侯、卿、大夫、士，世禄世官，有土有民以为终身之业，无事营营为利。且井田之制盛行，取均产制度，不准自由垄断，贫富之悬隔未甚，故利心淡泊。秦时，废井田，开阡陌，贫富之差渐生。南北朝及唐时，虽有颁田之制，行之未久，旋复废弃。均产之制破，人人得以自由扩置财产，贫富之差益甚。富者连阡累陌，贫者无立锥之地。经济界上大野心家，乃明目张胆，实行其垄断政策。小民为糊口计，不得不以金钱为生命也。

二、战争之频繁　中国数千年历史，战争之历史也。内乱外患，更迭繁兴。未有经过百年而无战事者。战事一起，王侯将相槁死沙场，公子王孙流为饿殍。当此之时，爵位不足恃，权利不足赖，名誉不足依。所恃以为唯一不二之救济物者厥惟财产。故人人竞以金钱为目的，不顾廉耻为何物。

或谓印度国情与中国同，顾印人能超然于名利之外者，何也？曰印度为理想之国民，中国为实际之国民。印度宗教哲学思想发达，中国政治经济思想发达。印度人注重未来，故幸福期之死后或来生，现世虽甘穷饿而不悔。中国人注重现在，死后及来生皆所不计，而惟取实利主义，满足目前之欲望。故两大民族对于财利之观念固自不同也。

中国人财利思想与西洋人权利观念之比较
- 中国——金钱或可以用金钱估计之物品
- 西洋——right

重财利思想养成之原因
- 封建制度及井田之破坏
- 战争之频繁

重财利之利弊
- 储蓄之风盛，人人勤俭，善于治家或经商
- 金钱万能主义流行，上下交争利，知有个人不知有团体

	印度	中国
中印国民思想之比较	重理想	重实际
	宗教哲学思想发达	政治经济思想发达
	注重未来幸福，现在虽甘穷饿而不悔	注重现在幸福，不甚计较未来

参考书

《支那史概说》（总论第二　民族）　市村瓒次郎先生

《儒墨之异同》（第三章第二节　对于义利之观念）　自著

Der Kampf ums Recht Jhering

《亚细亚报》　民国二年份

四、重文轻武，喜平和恶杀伐

自来风俗习惯，由于人造者半，由于天然者亦半。满蒙地方，气候寒冷，土壤硗瘠，人民习于劳苦，养成一种慓悍强勇气概。故尚武之风盛，人尽知兵。虽妇人孺子，皆能马上劳动，而于文学则藐乎无闻焉。汉民族所处地位，适与之成反比例。土壤肥沃，气候温和。农业适宜，故开化最早。自唐虞时代，典章文物，斐然可观，历三代迄周而大备。虞书周礼，为中国法制史之滥觞。《禹贡》一篇，为中国地志之原本。此后若战国之骚体，六朝之选体，唐之诗，宋之文，元之词曲，明清之时文及试帖诗赋，皆萃一代文人学士之精神，融合而成著作。文笔之优美高尚，文字之华丽瑰奇，实为全球各国冠。世界谈文学者，莫不于中国首屈一指焉。顾重文太甚，则轻武之风起。孔孟学说，尊重文德，排斥战祸，故于周文王

推崇甚至，而于武王时有微词。老庄学说，虽不推崇文德，而亦极力排斥战祸。此外各种圣经贤传，以及历史上称述之事迹，时露重文轻武之风，以为文德能胜武力。《虞书·大禹谟》云："帝曰，'咨禹。惟时有苗弗率，汝徂征。'（中略）三旬。苗民逆命。益赞于禹曰：'惟德动天。无远弗届。（中略）至诚感神，矧兹有苗。'禹拜昌言曰'俞'。班师振旅。帝乃诞敷文德，舞干羽于两阶。七旬，有苗格。"武力为异族所压倒者，乃以文德制服异族，是为汉民族最得意手段，儒教诸生所津津乐道者也。顾经书所载者，系上古时代汉民族之思想，不可认作实事。经生泥古，不知变通，效法古人，动辄失败，可笑人也。昔者王莽末年，汉兵入长安，烧作室门（在未央宫西北）。火及掖庭，王莽犹貌为镇定，持虞帝匕首，旋席，随斗柄而坐曰："天生德于予，汉兵其如予何。"已而众兵入宫，遂诛莽。梁元帝末年，西魏柱国于谨率师来侵。前锋济汉，将抵江陵。元帝犹讲老子于龙光殿，百官戎服以听。已而魏师围江陵，元帝巡城，犹口占为诗，群臣亦有和者。外栅陷，元帝退保子城，诸将皆散。乃焚古今图书十四万卷，以宝剑击柱，折之，叹曰："文武之道，今夜尽矣。"或问焚书何意，帝曰："读书万卷，犹有今日。故焚之。"已而内城亦陷，帝遂为魏人所杀。君主推崇文德，犹自欺以欺人如此，其他腐儒更何责焉。惟其然也，故武人为社会所轻视。有唐以后，文武分途。武臣不能握政柄，终身受文臣节制。于是有中等财产之家，中等脑力体力之人，皆乐于习文，不乐于习武。学书不成者，始去而学剑。军人资格渐渐低下，聪明材力，远不如文人。中国数千年来，学界有名儒，军界无壮士。与异族战，动辄失败。六朝时代，南北构兵，北朝多胜，南朝多负。北朝疆土逐渐扩张，南朝疆土逐渐削减，终至于亡。宋辽金对峙时代，辽与宋战则胜，与金战则败。辽亡，宋与金比邻，金与宋战则胜，与元战则败。金亡，宋与元比邻，乃不得不折而入于元矣。北朝天子，多以马上得天下，军事知识素发达。南朝天子，往往傅脂粉，坐深宫，深居简出，不知军事为何物。汉族对外之不竞，职此之由。惟其然也，故历代对外战争，多系被动，非主动。汉武帝、唐太宗，经略异域，着着成功，武力之强，为汉族历代君主冠。顾其对外战争，纯为防卫起见，非为侵略起见，是以汉武末年有轮台之悔。以秦始皇之英武，击退匈奴后，不思荡平漠北，犹筑长城以自保。以汉武帝、昭帝、宣帝累世英主，击败匈奴，呼韩邪称臣内徙后，不移殖汉族，经略漠南漠北，收复为中国有，乃任匈奴复还故地。东汉和帝时代，大将军窦宪击灭北匈奴，南匈奴内徙五原，漠北空虚，鲜卑遂乘势窃据其地，卒为中国大患，土地可以归我有而仍不有。与蒙古族之成吉思汗、帖木儿，终年以战争为事，至死方休，累世以开疆拓土为业，历祖及孙而不倦者相较，其野心之大小为何如也。惟其然也，故中国历史上幅员最大之帝国，实推蒙古族之元为巨擘，通古斯族之清次之，汉族之汉、唐又次之。宋、明褊小，始终为北方民族所凌侮。其他更无论矣。惟其然也，故汉民族之人，皆以从军为苦，以老死不知兵革为幸福。谚云：宁作太平犬，不当离乱民。杜工部《石壕吏》诗云：

夜宿石壕村，有吏夜捉人。老翁踰墙走，老妇出门迎。吏呼一何怒，妇啼一何苦。听妇前致辞，“三男邺城戍。一男附书至，二男新战死。存者且偷生，死者长已矣。室中更无人，惟有乳下孙。孙有母未去，出入无完裙。老妪力虽衰，请从吏夜归。急应河阳役，犹得备晨炊。”夜久语声绝，如闻泣幽咽。天明登前途，独与老翁别。

又《兵车行》诗云：

车辚辚，马萧萧，行人弓箭各在腰。爷娘妻子走相送，尘埃不见成阳桥。

牵衣顿足拦道哭，哭声直上干云霄。道旁过者问行人，行人但云点行频。

或从十五北防河，便至四十西营田。去时里正与裹头，归来头白还戍边。

边庭流血成海水。武皇开边意未已。君不闻汉家山东二百州，千村万落生荆杞。

纵有健妇把锄犁，禾生陇亩无东西。况复秦兵耐苦战，被驱不异犬与鸡。

长者虽有问，役夫敢申恨？且如今年冬，未休关西卒。县官急索租，

租税从何出？信知生男恶，反是生女好。生女犹得嫁比邻，生男埋没随百草。

君不见青海头，古来白骨无人收。新鬼烦冤旧鬼哭，天阴雨湿声啾啾。

白香山《新丰折臂翁》诗云：

新丰老翁八十八，头鬓眉须皆似雪。玄孙扶向店前行，左臂凭肩右臂折。

问翁臂折来几年，兼问致折何因缘。翁云贯属新丰县，生逢圣代无征战。

惯听梨园歌管声，不识旗枪与弓箭。无何天宝大征兵，户有三丁点一丁。

点得驱将何处去？五月万里云南行。闻道云南有泸水，椒花落时瘴烟起。

大军徒涉水如汤，未过十人二三死。村南村北哭声哀，儿别爷娘夫别妻。

皆云前后征蛮者，千万人行无一回。是时翁年二十四，兵部牒中有

名字。

夜深不敢使人知，偷将大石槌折臂。张弓簸旗俱不堪，从兹始免征云南。

骨碎筋伤非不苦，且图拣退归乡土。此臂折来六十年，一肢虽废一身全。

至今风雨阴寒夜，直到天明痛不眠。痛不眠，终不悔，且喜老身今独在。

不然当时泸水头，身死魂孤骨不收。应作云南望乡鬼，万人冢上哭呦呦。

老人言，君听取。君不闻开元宰相宋开府，不赏边功防黩武。

又不闻天宝宰相杨国忠，欲求恩幸立边功。边功未立生人怨，请问新丰折臂翁。

此外若杜工部之《哀江头》、《哀王孙》、《彭衙行》、《羌村》、《新安吏》、《潼关吏》、《新婚别》、《垂老别》、《无家别》、李华之《吊古战场文》等篇，其描写世人厌倦兵戈心理，皆为独到。与古代之 Sparta 现今之大和民族、日耳曼民族相较，一则以从军为乐，一则以从军为苦，一则以战死沙场为乐，一则以老死牖下为幸，其民气之强弱为何如也。惟其然也，故军人社会为下流无赖者所盘据，中上流社会之人不屑就。谚云："好人不当兵，好铁不打钉。"鄙夷轻侮无所不至。军人亦自甘暴弃，奸淫掳掠，与强盗无异。以视欧、美、日本各社会，崇拜军人为国家保障，皇帝总统自为海陆军大元帅，皇太子以下皆就军职。大学卒业之博士、学士补充海陆军下级军官，轻裘缓带，有儒将风，为社会之表率者异矣。惟其然也，故前清末年，对外战争有败无胜，割地纳款，忍辱乞和，瓜分之说，公然昌言于外人之口。欲求平和，而平和不能保；欲避战争，而战争不能免。则何如及早改弦易辙，提倡尚武精神，整顿军国民教育，与世界各国以武装的和平相维持之为愈哉！

- 重文轻武习惯养成之原因
  - 由于天然者
    - 土壤肥沃
    - 气候温和
    - 农业适宜
  - 由于人为者
    - 教育家之鼓吹
    - 政治家之提倡

- 中国历代文学之精华
  - 虞书周礼为中国法制史之滥觞
  - 禹贡为中国地方志之原本
  - 战国时代之骚体
  - 六朝之选体
  - 唐之诗
  - 宋之文
  - 元之小说、传奇
  - 明、清之时文及试帖、诗赋

- 中国史上最大之版图
  - 蒙古族之元
  - 通古斯族之清
  - 汉族之汉、唐
  - 汉族之秦、隋
  - 汉族之宋、明

- 重文轻武之现象
  - 一、文学之发达
  - 二、经生之泥古
  - 三、文武分途，武臣不能握政柄，终身受文臣节制
  - 四、南北构兵，北朝多胜，南朝多负
  - 五、汉族对外战争，多系被动，非主动
  - 六、中国史上最大版图，为蒙族之元、满族之清，汉族之汉、唐犹为其次
  - 七、道学家之非战论 …… 孔、孟、老、庄、墨子之学说
  - 八、文学家之非战论 …… 杜甫、白居易、李华等之著作
  - 九、民间之非战论 …… 宁作太平犬，不当离乱民，好人不当兵，好铁不打钉等歌谣
  - 十、清末对外战争，有败无胜

参考书

《支那史概说》（总论第二　民族）　市村瓒次郎先生

《儒墨之异同》（第四章第四节　对于军事之观念）　自著

（饮冰室丛著第九种）《外史鳞爪》（卷上　斯巴达小志）　梁启超先生

五、重仪式娴辞令

由来汉民族好礼。礼之为用，上至国家之官制军制刑制，下至庶民之冠婚丧祭，胥受其范围者也。礼起于何时，莫知其详。大抵人类社会，由野蛮之域，进入文明之域，上流阶级之人，制为一种仪式，维持社会秩序，以束缚人民之野蛮自由。盖几经进化，几经变更，始成为一种神圣不可侵犯之习惯法。有违背者，群起而非难之。圣人制礼之时，礼与法有密切关系。《尚书》、《礼记》、《周书》、《仪礼》诸书，皆为古代通礼，而实含法制性质。历夏、商、周无改。春秋战国时代，礼法渐分。至秦统一天下，礼与法乃截然划为两途。法为国家之专有物，政府司之。礼为社会之通用品，自天子以至于庶人共之。惟其然也，故法随政府为消长，政府易则法亦变更。礼与社会结不解缘，社会不变，礼终不能大变也。圣人又恐束缚人民太甚则人类感痛苦也，乃制为乐以调和之。行礼之时必作乐，借以涵养德行，娱悦性情。顾几经变乱战争，礼虽犹存而乐已废。盖乐之为物，人存则举，人亡则息。乐人长逝，乐节失传。乐谱乐具虽存，于事无补也。民国成立，征求国歌，提倡军乐。大中小学校内，钢琴风琴依次排列，非不整然可观。顾此系外洋输入之新乐，与中国旧有之古乐无涉也。

重礼太甚，其弊流于形式。亲没之际，必衰服庐墓三年。葬时必行哭礼，葬式必用木葬。衣衾棺椁异常华侈。召集亲友，大开筵席，呼僧唤道，唪经诵佛，甚或演剧娱宾以助余兴，繁华奢丽，耗费金钱。与儒教所谓“礼与其奢也宁俭，丧与其易也宁戚”之义大相背谬（参观《地学杂志》第十六年第二期二二一页刘半农译《苏莱曼东游记》）。察省南部各县，每一丧亲，例须破产以营葬礼，否则乡人群起而非难之。以有限之金钱，用之于不生产之地，其为害于社会经济为何如也。官吏遭丧，例须免官家居二十七个月，以有用之时间，消耗于无聊之生活，其妨碍于国家行政又何如也。此外若婚礼、寿礼、及小儿诞弥月之礼，皆异常奢侈。而嫁女为尤甚。为父兄者，牺牲一岁收入之赢余犹不足，往往借贷亲友，或卖却不动产以补充之。否则女儿抱怨，婿家不快，犹为末节，日须受社会之讥诮也。文学上亦重形式，战国时之骚体，六朝之选体，唐宋之四六文章，元之词曲，明清之八股文章，及律诗、律赋，文字华丽，音调谐和，固不必论。且注重对偶，句必有双。此外若诗钟、春联皆如此。与东西洋各国文字相较，一整一散，风韵自别也。日本汉学家效法中文，颇能作偶语。顾其本国固有之国语，纯系复音，与西洋同，不宜于对偶。东施效颦，适增其丑也。建筑上亦重形式。西洋房屋，盘环曲折，自成风致。中国房屋，则以四合为标准。上房倒座之间数，两厢房之间数，必分配匀称。即富有金钱者，建筑五层、十层之房屋，亦不过一大四合房，规模略扩充而已。北京紫禁城内之乾清宫、坤宁宫，与颐和园内之离宫，形势大都如此。准此类推，若秦始皇之阿房宫，西汉之未央宫、建章宫，陈后主之临春、结绮、望仙阁，隋炀帝之西苑，宋徽宗之艮岳，虽层楼叠阁，千门万户，历史上传为美谈，然人概之形势，亦不过如此而已。无富贵贫贱，千篇一律也。法制上亦重形式。日本维新之初，为时势所迫，往往先设机关，后布官制。我国照抄日本原文，朝颁一法，夕布一令。事件尚未发生，文字已连篇累牍。日本各官署公文多用草书，拟稿者自写，无专司誊清者。我国官署多用书记、录事，专司写稿，于时间金钱及保守秘密上，诸多不便也。重形式之结果，人娴辞令，善于交际。试观春秋之时，郑宋等小国，界居强国之间，使臣素号多才。往往樽俎折冲，化干戈为玉帛。武力所不能抵抗者，以口舌抵抗之，小邦赖以自立。言语之学，孔门列为一科，与德行、行事、文学并重。战国之时，纵横家学说发达。苏张之徒，皆以口舌操纵群雄，致位宰相，天下安危系其一言。历汉及晋，挥麈清谈之辈，犹存古风。其后言语学渐衰，而书札之学日益发达。历代名人书札，皆能以最简单之笔，述极复杂之事，委婉曲折，道尽人情，实为全球各国书札冠。顾交际太谙练者，其末流容易流于虚伪，辞气款式之间，往往有足恭之处。孔子曰：“巧言令色，鲜矣仁。”又曰：“不有祝鮀之佞，而有宋朝之美，难乎免于今之世矣。”可见此等谄谀风气，匪今斯今，振古如兹矣。是则我辈所深戒也。

- 礼与法之关系
  - 法为国家之专有物，政府司之；政府变更，则法亦随之变更
  - 礼为社会之通用品，自天子至于庶人共之；社会不变，礼终不能大变
- 礼与乐之关系
  - 礼主节制
  - 乐主调和
- 重礼之流弊流于形式
  - 婚丧上
    - 丧礼……哭泣，衰服，庐墓三年，衣衾棺椁皆华丽奢侈耗费
    - 婚礼……奢侈耗费
    - 寿礼……奢侈耗费
    - 小儿诞弥月之礼……奢侈耗费
  - 文学上（注重对偶与声调）
    - 战国时之骚体
    - 六朝之选体
    - 唐宋之四六文章
    - 元之词曲明清之八股文
    - 律诗、律赋及诗钟、春联
  - 建筑上——大四合房，千篇一律，无变化
  - 法制上——先拟规程而不必一定实行 ……官署公文皆用楷书。
- 娴辞令之结果
  - 春秋时代，
    - 使臣素号多才
    - 孔门以言语列为四科之一
  - 战国时代，纵横家以口舌操纵群雄
  - 汉魏以后，挥麈清谈之辈犹存古风
  - 近世之人工于书札

参考书

《支那史概说》（总论第二　民族）　市村瓒次郎先生

《儒墨之异同》（第三章第三节　对于礼乐之观念）　自著

六、自尊与自屈

中国为自古文明国。环我而居之民族，文化不如我国远甚。又与西洋隔绝，心目中未尝有埃及美索波达米亚之文化，僻处东方，泰然自大，养

成一种傲慢风习。自称曰中国、曰中华，或曰华夏，而目四邻民族曰蛮、夷、戎、狄。对于非我族类者，往往不以人类齿之。对外交际，苟非万不得已，绝不肯行平等礼。前清外交之失败，此亦一大原因。国内虽无阶级，而君对于臣、主对于仆、长官对于属僚、官吏对于平民，皆异常傲慢，叱喝驱使，等于牛马，俨若有一种神圣不可侵犯之阶级存焉。富人对于贫民亦如此，蹴尔嗟来，壮夫所耻，而施者不以为意，受者亦怡然自若也。宦途秘诀，曰能骄能谄。同一人也，对于尊者及卑者，作成两副面孔对待。一方面极力恭维，一方面尽情慢待也。姑妇间之关系亦如此，一方面极端干涉，一方面绝对服从。有权利者无义务，有义务者无权利也。西洋仆婢，若受主人无礼诮责，必极力抗辩，主张自己权利，虽被辞退亦不悔。中国仆婢，则安之若命，未闻有抗辩者，有之则社会群起而非难之也。由来自尊心与自屈心本为一种极端之反对态度，而中国人兼而有之。推其原因，厥有三端。

一、外族之压制　汉族对于外国民族，虽时常以文化傲之，而武力上则常受其压制。抵抗之力不足，乃与之议和。战争失败之余，虽屈膝而不悔。晋怀帝之青衣行酒，愍帝之执戟前驱。宋徽宗、钦宗之受封为昏德公、重昏侯。南宋对于金、元，称侄、称孙、称臣，此犹其战败者也。中国强盛时代，若汉对于匈奴、隋对于突厥、唐对于吐蕃回纥，皆以和亲为政策。以公主嫁外国君主，而与之论婚媾。君主犹不惮屈辱如此，无惑乎降臣、降将，屈膝虏庭，朝诋之为盗贼者，暮事之如神圣，恬不知耻也。汉民族对外，由骄慢化为柔顺者，此为第一原因。

二、伦理上阶级制度之严重　君臣、父子、姑妇之间，一方面有无上之权利，一方面有绝对服从之义务。尊卑、长幼、贵贱等之区别太甚，助长社会上自尊与自卑之风。

三、儒教教义之主张　儒教宗旨，提倡忠孝。忠孝者，臣子之义务，人所当为。但义务与权利相交换，有义务则权利与之俱来。儒教极力提倡臣子义务，而绝口不言臣子权利。就表面上观之，似乎只有义务，并无权利。专制君主利用此损下益上主义，极力鼓吹，行之既久，为臣子者遂绝口不敢言权利。是为养成柔顺之第三原因。

有此三原因，而柔顺之习惯成矣。顾汉民族所最重者曰生命财产，有犯及此者，必竭力抵抗，虽杀身破家而不悔，历代革命军之兴半由于此。古来大政治家，时时以省刑罚、薄税敛为治国要件，其虑深矣。民犹水矣，水能载舟，亦能覆舟。不可忽也。

- 中国无形之阶级
  - 君对于臣
  - 长官对于属员
  - 官吏对于平民
  - 富人对于贫民
  - 姑对于妇
  - 主人主妇对于仆婢

- **自尊心变为自屈心之原因**
  - **外族之压制**
  - **伦理上阶级制度之严重**
  - **儒教之提倡**

以上所述六大条件，汉民族历史上现出之特性尽于是矣。将来之国民性如何，有无变化，此不敢豫定者也。由来汉民族富于同化力，外族有入中国者，不及百年，辄被汉化。元魏之苗裔，金、元之遗民，河北、关西人口想当不少，然形式上无以别也。此外若江南之苗族，陇右之氐、羌，其被汉化者尤指不胜屈。以古例今，欧美各民族将来若移殖于中国，或者竟被汉化，未可知也。顾两民族平和之竞争，文化较优者胜。以汉族与四邻民族比较，汉族之文化优，以汉族与欧美民族比较，欧美民族之文化优。将来若两民族互相接触，汉族或者竟被同化，亦未敢定也。顾养成国民性之要素，其原动力有二：

一、外部之关系

甲、外族文化之输入

乙、外族武力之压迫

二、内部之关系

甲、土地及气候

乙、遗传

丙、风俗

丁、教义

戊、言语

现在外部之关系，汉民族诚居劣败地位。内部之关系，则土地气候，亘古未尝变更。泰山不改，秉性难移，黄河尚流，民情如故。天然现象，非人力所能争也，古代遗传至今未改。一时代之性格，化为异时代性格之引导者，形体虽异，性情不大异也。中国风俗，古今不甚相远，孔教道德，一时不能动摇。言语皆单音，文字皆衍形。欲用欧文为标准，而改弦更张之，谈何容易。然则汉族文化，从根本取消，固属绝无之事。汉族性格，逐渐改变，又岂一朝一夕所能及哉。

养成国民性之原动力
- **一外部之关系**
  - **甲、外族文化之输入**
  - **乙、外族武力之压迫**
- **二内部之关系**
  - **甲、土地及气候**
  - **乙、遗传**
  - **丙、风俗**
  - **丁、教义**
  - **戊、语言**

梁任公先生《饮冰室全集》新民说论私德篇，载有《中国历代民德升降表》及《中国历代民德升降原因表》各一兹录登于下，以供参考。

附　中国历代民德升降表

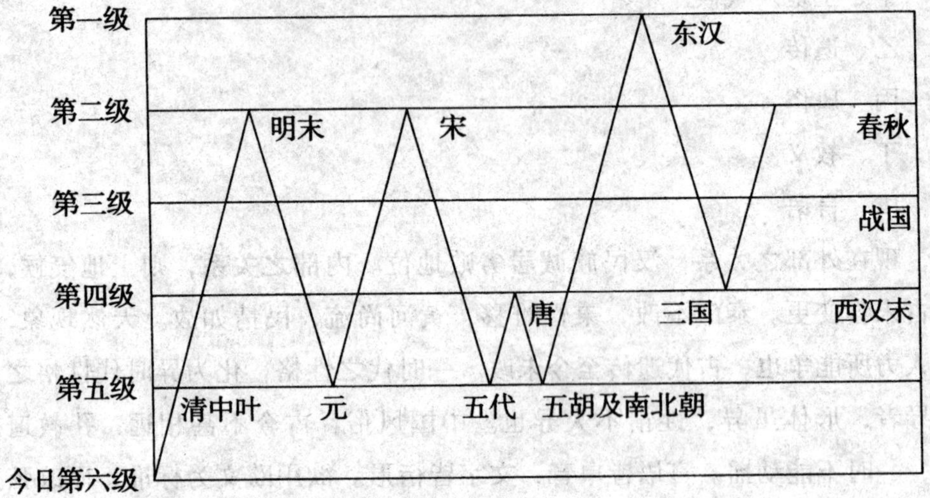

附　中国历代民德升降原因表

	国势	君主	战争	学术	生计	民德
春秋	列国并立，贵族专制	权不甚重，影响颇少	虽多而不甚烈	各宗派虽萌芽而未甚发达，多承先王遗风	交通初开，竞争不甚剧	醇朴忠实
战国	列国并立，集权专制渐巩固	大率以尚武精神、外交手段两者奖励臣下	甚烈	自由思想极发达，儒墨道法纵横诸派互角，而法家纵横家最握实权	商业渐兴，兼并大起，因苛税及兵乱，民困殊甚	其长在任侠尚气，其短在慓狡诈伪，破坏秩序

秦	中央集权专制力甚强	以塞民智、挫民气为主	继续	屏弃群学，稍任法家	大窘	卑屈浮动
西汉	同	高祖承用秦法，专挫任侠，刻薄寡恩	少	儒老并行	文景间家给人足，武昭以后稍困	卑屈甚于秦时
东汉	同	光武明章奖励名节	少	儒学最盛时代，收孔教之良果	复苏	尚气节，崇廉耻，风俗称最美
三国	本族分裂	魏武提倡恶风，吴蜀亦奖励权术	烈	缺乏	颇艰	污下
六朝	外族侵入	奖励浮薄侈靡之风	甚多，而本族率战败	佛老并用，词章与清谈极盛	憔悴	混浊柔靡
唐	本族恢复中央集权，旋复分裂	骄汰	上半期平和下半期大乱	儒者于词章外无所事，佛学稍发达	上半期颇苏，下半期大困	上半期柔靡卑屈，下半期混浊
五季	不成国	无主	战败于外族	无	民不聊生	最下
宋	主权微弱，外族频侵	真仁，爱民，崇礼	战败于外族	道学发达最盛，朱陆为其中心点	稍苏	尚节义而稍文弱

元	外族主权专制力甚强	以游牧性蹴踏本族	本族全败，战争与国民无与	摭朱学末流而精神不存	困	卑屈寡廉耻
明	本族恢复专制力甚强	太祖残忍刻薄，挫抑民气	战胜后平和时代稍长	王学大兴，思想高尚	稍苏	发扬尚名节几比东汉
清	外族同化，主权专制力甚强	雍正乾隆以蹊刻阴险威群下	战败后平和时代稍长	士以考据词章自遁，不复知学，其黠者以腐败矫伪之朱学文其奸	颇苏	庸懦卑怯狡诈
现今	文明之外族侵入，主权无存	四十年来主权者以压制敷衍为事，近而益甚	内乱未已外患又作，数败后四海骚然	旧学澌灭，新学未成，青黄不接，谬想重叠	漏卮既甚而世界生计竞争风潮侵来全国憔悴	混浊达于极点，诸恶俱备

参考书

《支那史概说》（总论　第二　民族）　市村瓒次郎先生

《饮冰室文集》（第三册　论私德篇）　梁启超

第三节　历代户口之消长

自来国以民为本。户口之多寡，与国家之盛衰有密切关系，政治家每于其消长特别注意焉。我中国建国于东亚已数千年，生殖力之强甲于全球。顾迄今户口仍不十分增进，其密度较之欧美诸强国殊有逊色者，则以历代战争之频繁，有以减杀其生殖力，使不得畅遂其蕃殖故也。孟子曰：“天下之生久矣，一治一乱。”中国自有史以来，未有经过三十年而不乱者，户口之不能迭增，职是之故。然亦统计之学不讲，调查之术不精，无确凿之实数故也。梁任公先生《饮冰室文集》有《中国史上人口之统计》一篇，叙历代户口消长之原因颇详，兹节录于下，以供参考。

中国历代户口比较表

（据三通考撮录，其失载者不杜撰，其正误者不臆改）

年代	户数	口数
夏禹时	……	一三、五五三、九二三
周初	……	一三、七〇四、九二二
周东迁时	……	一一、九四一、九二二
周末	……	……
汉初	……	……
西汉末	一二、二三三、〇六二	五九、五九四、九七八
汉光武时	四、二七九、六三四	二一、〇〇七、八二〇
明帝时	五、八六〇、一七三	三四、一二五、〇二一
章帝时	七、四五六、七八四	四三、三五六、三六七
和帝时	九、二三七、一一二	五三、二五六、二二九
东汉末	一六、〇七〇、九〇六	五〇、〇六六、八五六
三国时	……	七、六七二、八八一
晋武帝时	二、四五九、八〇四	一六、一六三、八六三
南北朝全盛时	……	四八、〇〇〇、〇〇〇
南北朝之末	……	一一、〇〇九、六〇四
隋全盛时	八、九〇七、五三六	四六、〇一九、九五六

唐太宗时	三、〇〇〇、〇〇〇不满	……
武后时	六、三五六、一四一	……
玄宗天宝时	九、六一九、二五四	五二、九〇九、三〇六
肃宗至德二年	八、〇一八，七〇一	……
乾元二年	一、九三三、一二五	……
德宗时	三、八〇五、〇七六	……
宪宗时	二、四七三、九六三	……
武宗时	四、九五五、一五一	……
宋艺祖时	三、〇九〇、五〇四	……
真宗时	八、六七七、六七七	一九、九三〇、三二〇
神宗时	一五、六八四、五二九	二三、八〇七、一六五
徽宗时	二〇、〇一九、〇五〇	四三、八二〇、七六九
南宋高宗时（金在外）	一一、三七五、七三三	一九、二二九、〇〇八
光宗时（并金合计）	一九、二四一、八七三	七三、二九二、九八五
元初	一一、八四〇、八〇〇	五八、八三四、七一一
元末	……	……
明成祖时	一一、四一五、八二九	六六、五九八、三三七
英宗时	九、四六六、二八八	五四、三三八、四七六
武宗时	九、一五一、七七三	四六、八〇二、〇〇五
神宗时	九、八二五、四二六	五一、六五五、四五九
清顺治十八年		二一、〇六八、六〇九
康熙五十年	……	二四、六二一、三三四
乾隆十四年	……	一七七、四九五、〇三九
四十八年	……	二八四、〇三三、七五五

（表例附）

（一）周末、汉初、元末诸时代极关紧要，然原书不能言其数，今别证他书，附考于后。惟表中则空之。

（二）原书于唐著户不著口，其他或著口不著户，今悉依以为存阙。

（三）原书于东汉唐宋元明列表甚详，每帝皆有。今惟取其比较之率有大涨落者乃列次之。

（四）当数主分立时代，必须合观各主所属之户口，乃为全国总数。上表所列者，惟南宋高宗时代，未将金所属列入。其时金之户数三百万，合诸宋之数，共一千四百余万户也。口数则原书不载，无从搀入，故阙之。其余如三国时、六朝时及南宋光宗时，皆综合其总数列表。所据者如下：

（一）三国时

	户	口
魏	六六三、四二三	四、四三二、八八一
蜀（亡时）	二八〇、〇〇〇	九四〇、〇〇〇
吴（亡时）	五三〇、〇〇〇	二、三〇〇、〇〇〇
合计	一、四七三、四二三	七、六七二、八八一（即前表之数）

（二）南北朝全盛时

南朝所可考者，惟《宋书》载“孝武时户九十万六千八百七十，口四百六十八万五千五百一”。北朝所可考者，惟《魏书》载“孝文迁都河洛，时为全盛，户口之数，比晋太康倍而有余”。马氏原案云：“太康平吴后，户二百四十五万余，口千六百十四万余，云倍而有余，则是户五百余万，口三千一百余万以上也。”故累列如前表。

（三）南宋时

	户	口
宋（光宗时）	一二、三〇一、八七三	二七、八四五、〇八五
金（章宗时）	六、九二九、〇〇〇	四五、四四七、九〇〇
合之即前表之数也。		

（一）周末人口略算

苏秦说六国，于燕赵韩齐，皆言带甲数十万。于楚，则言带甲百万。于魏，则言武士苍头奋击各二十万。张仪言秦，虎贲之士百余万。又苏秦言齐楚赵，皆车千乘，骑万匹。言燕，车六百，骑六千。言魏，车六百，骑五千。张仪言秦，车千乘，骑万匹。以秦楚两国例推之，大抵当时兵制，有车一乘骑十匹者，则配卒一千人，故秦楚千乘而卒百万，燕六百乘而卒六十万。然则苏秦虽不确言齐赵燕韩之卒数，然亦可比例以得其概。大约齐赵皆当百万，燕韩皆当六十万。盖当时齐秦楚工力悉敌，而苏秦亦言山东之国莫强于赵。故合纵连衡时，齐赵秦楚皆一等国，而魏韩燕二等国也。以此计之，七雄所养兵，当合七百万内外也。

由兵数以算户数，据苏秦说齐王云，临淄七万户，户三男子，则临淄之卒可得二十一万。是当时之制，大率每一户出卒三人，则七国之众，当合二百五十余万户也。

由户数以算人数，据孟子屡言八口之家，是每户以八人为中数，则二百五十余万户，应得二千余万人也。

此专以七雄推算者，当时尚有宋、卫、中山、东西周、泗上小侯及蜀、闽、粤等不在此数。以此约之，当周末时，人口应不下三千万。

（二）汉初人口略算

据《史记·秦本纪》及六国表，则自秦孝公至始皇之十三年，其破六国兵，所斩首虏，共百二十余万。（余别有表）而兵之被杀于六国者尚不计。六国自相攻伐所杀人尚不计。然则七雄交斗，所损士卒当共二百万有奇矣。而始皇一天下之后，犹以四十余万使蒙恬击胡，以五十万守五岭，以七十万作骊山驰道。三十年间，百姓死亡相踵于路。陈、项又资其酷烈，新安之坑二十余万，彭城之战睢水不流。汉高定天下，人之死伤亦数百万。及平城之围，史称其悉中国兵，而为数不过三十万耳。方之六国，不及二十分之一矣（参用马氏原案语略加考证）。

汉既定天下，用民服兵役者，当不至如六国之甚。然以此拟计之，当亦无逾五六百万者（南越、东越等不计）。

由前表观之，则中国自清乾隆以前，民数未有逾百兆者。其最盛为南宋，宋金合七十三兆余。次则明成祖时，六十六兆余。又次则西汉孝平时，五十九兆余。最少者为三国，乃仅为七兆余。呜呼！孰谓吾先民而仅有此。今姑据此不实不尽之统计一研究之。

上古邈矣，不可考。但据原案，周东迁时得十一兆余，今所揣度，则至战国而进为三十兆。其间以卫生之不备、战争之频数，进率只于如是，其与理论殆不相远。及至汉初而六去其五矣，则暴秦陈项之乱为之也。汉休养生息二百年，自文景迄孝平，由五兆进为五十九兆，殆加十倍。及建武中兴，复锐减至二十一兆，几去三之二矣，则王莽赤眉以来之乱为之也。东汉二百年稍苏，复进至五十兆，然犹不及西京之盛。曾几何时，而三国时代仅余七兆，比盛汉时南阳汝南两郡之数（窃疑三国时户口最确实，盖史所载者并其将士若干人，吏若干人，后官若干人，而一一备列之也）盖七而余一矣。马贵与谓兴平建安之际，海内荒废，白骨盈野，三十余年。及文帝受禅，人众之损，万有一存。此皆甚言之词，然生民之不遭，亦至是极矣。隋之极盛，可比汉代，其所以致此者下节论之。隋与唐之比较原书于唐，记户而略口，故民数无稽焉。然隋大业间，有户八百九十万余。唐贞观间乃不满三百万，亦去三之二矣，其有户无民者尚不在此数。马氏谓经乱离之后，十存不能一二，则豪杰共逐隋鹿之为之也。至武后时而增一倍，为六百万户。至玄宗天宝时而增二倍，为九百余万户，则唐之极盛也。盖其休养者凡百三十余年而始得此。肃宗至德二年，即玄宗幸蜀之次年也，犹八百余万。再越三年为乾元二年（以至德三年改元曰乾元），乃仅有百余万户，视天宝时（相距不过五年）十去其八矣，则安史之乱为之也。其后终唐之世以及宋艺祖之定天下，虽时有进退，然仅如贞观时耳。则藩镇迭扰，十国交斗之为之也。元明之交，竟弗可深考。而元初与明初之比较殆相若，今无置论焉。明代民籍，大率上下于五六十兆间。天启中犹有五十余兆，及顺治十八年仅二十兆，又五去其三矣。则流寇恣虐，满洲人篡，三藩继乱之为之也。综览二千年来，我先民之宅于斯土者，稍得置田庐，长子孙，度数十寒暑，辄复一度草剃禽狝，使靡孑遗。如佳期将至，风雨便来。如萌蘖方生，牛羊滋牧。呜呼！举天下含生负气之俦，其遭遇之大不幸者，孰有中国人若哉！孰有中国人若哉！玛尔梭士人口论之公例，独不行于我中国也亦宜。抑以如此之遭际，而欲责其文明发达与他国享平和幸福者并辔而驰亦何望矣！

虽然，右表所列，固绝不足为信据也。不足信据而复列之，则以其于中国国情之考证固别有裨也。宋李心传所著《建炎以来朝野杂记》云："西汉户口至盛之时，率以十户为四十八口有奇。东汉率以十户为五十二口。唐人率以十户为五十八口（按由此略可推算唐时公报之人数，大率天宝最盛时六百兆矣）。自本朝元丰至绍兴，率以十户为二十一口。以一家止于两口，则无是理。盖诡名子户，漏口者众也。然今浙中户口率以十户为十五口有奇，蜀中户口率以十户为二十口弱。蜀人生齿非盛于东南，意者蜀中无丁赋，于漏口少尔。"吾证以南宋时之统计，而再观夫宋光宗间，为户千二百余万，为口仅二千七百余万。金章宗间，为户六百九十余万，为口乃四千五百余万。宋之户倍于金，而口乃仅及金之半，宁有是理耶。以金例宋，则当光宗时，宋民八九千万，乃始与其户相应矣。宋金合计，则彼时之民，已应在百二三十兆以上矣。且吾以为此数不至宋而始然也，自唐时而当已然。宋之所隐匿者在口，而唐之所隐匿者在户（实则户、口两者俱匿，特唐宋更各有所偏重耳）。杜君卿云："我朝自武德初，至天宝末，凡百三十八年。可以比崇汉室，而人户才比于隋氏。盖法令不行，所在隐漏之甚也。"考隋文帝初年，有户三百六十万，平陈所得，又五十万耳。乃至大业之始，不及二十年，而增至八百九十余万。其增进之率，适与玛氏二十五年加一倍者相合，夫唐贞观以后之治过隋远也。吾先民之安居乐业者，在历史中实以彼时为最长，人口焉有不蕃殖之理。以隋例唐，隋初据四百万户之业，阅二十年而得八百余万者。唐初据三百万户之业，阅百三十余年，最少亦应至千八百万有奇矣（此尚非以几何级数递算）。以当时每户五口有奇之比例算之，则盛唐时代，应有民百四五十兆以上。顾统计表上，隋唐之相违如彼其远者。则史称隋文帝恭俭为治，不加赋于人。而唐代行租庸调之法，以调税户，以庸税口（陆宣公奏议云：有田则有租，有户则有调，有身则有庸）。玛氏所谓庸调之征愈增，则户口之数愈减，诚哉然也。（唐制户口有课者有不课者，凡鳏寡孤独废疾不课，九品以上官不课，部曲客奴婢不课。天宝十四年，户数共八百九十一万有奇，课者五百三十四万有奇，不课者三百五十六万有奇，口数共五千二百九十万有奇。课者八百二十万有奇，不课者四千四百七十万有奇。以全国之户而穷无告者，居三之二，以全国之民而鳏寡孤独废疾奴居六之五，天下有是理乎？此虽由立法不善，然官吏之不能综核与国民之不解纳税义务皆可见矣。中国官牍之统计，皆此等类，何足怪乎，特附记以资一粲云尔。）《明史·食货志》云："太祖当兵变之后昌户口顾极盛，其后承平日久，反不及焉。靖难兵起，淮以北鞠为茂草，其时民数反增于前，后乃递减。至天顺间为最衰。成弘继盛。正德以后又减。户口所以减者，周忱谓"投倚于豪门，或昌匠窜两京，或冒引贾四方，或举家舟居，莫可踪迹也"。然则明时民数不进之所由，亦可以见矣。清顺治十八年，人数二十一兆有奇。康熙五十年，二十四兆有奇。乾隆十四年，一百七十七兆有奇。前此五十年间所增仅三兆，不过递加十分之一。后此三十余年间陡增一百五十兆，递加八倍有余。使前表而为信史也，则是吾中国数千年来濡滞不进之民数，常往来于四五六十兆之间者。至彼二十七年间，乃改其度，而为一大飞跃也。使前表而为信史也，则玛尔梭士之徒闻之，当更增数倍之悲观也。而岂知自唐以来，我民族既早有此数，徒以避赋役而自匿蔽。自康熙五十一年，下“滋生人丁永不加赋”之谕，取汉唐以来口算庸调之法而扫除之，然后千余年间人口之实数，始渐发现也（康熙五十一年以后，曾两次编审人丁而数仍不进者，法令新行，未信于民也，故至乾隆十四年，第三次编审始得此数）。迨乾隆四十八年，所增复逾半倍，为二百八十余兆。则依玛氏所算之率，秩序而进矣。东坡尝云：“自汉以来，丁口之蕃息与仓廪府库之盛莫如隋，其贡赋输籍之法大有可观者。”孔子曰：“不以人废言，而况可以废一代之良法乎。”三代之制既不可考信，炎汉以还计口课税之法，骚扰民间者垂二千年。其余毒，乃至使吾侪今日欲求一征信之统计表而不可得。及康熙间一举而廓清之，不谓为中国财政史上一新纪元不得也。若是者亦安可以民族主义之余愤而抹煞之。

夫前表之不足征信，固也。虽然，其累朝鼎革时代与其全盛时代之比较率，则原书所记虽不中亦当不远。如东汉初视西汉全盛得三之一，三国视西汉全盛得七之一，唐初视隋全盛得三之一，宋初视唐全盛得四之一，清初视明全盛得三之一，此真大较也。盖扰乱既亘二三十年，则壮者涂膏血于原野，举凡有生殖力者而一空之，无以为继，一也。壮者既去，老弱妇女势不能自存，二也。血肉满地，疠疫缘生，三也。田弃不治，饥馑相随，四也。故每一次革命后则当代之人未有能存其半者也。唐盛时已得百余兆（此著者推度之数，下同），而宋初仅数十兆。宋盛时已得百余兆，而明初仅数十兆。明盛时已得百余兆，而清初复仅数十兆，皆此之由。泰西历史为进化，我国历史为循环。岂必论他事，即户口一端而已然矣。不然，岂有九百年前（指前表所记南宋时）拥二千万户一百三四十兆人之国，而至今仅以四百兆称者哉。

历代户口之消长

时代	口数	消长之原因	
周东迁时	一千一百万		
战国时	三千万	卫生之不备，战争之频繁	
汉初	五六百万	暴秦、陈项之乱	
西汉末	五千九百万	休养生息二百年	
东汉初	二千一百万	王莽、赤眉之乱	
东汉末	五千万	休养生息二百年	
三国时	七百万	黄巾、董卓及汉末群雄之乱	
西晋初	一千六百万		
南北朝全盛时	四千八百万		
南北朝末年	一千一百万	东魏、西魏之分裂，侯景之乱	
隋全盛时	四千六百万	休养生息数十年	
唐初	一千五六百万	隋末群雄之乱	
玄宗末年	五千二百万	休养生息百余年	
肃宗末年	一千余万	安史之乱	
明成祖时	六千六百万		
清世祖时	二千 百万	流寇之乱	
高宗末年	二万八千四百万	休养生息百余年	康熙以后滋生人丁永不加赋
宣宗末年	四万一千三百万	休养生息又逾数十年	
毅宗初年	三万六千万	洪杨之乱	

西人之称我者，动曰四百兆人，此道光二十二年料民之数也（其年凡四百十三兆有二万人云）。吾中国官牍上文字多不足措信。虽康熙改革以后，视前代征实数倍，犹未敢谓其为实录也。顾舍此亦无他可援据。即以道光二十四年此数论之，后此经洪杨之难，两军死者殆七八百万，合之流窜殃及疠疫饥馑及生殖力所损亡，可除出五千万。以所余三百六十兆为本位，计道光二十四年迄今凡六十年，以乾隆十四年至四十八年间之比例，则约四十五年而增一倍。然则光绪十五年时，固应有七百二十兆人矣，今日其或当在八百兆之间耶。以今者行政机关之混乱如此，谁与正之？悬此数以俟将来新政府之调查而已。

参考书

《饮冰室文集》（第四十二册　中国史上人口之统计篇）　梁启超

第三章 中国史上之地理

第一节 中国地势大略

中国位于亚洲大陆之东南。东接日本海、朝鲜、黄海。南接中国海、安南、暹罗、缅甸、印度。西接印度及俄领土耳其斯坦。北接俄领西伯利亚。东经自七十三度至一百三十四度（以英国绿林天文台子午线为零度而算之）。北纬自十八度二十二分至五十六度十六分。东西广约九千余里。南北长约七千余里。面积三千六百余万方里，占亚洲全体三分之一、世界全陆地十分之一，为本洲第一大国。

一、区域

境内约分五区。一、中国本部。二、东三省。三、蒙古。四、新疆。五、青海及西藏。

中国本部分十八行省。黄河流域行省六，曰河北、山东、山西、河南、陕西、甘肃，扬子江流域行省七，曰江苏、安徽、浙江、江西、湖北、湖南、四川，西江流域行省五，曰福建、广东、广西、贵州、云南。全面积一千二十二万四百二十方里，大于日本本国者十倍，为东亚文化发源地。汉族历代帝王多肇基于此。与中国历史有密切关系。

东三省在本部东北，曰辽宁、吉林、黑龙江。面积约二百八十一万九千三百二十九方里，为满洲民族起源地。上古之肃慎、南北朝时之高句骊、隋唐时之靺鞨、渤海、宋时之金、前清之帝室，皆起于此地。

蒙古在本部正北。分为二部。以大沙漠为界，漠南为内蒙古，漠北为外蒙古。面积约九百二万二千六百七十方里。上古之玁狁、獯鬻、秦汉时之匈奴、东胡、汉时之乌桓、鲜卑、南北朝时之柔然、突厥、唐时之回纥、宋时之辽、有元之帝室，皆起于此地。

新疆在本部西北，面积约五百六万九千四百八十四方里。为分二部，以天山为界，南曰天山南路，北曰天山北路。汉代之西域，唐代之北庭、安西两都护府，即此地。

青海在本部正西，西藏在本部西南。面积共约五百六万九千八十四方里。秦汉时之氐羌、南北朝时之吐谷浑、唐时之吐蕃、明时之西蕃，皆起于此地。

中国之区域
- 一、本部十八行省
  - 甲、黄河流域六省——汉民族发祥地
  - 乙、扬子江流域七省——苗民族旧分布地
  - 丙、西江流域五省——同
- 二、东三省——满洲民族发祥地
- 三、蒙古
  - 甲、热河、察哈尔、绥远、宁夏四省——汉蒙民族接触地
  - 乙、外蒙古四部——蒙古民族发祥地
- 四、新疆
  - 甲、天山北路——突厥民族发祥地
  - 乙、天山南路
- 五、青海及西藏——图伯特民族发祥地

二、山脉

中国境内之大山脉有四，概为东西山脉。

最南一支曰喜马拉亚山脉，为西藏与英领印度分界处。

稍北一支曰昆仑山脉，为西藏与天山南路分界处。蜿蜒东下，抵青海，遂分为二。一支东行曰祁连山，为青海北境。自此东行，复分为二。

傍黄河北处，为贺兰山、阴山，迄于兴安岭以纵贯蒙古之东部，入于西伯利亚。其由阴山山脉分支南下者曰太行山脉，历河北、山西之交，迄黄河北岸而止。一支东下为秦岭山脉，历甘肃、陕西、河南南界，迄安徽西界而止，是为北岭。其由青海分支东南行者曰巴颜哈喇山，为青海与西藏分界处。折而东入中国本部，为云岭山脉。缘四川之西边，经云南、广西、广东、福建北境、四川、贵州、湖南、江西、浙江南境，迄东海岸而止，是为南岭。南岭北岭两山脉横穿中国本部。划分黄河、扬子江、西江三大流域界限。列国对峙之时，其山脉为两国竞争之中心点，在历史上有无上价值。

再北一支为天山脉，为天山南北路分界处。

最北一支为阿尔泰山脉，为外蒙古与俄领西伯利亚分界处。

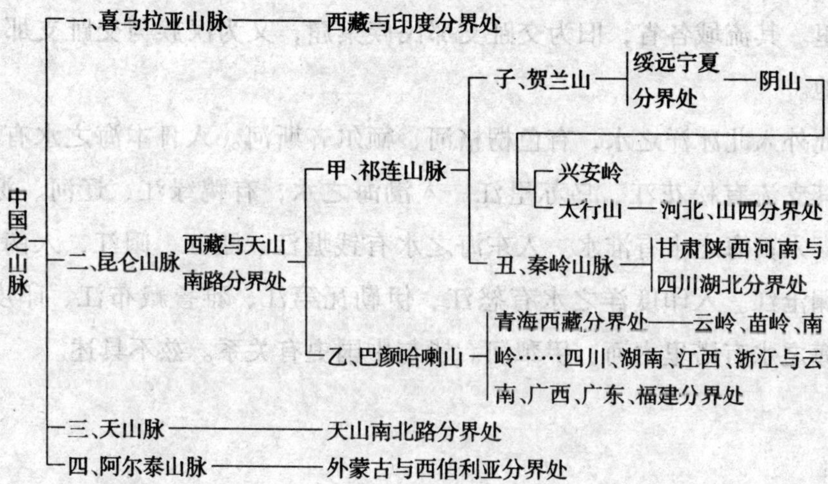

三、河流

本部之大河有三，曰黄河、扬子江、西江。黄河发源于青海之巴颜哈喇山北麓，经过甘肃、陕西、山西、河南、河北、山东境内。陕西之渭水、山西之汾水，河南之洛水等，各率其省内诸水会之，下流入渤海。长约八千八百余里，为我国境内第二大河。其流域各省，为汉族文化发源地，又为汉族与通古斯族、蒙古族、突厥族、图伯特族竞争场，在历史上最有价值。

扬子江发源于巴颜哈喇山南麓，经过云南、四川、湖南、湖北、江西、安徽、江苏境内。四川之无量河、鸦泷（青龙）江、岷江、沱江、嘉陵江，贵州之乌江、湖北之汉江、湖南之洞庭湖、江西之鄱阳湖等，各率其省内诸水会之，下流入黄海。长约九千九百六十里，为亚洲第一大河。其流域各省，为中国境内最富庶之地，又为汉族文化荟萃处，在历史上亦有价值。

西江发源于云南沾益县，经过广西、广东境内。广西之柳江、郁江、桂江，广东之北江、东江，各率其省内诸水会之，下流入南海。长约四千五百里。其流域各省，旧为交趾支那民族巢窟，又为汉族与交趾支那民族竞争地。

此外入北冰洋之水，有色楞格河、额尔齐斯河。入日本海之水有黑龙江，其支流有松花江、乌苏里江。入渤海之水，有鸭绿江、辽河、泺河、白河。入黄海之水有淮水。入东海之水有钱塘江、瓯江、闽江，入南海之水有澜沧江。入印度洋之水有怒江、伊勒瓦第江、雅鲁藏布江、印度河。不入海之水有塔里木河、伊犁河。皆与中国史有关系。兹不具述。

中国之河流

<table>
<tr><th>水名</th><th>发源地</th><th>经过地</th><th>容纳之水名</th><th>下流入海处</th><th>全长</th><th>其流域之民族</th></tr>
<tr><td rowspan="7">黄河</td><td rowspan="7">巴颜哈喇山北麓</td><td>甘肃</td><td></td><td rowspan="7">渤海</td><td rowspan="7">八千八百余里</td><td rowspan="7">汉族与满、蒙、回、藏族接触地</td></tr>
<tr><td>陕西</td><td>渭水</td></tr>
<tr><td>绥远</td><td></td></tr>
<tr><td>山西</td><td>汾水</td></tr>
<tr><td>河南</td><td>洛水</td></tr>
<tr><td>河北</td><td></td></tr>
<tr><td>山东</td><td></td></tr>
<tr><td rowspan="7">扬子江</td><td rowspan="7">巴颜哈喇山南麓</td><td>云南</td><td></td><td rowspan="7">黄海</td><td rowspan="7">九千九百六十里</td><td rowspan="7">汉族、苗族融合地</td></tr>
<tr><td>四川</td><td>无量河
鸦泷江
岷江
沱江
嘉陵江
贵州境内之乌江</td></tr>
<tr><td>湖南</td><td>洞庭湖</td></tr>
<tr><td>湖北</td><td>汉江</td></tr>
<tr><td>江西</td><td>鄱阳湖</td></tr>
<tr><td>安徽</td><td></td></tr>
<tr><td>江苏</td><td></td></tr>
<tr><td rowspan="3">西江</td><td rowspan="3">云南沾益县</td><td>云南</td><td></td><td rowspan="3">南海</td><td rowspan="3">四千五百里</td><td rowspan="3">汉族与苗族接触地</td></tr>
<tr><td>广西</td><td>柳江
郁江
桂江</td></tr>
<tr><td>广东</td><td>北江
东江</td></tr>
</table>

四、长城

起甘肃西境之嘉峪关，经过陕西、山西、河北北境，迄辽宁西南境，至山海关而止。长约五千四百四十里，高十五尺乃至三十尺，基址广二十五尺，顶面广十五尺。堑山堙谷，其升降或有差至数百尺者。以坚牢之砖及石筑之。每三十六尺则筑一堡塞。置烽火台于其上。寇至，昼则举烟，夜则举火，警告远近，以征集防兵。要害之口，则筑堡塞二三重以固边防。为人造之山脉，创建于战国时之秦、赵、燕三国，秦始皇大成之，历代帝王修复之，遗址至今无恙。汉族与通古斯、蒙古、突厥族竞争时，以此为界限。在历史上最有价值。

五、运河

起浙江之杭县，经过江苏、山东、河北境，迄北平东之通县为止。长约三千五百余里，为人造之大河。创始于春秋时之吴王夫差，隋炀帝大成之，历代帝王修复之。利用西湖、太湖、扬子江、淮水、汶水、漳河、白河诸水，南北疏浚，以为交通机关，借以联络南北民族感情，交换知识。元、明、清三代转南方之米以饷京师。为南北唯一不二之交通路。海运开通以后，漕运渐废，而运河亦不修浚，渐见淤塞。然平均之深度尚有九尺，河身广百尺乃至六百尺。灌溉与交通、民间尚利赖焉。

中国最大之工程

名称	起点	经过地	终点	全长	创修人	完成人	利用之山脉河流
长城	甘肃嘉峪关	甘肃、陕西、山西、河北北境、热察绥南境、辽宁西南境	山海关	五千四百四十里	秦、赵、燕	秦始皇	贺兰山脉、阴山脉
运河	浙江杭县	江苏山东河北	河北通县	三千五百余里	吴王夫差	隋炀帝	西湖 太湖 扬子江 淮水 汶水 漳河 白河

六、地势

地势分山地、高地、平地三部。山地为云南、四川、贵州、甘肃、陕西、山西诸省，及青海、西藏、天山南北路、与东三省北部，殆居全国面积五分之二。高地为福建、广东、广西、湖南、湖北、江西等省，及内蒙古、热河、察哈尔、绥远、宁夏四省、外蒙古四部、与东三省南部。平地为河北、山东、河南、江苏、安徽、浙江等省。全国西方高燥，东方卑湿，故水多东流入海。

七、土脉

土脉之肥瘠，因地而异。青海硗薄，西藏高寒，蒙古及新疆有大沙

- 中国之地势
  - 山地：云南、四川、贵州、甘肃、陕西、山西、青海、西藏、天山南北路、东三省北部
  - 高地：福建、广东、广西、湖南、湖北、江西、热河、察哈尔、绥远、宁夏、外蒙古、东三省南部
  - 平地：——河北、山东、河南、江苏、安徽、浙江

漠、大戈壁横亘于中央，适于农耕之地绝少。中国本部、西南之地山岳绵亘，西北之地土质干燥，俱不便于耕作，惟中部地势平坦、土壤膏腴，物产之丰甲于全国。东三省境内有松花江流贯于其中，丰穰之地亦不少。

八、气候

试以土地比之人身。地势者身体，山脉者骨，河流者血，气候则其体温也。中国幅员辽阔，气候亦因地不同，南北之差甚大。概而言之，黄河流域寒冷，西江流域炎热，扬子江流域寒暑得中，适于农耕。北部雨泽少、水田少，土产以小麦棉花为重要品。中部南部雨泽多、水田多，土产以米茶蚕丝为重要品。东三省寒暑俱烈，而距海近，雨泽多，故农产物甚盛。蒙古及新疆距海悬远，空气干燥，雨泽缺乏，寒暑俱烈。西藏青海气候高寒，夏期常见雪，俱不宜于农业。

第二节　历代史域之伸缩

史域之广狭，因时代而有伸缩。三代以前，仅限于黄河流域。文明之中心点，在陕西、山西、河南、山东之交。战国时代，汉族势力范围，扩张至扬子江以南、辽河以东。文明之中心点，在陕西、山西、河北、湖北与江北之淮水流域。秦始皇时，南并百越，汉族势力范围扩张至西江流域，与安南北境，北取朔方，扩张至黄河套南北，文明之中心点，集中于陕西。汉时东取朝鲜，并吞鸭绿江流域，北灭匈奴，兼领内外蒙古，西服西域，兼领天山南北路与俄领中央亚细亚，幅员之广，为亚洲中古第一大国，文明之中心点仍在陕西、河

南。南北朝时，幅员缩小，辽河以东为高句骊所据，长城以北为柔然突厥所据，西域诸国复离中国而独立，中国史域，仅限于本部各行省及安南国西境，文明之中心点移至江南。隋唐时代，汉族势力扩张，鸭绿江流域、内外蒙古、天山南北路、中央亚细亚复入中国史域，幅员之广与汉伯仲，文明之中心点复移至陕西、河南。五代之时，领土复缩小，朝鲜为后高丽所据，东三省及内外蒙古为契丹所据，天山南北路及云南亦离中国而独立，中国史域限于本部各省。宋时幅员益小，河北、山西北境为契丹所据，陕西、甘肃北境为西夏所据，安南亦离中国而独立，文明之中心点复由河南移至江南。元时幅员骤大，亚洲大陆全部及欧洲东部、非洲东北部皆入中国史域范围，为有史以来最扩张时代，政治之中心点移至河北，而文明之中心点不与俱移。自是以后，江南文化常优于北方，而政治上之势力反不及，文明之中心点与政治之中心点划分为二，亦有史以来一大变相也。明时领土复缩小，中国史域限于中国本部及东三省南部。清时势力复扩张，本部以外，东三省、内外蒙古、天山南北路、青海、西藏皆入中国史域内。民国成立，外蒙及西藏受人蛊惑，倡言独立，东三省及热河为日本所据，建立满洲国。将来若何结局，现尚未敢断言也。

<table>
<tr><th rowspan="15">中国历代之史域</th><th>时代</th><th>区域</th><th>文明中心点</th></tr>
<tr><td>三代以前</td><td>黄河流域</td><td>陕西东部、山西南部、河北西南部、河南北部、山东西部</td></tr>
<tr><td>战国时</td><td>黄河、扬子江、辽河流域</td><td>陕西、山西、河北、河南、山东、湖北、江北</td></tr>
<tr><td>秦始皇时</td><td>黄河、扬子江、西江、辽河流域与安南北境</td><td>陕西</td></tr>
<tr><td>汉全盛时</td><td>黄河、扬子江、西江、辽河、鸭绿江、清川江、汉江流域及安南北境、内外蒙古、天山南北路与俄领中亚一部分</td><td>陕西、河南</td></tr>
<tr><td>南北朝</td><td>黄河、扬子江、西江流域与安南北境</td><td>江南</td></tr>
<tr><td>隋</td><td>黄河、扬子江、西江流域与安南北境</td><td>陕西、河南</td></tr>
<tr><td>唐</td><td>与汉略同</td><td>陕西河南</td></tr>
<tr><td>五代</td><td>黄河、扬子江、西江流域与安南北境</td><td></td></tr>
<tr><td>宋</td><td>黄河、扬子江、西江流域</td><td>先河南后江南</td></tr>
<tr><td>元</td><td>亚洲大陆大部及欧洲东部</td><td>江南</td></tr>
<tr><td>明</td><td>黄河、扬子江、西江、辽河流域</td><td>江南</td></tr>
<tr><td>清</td><td>黄河、扬子江、西江流域、东三省、内外蒙古、新疆、青海、西藏</td><td>江南</td></tr>
<tr><td>民国</td><td>黄河、扬子江、西江流域、东三省、内外蒙古、新疆、青海、西藏</td><td>江南</td></tr>
</table>

第三节　历代帝都之地点

帝都为历代政府驻在地，政治之中心点、文化之中心点在焉。故观历代帝都所在地，可知其时代政治文化之趋势。中国历代帝都，或东、或西、或南、或北，时有变迁，大抵多在黄河流域，扬子江流域次之，西江流域则无有也。有时全国一统，则国内只有一都。有时数国对立，则同时都城常有二三以上。

都城选择之法，其条件有五：

一、国家领土之中心点

二、要害之地

三、交通便利、物产丰饶之地

四、本国起兵时之根据地

五、前代之旧都

以上五条件，前三条为政治上之关系，后二条为历史上之关系。历代都城之选择法，大率不过如此。其中有兼备二条件或三四条件者。而具备五条件者则绝无也。历史上建都最久之地有六，兹例举于下，以供参考。

一、长安　周之镐京、秦之咸阳，皆距长安密迩，并入长安内计算。计起西周，经秦、西汉、西晋、前赵、前秦、后秦、西魏、北周、隋唐，凡九百七十余年。

二、洛阳　起东周，经东汉、曹魏、西晋、后魏、后唐，凡八百六十二年。

三、北平　起金之中叶，经元、明、清，迄民国，凡六百九十三年（迄民国十七年为止）。

四、南京　起三国时之孙吴，经东晋、宋、齐、梁、陈、南唐，迄有明初年而止，凡三百六十六年。

五、开封　起五代时之朱梁，经后晋、后汉、后周、北宋，迄金末年而止，凡二百三十一年。

六、杭县　南宋都城，凡一百四十五年。

以上六处，奠都俱在百年以上。历史上最有价值者为长安、洛阳，次为北京，次为南京，次为开封，而杭县为殿。此外虽尚有若干都城，皆列国对峙时偏邦所建，非一统时之都会也。兹特一一列举各处定都之原因，并批评其条件如下。

长安砺山带河，地势险要，凭函谷以东瞰，有居高临下之势。土脉膏腴，物产丰饶，人民富庶，闭关自守，经济力足以支持。西周、秦汉、前秦、后秦、北周、隋唐诸代，根据地皆在陕西，故地方虽非全国中心点，交通亦不甚便利，而为历代建都最久之地者，职此之由。

洛阳地在河南，为本部之中心点。水陆交通便利，西周、西汉、隋、唐奠都长安时，皆以为陪都。因四方来者道里适中，且交通便利故也。地处洛水之北，四围有山环绕，形势颇为险要。又为历代帝王之旧都，因历史上之习惯，奠都于此者亦不少。

开封为古之大梁，地势平坦，无险要可守。顾地处平原，南有汴水，北有黄河，交通便利。后五代及宋，俱以强藩凭借此处为根据地，以篡其前代。故继续奠都于此。

杭县在钱塘江流域，交通便利，地味膏腴，人民富庶，物产丰饶。又系吴越王钱氏之故都，故有宋播迁时徙都之。然地偏东南，不利于进取，又地势平坦，无险要可守。故蒙古兵一至，宋室随以颠覆也。

南京在扬子江下游，为扬子江流域之中心点，交通便利。钟山龙蟠，石城虎踞，形势亦颇险要。孙吴勃兴，建康实为其根据地。东晋以降，建康系前朝旧都，故奠都于此者亦不少。顾中国全都一统时，则此地稍偏东南，控制西北不易。故建都南京者多偏安之国。有明勃兴，凭借此为根据地，及统一天下后，传二代，历年三十有五，即已北迁矣。

北平在白河上流，地偏东北，非全国之中心点。河路缺乏，交通不便，物产不丰。而地势东临渤海，西控太行，北负万里长城，形势颇为险要。南面则一面平原，绝无险要可守。汉民族凭借北平以起兵者，大抵皆归于失败，无成为具体之国家者。金、元、清三代，皆以北方民族入主中国。金与清之根据地在东三省，元之根据地在内外蒙古，凭借北平以控制中国本部，形势甚为便利。又合满蒙及中国本部通盘计算之，则北平实为全国之中心点。建都北平之金、元、清三代，皆起家游牧民族，以驼马为交通机关，故亦无交通不便之虑。

明室起家汉民族，其根据地在淮水流域，北平邻于强敌，非中心点。顾成祖毅然北迁者何也？曰：成祖旧封燕王，凭借北平起兵，以颠覆其帝室，故北平实为成祖之根据地，又为前代之旧都。成祖一世骁雄，有混一漠北之志。迁都北平，身临前敌，凭借河北为根据地，自将劲旅经略外蒙，以阻鞑靼、瓦剌南下之势。所谓“不入虎穴，焉得虎子”，成祖之迁都北平，韩信之背水阵也。此等非常计划，人存则举，人亡则息。成祖没后，继起者无大英雄，鞑靼、瓦剌更迭入寇，终至土木之变，天子北狩，而明室中衰。清室勃起满洲，乘势南侵，明廷遂以不祀矣。

中华民国成立，仍建都北平者何也？曰满洲、蒙古为中国势力与日俄二国势力接触之中心点，风云万变，中央政府不能遥制。中国如有意弃满蒙也则已，中国而无意弃满蒙也，则必置政府于北方。当国者自为北门锁钥身临前敌以经略之，庶几犹有保存之望。都城之不敢南迁，势使然也。况北平系前朝旧都，设备较为完备。平汉、北宁、平绥、津浦四大铁路干线交会于北平，交通亦较为便利。故大总统袁世凯系前清直隶总督北洋大臣出身，继任之冯大总统、徐大总统、曹大总统、段执政皆北洋派旧人。其根据地亦在北方故也。

- 选择都城之条件
  - 政治上之关系
    - 国家领土之中心点
    - 要害之地
    - 交通便利，物产丰饶之地
  - 历史上之关系
    - 本国起兵时之根据地
    - 前代之帝都

历代都会之地点

流域	都会	朝代	年数	纪元	起讫	合计
黄河流域	长安	西周	三百五十二年	西历纪元前	一一二二 — 七七一	共约九百七十余年
		秦	十五年	西历纪元前	二二一 — 二〇六	
		西汉	二百一十年	西历纪元前	二〇二 — 纪元后八	
		王莽	十五年	西历纪元	九 — 二三	
		西魏	二十五年	西历纪元	五三三 — 五五七	
		北周	二十五年	西历纪元	五五七 — 五八一	
		隋	三十九年	西历纪元	五八一 — 六一七	
		唐	二百九十年	西历纪元	六一八 — 九〇七	
	洛阳	东周	五百一十五年	西历纪元前	七七〇 — 二五六	共八百六十二年
		东汉	一百九十六年	西历纪元	二五 — 二一九	
		曹魏	四十六年	西历纪元	二二〇 — 二六五	
		西晋	五十二年	西历纪元	二六五 — 三一六	
		后魏	四十一年	西历纪元	四九三 — 五三三	
		后唐	十三年	西历纪元	九二三 — 九三五	
	开封	后梁	十七年	西历纪元	九〇七 — 九二三	共二百三十一年
		后晋	十一年	西历纪元	九三六 — 九四六	
		后汉	四年	西历纪元	九四七 — 九五〇	
		后周	十年	西历纪元	九五一 — 九六〇	
		北宋	一百六十八年	西历纪元	九六〇 — 一〇二七	
		金	二十二年	西历纪元	一二一四 — 一二三三	
	北京	金	六十二年	西历纪元	一一五三 — 一二一四	共六百九十三年
		元	一百零五年	西历纪元	一二六四 — 一三六八	
		明	二百四十二年	西历纪元	一四〇三 — 一六四四	
		清	二百六十八年	西历纪元	一六四四 — 一九一一	
		民国	十七年	西历纪元	一九一二 — 一九二八	
扬子江流域	南京	孙吴	五十九年	西历纪元	二二二 — 二八〇	共三百六十六年
		东晋	一百〇四年	西历纪元	三一七 — 四二〇	
		刘宋	六十年	西历纪元	四二〇 — 四七九	
		齐	二十三年	西历纪元	四七九 — 五〇二	
		梁	五十六年	西历纪元	五〇二 — 五五七	
		陈	三十三年	西历纪元	五五七 — 五八九	
		明	三十五年	西历纪元	一三六八 — 一四〇二	
	杭县	南宋	一百四十五年	西历纪元	一一三二 — 一二七五	共一百四十五年

附　梁任公《中国地理大势论》

梁任公先生《饮冰室全集》有《中国地理大势论》一篇。其论中国地理，颇有独到见解，兹节录于下，以供参考：

（前略）文明之发生莫要于河流。中国者，富于河流之名国也。就本部而三分之，可分为中南北三部。北部者黄河流域也，中部者扬子江流域也，南部者西江流域也。三者之发达先后不同，而其间民族之性质亦自差异，此亦有原理焉。凡河流之南北向者，则能连寒温热三带之地而一贯之，使种种之气候、种种之物产、种种之人情，互相调和，而利害不至于冲突。河流之东西向者反是，所经之区，同一气候，同一物产，同一人情，故此河流与彼河流之间，往往各为风气。故在美国则东西异尚（美国之河皆自北而南），而常能均调。在中国则南北殊趋（中国之河皆自西而东），而间起冲突。于一统之中而精神有不能悉一统者存，皆此之由。

自周以前，以黄河流域为全国之代表。自汉以后，以黄河、扬子江两流域为全国之代表。近百年来，以黄河、扬子江、西江三流域为全国之代表。穹古之事不可纪，今后之局犹未来。然则过去历史之大部分，实不外黄河、扬子江两民族竞争之舞台也。前者西江未发达，故通称中部为南部。数千年南北相竞之大势，即中国历史之荣光，亦中国地理之骨相也。今请以政治上、文学上、风俗上、兵事上两两比较而论之。

其在政治上。北方视南方（以下所言南方皆指扬子江流域也，非指极南之西江）常占优势。盖我黄族之始祖，本自帕米尔高原，迤逦东下。而扬子江上流，崇峦峻岭，壁立障之。故避难就易，沿河以趋。全国文明，自黄河起点，而传布于四方。帝王实力亦起于是，积之者厚，故其势至今犹昌也。今以历代帝王都征之。

黄河流域国都表

代		都	今地	河系
三皇	太昊伏羲氏	陈	河南陈州府	在蔡河之岸。蔡河后淤入黄河
	炎帝神农氏	曲阜	山东兖州府	在泗水之南，洙水之北
	黄帝轩辕氏	涿鹿	直隶顺天府	在拒马河右岸。拒马经两淀而入白河，然案古地图实属黄河河系
五帝	少昊金天氏	穷桑	山东兖州府	泗水附近
	颛顼高阳氏	帝丘	直隶大名府	黄河古金隄附近
	帝喾高辛氏	亳	河南河南府	在伊水之岸。伊水入洛，洛入河
	帝尧陶唐氏	平阳	山西平阳府	在汾河左岸，平水之北
	帝舜有虞氏	蒲坂	山西蒲州府	妫汭之傍
三代	夏	安邑	山西解州府	在永河之傍
	殷	亳	河南归德府	在黄河、扬子江之间，淤河之南
	周	洛阳	河南河南府	洛水之北，即其左岸
	秦	咸阳	陕西西安府	渭水之北，即其左岸
汉	西汉	长安	陕西西安府	渭水之南，即其右岸
	东汉	洛阳	见上。凡见上者则缺之，下同	
	魏三国之一	邺	河南彰德府	
	西晋	洛阳		
	后魏	洛阳		孝文帝自代徙都之
	北齐	邺		北齐承东魏之旧
	后周	长安		后周承西魏之旧
	隋	长安		文帝都长安，炀帝迁洛阳
	唐	长安		其末叶为后梁所劫迁于洛阳

代		都	今地	河系
五代	后梁	汴	河南开封府	黄河干流之南，即其右岸
	后唐	洛阳		
	后晋	汴		
	后汉后周	汴汴		
	宋	汴		初都汴。百六十六年，而南迁，自此后称南宋。
	金	北京汴		金初都上京（今会宁），后厌其僻，北迁燕京（今北京）。后为蒙古所逼南迁汴京。
	元	大都	直隶顺天府	即北京也
	明	北京	直隶顺天府	北京虽非黄河流系，然实延缘于此河系之平原上也，明永乐始迁
	清	北京		

由此观之，历代王霸定鼎，其在黄河流域者最占多数。固由所蕴所受使然，亦由对于北狄取保守之势，非据北方而不足以为拒也。而其据于此者，为外界之现象所风动，所薰染，其规模常宏远，其局势常壮阔，其气魄常磅礴英鸷，有俊鹘盘云横绝朔漠之概。

扬子江流域国都表

代		都	今地	河系
六朝	吴三国之一	建业	江苏江宁府即南京	扬子江干流之南，即其右岸
	东晋	建康	同上	
	宋	建康		
	齐	建康		
	梁	建康		
	陈	建康		

	南宋	临安	浙江杭州府	虽在钱塘江，然实延缘扬子江之河系也，高宗始迁扬州，继定都于此
	明	应天府	江苏江宁府	即南京也。太祖初都之。成祖迁于北京，末叶福王复都之

由此观之，建都于扬子江流域者，除明太祖外，大率皆创业未就，或败亡之余，苟安旦夕者。为其外界之现象所风动，所薰染，其规模常绮丽，其局势常清稳，其气魄常文弱，有月明画舫缓歌慢舞之观。

此外，不依此两河流以立国，而其历史稍有可观者，则有蜀之成都，今四川成都府也（蜀本据长江之上游，亦可强谓之扬子江流域）。后魏之平城，今山西大同府也。其割据年代稍短，或地位稍偏于政治历史无甚关系者。汉初则有若南越尉佗之在广东，凡八十五年。闽越无诸之在福建，凡九十五年（皆不在两流域内）。两晋则有若汉刘渊之都平阳（黄河流域）。赵石勒、燕慕容皝之都邺（黄河流域）。秦苻坚、后秦姚苌之都长安（黄河流域）。南燕之在山东（黄河流域）。诸凉之在甘肃（不在两流域内）。唐末则有若吴杨行密之在淮南（扬子江流域），凡四十九年。蜀王建孟知祥之在四川（准扬子江流域），前后凡六十四年。楚马殷之在湖南（准扬子江流域），凡五十五年。闽王审知之在福建（不入两流域内），凡四十九年。吴越钱镠之在两浙（准扬子江流域），凡八十四年。南汉刘隐之在广东（不入两流域内），凡七十年。近世则有若太平洪秀全之在金陵（扬子江流域），凡十一年。合前两表统计之，数千年王霸之国都，其在黄河流域者十六，得姓三十六。其在扬子江流域者二，得姓十。其准黄河流域者一（北京），得姓四。其准扬子江流域者三（成都、临安、湖南），得姓六。其不在两流域内者五，得姓七。数千年政治都会略具于是矣。校其发达之大势，东周以前，南方未始建国也。春秋战国以后，而楚、吴、越始强，其力足与北方诸国相埒。及于汉末而窃据者率起于北。及于唐末而窃据者多起于南。此亦两地势力平均之一消息也。

今请将五大都气运之久暂，列为一表，以求其原因结果。

一　长安　黄河流域，凡九百七十年。

二　洛阳　同，凡八百四十五年。

三　汴京　同，凡二百五十年。

四　燕京　准黄河流域，凡七百八十年（迄今日）。

五　金陵　扬子江流域，凡三百六十六年。

北方宅都时代，而南方无他都者垂二千余年。其南方宅都时代，而北方无他都者，惟明太祖、建文共三十五年耳。然则虽谓政治之中心点常在黄河流域可也。至同一黄河流域，而其势力自西趋于东者则亦有故。黄族初发轫于昆仑之墟，次第东下，至黄帝颛顼已浸达黄河下流。而为洪水所苦，不得不复折而邑于山陕之高土。及夏禹成第一次统一之业。文武周公成第二次统一之业。秦政成第三次统一之业。而皆起自黄河上游，积千余年之精英，而黄河上游遂为全国之北辰。仁人君子之所经营，枭雄桀黠之所搀夺，莫不在于此土。取精多，用物宏。故至唐而犹极盛焉。东北方之燕，自古以来，不足为中原之重轻久矣。故自隋以前，其地只能如蜀闽南粤，以僻陋在远，不为群雄之所争。当扰攘之世，常自立数十年，以待戡定焉耳。试征其历史，北燕在春秋时最称弱小，能自见于中国者不过三四。七雄之时为齐所取，后赖五国之力，乐毅为将，然后胜齐。然卒于得七十余城不能守也，然则幽燕非能自立之地也。（《战国策》苏秦说赵王曰：赵北有燕，燕固弱，国不足畏也。又燕王曰：寡人国小，西迫强秦，南近齐赵，齐赵强国也。又曰：天下之战国七，而燕处弱焉。又奉阳君曰：燕国弱也，东不如齐，西不如赵，云云。此外尚多洪容斋随笔备引之）。及楚汉之交，赵王武臣为燕军所得，赵厮养卒谓其将曰："一赵尚易燕。况以两贤王，灭燕易矣。"其在东汉，彭宠以渔阳叛，即时夷灭。其在三国，公孙渊据地僭号二十余年，终不能并鼎而四。其在十六，国称燕称赵者多矣，未尝有仅据燕蓟之地者也。夫在昔之燕不足重轻也如彼。而今则海宇之内敛袂而往朝者七百余年，他地视之瞠乎其后者何也？其转捩之机皆在于运河。中国南北两大河流，各为风气，不相属也。自隋炀浚运河以连贯之，而两河之下游遂别开交通之路。夫交通之便不便，实一国政治上变迁之最大原因也。自运河既通以后，而南北一统之基础遂以大定。此后千余年间，分裂者不过百余年耳。而其结果能使江河下游日趋繁盛。北京、南京两大都，握全国之枢要而吸其精华。故逮唐中叶，而安禄山、史思明用范阳卢龙之众蹂躏中国，实惟幽燕势力之嚆矢。至宋而金源宅京于此，用之以俘二帝，盗中国之强半矣。蒙古纱金臂而夺之，遂以灭金灭宋，混一寰区矣。明祖南人安南，奠都金陵。而燕王棣卒以靖难之师起北方，复宅金元之故宅，以至于今。非地运使然，实地势使然也。尔后运河虽淤涸，而燕京之势力不衰者，一由积之既久，取精用宏，与千年前之镐洛相等。一由海道既通，易河运以海运，而燕、齐、吴、浙、闽、越一气相属，燕乃建高瓴而注之也。由此观之，凡一地之或盛或衰，其间必有原因焉。以消息之，凡百皆然，而燕京其一例耳。自今以往，其在陆者长城之险已夷，其在海者津、沽、威海、旅顺重重门户亦已尽失，铁路轮船既通，而运输交通之形势亦大异畴昔。此后有宅中图治者乎，他日之燕京，或成为今日之长安洛阳，未可知也。（后略）

第四节　历代地方行政区域之变迁

唐尧以前，分立万国，划为九州，即冀州、兖州、青州、徐州、荆州、扬州、豫州、梁州、雍州是也。虞舜摄政，分为十二州，分冀之北部为并州、东北部为幽州，青之东北部为营州，其余皆如故也。夏禹即位，废幽并营三州，复合为九州。大抵因山川自然形势划为区域，其中若三面距河为冀州，济河为兖州，海岱为青州，海岱及淮为徐州，淮海为扬州，荆及衡阳为荆州，荆河为豫州，华阳黑水为梁州，黑水西河为雍州是也。州内侯国分立，州之长曰牧，表面上有统辖一州之权，事实上则各侯国对于中央皆具半独立之势。故州之区域，非实在之行政区域，不过因土壤之肥瘠、物产之多寡、定划一赋税厚薄之标准区域而已。商之初年，诸侯只余三千余国，九州制仍夏之旧，更名九有。周初只余一千八百余国。并徐于青，并梁于雍，并营于幽。表面上仍划为九州，曰扬州、荆州、豫州、青州、兖州、雍州、幽州、冀州、并州是也。州之长曰方伯，除去畿内千里地之属于中央政府直辖外，每州各有一伯，八州八伯。八伯各以其属属于天子之老二人，曰二伯。顾行政区域，仍以国为单位。方伯徒拥虚名，无节制一州之实权也。春秋战国时代，诸侯互相兼并，强凌弱、众暴寡。其结果化为春秋之百七十国，复化为战国之七雄。各大国多自分郡县为国内行政区域，九州之制全废。行政区划，始以郡县为单位矣。

秦兴，分天下为三十六郡，曰内史、三川、河东、上党、太原、代郡、雁门、云中、九原、上郡、北地、陇西、颍川、南阳、砀郡、邯郸、上谷、钜鹿、渔阳、右北平、辽西、辽东、东郡、齐郡、薛郡、琅邪、泗水、汉中、巴郡、蜀郡、九江、鄣郡、会稽、南郡、长沙、黔中。又平百越，得四郡，曰闽中、南海、桂林、象郡，合为四十郡。是为地方行政区域划一之始。以今日中国本部十八行省相较，多辽宁一省及法领越南北部，而少四川、甘肃西部、贵州大半及云南全省。北部之郡较小，约当今日一道。南部之郡较大，约当今日二三道，或一省。北部户口稠密，且邻于匈奴，时常被兵，到处须严密防御，故设郡较多。南部人烟稀少，大半为新归化地，故设郡较少。郡设守以理民政，尉以主兵柄，监以司纠察，为地方行政长官。郡下有县，县设令长为亲民官。

汉兴，矫秦孤立而亡之弊，大封子弟为诸王，界于诸郡之间，是为郡国制。当时同姓为王者九国，曰齐、荆（后改为吴）、楚、淮南、燕、赵、梁、代、淮阳，而异姓王之长沙吴氏界居其中，凡十大国。汉所有者，仅三河、东郡、颍川、南阳、江陵、蜀郡、云中、陇西、内史等十五郡。而公主、列侯颇食邑其中，与王国相交错。郡设太守以理民政，都尉以主兵柄。国有相以监理国政，内史以理民政，为地方行政长官。其下有县，县设令长为亲民官。景帝之时，王国或灭或绝或削，汉廷直辖之郡增至八九十。武帝之时，东取朝鲜，西服西域，南平百越及西南夷，北逐匈奴，始分天下为十三部，曰司隶、豫州、冀州、兖州、徐州、青州、荆州、扬州、益州、凉州、并州、幽州、交趾，为地方最大行政区域。司隶设校尉，诸州及交趾各设刺史，为地方行政长官。顾刺史之位卑于郡守国相。刺史之职，督察郡县行政，而不能指挥行政，实为一种监政官，与秦之郡监，明之省巡按御史相等，非实在之行政长官。故实际上前汉之地方最大行政区域，仍以郡为断。

后汉因前汉制，仍以郡为地方最大行政区域。太守为行政长官。灵帝时，罢刺史，置州牧，选列卿、尚书以本秩居之，总揽一州之民政、财政、军政、大权，统辖郡守、国相。州秩始重，渐成地方最大行政区域矣。

三国之时，地方制度紊乱，行政区域分离破碎。魏有州十三，曰豫州、幽州、冀州、并州、青州、兖州、徐州、扬州、荆州、雍州、秦州、凉州及司隶是也。蜀有州三，曰梁州、益州、交州。吴有州五，曰扬州、郢州、荆州、交州、广州。大率一州之地两国分据，则并建二州。其名复出，其疆域缩小。

西晋统一中国，分天下为十九州，曰司州（即司隶改名）、兖州、豫州、冀州、幽州、平州、并州、雍州、凉州、秦州、梁州、益州、宁州、青州、徐州、荆州、扬州、交州、广州，为地方最大行政区域。州下有郡有国，郡国之下有县，为实三级制度。州设都督、刺史，或监军、刺史，总揽军政、民政、财政全权，为地方行政长官。郡设太守，国设内史，县设令长，为亲民官。

南北朝时，地方制度破坏。州郡名号愈设愈多，州郡管辖之区域愈缩愈小。及其末年，一州之区域不敌汉时之一郡，一郡之区域仅抵汉时之一县。隋室勃兴，统一中国，废诸郡名号，以州统县。其上复置总管府，设总管统辖诸州。顾总管非常设之官，时置时废。隋室地方行政区域，实只州县两级。州设刺史为地方行政长官，县设令为亲民官。寻复改州为郡，改刺史曰太守。其管辖区域及职权如故。

唐兴，改郡为州，改太守为刺史。因山川形势之便，分天下为十道。潼关以西、陇山以东、河套以南、秦岭以北曰关内。潼关以东、黄河以南、淮水及桐柏山脉以北曰河南。黄河以东、太行山脉以西曰河东。太行山脉以东、渤海以西、黄河以北曰河北。秦岭山脉以南、剑阁以北、现今川陕湖北之交、汉水流域曰山南。陇山以西、直抵青海曰陇右。淮水以南、扬子江以北曰淮南。扬子江以南、五岭山脉以北、现今三江两湖及浙江等省之大半曰江南。四川剑阁之南、直抵云南北境曰剑南。五岭山脉以南、直抵南海曰岭南。玄宗时,复分天下为十五道。曰京畿,治西京。曰都畿,治东都。曰关内,京官遥领。曰河南,治汴州。曰河东,治蒲州。曰河北,治魏州。曰陇右,治鄯州。曰山南东道,治襄州。曰山南西道,治梁州。曰剑南,治益州。曰淮南,治扬州。曰江南东道,治苏州。曰江南西道,治洪州。口黔中,治黔州。曰岭南,治广州。为地方最大行政区域。其下有府十五,州三百一十三,县一千五百七十三。道设采访处置使,两畿以中丞领之,余皆择贤刺史领之。以六条检察非法,为临时官,不常置。道下有府、州,府、州下有县。府设尹,州设刺史,县设令为亲民官。大抵以道统府、州,府、州统县,行虚三级制度。沿边复设六大都护府,曰安北、单于、安西、北庭、安东、安南大都护府。府设大都护为行政长官,以统诸羁縻府、州。开元以后。始于沿边各道设节度使,总揽民政、军政、财政大权,管辖州县,为实三级制度。其后节度之设遍及于内地,复分道置军以统辖诸州,藩镇林立,行政区域愈分愈小,十五道之制遂破坏矣。

五代之时，地方行政区域破坏。宋兴，尽罢诸节镇，因山川形势，分天下为十五路，曰京东、京西、河北、河东、陕西、淮南、江南、湖南、湖北、两浙、福建、四川、峡西、广东、广西。其后又分为十八路，神宗时复增为二十三路。路之统辖区域甚狭，约当唐道之半。路设转运使，有纠察权，无行政权。路下有府、州、军，府、州、军下有县，各设知事为亲民官，实行虚三级制度。其后西北用兵，始设宣抚使、制置使、安抚使、经略使等官，总揽一路或二路以上行政大权，变为实三级制度矣。

元兴，分天下为十二省。中央政府所在地曰中书省，统辖河北、山东、山西地。此外行中书省十一，曰岭北、辽阳、河南、陕西、四川、甘肃、云南、江浙、江西、湖广、征东行中书省，分辖各地方，略称之曰行省，是为现今省制之始。省设右左丞相、平章政事、右左丞、参知政事，为地方行政长官。省以下有府、州、路，府、州、路下有县，各设知事为亲民官，是为实三级制度。边境设宣慰、宣抚等使以统羁縻之地。

明代因元之制，改行中书省为承宣布政使司，曰山东、山西、陕西、河南、浙江、江西、湖广、四川、福建、广东、广西、云南、贵州，凡十三布政使司，加以北直隶、南直隶，凡十五区。其后复增设辽东一区，为十六区。一区幅员略如今之一省。北直隶、南直隶为中央政府及行在政府所在地。以六部长官分理地方行政。其余十三布使政司，皆设布政使以理民政，按察使以司纠察，都指挥使以主兵柄，为地方行政长官。布政使司以下有府、州、县。府设知府，州设知州，县设知县，为亲民官。布政使司统府、州，府、州统县。为实三级制度。其后三司以上，复设总督、总制、总理、巡抚、巡视、抚治等官，统辖军政、民政。三司以下，复设参政、参议、副使、佥事等官，分辖各府、州、县，变为五级制度矣。

清兴，分天下为二十一省，曰直隶、山东、山西、河南、陕西、甘肃、新疆、江苏、安徽、江西、湖北、湖南、四川、福建、浙江、广东、广西、云南、贵州、奉天、吉林、黑龙江。省设总督、巡抚或将军，为地方行政长官。省下有府、州、厅、县。府设知府，州设知州，厅设同知，县设知县，为亲民官，大抵以省统府州厅，以府州统县，为实三级制度。而督抚以下有布按二司，其下又有分巡各道，叠床架屋，亦几等于五级制度矣。

明代行政区域之划分，不依山川自然形势。湖北、南畿等省，跨长江、淮水、汉水为一区域。河南、山东等省，跨黄河为一区域。清廷因之，地势华离破碎，不可思议。大抵明室肇基于江宁，以南驭北，故欲保长江，不能不守江北，欲保长淮，不能不守淮北，欲保黄河，不能不守河北。其跨江、跨淮、跨河设省者，势使之然。清廷因陋就简，不欲变更前朝制度，故勉强仍其旧。然分省制不适用于今日，则述者所敢断言者也。

以上二十二行省，为前清政府直辖地方。此外内蒙古境内，分为东四盟、西二盟、察哈尔、鄂尔多斯、乌喇特、西套等部落。设热河、察哈尔两都统，绥远、宁夏两将军，以统辖之。外蒙古境内，分为车臣汗、土谢图汗、三音诺颜汗、札萨克图汗，及乌梁海、科布多等部落。设乌雅苏台将军一员，库伦、恰克图、科布多办事大臣各一员，以统辖之。西藏境内分为前藏、后藏，设驻藏办事大臣、帮办大臣各一员以统辖之。青海境内设西宁办事大臣一员以统辖之。是为前清藩方行政区域制度。

民国成立，内地二十二省悉依前清之旧。省设都督，总揽军政、民政大权，为地方行政长官。罢府、州、厅，以县直隶于省，县设知事为亲民官，是为二级制度。其后袁世凯秉政，恶都督权太重，乃增设民政长以理民政，而以都督主兵柄。复恶省之地方行政区域太大，乃分省为道，设观察使以理民政，上承民政长，下统县知事，变为三级制度。其后复改都督为将军，民政长为巡按使，观察使为道尹，而职权如故。洪宪改元以后，西南各省群起兵讨袁氏，复罢巡按使，改将军为都督，总揽民政军政以一事权。而北方各省在袁氏势力范围下者官职如故。黎元洪就职以后，折衷于南北之间，改将军都督之名称为督军，巡按使之名称为省长，分理军政民政，是为省行政长官。省以下有道，道设尹，道以下有县，县设知事，为亲民官，仍为三级制度。

以上二十二行省，为政府直辖地方。此外内蒙古境内，分为热河、察哈尔、绥远三特别行政区域。每区设都统一，总揽民政军政大权，为地方行政长官。最西之阿拉善、额鲁特旗地，则设宁夏护军使，监理蒙旗行政。外蒙古自治区域，则设库伦办事大员一，科布多、乌里雅苏台、恰克图佐理员各一，监理行政。外蒙古最西部阿尔泰地方，设办事长官一，总揽民政、军政大权，为地方行政长官。西藏境内，设办事长官一。青海境内，设甘边宁海镇守使一，监理行政。四川之西旧西康地，划为川边特别行政区域，设镇守使一，总揽民政、军政大权，为地方行政长官。是为民国初年藩方行政区域制度。

国民政府成功以后，废督军及省长，各省政府设委员五人至十人，以资格深者兼充主席行使省长职权，其余分兼内务、财政、教育、工商、农矿厅长，行使各厅职权，而以无所统之委员数人辅之。升热河、察哈尔、绥远三特别区为省。废都统，设省政府主席，行使都统职权。复升阿拉善、额鲁旗地为宁夏省，青海为西宁省，川边为西康省，废护军使、镇守使，而以省政府主席代之。是为现今行政制度。

历代地方行政区域之变迁：
- 秦始皇帝时……三十六郡
- 汉武帝时……十三部
- 晋武帝时……十九州
- 唐太宗时……十道
- 宋太宗时……十五路
- 元世祖时……十二省
- 明太祖时……两畿十三布政使司
- 清高宗时……二十二省

参考书

《支那史概说》（总论　第一　土地）　市村瓒次郎先生

《新体中国历史》（卷一　第一篇　第一章　地理）　商务印书馆

《饮冰室全集》（第三十六册）　梁启超

第四章　中国史上之年代

第一节　中国史年代之确数

历史之要素有三，曰种族，曰区域，曰年代。有种族，有区域，而无年代，则其史迹等于小说，无征信之价值。种族明，区域明，而年代不甚明时，其史迹亦在疑似之间，论史者不敢据为实事也。故欲述中国历史，不可不知国中史上之年代。

春秋以前之年代，史书言言人殊，苦无精确证据。例如商之传国，或曰四百九十六年（《竹书纪年》）、或曰六百年（《左传》）、或曰六百二十九年（《汉书》）、或曰六百四十四年（《通鉴前编》与《皇极经世书》），其最多数与最少数之差为一百四十八年，可谓咄咄奇谈。有商一代之年代，史书所载犹互相出入如此，其他唐虞夏概可知矣。故欲论中国史上年代之确数，自当以春秋以后为断。

《春秋》为鲁国正史，系编年纪月体裁，以鲁国历代君主即位之年代纪元。后经孔子手订，考据颇为精确。自《春秋》以后。则有司马温公之《通鉴》，朱紫阳之《纲目》，王凤洲之《纲鉴》，毕秋帆之《续通鉴》，清高宗之《御批通鉴集览》等书，皆编年纪月体裁，考据尤为精确。兹自春秋初年即鲁隐公元年、周平王四十九年起，断自现在，即民国廿三年止。计中国史上之正确年代，凡二千六百五十六年，即起西历纪元前七二二年，至纪元一九三四年。

然则《春秋》以前之编年纪月史书，竟无确凿可据者乎？曰《春秋》以前之编年纪月史书，为《竹书纪年》、《帝王世纪》、《通鉴前编》三种。《帝王世纪》为晋儒皇甫谧撰，《通鉴前编》为宋儒金履祥撰，两书皆以《竹书纪年》为滥本。《竹书纪年》一书，系晋武帝太康二年，汲郡人发魏襄王冢所得。其所纪，始黄帝元年，终魏襄王二十年。盖六国时晋魏史官所作。以战国时之史官，记载三代以前之年代，所记载容或不确。又此书好言符瑞，于历代事实罕有发明，亦可知其历史上之价值较为薄弱矣。无已而上溯春秋以前，则自周幽王六年起，以后年代，差为可信。据《竹书纪年》所载，“幽王六年冬十月辛卯朔，日有食之。”《诗经·小雅·十月之交》篇云：“十月之交，朔月辛卯。日有食之，亦孔之丑。”据郑笺云：“周之十月，夏之八月也。”幽王六年乙丑，实西历纪元前七七六年。幽王六年十月朔日之日食，与后世天文家、历学家推定之西历纪元前七七六年之日食适相符合。据此推测，则自周幽王六年，即春秋前五十四年，西历纪元前七七六年起，至周平王四十八年，即春秋前一年，西历纪元前七二三年止，凡五十三年间，其年代差为可信。中国史上正确年代，为二六五六加五三，等于二七〇九年。

或问前清宣统三年民军初起义时，其文书布告，俱称黄帝纪元四千六百零九年，毕竟有无证据。曰，此事证以古史，知自黄帝即位之年起，至民军起义之年止，实为四千六百零九年。但春秋以前之史书，年代颇不精确。尧舜以前之年代，尤荒渺不足信。兹姑且参考古史，列表于下，以资对照。

黄帝轩辕氏	一〇〇	西历纪元前　二六九八至　二五九九
少昊金天氏	八四	西历纪元前　二五九八至　二五一五
颛顼高阳氏	七八	西历纪元前　二五一四至　二四三七

帝喾高辛氏	七〇	西历纪元前　二四三六至　二三六七
帝挚	九	西历纪元前　二三六六至　二三五八
帝尧陶唐氏	一〇〇	西历纪元前　二三五七至　二二五八
帝舜居尧丧	二	西历纪元前　二二五七至　二二五六
帝舜有虞氏	四八	西历纪元前　二二五五至　二二〇八
夏禹居舜丧	二	西历纪元前　二二〇七至　二二〇六
夏	四三九	西历纪元前　二二〇五至　一七六七
殷	六四四	西历纪元前　一七六六至　一一二三
周武王十三年即克殷之年至平王四十八年	四〇〇	西历纪元前　一一二二至　七二三
春秋	二四二	西历纪元前　七二二至　四八一
春秋战国之间	一二	西历纪元前　四八〇至　四六九
战国	二四七	西历纪元前　四六八至　二二二
秦	五	西历纪元前　二二一至　二〇七
汉高帝称王之元年至哀帝元寿二年	二〇六	西历纪元前　二〇六至
汉平帝元始元年至民国纪元前一年即清宣统三年	一九一一	西历纪元　一九一一
合计四千六百零九年		

以上黄帝、少昊、高阳、高辛、帝挚五代之年表，系参考《竹书纪年》、《帝王世纪》、《通鉴纲目前编》及唐类函引陶弘景之说以定者。帝尧以下至战国，系参考《通鉴前编》与《春秋》、《左传》以定者。战国以后至前清末年，则参考《通鉴纲目》、《续通鉴》及西历纪元所足成者。证以年数固为吻合，然春秋以前之年代，亦只以疑传疑，未敢据为定案也。

第二节 历代之纪年法及岁首

纪年之法，古今不同，东西亦各异。有仅以太阳为标准者，是为太阳历纪年法。有兼以太阴为标准者，是为太阴历纪年法。西洋各国多用太阳历，中国则概用太阴历。太阳历纪年法，以地球绕日一周之总日数为一年。地球绕日一周，为三百六十五日五时四十八分四十六秒，太阳历平年为三百六十五日，所余之五时四十八分四十六秒，积至四年约满一日。故每过三年加增一日为闰年。但四年之闰余仅二十三时十五分四秒，闰一日则超过四十四分五十六秒，积至二十五闰约得四分日之三。故每满百年废一闰，至第四百年又不废。如是每四年置一闰，每四百年中减三闰。平均计算，每年得三百六十五日五时四十五分十二秒，须三千年后始有一日之差。太阴历纪年法，以月之盈虚为标准。计地球绕日一周，为三百六十五日有奇。月绕地球一周，为二十九日有奇。以月绕地球一周之日数，除地球绕日一周之日数，为十二有奇。故太阴历假定每年为十二月，以余数置闰，分配日与月之差。计三年一闰，五年再闰，积十九年而七闰。则气朔分齐，号为一章。是为太阴历纪年法。

中国之太阴历纪年法，自有史以来起，至民国纪元前一年止，历代皆为一致。顾历代之岁首则时常变更。夏正以建寅月为岁首，约当今之二月。商正以建丑月为岁首，约当今之一月。周正以建子月为岁首，约当今之十二月。所谓建寅、建丑、建子者，以北斗星柄所指之方向而名。所谓建寅月者，即斗柄指寅方之月；建丑月者，即斗柄指丑方之月；建子月者，即斗柄指子方之月也。三代岁首不同，而总不出太阴历范围内。商代夏，周代商，凡百制度，皆除旧布新。历法亦制度之一端，故变更岁首；以示改玉改步之意，使人民耳目焕然一新，并非有天文上科学上之深意存于其间也。

以上所举，为三代时政府之法定历。顾民间之习惯历与此颇有出入。夏正便于农时，民间多自由奉行之，历商迄周无改。《诗经·豳风》之七月篇，为周公所作。《礼记》之月令，为秦相国吕不韦所作。周公为西周初年人，吕不韦为战国末年人。据所举之月数，以推测当时之时令，系以夏正计算，并非用周正。可知有周一代民间之习惯历，犹参用夏正也。故孔子曰："行夏之时。"有味乎其言哉。

秦兴，从齐人邹衍之五行说，以为周得火德，秦代周，从所不胜，为水德。改正朔，以建亥月为岁首，约当旧历之十月，今之十一月。顾仍称建寅月为正月，而称建亥月为十月，以十月为岁首。汉兴因之，至武帝太初元年（西历纪元前一〇四年）夏五月，从御史大夫倪宽、太史令司马迁议，造太初历，始改正朔，以正月为岁首。是为三代以后采用夏正之始。自是以后，直至民国纪元前一年止，凡二千零十九年间，罔或改焉。

- 历代之纪年法
  - 西洋——太阳历
  - 中国
    - 民国以前…太阴历…以月绕地球一周之日数，除地球绕日一周之日数为一年，以余数置闰。
    - 民国………太阳历…以地球绕日一周为一年

历代之岁首			
夏正	建寅月	今历二月	旧历正月
商正	建丑月	今历一月	旧历十二月
周正	建子月	今历十二月	旧历十一月
秦	建亥月	今历十一月	旧历十月
汉武帝太初元年以后至清末	建寅月	今历二月	旧历正月

第三节　历代之纪元法及年号

西洋耶教各国，概以耶稣（Christ）降生之年纪元。回教各国，概以穆罕默德（Muhammed）由麦加（Mecca）出奔麦地拿（Medina）之年纪元。纪元法定于一尊，甚简单便利也。中国之纪元法，概以君主在位之年数计算。君主即位之年为元年，次年为二年。君主薨逝，新君即位，则纪元变更，从新另算。春秋、战国时代，各国君主之谥法往往相同。秦汉至明清，历代帝王之谥法及庙号亦往往一致，仅云某公某年、某侯某年、某王某年、某帝某年、某祖某年、某宗某年，字形字音字义概无分别，读史者殊嫌混杂也。汉文帝以后，纪元愈多，愈益混杂。计文帝一代，在位二十三年，纪元二次，史家为计算上便利起见，定名曰元年，曰后元年。景帝一代，在位十六年，纪元三次，史家定名曰元年，曰中元年，曰后元年。至武帝时，纪元愈繁复，辨别愈困难，始创年号以冠数字之上。凡纪元从新计算时，必变更年号以便记忆，名曰改元。计武帝在位五十四年间，凡改元十一次，曰建元，凡六年。曰元光，凡六年。曰元朔，凡六年。曰元狩，凡六年。曰元鼎，凡六年。曰元封，凡六年。曰太初，凡四年。曰天汉，凡四年。曰太始，凡四年。曰征和，凡四年。曰后元，仅二年而武帝崩。昭帝即位，至翌年又改元始元矣。据史书所载，武帝元狩元年（西历纪元前一二二年）冬十月，上行幸雍，祠五时，获兽一角而五蹄，有司奏以为麟，目为天瑞，请以天瑞纪元。于是始创年号，追定名称，一元曰建，二元以长星曰光，今元以郊得一角兽曰狩，是为中国史上有年号之始。

年号之字数不一定。有用二字者，如上所举武帝之例是也。有用三字者，如新莽之始建国之类是也。有用四字者，如后唐废帝从珂之应顺清泰、宋太宗之太平兴国、真宗之大中祥符、徽宗之建中靖国、西夏毅宗谅祚之福圣承道之类是也。有用六字者，如西夏惠宗秉常之天赐礼盛国庆是也。顾普通年号，仍以二字为标准，三字以上者不常见也。

年号之取义亦不一定。有仅取吉祥语为祝辞者，如东汉明帝之永平、西晋武帝之咸宁、太康、明太祖之洪武、成祖之永乐，清圣祖之康熙、高宗之乾隆之类是也。有因祥瑞之事，偶然发现而定名者，如汉武帝时，因郊得一角兽，故改元元狩。因汾阴获宝鼎，故改元元鼎。宣帝时，因神爵数集，故改元神爵。因凤凰集杜陵，故改元五凤之类是也。有因迷信五行思想，取相生相克之意以定名者。史称汉以火德王，故色尚赤。及汉亡，三国对峙，魏吴二国皆自谓以土德绍汉。故魏改元曰黄初，吴改元曰黄武之类是也。有因政治上之关系，选定特别名词，以代表朝廷趋向者。例如宋神宗时，厉行新法，其时新法派与旧法派时常轧轹。神宗崩，哲宗即位，宣仁太后摄政。旧法派之首领司马光当国，尽罢新法。宣仁崩，哲宗亲政，罢旧法派之阁员吕大防、范纯仁等，以章惇为首相，仍行新法。其时改元绍圣，所以表示继续神宗遗志之意也。哲宗崩，徽宗即位，时议以新旧两派各有所失，欲以大公至正消释朋党，遂诏改元为建中靖国，所以示无偏无党之意也。未几，新法派获胜，新法派之首领曾布当国，主张绍述，请改元崇宁，诏从之，所以表示崇拜熙宁（神宗年号）之意也。以上所举四类，第一类最多，第四类最少。此外虽有例外，然大体具于是矣，兹不赘述。

改元之规则亦无一定。普通习惯法，天子崩，太子即位，逾年改元。亦有未逾年而改元者，如蜀汉后主禅延熙十五年（吴大帝权太元二年），吴大帝殂，子亮立，未逾年即改元建兴。十七年（魏邵陵厉王嘉平六年），魏司马师废其主芳，立高贵乡公髦，未逾年即改元正元之类是也。普通习惯法，一帝一元，亦有一帝在位之间，改元至数次者，如上所举汉武帝之例是也。读史者一一记忆，甚非易易。年号愈多，愈紊乱矣。有明初年，始规定一帝一元制，非易世不改元。前清因之，立法逐渐严密。故视其年号为何名，即可知其在位之皇帝为何帝。观其年号数字之多寡，即可知其在位皇帝年代之修短。综合其一朝年号之固有名词共有若干，可知其传世若干代，较之一帝在位之间屡次改元者，计算诚为便利。顾通古今年代之总数计算，或综合一朝年代之总数计算，毕竟中国有史以来，至今共若干年，某朝传世共若干年，某事发生于某朝某帝某年某月，终止于某朝某帝某年某月，中间共历若干年。其发生之年月，及终止之年月，迄今又若干年。仍苦无便利方法计算。于是乎中国史上之纪元法乃穷。我辈论史者，只好参用西历，以耶稣纪元之数字，定我国年代之先后，及其修短。堂堂古文明国，借用西历为标准，此亦史家之耻也。日本小国，犹能效法西洋，规定以神武天皇即位之年纪元，以示不忘艰难缔造之意。我国为东洋最古之国，顾乃无一定纪元法。康南海主张用孔子降生纪元，顾除康氏著作外，未闻有遵行其说者。民军起义，虽曾以黄帝即位之年纪元，然不久旋废弃。民国成立以后，虽法定以民国成立之年纪元，然民国未成立以前之年代，是否用倒溯法计算，政府亦未有明文规定。袁氏盗国，突下令以洪宪纪元，致遭列强反对。于是对内则以洪宪纪元，对外则以民国纪元，演成历史上未曾有之笑柄。蔡松坡以云南兵倒袁氏，恢复民国五年年号。然民国未成立以前之纪元法，则至今仍未规定也。

- 历代之纪元法
  - 西洋
    - 耶教各国——以耶稣基督降生之年纪元
    - 回教各国——以穆罕默德由麦加出奔麦地拿之年纪元
  - 中国
    - 西周至汉惠帝——以君主即位之年纪元——无年号
    - 汉文帝以后至元末——君主随时可以改元；一君主常有二次以上纪元——汉武帝以后始创年号
    - 明初至清末——以君主即位之年纪元——有年号

- 年号之字数
  - 二字——汉武帝之建元、元光、元朔、元狩、元鼎、元封之类是也。
  - 三字——新莽始建国之类是也。
  - 四字——后唐废帝从珂之应顺清泰、宋太宗之太平兴国、真宗之大中祥符之类是也。
  - 六字——西夏惠宗秉常之天赐礼盛国庆之类是也。

- 年号之取义
  - 吉祥语——东汉明帝之永平、西晋武帝之咸宁、太康、明太祖之洪武之类是也
  - 偶然发现祥瑞事——汉武帝之元狩、元鼎，宣帝之神爵、五凤之类是也，
  - 迷信五行思想，取生克之意——魏文帝之黄初、吴大帝之黄武之类是也。
  - 表示朝廷趋向——宋哲宗之绍圣、徽宗之建中靖国、崇宁之类是也。

- 改元之规则
  - 普通——天子崩，太子即位，逾年改元。
  - 例外——未逾年改元。

第四节　干支纪年法

中国纪年法，于君主在位纪元法外，尚有一种特别纪年法，即以十干、十二支配合为一种特别名词，用以计算年代者也。十干为甲、乙、丙、丁、戊、己、庚、辛、壬、癸，十二支为子、丑、寅、卯、辰、巳、午、未、申、酉、戌、亥。以干与支相配合，共得六十名词。以六十名词为数字代表，计算年代。每六十年为一甲子，周而复始，是为干支纪年法。十干之字，自上古已有之，似用以代数字者。十二支之字，至周时亦见经传。以干与支配合，初用以纪日，至汉时遂用以纪年。此法虽繁，但差错极少，与数字有同等效力，亦一种便利法也。

第五节　中国史时代之区分

自来中国史学家，知有朝代之变更，不知有时代之区划。由夏易为商，由秦易为汉时，史家异常注意。以为九鼎下移，天子最大事莫过于此也。至于夏商之间，有无分明界限，秦汉之际，有无联络潮流，彼辈眼光见不到，其所作之史书，大抵如白地光明锦，裁为负贩裤——原料虽美，而殊欠剪裁。读史者往往读尽终编，犹莫明其宗旨之所在。至于一时代之思潮何若，风尚何若，更非所问矣。西洋史学家，例分历史为上古、中古、近古、近世等时代，以观一时之趋向，法至善也。顾朝代之区分，以帝室为标准，其界限明而显。由曹传马，以李代杨，历史上有确凿之迹象可寻。时代之区分、以趋向为标准，其界限隐而微，中古之事迹，往往胚胎于上古，而影响于近世，有抽刀断水水复流之概。欲求一最大事件以为一定界限而划分之，事实上作不到也。然则历史家将奈何？曰历史家宜统观全体，由政治文化各方面着想，通盘筹算，以为时代界限之标准。一方面虽有变动，一方面尚无变动时，不得划分为二时代也。知此者可与论中国史上之时代。

史学之内容，有政治史、文化史之殊。其时代之区分，亦因其内容而时有差异。由法制方面、文学方面、军事方面、外交方面种种观察，其时代之区分时或略有出入。本编为普通历史，故时代之区分，亦从最普通例。约分为四时代：

第一编　上古史　汉族胚胎时代

起太古，终战国末年。西历纪元前四千余年至二二二年，共约四千余年。此时代复约分为三期。

第一期，传说时代　唐虞以前。

此时代尚无文字，所遗史事，皆得之先民口碑，故称为传说时代。大抵由家庭制度渐变为酋长制度，日用必需之要品逐渐发明。其领土之范围以何处为界限，现今尚难指定。

第二期，唐虞三代时代　由唐尧即位，至西周末年。

此时代虽有文字，但书籍存者太少，年代不确实，事迹不联络。大抵汉族据有黄河流域，生聚逐渐繁衍，由部落酋长制度，渐变为贵族制度，又变为封建制度，中央集权思想渐萌。其初年与交趾支那民族对抗，汉族占优势。及其末年，西北民族侵入中国，汉族乃居劣败地位矣。

第三期，春秋战国时代　由周平王东迁，至秦王政统一六国。

此时代书籍甚多，有正确之史书以传述事迹，文化异常发达，汉族固有之文化皆肇基于此时。大抵由封建制度变为地方集权制度。各国多怀抱大一统理想，日以武力相并吞。南服交趾支那民族，占领扬子江流域，又击退西北民族，筑造万里长城以为中外界限。汉族势力之膨胀，实始于此时。

第二编 中古史 汉族全盛时代

起秦统一六国，至唐亡。西历纪元前二二一年至纪元九〇六年，共一千一百二十七年。此时代复约分为三期。

第一期，秦汉时代 起秦始皇帝之统一，终汉献帝之禅让。

汉族大帝国成立，废封建，设郡县，中央集权之势渐成。内力充盈，遂以攘外为务，四围诸国皆内属。对外交涉频繁。其文化大抵承袭春秋战国之余，无特别新发明者。其初年法学发达。其中年儒学发达。及其末年，印度文化始东渐，为佛教输入中国之嚆矢，然尚未抵于发达之程度也。

第二期，三国两晋南北朝时代 起魏蜀吴之对峙，终陈之灭亡。

汉族大帝国破坏，势力骤衰。异族乘势侵入中原，占领黄河流域及扬子江上流。汉族奔避于江南，苟且偷安以求自保。交趾支那民族旧领土，受汉族南迁影响，逐渐开化。汉族旧领土，受异族蹂躏影响，文化逐渐衰退。儒教之不振达于极点。其初年道教披猖，及其末年佛教发达。中国固有文化与外来文化始逐渐混合矣。其文学南北两派迥殊，大率南较浮华，北较沉着。

第三期，隋唐时代 起隋室之统一，终唐室之瓦解。

汉族受民族压迫之结果，反动力起。复压倒外族，建立大帝国。其幅员之广，与秦汉时代相伯仲，而对外交涉之频繁过之。外来文化，与固有文化水乳交融，变成一种新文化。复输出文化于外国，四围未开化民族，多受其影响，因而开化。若日本、新罗、渤海、南诏其最著者也。佛教异常发达。文学承袭南北两派融合为一，号为中兴。

第三编 近古史 汉族衰微时代

起五代，终明亡。西历纪元九〇七年至一六四四年，共七百三十七年。此时代复约分为三期。

第一期，辽宋金对峙时代　起朱梁篡立，终南宋灭亡。

西北民族势力发达，政治上成为具体之国家，与汉族南北对峙。汉族受其影响，政治思想异常发达，文人学士喜谈政论。北宋中叶以后政党名称始出现于中国，因而酿成新旧之争。儒教哲学异常发达，周、程、朱、张诸钜子，以佛教、道教哲理，参入训诂学中，号为道学。文学多用古体，六朝文体渐衰。欧阳、曾、王、三苏诸大家出现，号称古文家。其文学好为政论，为古来所未有。此时代历史上之特色有三：一政治思想之发达；二政争之剧烈；三学术之隆盛。

第二期，元时代　起世祖统一，终顺帝北狩。

蒙古民族势力之发达，达于极点。始并吞中国全部，建立大帝国。汉族悉为所压制。为中国有史以来所创见幅员之广，亘古无与比伦。始制文字，以与汉族文化相抵抗，中国古文学中衰，通俗文学异常发达。对于宗教取平等主义，中国旧有之儒教、佛教、道教与西洋新来之耶教、回教、祆教一体受政府优待，而喇嘛教尤为皇室所崇拜。制度大半承袭中国古制，兼采西域诸国制度以辅之。

第三期，明时代　起太祖即位，终庄烈帝殉国。

汉族受压制日久，反动力起，驱逐蒙古民族，复建立大帝国。元室遗民窜据内外蒙古故地，与汉族对抗，中国无力扑灭之。终有明一代，汉族与蒙古民族有南北对峙之概。幅员之广虽差强于宋，而远逊于汉、唐。文化亦仅恢复旧观，无特别新发明者。文学上之八股文章及律诗、律赋，为此时流行品。束缚人心太甚，文人学士日流于卑鄙龌龊，无高尚之思想、精深之学问。及其末年，西学遂乘虚输入中国矣。

第四编　近世史　西力东渐时代

起清初，迄清末。西历纪元一六四五年至一九一一年，共二百六十六年。此时代复约分为二期。

第一期，清室勃兴时代　起世祖，迄高宗。

第二期，清室衰亡时代　起仁宗，迄宣统。

通古斯族勃起于东方，建立大帝国。幅员之广逾于汉唐。西洋文化东来，天文学、数学及各种科学输入中国。于是二千年间中绝之春秋、战国时代文明，借尸还魂而复活。汉族固有文化与西洋新来文化混合。向来之理想学问，一变而为实际应用学问，大地上放出一种特别光明。顾一般国民，处专制政体之下已久，教育不普及，依赖心重，乏进取精神，愚昧性成，无团结力量。欧美势力东下，澎湃磅礴，四围浸入，政治界、经济界悉为外人压倒。贫弱不成为国，清室遂以不祀矣。

时代	期	名称	起讫
上古——汉族胚胎时代	第一期	传说时代	唐虞以前
	第二期	唐虞三代时代	由唐尧即位至西周末年
	第三期	春秋战国时代	由周平王东迁至秦王政统一六国
中古——汉族全盛时代	第一期	秦汉时代	起秦始皇帝之统一，终汉献帝之禅让
	第二期	三国两晋南北朝时代	起魏蜀吴之对峙，终陈之灭亡
	第三期	隋唐时代	起隋室之统一，终唐室之瓦解
近古——汉族衰微时代	第一期	辽宋金时代	起朱梁篡立，终南宋灭亡
	第二期	元时代	起世祖统一，终顺帝北狩
	第三期	明时代	起太祖即位，终庄烈帝殉国
近世——西力东渐时代	第一期	清室勃兴时代	起世祖，迄高宗
	第二期	清室衰亡时代	起仁宗，迄宣统

参考书

《竹书纪年》　晋　魏史官

《帝王世纪》　晋　皇甫谧

《通鉴前编》　宋　金履祥

《支那史概说》（总论　第三年代）　市村瓒次郎先生

《民国/黄帝纪元说二付テ》（东京帝国大学东洋史讲义）　中村久四郎先生

本 论

第一编 上古史 汉族胚胎时代

第一期　传说时代

第一章　中国文化之发源地

世界文化发源地有六。一埃及、二美索波达米亚、三印度、四中国、五墨西哥、六秘鲁是也。埃及等五国，皆处亚热带地方，气候温暖，物产丰饶，得天者独优，故文化发达最早。中国本部地分三带。黄河流域为北带，扬子江流域为中带，西江流域为南带。南带居亚热带地方，与埃及之尼罗河、印度之恒河、印度河流域同纬度。中带居北温带之南方，与美索波达米亚之欧夫拉底士河、底格里士河流域同纬度。北带居北温带之中央，其纬度远在埃及、印度及美索波达米亚之北。以现今地学家眼光观之，南带中带气候温暖，土脉肥沃，物产丰饶，适宜于发生文化。北带气候较寒，地味较劣，物产较少，得天者较薄，其必不能发生文化无疑也。顾历史上之现象，则颇异是。南带中带，旧为交趾支那民族巢窟，屡与汉民族竞争，直至战国末年，扬子江流域始被汉化。秦汉之时，西江流域始被汉化。两地之文化灿烂，实在中古以后，而上古无闻焉。上古之文化发源地，实在北带。汉民族起黄河流域，以人力战胜天然力之压制，首先创造东亚文明，在历史上不可谓非特别现象也。据泰西学者所研究，世界人类，始于东半球。东半球人类，始于亚洲。亚洲人类，始于帕米尔高原。自此分道四下，其西下者为埃及，为美索波达米亚，南下者为印度，东下者为中国。中国民族，由帕米尔高原，越葱岭，至天山南路，沿塔里木河东下，至青海。自此分为二路，南路由扬子江顺流而下，抵四川，东阻于三峡，不得至湖北。北阻于秦岭，不得至陕西，乃蟠据扬子江上流，滋生繁衍，是为后来巴、蜀二国之前身。北路沿黄河而下，抵甘肃、陕西，自此顺流而东，一泻千里，平原旷野，一望无际，适于人类之生存，是为有史以前唯一不二之东西交通路。中国文化不发生于中带、南带，而发生于北带者，势使然也。近世欧洲学者 Lacouperie 谓中国文化与美索波达米亚文化有密切关系，其所著之书曰“Easterm Origin of the Chinese Sivilization”，盛倡中国文化西来说。德国地学家 Richthofen 则谓中国文化来自于阗（今新疆和阗县）。李氏为地质学家，以中国地理与地质为根据，研究中国历史。其所著之书，曰“China”，盛倡中国文化发生于 Loss，此为历史家最新学说，足供吾辈参考。至其来自于阗之说，则亦无确凿证据也。据日本东京帝国大学教授文学博士白鸟库吉先生所研究，中国文化，系汉民族自创，非外来者。汉民族自有史以前，久居黄河流域，与西方民族隔绝。自骨相学方面观之，汉民族面貌平正，西方民族骨格清奇。自言语学方面观之，汉语皆单音，西方民族语多复音。此为二民族根本上迥不相同之点，未敢强为措合也。亚洲民族，其言语容貌，与汉民族差为近似者，惟安南、暹罗、缅甸、西藏及希马拉亚山南麓近傍诸民族。中国本部之苗族亦然，皆久居东亚南部，非至有史以后始移居者。可知汉民族之东下，亦历有年代也。据 Richthofen 所研究，汉族文化之发生，实被 Ioss 之惠。loss 者，俗名黄土，其色黄，其性黏，遍布于黄河流域全土。干时极轻，随风飘扬，混入空中。北方都会，大风一起，动辄黄尘万丈者，职是之由。一遇阴雨，化为泥泞，土脉轻松，不能任重，动辄没轮陷胫，为交通之阻碍。顾其质极腴，得水即能发酵，助长植物之发达，不需肥料。其肥沃之点，与尼罗河之沉淀物相等，而土地之广漠过之。现在中亚水蒸气减少，昔日丰肥之地，往往化为沙漠，黄河流域亦被其影响。昔日之沃壤，渐化为斥卤者有之。顾在有史以前时代，水蒸气充足，雨泽涵濡，黄河流域全土，实为东亚膏腴之地。陕西渭水流域、河南洛水流域，尤为丰饶，号称天府之国。河北南部、山东西部，极目平原，一望无际，宜于种植。汉民族久居此地，经过狩猎牧畜两时代，渐入农业时代，由行国变为居国，有一定住所、一定职业。就其历年所得之经验，可以逐渐改良其事业。农业性质，宜于共同经营，不宜于单独运动，可以养成人类之团结力。且三时劳动一时休息，可以利用此闲暇，研究学术，或经营他种事业。又一年耕必有一年之蓄，九年耕必有三年之蓄，可以养成贮蓄之风。是故农业勃兴地方，社会文明易于发达。黄河流域全土，农业发达最早。汉族文明所以发生于此地者，职是之由。

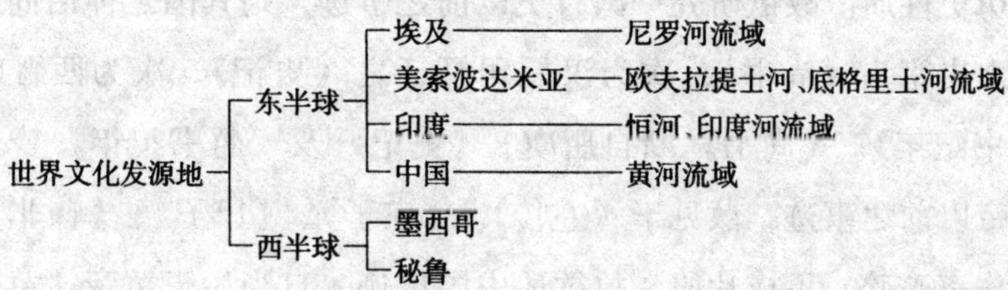

参考书

Lacouperie; Orgin of the Chinese Civiilzation

Richthofen; China.

（日本东京帝国大学讲义）《东洋史概说》（本论　第一章）　白鸟库吉先生

《西洋史讲话》（第一编　第四章）　箕作元八先生

第二章 太古之神话

人群进化第一期，必须经过神权政治之一阶级，此万国之所同，而中国亦不能自外者也。神权政治时代，多在有史以前。其时代之传说，史家名为神话。神话者，国民思想之反映。神话自身之为物虽非历史，而其中实含有历史性质。故欲研究一国有史以前之事迹，则其国之神话尚焉。中国最古之史籍为《尚书》，次为汉儒司马迁之《史记》，次为西晋时发现之《竹书纪年》。《尚书》断自唐虞，《史记》及《竹书纪年》皆始于黄帝。黄帝以前之事迹，散见于《左传》、《庄子》、《尸子》、《韩非子》诸书。皆华离破碎，不成片段。故欲述中国史迹，自当始于黄帝。黄帝以前之史迹，只能作为神话观，未可执以为真也。记载黄帝以前之史籍，始于纬书。纬书者，阴阳五行家学说，前汉末年始出现，所载多荒唐不足信。次为三国时代蜀汉谯周之《古史考》。此书已佚，惟散见于裴骃《史记注》之引用文中。次为晋儒皇甫谧之《帝王世纪》，次为唐儒司马贞之《三皇本纪》，次为宋儒罗泌之《路史》、金履祥之《通鉴前编》。皇甫氏、罗氏、金氏之书，记载较详。大略以纬书为蓝本，而参以秦汉时诸子学说。其荒渺无稽之处，荐绅先生难言之，兹节录其事迹稍近似者于下，以供参考。

相传太极生两仪，两仪生四象，四象变化，而人物生焉。首出御世者曰盘古氏，明天地之道，达阴阳之理，为三才首君，于是混沌开矣。又曰混沌氏。

继盘古以治者，一姓十三人。取天开于子之义，名曰天皇。澹泊无为而俗自化，制干支以定岁，而民始知天地所向矣。

继天皇以治者，一姓十一人。取地辟于丑之义，名曰地皇。爰定三辰以分昼夜，以三十日为一月。

继地皇以治者，一姓九人。取人生于寅之义，名曰人皇。相厥山川，分为九区。人居一方，又曰居方氏。是时万物群生，淳风沕今物穆，饮食男女所自始，而君臣政教起焉。

次为有巢氏。太古之民，穴居野处，与物相友，无有妡下介反伤。逮乎后世，人民机智，而物始为敌。有圣者出，构木为巢，教民居之，以避爪牙角毒之害。故曰有巢氏。

次为燧人氏。太古之民，未知稼穑，食草木之实，未有火化。饮禽兽之血，而茹其毛，有圣者出，钻木取火，教民烹饪，而民利之。故曰燧人氏。

次为赫胥氏。次为葛天氏，始教民歌八阕。次为无怀氏。次为辰放氏，始教民摘（九辇反）木茹皮，以代卉服，号为衣皮之民。次为阴康氏，始教民舞以利其关节。大抵此时之民，鼓腹而游，含哺而嬉，昼动夜息，渴饮饥食，形有动作，心无好恶。鸡犬之音相闻，民至老死不相往来。是时之治，不言而信，不化而行，俗以熙熙。

次为伏羲氏。其母居于华胥之渚（今陕西关中道蓝田县），生帝于成纪，今甘肃渭川道秦安县。以木德王，故风姓。有圣德，象日月之明，故曰太昊。帝德洽上下，有龙马负图出于河，乃仰观象于天，俯观法于地，中观万物之宜。近取诸身，远取诸物，始作八卦，以通神明之德，以类万物之情，而卜筮自此生焉。上古结绳而治，大事结大绳，小事结小绳。帝易之以书契，百官以治，万氏以察。上古民处草野，逐捕禽兽，茹毛饮血，帝乃作网罟，教民佃渔，故号伏羲氏。养牺牲以充庖厨，故又号庖牺氏。于是当时人类社会，始由渔猎时代，渐进为牧畜时代。始立周天历度，作甲历，日月岁时，自此而生焉。太古男女无别，与禽兽无异，知有母而不知有父，知有爱而不知有礼。太昊始制嫁娶，以俪皮为礼，正姓氏，通媒妁，以重人伦之本，而民始不渎。作荒乐歌扶徕咏，斵桐为琴，绳丝为弦。弦二十有七，命之曰离徽，以通神明之贶，以合天人之和缊。桑为二十六弦之琴，以修身理性，反其天真，而乐音自是兴。因龙马负图出于河之瑞，以龙纪官。春官为青龙氏，夏官为赤龙氏，秋官为白龙氏，冬官为黑龙氏，中官为黄龙氏。是为五官。命朱襄为飞龙氏，造书契。昊英为潜龙氏，造甲历。大庭为居龙氏，治屋庐。浑沌为降龙氏，驱民害。阴康为土龙氏，治田里。栗陆为水龙氏，繁滋草木，疏导泉源。以共工为上相，柏皇为下相。朱襄、昊英常居左右。栗陆居北，赤胥居南，昆连居西，葛天居东，阴康居下，分理宇内，而政化大治。奠都于陈（今河南开封道淮阳县），在位一百十有五年崩。葬于陈。

女弟女娲氏袭，号曰女皇。大诸侯共工氏作乱，女娲诛之。是为太古时代兵争之始。历柏皇氏、中央氏、大庭氏、栗陆氏、骊连氏、浑沌氏、赫胥氏、尊卢氏、昊英氏、有巢氏、朱襄氏、葛天氏、阴康氏、无怀氏，凡十五代，而神农氏兴。

神农氏者，少典君之子，名石年。其母有乔音桥之女曰安登。生帝于烈山（一名厉山，在今湖北江汉道随县，即故德安府随州北，有石穴相传为神农生处，世谓之神农穴），故又号烈山氏。长于姜水（在今陕西关中道岐山县，即故凤翔府岐山县东，本名歧水，东至宝鸡县，经姜氏城南，易名姜水），故以姜为姓。以火德代伏羲治天下，故曰炎帝。初都陈，迁曲阜（今山东济宁道曲阜县），以火纪官。春官为大火，夏官为鹑火，秋官为西火，冬官为北火，中官为中火。古者民茹草木之实，食禽兽之肉，不知耕稼。帝因天时，相地宜，斵木为耜，揉木为耒，教民艺五谷，而农事兴焉。于是人类社会，始由牧畜时代，渐进为农业时代。古者民有疾病，不知药石，帝始味草木之滋，察其寒温平热之性，辨其君臣佐使之义。尝一日而遇七十毒，神而化之，遂作方书以疗民疾，于是中国始有医药。复察水泉甘苦，令人知所趋避，由是民居安食力，而无夭札之患，天下宜之，故号神农氏。列廛于国，日中为市，致天下之民，聚天下之货，交易而退，各得其所，于是中国始有商业。诸侯夙沙氏叛，煮海为盐，不用帝命，是为盐业之起点。其臣箕文谏而被杀，帝益修厥德。夙沙之民，自攻其君，杀之，而来归其地。于是东至旸谷，西至三危，南至交趾，北至幽都，莫不向化。帝兴万世生养之利，法省而不烦，威厉而不试。其俗朴重端悫，不忿争而财足，无制令而民从。在位一百四十年，崩于长沙之茶乡（今湖南湘江道茶乡县），葬茶陵（在今湖南衡阳道酃县西）。子帝临魁袭，传帝承、帝明、帝宜、帝来、帝裹、帝榆罔。榆罔为政束急，务乘人而斗其捷。诸侯携贰蚩尤作乱，帝逊居于涿鹿。自神农至榆罔，凡传八世，五百二十年。而炎帝世衰，诸侯有熊国之君公孙轩辕代立，是为黄帝。

参考书

《通鉴纲目前编》　金履祥

《御批通鉴辑览》　傅恒等

《支那史概说》（本论　第一章）　市村瓒次郎先生

第三章 黄帝之治绩

自黄帝以后，始有史记可凭。故另叙一章，不列入神话之内。

第一节 黄帝之外征

人类社会之发达，必须经过三阶级：一渔猎时代、二牧畜时代、三农业时代是也。汉民族自有史以前，即由西北方，迤逦入中国内地。分无数小部落，以游牧为业，至伏羲时，已进入牧畜时代。神农时，又进入农业时代，社会文明逐渐发达，团结力逐渐稳固。于是对外之竞争，日益剧烈，始有种族战争之事。内部之中央集权，亦从此始矣。

凡人群之迁徙，必因山川自然形势以前进。中国之山脉河流皆由西向东，与地球纬度为平行线。故各民族之分布，亦自西徂东，划分中国为数部。当炎帝末年，中国约划分为三部。最北一支为荤粥，分布于今日长城以北。最南一支为九黎，分布于扬子江流域。汉族界居于其间，分布于黄河流域。荤粥者，蒙古民族。九黎者，交趾支那民族。两族南北遥遥对峙，与汉族争此黄河流域一片干净土。汉族苦之，史称黄帝以师兵为营卫，迁徙往来无常处。盖犹未脱游牧民族习惯，然亦以界居民族之间，非武装不足以立国也。黄帝者，少典君之子，姓公孙，名轩辕，有圣德，国于有熊（今河南开封道新郑县），故号有熊氏。长子姬水，故又以姬为姓。是时炎帝衰微，九黎之君主蚩尤作乱，率师北上，略取黄河流域。炎帝榆罔出奔涿鹿（今察哈尔口北道涿鹿县，即故宣化府保安州）。轩辕氏起兵靖难，征师诸侯，与蚩尤战于涿鹿之野。蚩尤能为大雾，军士昏迷。轩辕氏作指南车以示四方，遂擒蚩尤诛之。是为汉苗二族种族战争之始。诸侯共尊轩辕氏为天子，是为黄帝。降封榆罔于潞，神农氏遂亡。黄帝即位，始建大帝国，经略四方。天下有不顺者，从而征之，平者去之。披山通道，未尝宁居。东至于海，登丸山及岱宗，西至于空桐（一作崆峒，在今甘肃安肃道高台县西南），登鸡头。南至于江，登熊湘，北逐荤粥，合符釜山（在今口北道涿鹿县西南），而邑于涿鹿之阿。迁徙无常处，以师兵为营卫。于是汉族势力一膨胀。

第二节　黄帝之内治

黄帝即位，四征不庭，天下咸服，乃修内政。帝初受命时，适有云瑞，遂以云纪官。春官为青云、夏官为缙云、秋官为白云、冬官为黑云、中官为黄云，举风后、力牧、太山、稽、常先、大鸿以治民谐是为六相，分治天地四方，是为周礼六官之嚆矢。命苍颉为左史，沮诵为右史，记朝廷之举措，是为中国有史官之始。命苍颉观鸟兽蹄远之迹，体类象形而制字。字有六义，曰象形、指事、会意、转注、谐声、假借，是为六书。于是中国始有文字学。衍握奇之法，设五旗五麾、六毒，而制其阵。熊罴貔貅以为前行，雕鹖雁鹯以为左右，于是中国始有兵学。命挥作弓，夷牟作矢，以威天下。岐伯作鼓吹、铙鱼、灵鞞、神钲，以扬德建武，于是中国始有兵器。

设灵台，立占天官。命鬼臾蓝占星，斗苞授规，正日月星辰之象，于是中国始有星官之书。命羲和占日，尚仪占月，车区占风，是为后世中央观象台之嚆矢。命大挠探五行之情，占斗柄所建，始作甲子。以甲、乙、丙、丁、戊、己、庚、辛、壬、癸为干，子、丑、寅、卯、辰、巳、午、未、申、酉、戌、亥为枝。枝干相配以名日，而定之以纳音，是为后世干支纪日之始。命容城作盖天，以象周天之形，是为后世浑天仪之始。因五量（龠合升斗斛）定五气（五行之气），起消息（阳生阴死），察发敛（春夏为发秋冬为敛），以作调历。岁纪甲寅，日纪甲子，而时节定。迎日推策，造十六神历。积斜（音余）分以置闰，配甲子而设部（音簿）。于是时惠而辰从，是为后世历法之始。命隶首定数，以率其羡（余数）要其会（总数），而律度量衡由是而成，是为后世数学及度量衡之始。命伶伦取竹嶰溪之谷，断两节间而吹之，以为黄钟之宫。制十二筒以象凤凰之鸣。其雄鸣六，雌鸣亦六，以比黄钟之宫。损益相生，为六律六宫。又命荣猿铸十二钟，以协月篇。于是文之以五声，播之以八音，命大容作云门大卷之乐。中春之月，乙卯之辰，日在奎，始奏之，命曰咸池，是为后世音乐学之始。作冕、垂旒充纩，为玄衣黄裳，以象天地之正色。旁观翚翟草木之华，乃染五采为文章，以表贵贱，于是衮冕衣裳之制兴，是为后世礼服之始。命甯封为陶正，赤将为木正，以利器用。作杵臼而谷粟始凿，作釜灶而民始粥，作甑而民始饭。以烹以炰，以为醴酪，是为后世割烹学之始。见窍木浮而知为舟，观蓬转而知为轮。命共鼓、化狐刳木为舟，剡木为楫，以济不通，邑夷作车，以行四方，服牛乘马，备物致用，是为后世交通机关之始。上古巢居而野处，至是始易之以宫室。上栋下宇以待风雨，是为后世建筑学之始。作合宫以祀上帝，享百神，是为后世天坛之嚆矢。范（范同）金为货，制金刀，立五币，以制国用，是为中国货币之权舆。察五气，立五运，洞性命，纪阴阳，咨于岐伯而作《内经》。复命俞跗、雷公察明堂，究息脉，巫彭、桐君处方饵，而人得以尽年，是为后世医药学之始。命元妃西陵氏（名嫘祖），教民育蚕，治茧丝以供衣服，而天下无皴（七伦反）、瘃（陟玉反）之患，是为后世蚕桑学之始。划野分州，得百里之国万区。命匠营国邑，置左右大监监于万国，是为地方行政区域划分之始。经土设井以塞争端，立步制亩以防不足。使八家为井，井开四道而分八宅。井一为邻，邻三为朋。朋三为里，里五为邑。邑十为都，都十为师。师十为州。分之于井而计于州。故地著而数详，是为后世城乡市镇制之始。在位百年，天下大治。人民安乐，不使而成，不禁而止。屈轶生于庭，凤凰巢于阿阁，麒麟游于苑囿。崩于荆山之阳（在今河南河洛道阌乡县即故陕州阌乡县南），葬桥山（在今陕西榆林道中部县，即故鄜州中部县西北）。

第三节　黄帝子孙之相续

现今我中国四万万人民，皆自称为黄帝子孙。细考其大别，有太古帝王之苗裔，有太古诸侯或大臣之苗裔，有异族归化人之苗裔，实不尽黄帝子孙。顾皆自称为黄帝子孙者，则以黄帝功德巍巍，詟服宇内，战胜异族，始建大帝国。实行中央集权制度，取精用宏，子孙袭其荫者垂千余年。经唐虞三代，直至嬴秦，皆其直系苗裔。史家艳称，有由然也。兹先叙黄帝没世后，其子孙相续之事迹如下，以为唐虞三代史之基础。

一、少昊金天氏

黄帝元妃西陵氏，生子挚，已姓。又名玄嚣，降居江水（在蜀地），邑于穷桑（今山东济宁道曲阜县北），故号穷桑氏。国于青阳，因号青阳氏。黄帝崩，即位，都曲阜。以金德王天下，遂号金天氏。能修太昊之法，故曰少昊。其即位也，凤鸟适至，因以鸟纪官。凤鸟氏为历正，玄鸟（燕也）氏司分，伯赵（伯劳也）氏司至，青鸟（鸧鹒也）氏司启，丹鸟（鷩雉也）氏司闭，是为历正之四属。祝鸠（孝鸟）氏为司徒，雎鸠（王鸠鸷而有别）氏为司马，鸤鸠（鴶鵴性均平）。氏为司空，爽鸠（鹰也性鸷）氏为司寇，鹘鸠（鹘雕）氏为司事，是为鸠民之官。又立五雉为五工正，利器用，正度量，以夷平民。立九扈为九农正，以扈民无淫。作大渊之乐，以谐人神和上下。

在位八十四年崩，葬云阳（在曲阜县东北二里）。犹子高阳氏践位。

二、颛顼高阳氏

高阳氏之父曰昌意，少昊氏之母弟。降居若水（即泸水，今名打冲河，源出西番经四川西界流入金沙江）。娶蜀山氏女，曰昌仆，是为女枢。生颛顼，姬姓。年十岁，佐少昊。二十，即帝位，以水德王。初国高阳（今河南开封道，即故开封府杞县，故高阳城是），故号高阳氏。都帝邱（今直隶大名道，即故大名府开州，故濮阳城是），以少昊之子重为木正，曰勾芒。该为金正，曰蓐收。修熙二人相代为水正，曰玄冥。又以炎帝之后句龙为土正，曰后土。而帝之孙黎为火正，曰祝融。分治五方，谓之五官，是为后世以民事纪官之始。少昊之衰，九黎乱德，民神杂揉，不可方物。家为巫史，无有要质。民渎齐盟，灾祸荐臻。帝乃命南正重司天以属神，北正黎司地以属民。使复旧常，无相轻渎，民用安生，于是政教渐分为二。帝作历，以孟春之月为元，是为后世以建寅月为岁首之始。始建九州，曰兖州、冀州、青州、徐州、豫州、荆州、扬州、雍州、梁州，以统领万国，是为后世九州之始。命飞龙氏会八风之音，为圭水之曲，以召气而生物。浮金效珍，铸之为钟，作五基六英之乐，以享上帝，朝群侯，名曰承云之乐。帝静渊而有谋，疏通而知事，养材以任地，载时以象天，依鬼神以制义，治气以教化，洁诚以祭祀。于是东至蟠木，西至流沙，北至幽陵，南至交趾，动静之物，大小之神，日月所照，莫不砥属。在位七十八年崩，葬濮阳（即帝邱），犹子高辛氏践位。

三、帝喾高辛氏

先是少昊有子曰桥极，桥极生子曰夋。姬姓，生而神异。年十五，佐颛顼，受封于辛（今河南开封道商邱县，即故归德府附郭首县南有高辛里），年三十，即帝位。以木德王，都亳（今河南河洛道，即故河南府偃师县西有亳城即其地），号帝喾。以其肇基于辛，故曰高辛氏。作九招之乐，帝普施利物，不私其身。聪以知远，明以察微。顺天之义，知民之急。仁而威，惠而信，修身而天下服。取地之财而节用之，抚教万民而利诲之。历日月而迎送之，明鬼神而敬事之。其色郁郁，其德嶷嶷。其动也时，其服也士。执中而遍天下。日月所照，风雨所至，莫不服从。在位七十年崩，葬顿邱（在今河北大名道即故大名府清丰县西南）。子挚践位，九年，荒淫无度，诸侯废之而立其弟尧为天子，是为陶唐氏。

第四节　黄帝子孙之蕃衍

黄帝四妃。元妃，西陵氏之女，曰嫘祖。生三子，曰玄嚣、昌意、龙苗。二妃方累氏之女，曰节。生二子，曰休、曰清。三妃彤鱼氏之女，生二子，曰挥、曰夷彭。四妃嫫母，貌恶德充，生二子。曰苍林、禺阳。其众妾之子十六人。总四妃之子为二十有五人。其得姓者十有四人。别为十二姓，曰祁巳、滕、箴任、荀嬉、姞、嬛、依、二姬、二酉。及有虞氏有天下，封帝后为诸侯者十有九焉。

黄帝之子玄嚣，是为少昊金天氏。少昊氏元妃生倍伐，降处缗渊。次妃生般，为弓正，制弓矢，封于尹城。诸子曰桥极。桥极生夋，是为高辛氏。曰昧。为玄冥师于高阳之世。曰重。为高阳氏之木正。曰该。为高阳氏之金正。曰修、曰熙。为高阳氏之水正。其不才子曰穷奇。

黄帝之孙、昌意之子曰颛顼。是为高阳氏。颛顼初娶邹屠氏之女，生骆明。又娶胜渍氏之女，生卷章。庶子曰穷蝉。其才子八人。曰苍舒、隤凯、梼戭、大临、庞降、庭坚，仲容、叔达。天下谓之八恺。舜摄政时，举八恺，使主后土，以揆百事。莫不时叙、庭坚，即皋陶，为舜士，主兵刑之政。其不才子曰祷杌、骆明、姒姓。生伯鲧，鲧生禹，是为夏后氏。卷章娶妻女娇，生黎及回，代为祝融。回生陆终。陆终生子六人。曰樊、曰惠连、曰篯铿、曰会人、曰曹姓、曰季连。樊封于昆吾。篯铿封于彭，是为彭祖。其孙元哲封于韦，是为豕韦。昆吾豕韦，当夏之世，代为侯伯。季连，芈姓，其后为楚。穷蝉生敬康，敬康生句望，句望生桥牛，桥牛生瞽叟，瞽叟生重华，是为有虞氏。颛顼之裔孙曰女修，生大业。大业之妻曰女莘，生大费，是为伯益，佐禹治水有功，舜赐姓嬴氏。其长子曰大廉，其后为秦为赵。

黄帝之曾孙、少昊之孙、桥极之子，曰夋。是为帝喾高辛氏。帝喾四妃。元妃有邰氏女，曰姜嫄，生弃。为舜后稷，其后为周。次妃有娀氏女，曰简狄，生契，为舜司徒，其后为商。三妃陈锋氏女曰庆都，生尧，是为陶唐氏。四妃娵（子须反），訾将伙反氏女，曰常仪，生挚，挚母位最卑。挚在诸子中年最长，故嗣位为帝。以荒淫无度，为诸侯所废。其才子八人，曰伯奋、仲堪、叔献、季仲、伯虎、仲熊、叔豹、季狸，天下谓之八元。舜摄政时，使布五教于四方。于是五典克从，而无违教。其不才子曰实沈、阏伯。

以上所举黄帝之子孙，繁复错杂，难于记忆，兹特列表于下，以供参考。

以上所列四表，凡唐虞三代之帝室及强诸侯之祖宗，悉在于是。而皆为黄帝及元妃西陵氏子孙。血统之华贵，阀阅之绵延，与现今日本帝室相等。而领土之广大，人口之蕃衍，传世之久远，文明之发达，则远过之。此真欧洲王族贵族所望而却步者也。欧人谓日耳曼民族为帝王生产地，若我黄帝血统，乃真帝王生产地也，汉民族尊之为始祖，岂不宜哉！

参考书

《通鉴纲目前编》 卷一 金履祥

《御批通鉴集览》 卷一 傅恒等

第四章　太古时代开化之程度

太古之都城，概在黄河流域。其疆域范围，亦以黄河流域为限。大抵由家族制度，渐变为部落制度，又变为贵族制度，中央集权思想渐萌。诸侯势力伟大，天子废立时出其手。天子崩，其相续人能否嗣位，以诸侯之向背为标准。故自黄帝以后，历代相续，极不规则。始有官制及地方行政区划，同时礼制、乐制、兵制俱创造。始有文字以便记忆，同时天文学、历学、数学、医学、药学、农学俱发明，是为学术之起点。其民间生活状态，则由游牧渐变为土著。始从事稼穑。饮食渐用火化。始有宫室、车马、衣服之设备。人民之衣食住渐稳固。政府对于人民，以发明日用必需之要品，为唯一不二天职。是为农业、工业之起点。天子及大臣，亲自研究或管理之。始有货币及市场以便交易，同时交通机关亦发明，是为商业之起点。政教两权同归政府主管，迷信思想颇深，崇拜上帝及自然现象与动物。故历代帝王之降生，史书称其多呈异状。历代官制及兵制，亦多取自然现象或动物之名以名之（如以龙、以云、以鸟纪官之类）。

始有婚姻礼以端人伦之本，于是夫妇之道立。始有丧葬礼，作棺椁掩埋死者，以尽人子之情，于是孝道生，家族制度逐渐完备。同时实行一夫多妻主义，上流社会之人于蓄妾之外，有正妻二人至四人，与现今回教之土耳其国相类，故人口生殖力极旺。其对外关系，则以九黎为最大问题。其和战之事，影响及于后世者不少。其时人类社会之大害，则以洪水猛兽为最。盖太古烟户稀疏，草木畅茂，禽兽易于蕃殖，故时为民害。而初民时代，体力脑力俱薄弱，无战胜自然现象之能力，故时为自然现象所窘也。

第五章　三皇五帝说

三皇五帝之说，始见于《周礼·春官外史》，而不言其为何如人。后世遂滋疑义，种种臆断之说由此生焉。《史记·秦始皇本纪》，称“古有天皇、有地皇、有泰皇，泰皇最贵”之说，是为三皇姓名见于载纪之始。汉儒孔安国书序，乃以伏羲、神农、黄帝为三皇，少昊、颛顼、高辛、尧、舜为五帝。郑康成则以伏羲、女娲、神农为三皇，帝鸿、金天、高阳、高辛、唐虞为五帝，是为三皇五帝说聚讼之始。汉儒司马迁始作《五帝本纪》，以黄帝、颛顼、帝喾、尧、舜当之。唐儒司马贞又作《三皇本纪》，关于三皇之姓名，共举二说。第一说曰太皞庖羲氏、女娲氏、炎帝神农氏，第二说曰天皇氏、地皇氏、人皇氏。而以第一说所举者当之。唐天宝中，从孔颖达学说，祀伏羲、神农、黄帝为三皇，少昊、颛顼、高辛、唐尧、虞舜为五帝，是为政府下命令定三皇五帝名称之始。

其后宋儒胡五峰，断定以《易经系辞》孔子所述伏羲、神农、黄帝、尧、舜为五帝。元儒胡一桂，又从而引伸之谓，“孔子家语，自伏羲以下皆称帝。《易大传》、《春秋内外传》有黄帝、炎帝之称。《月令》有帝太昊、帝炎帝、帝黄帝之文。可见太昊伏羲氏、炎帝神农氏、黄帝轩辕氏，本皆称帝。秦以前未尝列之于三皇也。其三皇之号，终不可泯。则仍以秦博士所谓天皇、地皇、人皇者当之。而不必附会其人”云云。宋儒罗泌《路史》，又有初三皇纪，曰初天皇、初地皇、初人皇，有中三皇纪，曰天皇氏、地皇氏、泰皇氏。元儒曾先之《十八史略》，则以太昊伏羲氏、炎帝神农氏、黄帝轩辕氏为三皇，少昊金天氏、颛顼高阳氏、帝喾高辛氏、帝尧陶唐氏、帝舜有虞氏为五帝，与汉儒孔安国学说、唐儒孔颖达学说合。盖三皇五帝姓名之考证，古今聚讼久矣，迄今犹未决也。顾《尚书》为最古史书，又经孔子手订，其所载之事迹，较为确实。《尚书》开始于唐虞，唐虞以前之事，绝口不道及。历数百年至西汉时，司马迁始作《五帝本纪》。再历数百年至唐时，司马贞始作《三皇本纪》。愈后出之史学家，愈能考据前代之事迹，此亦我辈怀疑未释者也。据白鸟库吉先生所研究，三皇五帝者，未必实有其人，不过汉民族国民思想之反映，臆造之架空的理想人物而已。汉民族阴阳五行家学说，至战国时始发生，至秦汉时而极盛。五行者，火、水、木、金、土，乃现今化学上九十原素中之化合物，而古人所谓原素者也。据阴阳五行家学说，帝王应运御世，皆本于五行之德。五行之中木、火、土、金、水相生，故太皞伏羲氏以木德王，炎帝神农氏以火德王，黄帝轩辕氏以土德王，少皞金天氏以金德王，颛顼高阳氏以水德王。皆以相生之故，而前后继续御宇者也。五行之中，水、火、金、木、土相克，故秦始皇之时，以为周得火德，色尚赤。秦代周，从所不胜为水德，色尚黑。汉文帝时，黄龙见成纪，从鲁人公孙臣说，以为汉得土德，当尚黄，皆以相克之故，而前后继续御宇者也。据《礼记·月令》所载：

孟春、仲春、季春之月，盛德在木。其日甲乙，其帝太皞，其神句芒。

孟夏、仲夏、季夏之月，盛德在火。其日丙丁，其帝炎帝，其神祝融。

中央土，其日戊己，其帝黄帝，其神后土。

孟秋、仲秋、季秋之月，盛德在金。其日庚辛，其帝少皞，其神蓐收。

孟冬、仲冬、季冬之月，盛德在水。其日壬癸，其帝颛顼，其神玄冥。

据《淮南子·天文训》所载：

东方木也，其帝太皞，其佐句芒，其日甲乙。

南方火也，其帝炎帝，其佐朱明，其日丙丁。

中央土也，其帝黄帝，其佐后土，其日戊己。

西方金也，其帝少昊，其佐蓐收，其日庚辛。

北方水也，其帝颛顼，其佐玄冥，其日壬癸。

皆以太皞、炎帝、黄帝、少昊、颛顼代表五行之德，而以四时或四方分配之。《月令》一书，为秦时吕不韦所作。《淮南子》一书，为汉时淮南王安所作，适当阴阳五行家学说盛行之时。所谓五帝者，系阴阳五行家学说思想之反映，架空理想的人物，不必实有其人。以哲学家思想解释之，则可以融会其理于虚无缥缈之中，而无庸臆断。以史学家眼光推测之，多见其扞格而难入也。

然则三皇之说将如何解释？曰三皇者，三才思想之反映，所谓天神、地祇、人鬼者是也。三才之说，始见于《易经·系辞下传》第十章，谓“易之为书也，广大悉备。有天道焉，有地道焉，有人道焉。兼三才而两之，故六。《系辞传》为孔子所作，然则三才之说，固始于春秋时代矣。后世愈衍愈奇，以三才之自然现象，比附于古帝王之人格。于是有天皇、地皇、人皇之说。所谓三皇者，即三才之人间化者也。司马贞《三皇本纪》第二说，差足代表古人思想。而其第一说则无足取云。

三才之思想，东亚各民族间皆有之，不仅流行于中国。中古突厥之碑文，近世鄂尔浑河畔发见之蒙古碑文，皆有句云：“上有青天，下有黑地，其中为吾人。”日本古代之神话，有高天原夜见国之名称。所谓高天原者，指天而言。夜见国者，指地而言。其中间之国为现国，即指人类社会而言也。顾日本神话中天地人之分配，与中国哲学上之三才思想有异。日本所谓高天原者，指天国而言。夜见国者，指地狱而言。高天原、夜见国之人物，皆具有神鬼魔力，非普通人类也。中国之天皇、地皇、人皇，则悉比附之于人类。无论道德如何高尚，人格如何完备，智慧如何发达，其聪明才力法术，总不能脱离人类社会。其所演之事迹，亦总不出人类社会以外。神代之传说，处处倚于实际如此，不似日本之拘墟迹象，易滋人惑也。

然则三皇五帝，概为架空理想的人物，未必实有其人。顾后世史学家凿凿言之者何也？曰，敬祖宗思想之发达，为我国民族特色，政治家、宗教家多利用之。故古代创立学说者，往往推崇古圣贤、古帝王为教祖，以夸耀其学说所自出。春秋战国之交，儒道二教，中分思想界之天下。孔子祖述尧舜，孟子推崇汤武，以为完全人格之模范。孔孟以中庸为道，不语怪力乱神，故儒教中所推尊之模范人物，概为道德家、政治家，别无灵异之迹。后起之道教，推崇黄帝为教祖，以抵制儒教。其支流变为阴阳五行家学说，以木、火、土、金、水五物质，综合消纳宇宙间万事万物，而以人类悉融合于其中。于是 human society 皆变为 nature。代表完全人格之五帝，乃以木、火、土、金、水五行之德而出现。其后至战国末年，《山海经》脱稿，西汉之时，《纬书》脱稿，乃以崇拜动物的思想，及崇拜自然现象的思想，夹杂比附于崇拜古帝王、古圣贤思想之内。于是伏羲氏牛首龙身，女娲氏牛首蛇身，神农氏牛首人身之说出现。谓古帝王皆不具人形，甚且谓伏羲氏之母，履巨人迹而有娠（见《诗》含神雾及《孝经》钩命决）；神农氏之母，感神龙而有娠（见《春秋》元命苞）；轩辕氏之母，感电光绕斗而有娠（见《帝王世纪》及河图握枢）；金天氏之母，感大星如虹，下临华渚而有娠（见《宋书》符瑞志）；颛顼氏之母，感瑶光贯月而有娠（见《山海经》及《诗》含神雾）等说出现，乃竟公然毁谤古帝王皆非人种，伪妄怪诞如此。此则与希腊、印度、日本等国古代神话颇近似矣。

然则三皇五帝者，固古代哲学家理想中人物。史学家司马迁、司马贞以实际上莫须有之事迹比附足成之，以代表完全人格者。顾其数字必以三五起算者，何也？曰，易有之："天一、地二、天三、地四、天五、地六、天七、地八、天九、地十"。盖奇为阳数，偶为阴数。凡数皆起于奇，由五溯三，渐至于一，即为太极。是为混沌时代，史书以盘古代表之，故以三五计算。后世史家称夏、商、周为三代，而秦汉不与焉。称魏、蜀、吴为三国，而辽东之公孙氏不与焉。称齐桓公、晋文公、秦穆公、宋襄公、楚庄王为五霸，而吴王夫差、越王勾践不与焉。称前赵刘渊、后赵石勒、燕慕容廆、前秦苻健、后秦姚苌为五胡，而十六国中之他国皆不与焉。载笔者虽偶然乎？未必非尊三重五之习惯有以养成之也。突厥人、契丹人，皆重七之数字。故其古传说云："使七大将，率七百人出战。"其实实在之数，未必一定如此也。蒙古民族，重九之数，凡事物多以九计算。日本民族重八之数，凡事物多以八计算。盖各民族间对于数字之观念，各有其特别习惯，其所重视之点，不必同也。

然则三皇五帝之解释，除去三才五行之外，别有说乎，曰，有。太古理想之帝名，往往与文化之发生，有接近之联络。有巢氏、燧人氏等古帝王之称号皆然，此自有特别取义也。凡人类初开化之时，莫不欲知其本国文化之所自出。而其时尚无文字记载，乃一依故老之口碑以为凭。中国之开化始终何人，此初民所急欲知之者也。于是古之学者，乃造为传说，以解释国民之疑惑。曰，上古之时，诸事不备，有圣帝出，教民构木为巢，以避爪牙角毒之害，故曰有巢氏。教民钻木取火以备火化，故曰燧人氏。教民佃渔畜牧，故曰伏羲。教民养牺牲以充庖厨，故又曰庖牺。教民艺五谷以资民生，故曰神农。教民造车以任重致远，故曰轩辕。此等学说，乃中国文化本源之解释，与五行思想无关系。后人取此等理想中臆造之皇帝，比附消纳之于五行之内，于是五帝之说成矣。然则三皇之说，将若何解释？曰，天地人者，组织宇宙之要素。天开于子，地辟于丑，人生于寅，于是始有宇宙间之万事万物。有宇宙间之万事万物，于是始有历史。则三皇之说，固亦汉民族追本溯源之一念，沿习养成者也。

三皇五帝异名表

- 三皇
  - 《皇王大纪》 天皇，地皇，人皇
  - 《史记·秦始皇本纪》 天皇，地皇，泰皇
  - 孔安国《尚书》序 伏羲，神农，黄帝
  - 《礼含文嘉》 虙牺，燧人，神农
  - 《春秋运斗枢》 伏羲，神农，女娲
  - 《白虎通》 伏羲，神农，祝融
  - 《风俗通》 燧皇，戏皇，农皇
- 五帝
  - 《皇王大纪》 庖牺，神农，黄帝，尧，舜
  - 《大戴礼》 黄帝，颛顼，帝喾，帝尧，帝舜
  - 《月令》 太昊，神农，黄帝，少昊，颛顼
  - 孔安国《尚书》序 少昊，颛顼，高辛，陶唐，有虞

三皇五帝之解释

- 三皇 三才说……天地人
- 五帝 五行说……木火土金水

三才分配表

三才	三皇	三代	三王	三国	三公将军	三纲	三正
天	天皇	夏	禹	魏	张角称天公将军	君为臣纲	周正建子为天正
地	地皇	商	汤	吴	张宝称地公将军	父为子纲	商正建丑为地正
人	人皇	周	文武	蜀	张梁称人公将军	夫为妻纲	夏正建寅为人正

五行分配表

五行	五方	五气	五味	五臭	五声	五色	五事	五常	五脏	五官	五帝
木	东	燠	酸	膻	角	青	视	仁	肝	眼	太皞
火	南	旸	苦	焦	征	赤	言	礼	心	舌	炎帝
土	中	风	甘	香	宫	黄	思	信	脾	口	黄帝
金	西	寒	辛	腥	商	白	听	义	肺	鼻	少皞
水	北	雨	咸	朽	羽	黑	貌	智	肾	耳	颛顼

五神	五祀	五虫	五日	五霸	五胡	前五代	后五代	五福
勾芒	户	鳞	甲乙	齐桓公	前赵刘氏	刘宋	朱梁	寿
祝融	灶	羽	丙丁	宋襄公	后赵石氏	萧齐	李唐	富
后土	中溜	倮	戊己	晋文公	燕慕容氏	萧梁	石晋	康宁
蓐收	门	毛	庚辛	秦穆公	前秦苻氏	陈陈	刘汉	攸好德
玄冥	行	介	壬癸	楚庄王	后秦姚氏	杨隋	郭周	考终命

参考书

《陔余丛考》(卷十六)　赵翼

《东洋史概说》(本论　第一章)　白鸟库吉先生

第二期　唐虞三代时代

第一章　唐虞之郅治

唐虞两朝，为中国人民理想之黄金时代。唐帝尧，虞帝舜，为儒教中理想之模范皇帝，兹特述其概略于下。

第一节　尧之事迹

帝尧姬姓，高辛氏次子，曰放勋。母庆都，孕十四月而生于母家伊侯之国（今河南河洛道伊阳县，即故汝州伊阳县），后徙耆（今山西冀宁道黎城县，即故潞安府黎城县），故曰伊耆氏。年十三，佐帝挚封植，受封于陶（今山东济宁道，即故曹州府定陶县）。年十五，复封于唐（今河北保定道，即故保定府唐县），故号陶唐氏。年十六，代兄挚践天子位。都平阳（今山西河东道，即故平阳府临汾县），命重黎之后羲氏、和氏治历象，授人时。命羲仲宅嵎夷（或谓今朝鲜地），平秩东作，以殷仲春。羲叔宅南交（或谓今安南地），平秩南讹，以正仲夏。和仲宅西（或谓为流沙以西地），平秩西成，以殷仲秋。和叔宅朔方（或谓为大漠以北地），平在朔易，以正仲冬。始以三百有六旬有六日为一岁。以闰月定四时。于是历法渐精密，日月气候始参会，后世章法仿于此。置敢谏之鼓，使天处得尽其言。立诽谤之木，使天下得攻其过。作戒以自警曰：“战战栗栗，日谨一日。人莫踬于山而踬于垤。”五载，南夷越裳氏（今法领越南南境，上交趾支那地）重译来朝，献大龟，方三尺余，背有科斗文，记开辟以来事。帝命录之，名曰龟历。时有草生于庭蓂荚，每月十五日以前，日生一叶。十五日以后，日落一叶。月小则一叶附而不落。观之可以知旬朔，故又名历草。在位七年，民不作忒。鸱久（即鸺鹠恶鸟也）逃于绝域，麒麟游于郊薮，凤凰巢于阿阁。十有二载，帝巡狩，周流五岳。存鳏寡，赈荒札。夭折也。一民饥则曰我饥之，一民寒则曰我寒之，一民罹辜则曰我陷之。故民戴之如日月，爱之如父母。

五十载，帝游于康衢。有儿童歌曰：“立我烝民，莫匪尔极。不识不知，顺帝之则。”有老人击壤而歌曰：“日出而作，日入而息，凿井而饮，耕田而食。帝力何有于我哉。”帝又观于华。华封人祝曰：“使圣人富寿多男子。”尧曰：“辞。多男子则多惧；富则多事，寿则多辱。”封人曰：“天生蒸民，必授之职。多男子而授之职，何惧之有。富而使人分之，何事之有。天下有道，与物皆昌。天下无道，修德就闲，千岁厌世，至于帝乡，何辱之有。”可想见上古时代君民间无睽隔、无隐情之实况。七十载，帝年老。咨于群臣，举舜登庸。寻命宅百揆，摄行国政。于是实际上之主权者归于舜。

第二节　舜之事迹

史称舜为颛顼之后。颛顼生穷蝉，穷蝉生敬康，敬康生句望，句望生桥牛，桥牛生瞽瞍。自穷蝉至瞽瞍，皆不显于世。瞽瞍娶妻握登，以帝尧四十一载，生舜于诸冯之姚墟（在今山西河东道，即故蒲州府永济县），故姚姓。后居沩汭（二水名，在永济县首阳山下，南曰沩，北曰汭），故又为沩姓。母早丧，父再娶后妻，生象，象傲。瞽瞍惑后妻之言，爱少子，尝欲杀舜。舜尽孝弟之道，日以笃谨。年二十，以孝闻。耕于历山（即雷首山，今曰中条，跨河东道永济等县界），人皆让畔。渔于雷泽，在雷首山下（一名雷水），人皆让居。陶于河滨（今永济县北有陶城，相传为舜旧居之地），器不苦窳（勇主反，苦窳，薄恶不正也），作什器（什物）于寿邱（今山东济宁道，即故兖州府曲阜县东），就时（逐时以贩也）于负夏（郑康成曰卫地）。一年所居成聚，二年成邑，三年成都。有友七人，曰雄陶、方回、续牙、伹阳、东不訾、秦不虚、灵甫，常辅翼之，于是令德彰闻。帝尧在位之七十载，耄期倦勤，以嗣子朱嚚讼，不堪大位，乃询于四岳，求可以逊位者。四岳及群臣咸举舜，帝亦素闻其名，乃使二女娥皇女英妻舜以观其内，使九男与处以观其外。久之，舜内行弥谨，二女执妇道，九男皆益笃。帝以舜为贤，命总百揆。舜举高阳氏之才子八人，使主后土，以揆百事，莫不时叙。举高辛氏之才子八人，使布五教于四方，内平外成，宾于四门。流四凶族，帝鸿氏之不才子浑沌、少昊氏之不才子穷奇、颛顼氏之不才子梼杌、黄帝时大臣缙云氏之不才子饕餮皆被黜。于是赏罚严明，人心悦服。七十有二载，命舜摄位。先是帝尧在位，命崇伯鲧治洪水，九载无功。欢兜为司徒，掌教育。共工掌制造。至是皆以罪黜。殛鲧于羽山（在今江苏徐海道，即故海州赣榆县东），放欢兜于崇山（在今湖南武陵道大庸县，即故澧州永定县东），流共工于幽州（今河北密云县东北有共城，相传即共工流处），于是朝廷之威肃。窜交趾支那民族之三苗于三危（山名，在今甘肃安肃道敦煌县南。三峰耸峙，如危欲坠，故名），于是汉族之势张，内外咸服。命崇伯鲧之子禹治水，颛顼氏之裔孙伯益佐之。禹与益胼手胝足，勤劳八年，洪水之祸渐熄。七十有三载正月朔日，舜受终于文祖，以摄位告。在璇玑玉衡，以齐七政。定祭祀之礼，类于上帝，禋于六宗。望于山川，遍于群神。定朝觐之礼。辑五瑞，择吉月日。觐四岳群牧，班瑞于群后。定巡守之礼，岁二月东巡守，至于岱宗（泰山，在今山东济南道，即故泰安府泰安县），柴、望秩于山川。肆觐东后，协时月、正日。同律、度、量、衡。修五礼、五玉、三帛、二生、一死、贽。如五器，卒乃复。五月南巡守，至于南岳，（衡山，在今湖南衡阳道，即故衡州府衡山县）如岱礼。八月西巡守，至于西岳。（华山，在今陕西关中道，即故西安府华阴县）如初。十有一月朔巡守，至于北岳。（恒山在今山西雁门道浑源县，即故大同府浑源州）如西礼。归格于艺祖，用特。定刑法，分为五等，曰墨、劓、剕、宫、大辟。因罪之大小而用之。罪之可宥者，以流放代之。轻罪以鞭朴代之。鞭为官府之刑，朴为学校之刑。罪之极轻者，以罚金代之，名曰赎刑。过误者免罪，名曰肆赦。再犯者从重治罪，名曰贼刑。于是中国刑律粗备。八十载，禹治水告成功，人民始有安土之乐。分天下为十二州，分冀之北为并州，东北为幽州，青之东北为营州。于是黄河流域之行政区域划分渐密。每州封表一山以为之镇，设牧一人以为之长。于是地方最大行政区域始有行政长官。大封功臣为诸侯，以统率各部落。封禹于夏（今河南开封道禹县，即故开封府禹州），赐姓姒氏，统领州伯，以巡十二部，是为夏后氏之始祖。封高辛氏之子契于商（在今陕西关中道商县，即故商州），赐姓子氏，是为商之始祖。封契之弟弃于邰（今陕西关中道即故乾州武功县），赐姓姬氏，是为周之始祖。封四岳（神农氏之后）于吕（今河南汝阳道，即故汝宁府新蔡县），赐姓姜氏，是为齐之始祖。赐伯益姓嬴氏，是为秦之始祖。尧在位百年，年一百十七岁，崩于成阳（故城在今山东东临道濮县，即故濮州），葬谷林。百姓如丧考妣。三载，四海遏密八音。舜避尧之子于南河之南，天下诸侯不归尧之子而归舜，舜乃践天子位，是为有虞氏。徙都蒲坂（故城在今山西河东道，即故蒲州府永济县），封尧子朱于丹（今山东胶东道，即故青州府临朐县东北有丹水印其地），以奉尧祀，待以不臣之礼。封弟象于有庳（今湖南衡阳道道县，即故永州府道州）。命禹宅百揆，总理国政。弃为后稷，播百谷。契为司徒，敷五教。皋陶作士，明五形。勾龙之子垂为共工，主工作。益作虞，治山泽。伯夷作秩宗，典三礼。夔典乐，教胄子。龙作纳言，出纳帝命。三载考绩，九载三考，陟明黜幽，于是内政修明。询于四岳，咨十有二牧。五载一巡狩，群后四朝，于是外情联络。建太学曰上庠，小学曰下庠，于是中国始有学校。用燕礼，养国老于上庠，庶老于下庠，于是朝廷始行养老礼。禹、皋陶、益、稷，共陈谟，于是中国始有政论。弹五弦之琴，歌南风之诗，作九韶之乐，赓喜起之歌。天下大治，凤凰来仪，百兽率舞，庶尹允谐。三十有三载，舜年九十三岁，耄期倦于勤。乃命禹摄政，于是实际上之主权者归于禹。

唐虞之时，官制粗备，兹列表于下，以明当时内外官系统：

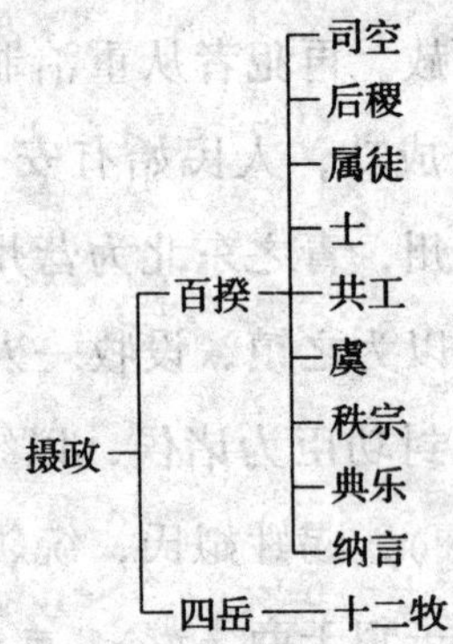

摄政一官，系天子之代理者，平时不设。内官以百揆为首领，略如民国之国务总理，兼内务总长。其下设九官，略如民国之内阁。曰司空，掌水土，略如民国之全国水利局总裁。曰后稷，掌稼穑，略如民国之农务总长。曰司徒，掌教育，略如民国之教育总长。曰士，掌兵刑，略如民国之陆军总长、司法总长、兼参谋总长、大理院院长。曰共工，掌制造，略如民国之工务总长。曰虞，掌山泽草木鸟兽，略如民国之林务总长，及日本之主猎局局长。曰秩宗，掌礼式，略如民国之大总统府掌仪，及日本之式部长官。曰典乐，掌皇族及贵族之教育，略如日本之学习院长。曰纳言，掌命令，略如民国之大总统府秘书长。外官以四岳为首领，总理全国民政。其职在民国分属于国务总理及内务总长。其下设十二牧，分理各州民政，略如民国各省之省长。其设官分职，与现今各行政机关形式大致相似，而精神则迥乎不同。唐虞之设官，以教养为主，而以刑罚辅之。故首后稷、司徒而次士。积极的与民兴利之机关多，消极的防民为害之机关少。故水利、农务、工务、林务，现今以一农商总长兼之者，当时分属于司空、后稷、共工、虞四大臣。诘奸除暴，现今以海陆军司法三总长分任之者，当时统属于士之一人。以现今普通政治家眼光观之，未免重其所轻，而轻其所重。盖上古风俗淳朴，人民浑噩，各种实业尚未萌芽，故政府不得不勤于提倡，而简于防范。理想之共和政府，与实际之共和政府，其设施固未必同也。

第三节　洪水说

洪水之祸，不知始于何时。据 chalodea 古砖文载世界原始云，“当上覆无天，下载无地之时，冯翼洞浊，浩荡混滑，洪水滓溢。是为洪荒之世。”巴比伦史家 Bersos 巴比伦之高僧，纪元前三世纪时用希腊语翻译巴比伦史。之遗书，亦云：“纪元前三万七千年，有大洪水。洪水以前有十王相继，约四十三万二千年。洪水以后，经过八十六王，凡三万四千年。而入 Chaldea 正史时代”云云。《旧约全书创世记》亦云，“耶和华 Jehovah 鉴世人罪恶贯盈，以洪水灭之，历百五十日。不死者惟挪亚 Noa 一家”云云。印度古书 Satapatha Brahmana 亦云，“现世人类之祖先摩奴（Manu），一日洗手于河，有游鱼浮于水面，谓摩奴曰，‘饲我，我将救君。’摩奴依言饲鱼。鱼告之曰，‘今年必有大水。君宜造舟，举家族从余避难。’摩奴依言造舟。洪水果至，摩奴乃棹舟从鱼之后，遂达北方山岭，系舟于树。及洪水去，乃下山。是时万物皆灭，世界生存之人物，唯有摩奴一家”云云。日本“安成贞雄氏译 Welhelm Maier”氏著《地球之生灭》上编“地球之终灭”六“冰河时代”引波斯神话云：“全身由猛火而成之巨龙，从南方翔于天空。天地晦冥，日月无光。恒星不见，昼夜不分。慧星流星，布满太空。电光闪烁，眩人心目。遍大地之森林，化为一片猛火，枝叶根干皆着。大雨如倾盆，其热如沸汤。地上泛滥之浊水，高过人顶。经过九十昼夜，暴风吹来，洪水渐退。火龙始隐于地中”云云。维也纳地质学者Suetzs谓“此龙即爆发火山喷火口吐出之火焰。其他可恐之现象，亦火山爆发后之现象也”云云。日本人类学家鸟居龙藏博士，谓“最近发见之云南猓猓古书，亦言古有宇宙干燥时代，其后即洪水时代，有兄弟四人，三男一女，各思避水。长男乘铁箱，次男乘铜箱，三男与四女同乘木箱。其后惟木箱不没，而人类遂存”云云。《列子·汤问篇》亦云：“天地亦物也。物有不足，故昔者女娲氏炼五色石以补其阙，断鳌之足以立四极。其后共工氏与颛顼争为帝，怒而触不周之山。折天柱，绝地维。故天倾西北，日月星辰就焉。地不满东南，百川水潦归焉。”《淮南子·天文训》云：“昔者共工与颛顼争为帝，怒而触不周之山。天柱折，地维绝，天倾西北，故日月星辰移焉。地不满东南，故水潦尘埃归焉。”《本经训》云：“共工振滔洪水，以薄空桑。龙门未开，吕梁未发。江淮通流，四海溟津（无岸畔也）。民皆上丘陵，赴树木”云云。又《览冥训》云：“往古之时，四极废，九州裂。天下兼覆，地不周载。火炎烂而不灭，水浩洋而不息。猛兽食颛（善也）民，鸷鸟攫老弱。于是女娲炼五色石以补苍天，断鳌足以立四极，杀黑龙以济冀州，积芦灰以止淫水。苍天补，四极正，淫水涸，冀州平，狡虫死”云云。《洪水传》说，东西文野民族，如出一辙，亦可见太古实有其事，非尽属乌有子虚矣。据吾人所推测，前世界之末期，地球表面曾起一大变化，大陆多震裂，沉为洋海，一时有生物同归于殄灭。最终之人类，乃奔避于世界最高处，是为帕米尔高原。迟之几千万年，地球表面之水，渐收敛为大洋。新大陆逐渐浮出，遂成为现世界。现世界人类之始祖，犹及见洪水泛滥之时，而智短力乏，不知以人力胜天，遂听其自由泛滥。一时孑遗之人类，相率蛰居于高处，与毒蛇战，与猛兽战，忍饥耐寒，以待洪水之减退。盖世界人类之苦楚，未有甚于此时者也。据《尚书》所载，帝尧之时，洪水滔天，浩浩怀山襄陵，下民昏垫，帝尧询于四岳，举崇伯鲧治之。鲧堙洪水，大兴徒役，作九仞之城。九载，讫无成功。舜摄政时，黜鲧，以其子禹为司空，使代父业，以益稷佐之。命诸侯百姓，兴人徒以传土。禹伤父大功不成，乃劳身焦思，菲衣恶食。八年于外，三过其门而不入。水乘舟，陆乘车，泥乘楯，山乘樏，随山刊木以遏洪水。先导黄河，次导济水，以杀北方之水患。复导汉水、江水、淮水，以杀南方之水患。决九川，距四海，浚畎浍、距川，于是北条之水皆入于河、济，南条之水皆入于江、淮。水患大减，人民始有安土之乐。寻暨益奏庶鲜食，暨稷奏庶艰食，人民始免冻馁之虞。使益掌火，烈山泽而焚之，禽兽逃匿，人民始免爪牙角毒之害。

水患既平，乃检查九州之土质，区别九州之田赋，各定为九等。冀州为帝都所在，人口繁庶，土地开辟，故赋最重。兖州为黄河下游所经，水患过重，土壤硗瘠，民生凋弊，故赋最轻。又调查各州之土产，使人民随宜入贡。因道路之远近，分领土为五服。中央五百里为甸服，直隶于天子。百里赋纳总，二百里纳铚，三百里纳秸服。四百里粟，五百里米，其外五百里为侯服，亲臣领之。百里采，二百里男邦，三百里诸侯。其外五百里为绥服，大诸侯领之。三百里揆文教，二百里奋武卫。其外五百里为要服。三百里夷，二百里蔡，其外五百里为荒服。三百里蛮，二百里流，皆蛮夷领土。中央特羁縻之使不为患。于是声教所及，东渐于海，西被于流沙，朔、南暨、禹锡玄圭，告厥成功，以功封于夏。

第四节　三苗之征服

三苗者，交趾支那民族。旧居扬子江流域，与汉族为敌。其酋长蚩尤，几逐炎帝而代之。黄帝征，师与战于涿鹿之野，仅乃得胜，而其余焰未熄，至少昊时复作乱。颛顼即位，征克之。至尧时复作乱，舜摄政，窜其顽梗者于三危。而留居故土者，恃其险远，仍时常作乱。禹摄政，席席定九州之威，征服三苗，苗人震慑。于是数千年来两大民族之竞争，其胜利卒归于汉族。

参考书

《通鉴纲目前编》 金履祥

《御批通鉴辑览》卷一 傅恒等

《西史纪要》（第一编 卷首 第一章 世界原始） 伍光建

《西洋上古史》（绪论 人类之起原） 浮田和民

《旧约圣经创世记》（第六章 第七章 第八章）

《印度五千年史》（第二篇 第十二章 宗教） 高桑驹吉

《地球的生灭》（上编［六］ 冰河时代） Welhelm Maier 著 安成贞雄译

第二章　夏之兴亡

第一节　夏初之内治

夏后氏之始祖曰禹。姒姓，颛项氏之孙，崇伯鲧之子。母修己，生禹于石纽（在今四川西川道，即故茂州汶川县），长于西羌。舜摄政时为司空，代父治水有功，封夏伯，故称为伯禹。舜即位，命宅百揆，寻命摄国政，征三苗有功，内外咸服。帝舜四十有八载，南巡狩，崩于苍梧之野（山名，亦曰九疑，在今湖南衡阳道，即故永州府宁远县），葬零陵，年百有十岁。三年丧毕，禹避舜之子商均于阳城（故城在今河南河洛道，即故河南府登封县），天下诸侯不归舜之子而归禹。禹乃践天子位。因所封国为有天下之号曰夏，故曰夏后氏。都安邑（今山西安邑县，即故解州夏县），改载曰岁。以建寅月为岁首，色尚黑。封丹朱于唐（即尧初封地）、商均于虞（今河南开封道，即故归德府虞城县），以奉尧舜之祀。

禹承洪水之后，务以节俭为治。菲饮食，卑宫室，恶衣服。出见罪人，下车泣之。天下归心焉。其内政之关系于后世者凡二端。

一、称号　禹以前之君皆称帝，禹始改称王。王者往也，天下民所归往也，三代之君皆因之。

二、传统　禹以前君统授受，不必一定传子。有传同族者，如颛项帝喾等是也。有传异姓者，如尧舜是也。至禹乃确定传子之法，数千年因之。五帝官天下，三王家天下。官天下者，不过贵族之选举制。而家天下，则直以天下为个人私产矣。

第二节 夏初之外征

禹承尧、舜，揖让之后，而欲以君位传之子孙。最难使之听从者惟诸侯。故其政策，纯以中央集权为主。即位三岁，即合诸侯于涂山（今安徽淮泗道怀远县），执玉帛而至者万国。八岁，又合诸侯于会稽（今浙江会稽道绍兴县，本亦名涂山，自禹合诸侯而会计其贡赋，乃有会稽之名），防风氏（今浙江钱唐道武康县）之君后至，禹执而戮之（相传其身横九亩，车载其首，眉见于轼），自是诸侯震惧，而中央之权益盛。禹寻崩于会稽，因葬焉。子启嗣立。三岁，大享诸侯于钧台（今河南开封道禹县），有扈氏（今陕西关中道鄠县）不服，王召六卿誓师，与战于甘（在鄠县西南。）而灭之。于是诸侯不敢抗，而传子之局定。中央权势日益巩固。

第三节 夏统之中绝及其中兴

启在位九岁崩。子太康即位，盘游无度。十九岁，畋于洛（水名，在今河南西部）表。十旬弗返。有穷（今安徽淮泗道寿县）之君羿，因民弗忍，拒之于河。王不得返。因筑城阳夏（今河南开封太康县）而居之。二十九岁，王崩。弟仲康即位。仲康英明，即位之初，命胤（今四川嘉陵道广元县，山名）侯掌六师，征灭羲和（尧时羲和之后司天时者），翦羿之羽翼。羿亦灭王党天官伯封氏（夔之后）以为报复。王在位十三岁崩。子相立。为羿所逼，徙居商邱（今河南开封道商邱县），依其同族诸侯斟灌氏（今山东胶东道寿光县）及斟寻氏（今山东胶东道潍县）。羿遂自立，是为后世权臣篡国之始。恃其善射，不修民事，荒于田猎。委政于其臣寒浞。八岁，浞杀羿而自立。因羿之室，生浇及豷。二十有八岁，使浇用师灭斟灌及斟寻氏。遂弑相。相后缗方娠，逃出自窦。归其母家有仍氏（一名任太昊之后，在今山东济宁道金乡县）。遗臣靡逃奔有鬲氏（今山东东临道德县），夏统于是中绝。

次年，缗生少康于仍。长为仍牧正。浇知之，惎而求之。少康逃奔有虞（今河南开封道虞城县，禹封舜子商均于此），为之庖正。虞君以二女妻少康，而邑之纶（今虞城县东南地），有田一成（方十里），有众一旅。能布其德，而兆其谋，以收夏众，抚其官职。少康降生后第四十年，靡自有鬲氏收合斟灌、斟寻二国遗民，举兵灭浞，奉少康即位。使女艾谍浇，使季杼（少康子）诱豷，并诛之。复旧禹绩。是为后世称中兴者之始。夏统中绝者凡四十岁。

第四节　夏之衰亡

少康践位后二十一岁崩。子杼立。克师禹道，征三寿之国（今山东胶东道，即故莱州府潍县），藩服来朝，夏道大兴。七传至孔甲，淫乱而信鬼神，夏道始衰。三传至履癸，淫虐有殊力，世称为桀。能申钩索铁，负恃其力，不务德而武伤百姓。百姓苦之，为之语曰："时日曷丧，予及汝偕亡。"盖以桀曾以日自喻也。桀又伐蒙山有施氏（今山东济宁道滕县东北）。有施氏进女妹喜，桀嬖之，惟言是听，为之作琼室、象廊、瑶台、玉床，行淫纵乐。为肉山、脯林、酒池，可以运舟。一鼓而牛饮者三千人，以为戏剧。又大会诸侯于有仍。有缗氏叛，攻克之。诸侯韦氏（一名豕韦氏，彭姓，在今河南河北道滑县）、顾氏（已姓之国，在今山东东临道范县）、昆吾氏（已姓，在今河北大名道濮阳县）皆助桀为虐。民生愈困。关龙逢谏，不听。龙逢立而不去，桀怒。杀之。是为有史以来杀谏臣之始。商汤率诸侯来讨，战于鸣条（今山西河东道安邑县）。桀不胜，奔南巢（在今安徽安庆道巢湖中）。汤因而放之。后三年，卒于亭山（今安徽安庆道和县历阳山），夏亡。自禹至桀，凡传十七世，四百三十九岁（西历纪元前二二〇五至一七六六）。

参考书

《通鉴纲目前编》

《御批通鉴辑览》

第三章　商之兴亡

第一节　商初之内治

商之始祖曰契，子姓，为舜司徒，封于商。十三传而至汤，始居亳（商代亳邑有三，北亳即景亳，为汤所受命之地，今河南开封道，商邱县之薄县故城是也。南亳，一名谷熟，汤初所都，今商邱县之南亳城是也。西亳，汤后所迁，后盘庚亦徙此，今河南河洛道偃师县之亳城是也，此当是南亳），有圣德，诸侯归心。其邻国葛（今河南开封道宁陵县）伯不祀，汤遗以牛马，又使亳众往为之耕。葛仍不祀，且杀其馈饷之童子。汤始用兵征葛，服之。又聘伊尹于有莘（今山东济宁道曹县）尹，黄帝臣力牧之后，生于空桑（今河南开封道陈留县），耕于有莘。有圣德，以天下自任。汤始聘不就，三聘乃出就焉。汤荐之桀，说桀以尧舜之道。桀不听，尹复归于汤，如是者五。汤以行仁，大得诸侯和。桀忌之，召而囚之夏台（即钧台），已而释之。汤寻起兵灭昆吾，凡十一征，无敌于天下。遂率诸侯放桀，而即王位。因旧所封国为有天下之号曰商，是为诸侯革命之始。都南亳，改建丑月为岁首。改岁曰祀，色尚白，立禹后及古圣贤之裔为诸侯，以伊尹、仲虺为右左相。是祀，天大旱。汤发庄（今四川建昌道雅安县，即汉之蜀道铜山）之金，铸币以赈民。历七祀，旱不已。汤乃以身祷于桑林之野（今河南商丘县地）祝曰："无以予一人之不敏，伤民之命。"又以六事自责。曰："政不节欤；民失职欤，宫室崇欤，女谒盛欤，苞苴行欤，谗夫昌欤。”言未已，大雨方数千里，是为后世祈雨之始。在位十有三祀崩，葬汾阴（在今山西河东道逝，即故蒲州府荣河县）。

汤子太丁早逝，孙太甲嗣位。颠覆汤之典型。伊尹谏而不听，乃放之于桐（今山西河东道闻喜县汤墓所在），而自摄政。太甲居桐三年，悔过，自怨自艾。伊尹乃迎太甲归亳复位，是为后世人臣废立君主之始。

第二节 中叶之兴衰

太甲以后，凡五兴五衰，皆以诸侯之至不至为断。盖唐虞以来，虽集权中央已数百年，然诸侯之势仍重，故仍为兴衰所系。当其兴时，诸侯毕来。及其既衰，诸侯去之。历祀六百，守府之时盖不少矣。兹分为五段述之：

一、太甲复辟后 修德行仁，保惠庶民，不敢侮鳏寡，于是诸侯咸归，而商道一兴。在位三十有三祀崩，庙号太宗，是为人君有庙号之始（汤称武王，乃徽号，非庙号也）。再传至其子太庚。兄终弟及之制开，遂为家天下者传世之变例。然争夺之祸，亦商代最烈也。再传至雍已时，纪纲渐紊，诸侯不至，商道一衰。

二、雍已崩 弟太戊即位，亳有祥桑谷生于朝，一暮大拱。王惧而修德，明养老之礼，早朝宴退，问疾吊丧，三日而祥桑枯死。三祀而远方重译来朝者七十六国。又有贤臣巫咸（巫官名，所以交鬼神者。商人重鬼，故特尊之，巫觋之兴自此始。咸，人名）、伊陟（伊尹子）、臣扈等为之辅相。于是商道复兴。在位七十五祀崩，庙号中宗。子仲丁以河决迁都于嚣（今河南开封道荥泽县）。其后内乱屡作，再传至河亶甲。复以河决迁相（今河南河北道安阳县），商道复衰。

三、河亶甲崩 子祖乙践位。河水又决，迁都于耿（今山西河东道河津县）。河水复圮，乃迁于邢（今直隶大名道邢台县）。用巫贤（咸子）为相，诸侯宾服，天下大和，商道又一兴。数传之后，内乱代作。至阳甲时，诸侯莫朝，商道又一衰。

四、阳甲崩　弟盘庚立。以商道已衰，乃谋迁都于殷（即西亳），以从先王之政。臣民皆安土重迁，盘庚再三告谕之，遂归于亳，改国号曰殷。遵汤之德，行汤之政，诸侯来朝，商道复兴。盘庚在位二十有八祀崩。弟小辛立，商道复衰。

五、小辛崩　弟小乙、从子武丁，相继在位。武丁旧学于甘盘，既即位，以甘盘为相。居丧宅忧，三年不言。百官总己，以听于甘盘。既免丧，以傅说为相，总百官。朝夕纳诲，以受学焉。又以祖己之言，修政行德。蛮夷重译来朝者六国。鬼方（今湖北西南部及湖南西部等地）恃固而扰诸夏，王伐之，三祀乃克。荆楚（今湖北省地）亦服，氐羌来宾，是为汉族与西藏族接触之始。自是内外无患，殷道又一兴。王在位五十九祀崩，庙号高宗。子祖庚、祖甲，相继在位。祖甲能让国，且久在田间。即位后，能知小人之依，加以保惠，为殷之贤君。故国势不衰，四传至武乙，迁都朝歌（今河南河北道淇县）。淫佚荒纵，无道，为偶人，谓之天神。与之博，令人为行，天神不胜，乃僇辱之。又为革囊盛血，仰射之，谓之射天。畋猎河渭之间，为暴雷震死。自此殷道遂衰，终不复振。

商代中叶之兴衰
- 太甲复辟，商道一兴。
- 自太甲四传至雍己，诸侯不至，商道始衰。
- 太戊用伊陟为相，侧身修行，远方来朝者七十六国，商道再兴。
- 三传至河亶甲，商道复衰。
- 祖乙嗣位，以巫咸为相，诸侯宾服，大卜大和，商道三兴。
- 五传至阳甲，诸弟子争立，诸侯莫朝，商道三衰。
- 盘庚即位，迁都于殷，修德行政，诸侯来朝，商道四兴。
- 弟小辛立，商道四衰。
- 再传至武丁，以甘盘为师，傅说为相，修德行政，商道五兴。
- 八传至武乙，迁都朝歌，商道遂衰，不复振。

商都之六迁

仲丁迁嚣	今河南河阴县	西历纪元前一五五七年
河亶甲迁相	今河南安阳县	西历纪元前一五三四年
祖乙迁耿	今山西河津县	西历纪元前一五二五年
又迁邢	今河北邢台县	西历纪元前一五一七年
盘庚迁殷	今河南偃师县	西历纪元前一四零一年
武乙迁朝歌	今河南淇县	西历纪元前一一九八年

第三节 商之衰亡

武乙三传至帝辛。资辩捷疾，闻见甚敏，材力过人，手格猛兽。智足以拒谏，言足以饰非。矜人臣以能，高天下以声，以为皆出己下，故世号为纣。纣者，残忍捐义之谓也。伐有苏氏（在今河南河北道济源县），得其女妲己，嬖之，惟其言是从。所好者贵之，所恶者诛之。于是使师涓作朝歌北鄙之音，北里之舞，靡靡之乐。造鹿台（在今河南河北道淇县），为琼室玉门，台广三里，高千尺，七祀乃成。厚赋敛以宝之。又盈钜桥（仓名，在今河北大名道曲周县）之粟。益收狗马奇物，充物宫室。益广沙丘（今河北大明道，平乡县）苑台，南距朝歌，北距邯郸（今河北大名道邯郸县），皆为离宫别馆，大聚戏乐于沙丘。以酒为池，悬肉为林，男女裸相逐其间。宫中九市，为长夜之饮。诸侯有叛者，妲己以为罚轻诛薄，故威不立，乃重为刑辟。为熨斗，以火烧热，使人举之，手烂。更为铜柱，以膏涂之，加于炭火之上，使有罪者缘之，足滑坠火中。与妲己观之为乐，名曰炮烙之刑。天下颤怨。纣以西伯昌、九（今河南河北道涉县）侯、鄂（今河南河北道沁阳县）侯为三公。九侯有女入之纣，不喜淫。纣怒，杀之，而醢九侯。鄂侯争之疆，辩之疾，并脯鄂侯。又剖孕妇视其胎。散朝涉之胫，视其髓。西伯闻之窃叹，崇（今陕西关中道鄠县）侯虎知之，以告纣。乃囚昌于羑里（殷狱名，在今河南河北道汤阴县）。西伯之臣散宜生、闳夭等患之，求有莘氏美女，骊戎（今陕西关中道临潼县）之文马，及奇怪之物，因嬖臣费仲而献之，纣大喜，释西伯。西伯归，献洛（陕西上洛水）西之地，请除炮烙之刑。许之，赐之弓矢斧钺，使专征伐。纣任费仲为政，仲善谀，好利。又用蜚廉（伯益裔）及其子恶来。蜚廉善走，恶来多力。二人善谗言，诸侯益疏。纣庶兄微（今山西冀宁道潞城县）子启，诸父箕（今山西冀宁道榆社县）子比干皆谏，纣不听。比干强谏，纣怒曰："比干自以为圣人，吾闻圣人心有七窍，信有诸乎。”乃杀比干，剖视其心。箕子惧，被发佯狂而为奴，纣又囚之。微子度王终不能听，遂去之以存宗祀。西伯昌之子发率诸侯来伐，纣发兵七十万拒之，战于牧野（今河南河北道汲县）。纣众皆无战心，倒戈以开西伯之师。纣反走登鹿台，衣其宝玉衣自燔死。商亡。自成汤受命，至纣亡国，凡传十六世，二十八王，共六百四十四祀（西历纪元前一七六六至一一二二）。

参考书

《通纲鉴目前编》

《御批通鉴辑览》

第四章　西周之兴亡

第一节　周室勃兴之原因

周之始祖曰弃，姬姓，为舜后稷。有功，封于邰（今陕西关中道，即故乾州武功县）。后稷薨，子不窋嗣。遭夏丧乱，去稷弗务，用失其官。窜居戎狄之间，再传至公刘。以夏桀二十有二岁迁豳（今陕西关中道栒邑县，即故邠州）。修后稷之业，百姓怀之，周室之兴自兹始。九传至古公亶父，复修后稷、公刘之业。避獯鬻患。以殷王小乙二十有六祀，徙居岐山之下（今陕西关中道，即故凤翔府岐山县），改国号曰周，始为城郭宫室，变戎狄之俗。古公有三子，长泰伯、次仲雍、次季历。季历生子昌，有圣德，古公因有翦商之志。而泰伯不从。古公遂欲传位季历以及昌。泰伯知之，遂与仲雍逃之荆蛮。殷王祖甲二十有八祀，古公薨，季历嗣。尝伐西落鬼、余无、始呼、翳徒等戎，皆克之。殷王帝乙嘉其功，锡之圭瓒秬鬯，加九命为侯伯。季历笃行于义，诸侯顺之。帝乙七祀，季历薨。子昌嗣。笃仁、敬老、慈幼，礼下贤者，日中不暇食以待士。孤竹（神农之后，姓墨胎氏，商汤所封地，在今河北卢龙县境）君之二子伯夷、叔齐，本以让国，出亡在外，至是皆归之。贤士泰颠、闳夭、散宜生、鬻熊（颛顼之裔）、辛甲亦归焉。见纣失政，阴行善政以怀诸侯。虞（今山西河东道平陆县）、芮（今山西河东道芮城县）之君相与争田，久而不平，乃相与朝周。入其境，见耕者让畔，行者让路。入其邑，男女异路，颁白者不提挈。入其朝，士让为大夫，大夫让为卿。二国之君感而相谓曰："我等小人。不可以履君子之庭。"乃相让，以所争为闲田。天下诸侯闻而归之者四十余国。其后归者益众，遂有天下三分之二（扬、荆、雍、豫、徐、梁归周、青、兖、冀属纣）。于是西伐密须（今甘肃泾原道灵台县），自阮（今甘肃泾原道泾川县）徂共（阮之邑在泾川县西）而及其地。密须人自缚其君而来归。又来攻崇，三旬弗降，乃攻灭之。作邑于丰（即崇），遂徙都焉。商纣二十祀，昌薨，子发继立。进兵戡黎（今山西冀宁城黎城县，为河朔险要地，当朝歌之西境，密迩王畿。黎亡，则商震矣。故武王渡孟津而莫之或御也。狄人逐黎，而卫灭秦，拔上党，而韩赵危，唐平泽潞而三镇服，形势所在可见矣），殷臣祖伊恐，奔告于纣，纣不省。越二年，西伯发遂率周师，及庸（今湖北襄阳道竹山县）、蜀（今四川西川道成都县）、羌（今甘肃西境青海等地，此为用外兵以攻同族之始）、茅（今四川东部地）、微（同上）、卢（今湖北襄阳道南漳县）、彭（今湖北襄阳道房县）濮（今四川东川道合川县北）之众，伐纣。至孟津（今河南河洛道孟津县），诸侯不期而会者八百国。于是诛纣，并灭党纣之奄国（今山东济宁道曲阜县）等四十九国。驱蜚廉于海隅而戮之。遂即王位，是为武王。因旧有之国号为天下号曰周。作镐京（在今陕西关中道鄠县东三十里）于渭水之南，徙都之。以建子月为岁首，改祀曰年，色尚赤，尊古公为太王。季历为王季，昌为文王，是为后世追尊之始。计周之胜商，其可考之原因如下：

第一，周都岐丰，东带黄河，南绕渭水。西北山麓绵亘，势极雄固。殷都朝歌，土地平衍，无险可扼。此地势胜于殷也

第二，周居陕西，世与戎狄角逐，富武勇朴实之气。殷居中夏，不免流于靡羽。此民风胜于殷也

第三，周自公刘以来，累世休养其民，文王尤有恩惠，故民乐为用。殷虽贤圣之君六七作，然历世久远，流风渐邈。加以纣之残暴，不啻为渊驱鱼。此政治胜于殷也

第二节 周初之内治

唐虞之时，诸侯之权犹盛，天子废立，时出其手。有夏之初，君权逐渐发达。选侯之职不设，传子之局大定。禹会诸侯于涂山，防风氏后至则戮之。启享诸侯于钧台，有扈氏不服则伐之。元后之权力，与群后迥殊矣。自夏迄殷，凡历千载。综其政体，大率相同。大抵以朝诸侯为有天下之证据。其间王权虽渐张，而霸者亦屡起。王室苟有失德，号令即不能行于诸侯，强诸侯即起而代之。夏之有穷后羿、寒浞、昆吾氏，商之大彭氏、豕韦氏等，皆尝于一时代中，代夏殷而有天下者也。周至勃兴，采封建制度，大封亲贤，爪牙腹心，遍布宇内，与向来土著之酋长相错处，据要害而制其死命，复有王室为其根据，有同封者相与应援，于是中央之权力日张，土著部落酋长之势力日杀。相传禹会诸侯于涂山，执玉帛者万国。商汤受命，只余三千。周武王观兵孟津，只余八百。降及春秋之时，见于纪载者，仅百六十三国。酋长之数，逐渐减少，即中央集权之返照也。武王之初即位也，首布列爵分土之制。仿唐虞之五服，于王畿外，别为九畿。王畿即甸服，侯甸即侯服，男采即绥服，卫蛮即要服，夷、镇、藩即荒服也。其余制度据《孟子·万章下》、《礼记·王制》、及《周礼》所载，其可考者如下。

（一）列爵　共五等，曰公、侯、伯、子、男。其下有附庸。

（二）分土　公侯百里，伯七十里，子男五十里，附庸不足五十里。

（三）置军　大国三军，次国二军，小国一军。

（四）置监　方伯之国三人。大国置三卿，其二卿命于天子。次国置二卿，其一卿命于天子。皆监之类也。

（五）定等级　上公九命（一命受职，再命受服，三命受位，四命受器，五命赐则，六命赐官，七命赐国，八命作牧，九命作伯。此殷制也），侯伯七命，子男五命。其宫室、车马、衣服等礼制，皆以其数为节，不得僭踰。

（六）定统系　五国为属。属有长，二长为连。连有帅，三连为卒。卒有正，七卒为州。州有伯，八州八。伯有天子之老二人，统之曰左右二伯。大小相维，尊卑相属，其意深远矣。自陕（今河南河洛道陕县）以东，周公旦主之。自陕以西，召公奭主之。即二伯之任也。

（七）定黜陟　五年，天子巡守，集诸侯于方岳之下，以行黜陟。诸侯于天子，比年小聘，三年大聘，五年一朝。与唐虞之制相同。

以上七者，非限制，即防闲，皆所以为集权中央计也。然各地多土酋，中央之封建制度，其推行之可能程度实为有限，故周用种种政策以推行之。

（一）对于四方之政策

诸侯既从周灭商，必有以报其功。故颁爵土以封之，又大赉以富之。又封黄帝之后于蓟（今河北蓟县）、帝尧之后于祝（今山东济南道长清县）、帝舜之后于陈（今河南开封道淮阳县），是为三恪。又封禹后于杞（今河南开封道杞县），纣子武庚于殷。并为二王之后，以示无私。又归马于华山（在今陕西关中道华阴县南）之阳，放牛于桃林之野（今河南河洛道陕县以西）。衅（音信，以皿涂器而藏之也）车甲，橐弓矢，而藏之府库，示天下不复用兵，皆所以安慰之意也。

（二）对于勋戚之政策

封兄弟之国十五人，以周公旦为之首，封于鲁（今山东济宁道曲阜县）。同姓之国四十人，以召公奭为之首，封于燕（今北平）。异姓之国二十人，以师尚父为之首，封于齐（今山东胶东道临淄县）。皆所以酬其勋劳，而命作屏藩也。

西周封建制度表

国名	爵	姓	始封	今地
蓟		任	黄帝后	河北蓟县
祝		祁	尧后	山东长清县
陈	侯	妫	舜后胡公	河南淮阳县，即宛丘
杞	公	姒	禹后东楼公	河南杞县，即雍丘
殷	侯	子	纣子武庚	河南淇县，即朝歌
周	公	姬	武王弟旦	陕西岐山县
召	公	姬	王族奭	陕西岐山县西南
毕	公	姬	文王子	陕西咸阳县北
管		姬	文王子叔鲜	河南郑县
蔡	侯	姬	文王子叔度	河南上蔡县
霍	侯	姬	文王子叔处	山西霍县
卫	侯	姬	文王子康叔封	河南淇县，即殷故都，武庚灭封此
曹	伯	姬	文王子叔振铎	山东定陶县，即陶邱
滕	侯	姬	文王子叔绣	山东滕县
郕	伯	姬	文王子叔武	山东汶上县北
郜	子	姬	文王子	山东城武县
原	伯	姬	文王子	河南济源县
毛	伯	姬	文王子叔郑	河南宜阳县
聃		姬	文王子季载	湖北荆门县
雍		姬	文王子	河南修武县
酆		姬	文王子	陕西鄠县东
郇	侯	姬	文王子	山西临晋县
鲁	侯	姬	周公旦子伯禽	山东曲阜县
燕	侯	姬	召公奭子	北平
东虢		姬	文王弟虢仲	河南汜水县
西虢	公	姬	文王弟虢叔	陕西宝鸡县

虞	公	姬	仲雍后虞仲	山西平陆县
魏		姬		山西芮城县东北
随	侯	姬		湖北随县
巴	子	姬		四川巴县
贾	伯	姬		陕西蒲城县
滑	伯	姬		河南偃师县南
耿		姬		山西河津县
阳	侯	姬		山东益都县
密		姬		河南密县
沈	子	姬		河南汝宁县
息	侯	姬		河南息县
芮	伯	姬		陕西大荔县南
齐	侯	姜	太公望	山东临淄即营丘
舒	子	偃	皋陶后	安徽舒城县
邓	侯	曼		河南邓县
郯	子	已	少昊后	山东郯城县
吕	侯	姜		河南南阳县西
莒	子	巳	兹舆斯	山东即墨县
桧		妘	祝融后	河南密县东北
州	公	姜		山东安丘县
南燕	伯	姞	黄帝后	河南汲县
纪	侯	姜		山东寿光县
申	侯	姜	伯夷后	河南南阳县
宿	男	风	太皞后	山东东平县
许	男	姜	伯夷后文叔	河南许县
郳	附庸	曹	颛顼后挟	山东邹县
薛	侯	任	黄帝后奚仲	山东滕县南
宋	公	子	汤后微子启	河南商丘县

以上所列表内，公侯之国为大国，伯国为次国，子男之国为小国。大国三卿，皆命于天子。下大夫五人，上士二十七人。次国三卿，二卿命于天子，一卿命于其君，下大夫五人，上士二十七人。小国二卿。皆命于其君，下大夫五人，上士二十七人。此当时侯国国内之官制也。其封建之总数：据《左传》云：“兄弟之国十有五人，姬姓之国四十人。”《荀子》曰：“周公立七十一国，周姓之国五十有五。”大抵新建之邦，在七十以上，而同姓者居其大半。其配置地方，多在东西两京附近，或东南北要害之地，以镇压异族，屏藩王室，独西方不与焉。缘周之根据地在陕西，天子自都镐京以镇抚之，不假宗室之力也。其新邦与旧邦之总数，史无明文，约计之犹当有数百。然旧邦弱小，新邦强盛。地方大诸侯，皆朝廷懿亲。旧邦以有所惮而不敢肆，故能维持一时之治安也。

（三）对于胜国之政策

武王虽封武庚于殷，然仍使其弟管叔鲜、蔡叔度、霍叔处监之，使复商之旧政。又释箕子之囚，箕子不臣，遁之朝鲜（今朝鲜半岛西北部），因而封之。又封比干之墓，表其贤臣商容之闾。命南宫适散鹿台之财，发钜桥之粟，以赈贫弱，于是万姓悦服。其后武王崩，成王幼，周公旦为冢宰，总百官，摄政。管叔及其群弟忌之，流言于国曰：“公将不利于孺子。”生成疑焉，周公乃避居东山。后二年，成王悟，迎周公归。流言之罪人亦得。三叔惧，遂挟武庚以叛。初，武王灭奄后，更置其君而复封之。至是以（淮夷淮水下流流域一带民族）、徐戎（淮水中流流域一带民族）并叛，以应武庚。王命周公东征，大诰天下。周公杀武庚，诛管叔，囚蔡叔于郭邻（畿内乡遂之地），降霍叔为庶人。又命鲁侯伯禽（周公子）帅师平徐戎，定鲁（即奄），宁淮夷，改封微子启于宋（今河南开封道商丘县），以奉汤祀。逾年，奄及淮夷复叛。王亲征之，灭奄，迁其君于蒲姑（今山东济南道博兴县）。

（四）对于殷顽之政策

商自成汤至武丁，贤圣之君六七作。德泽甚深，一时为纣之暴虐所迫而归周。然历久则不免故国之思。伯夷、叔齐，不臣周而饿死于首阳山（今山西永济县）。箕子奔朝鲜，广宗祀，以系其思。故周人虽以武力灭商，而自武庚以后，殷民屡有不靖者，周目之曰顽民。迁之于洛（今河南洛阳县）。洛者，九州之中。武王克商，迁九鼎（禹复九州之旧，九牧贡金铸鼎象物，使民知神奸入山林川泽不逢，不若历代相传以为重器）于此。将营都而未果，至是成王命周召二公成之，谓之东都。使四方入贡者，道里平均。且使殷顽密迩王室，不敢妄动。更制礼作乐以检束其身心。三纪之后，四方始无虞，其经营亦苦矣。

西周之封建制度						
	列爵	公	侯	伯	子	男
	分土	百里	七十里	五十里		
	置军	三军	二军	一军		
	设官	三卿	二卿	一卿		

第三节　周初之外患

武王在位九年而崩，寿七十三岁。子成王诵立，年幼，周公旦摄政。管蔡流言，周公讨而诛之。于是制礼作乐，与召公奭共相王室。周之典章文物，大率皆备于此时。成王崩，子康王钊立，能修文武之业，刑措不用者四十年。康王崩，子昭王瑕立，周道始衰，诸侯渐恣。往往有篡杀或互相攻击之举动。尤甚者为种族之争。当时汉族以上国自居，对于四围文化较低之民族，动以蛮夷戎狄目之。其别有二，一为本系他族而杂居中国者，一为本与汉族同族因僻处而退化者。兹顺次述之于下。

一、荆蛮

昭王之时，南蛮不服。王南巡以威之，反济汉。汉滨之人以胶船进王。至中流，胶液，船解。王及祭周公之后、公皆溺于水。辛余靡振王以济，王发疾崩。此为后日春秋时代南北冲突之远因。

二、徐戎

子穆王满立，惩父之祸，用君牙、伯冏诸贤。国家复治，后渐怠荒。得八骏马，使蜚廉之后造父为御，西巡狩，登昆仑之丘，以观黄帝之宫。又升春山，宿于阆风玄圃。更至群玉之山，容成氏之所守，先王之策府在焉（据穆天子传）。更西至于西王母之邦，而宾于西王母，宴于瑶池，乐而忘返（据《山海经》）。是时，中原诸侯以争讼无所质正，遂归于徐。徐君，嬴姓，伯益之后，能行仁义。又得朱弓赤矢，以为天瑞，自称偃王。诸侯朝之者三十六国。穆王恐其遂称受命，长驱而归，使楚伐徐。徐子不忍斗其民，北走彭城（今江苏徐海道铜山县），百姓从之者以万数。穆王以造父为有功，封之于赵（今山西河东道赵城县），是为赵之始祖。

三、犬戎

是时西藏民族日渐蕃殖。夏之衰也，入居邠岐之间，周时号为犬戎。穆王将征之，祭公谋父谏，不听，得四白狼、四白鹿以归。迁其一部于太原（今甘肃泾原固原县），为西戎。自是克服者不至。

四、猃狁

穆王崩，子共王繄扈立。共王崩，子懿王囏立。蒙古民族之猃狁内逼，因迁槐里（今陕西关中道兴平县东南十一里），懿王崩，共王弟辟方立，是为孝王。孝王崩，诸侯立懿王之子燮为夷王。始下堂见诸侯，周礼遂替。

五、荆楚

初，成王封鬻熊曾孙熊绎于丹阳（今湖北荆南道秭归县），名曰荆，后改曰楚。锡以子男之田，姓芊氏。传至其玄孙熊渠，王室衰微，诸侯相伐，熊渠甚得江汉间民和，乃兴兵伐庸，东侵扬粤（本扬州之分野，故名），至于鄂（今湖北武昌县），立其长子康为句亶王，中子红为鄂王，少子执疵为越章王。分处江上，而徙都枝江（今湖北荆南道枝江县），仍称丹阳。

第四节　西周之衰亡

周以忠厚廾基，文教为治，故其君多弱。诸侯攻杀，或跋扈而不能讨。昭王南征不返而不能复仇。夷王下堂迎诸侯之觐者而与之抗礼，其弱甚矣。夷王崩，子厉王胡即位，暴而好利，以荣夷公为卿士，黩货无厌，国人谤之。王怒，得卫巫，使监谤者。以告，则杀之。国人莫敢言，道路以目。王喜，自以为能弭谤。召穆公虎谏，不听。民不能忍，乃相与畔，袭王。三十七年，王出奔于彘（今山东河东道霍县）。太子靖匿于召公家，国人围之。召公以其子代太子，太子始得免。西北诸族乘机群起为患，西戎逼犬丘，灭秦大骆之族。大骆，非子之父也。大骆之先即恶来，为武王所诛。非子当孝王时，为王养马于汧渭之间。马大蕃息，孝王嘉之，分土为附庸。而邑之秦（今甘肃渭川道天水县）是为嬴秦之始祖。然其地甚小弱，故大骆族见灭。玁狁南侵，深入至泾阳（今陕西关中道泾阳县）。荆蛮叛于南，淮夷徐戎讧于东，王室不绝者如缕。周召二相，相与协和，共理国事，号曰共和。

厉王在位五十一年崩。周召二相奉太子靖即位，是为宣王。王侧身修行，欲复文武之业，命秦仲（大骆之后）为大夫，率其国人征西戎。命尹吉甫北伐猃狁，追至太原而还。命方叔南征荆蛮，破之。命召公虎率师徇江汉，讨平淮南之夷，王自将讨平淮北之夷。四方略定。秦仲战败，为西戎所杀。王与其子庄公兵七千人，讨破西戎，更以其先大骆犬丘之地与之，使为西垂大夫。秦于是渐大。王勤于政，早朝宴退，号为中兴之君。晚年伐姜戎（初居瓜州，在今甘肃敦煌县境，后迁中土，在今甘肃中部地），败绩于千亩（今甘肃固原县境）。又以非罪杀其臣杜伯，功业渐衰。

王在位四十六年崩。子幽王涅即位。嬖褒姒，生子伯服。褒姒与虢石父比，废皇后姜氏及太子宜臼，立褒姒为后，伯服为太子。宜臼出奔申（今河南汝阳道南阳县，宜臼母家，亦四岳之裔）。褒姒不好笑，王悦之万方，终不笑。乃无故举烽火，诸侯悉至。至而无寇，褒姒乃大笑。王又欲杀故太子宜臼，求之于申。申侯不与，召犬戎与共攻王。王举烽火征兵，兵莫至，遂杀王于骊山下（今陕西关中道临潼县），虏褒姒。司徒郑伯友（宣王弟，封国在今陕西关中道华县）死之。西周亡。自武王即位，至幽王被杀，凡传十二世，共三百五十一年（西历纪元前一一二二至七七一）。

参考书

《通鉴纲目前编》

《御批通鉴辑览》

《饮冰室全集》（第三十册　中国专制政治进化史论）　梁启超

《本国历史参考书》（卷上）　中华书局

第五章　西周之文化

周代制作之事，上监二代，集上古之大成，而开后世之文化，对于中国文化关系甚深。兹分述于下。

第一节　制度

一、官制

夏有三公，九卿，二十七大夫，八十一元士。殷有二相（右相、左相），六太（太宰、太宗、太史、太祝、太士、太卜），五官（司徒、司马、司空、司士、司寇），六府（司土、司木、司水、司草、司器、司货），六工（土工、金工、石工、木工、兽工、草工）。周有三公，三孤，六官，分理庶政。夏殷之制，史书不详，姑从阙略。周之官制曰太师、太傅、太保，兹陋三公。曰少师、少傅、少保，曰三孤。皆论道之官，以待有德者。其位置略如今之顾问，非行政官也。其行政部长，厥为六官，略如今之国务院。天官之长曰冢宰，掌邦治，统百官，均四海，略如今之行政院长。地官之长曰司徒，掌邦教，敷五典，扰兆民，略如今之内务总长兼教育总长。春官之长曰宗伯，掌邦礼，治神人，和上下。古人重视宗教，故特设一大臣以管理之，略如故俄帝国之宗教总监。夏官之长曰司马，掌邦政，统六师，平邦国，略如今之陆军总长兼参谋总长。秋官之长曰司寇，掌邦禁，诘奸慝，刑暴乱，略如今之司法总长兼大理院院长。冬官之长曰司空，掌邦土，居四民，时地利，略如今之农工商务总长兼水利局总裁。此制创于周初，历汉、唐、宋、明、清，号为六部尚书，分理庶政。六官之属，各有六十，合成三百六十官，以象周天之度。其官名等，皆因前代之旧，而稍加以变通。冢宰即殷之太宰，宗伯即殷之太宗也。然天官中有宰夫、女官、奄人等官，春官中有巾车之官，夏官中有太仆之官，皆为君主一人而设，去为民立官之意已远矣。此外又有卿大夫等名，亦因夏制。

二、地方制

尧平洪水后，置十二州。夏有天下，复九州之旧。殷因于夏无所变更。周夏官职方氏所掌九州，与夏略异，有幽并，无徐梁。盖并梁于雍，并徐于青，而析冀野为幽并，此其大异者也。荆州、青州分占豫州之境，幽州又犬牙于青州之壤，兖州又错出于徐方。此其小异者也。

三、田制

田赋之制，唐虞之世无可考。盖洪水以后，农业未勃兴也。夏以田五十亩为一间，十间为一组，一夫受田一间。殷时由井田之法，划为九区。区凡七十亩，外为私田，中为公田。八家各受一区之田而耕之，公田则八家合耕。周时仍其制，惟每区凡百亩。其受田之法，年二十而受，六十而归。未成年者称余夫，受田二十五亩。俟其壮而有室，更受百亩之田。其宅亦由官给，人得五亩。二亩半在田，二亩半在邑。凡人民不得私有田宅，其受又有定额，故无失业之民，而亦无甚贫富。近世所谓社会主义，盖无有精于此者。惟其试行之区域，只限于东西二都近旁，并未能推行全国也。

四、赋税制

夏用贡法。贡者，较数岁之中以为常，而取其五亩之所入也。殷用助法，助者借也，借民力以耕公田，而即以其公田之收获为租税也。周用彻法，彻者通也，通用贡助之两法也。都鄙地远，年之丰歉无可征，故用助。乡遂地近，年之丰歉有可见，故用贡。此三者皆所谓粟米之征也。此外尚有力役之征。岁用民力，以供百役，终岁不过三日，年歉则递减。有布缕之征，地宅之税也。每家岁收绢布若干，宅不毛者有罚。山泽漆林关市，亦皆有征。山泽之征，主于蓄材。漆林之征，主于崇俭。关市之征，主于崇本。含有一种限制之意，非专厉民以自养也。

五、兵制

民即兵，官即将。其居乡者，五家为比。比有长，五比为闾。闾有首，四闾为族。族有师，五族为党。党有正，五党为州。州有长，五州为乡。乡有大夫。其居遂者，五家为邻。邻有长，五邻为里。里有宰，四里为酂。酂有长，五酂为鄙。鄙有师，五鄙为县。县有正，五县为遂。遂有大夫。此皆平日之民也。至于治军，则每家各出一人，比邻之所出为一伍。伍有长，即在朝之下士也。闾里之所出为一两，两有司马，即在朝之中士也。族酂之所出为卒。卒有正，即在朝之上士也。党鄙之所出为旅。旅有帅，即在朝之下大夫也。州县之所出为师。师有帅，即在朝之中大夫也。乡遂之所出为军。军有帅，即在朝之卿也。天子六卿，故有六军。此编制之法也。至于征调，则方里而井，井有八家，四井为邑。四邑为丘，四后为甸。丘出戎马一匹，牛三头。甸出戎马四匹，兵车一乘，牛十二头，甲士三人，步卒七十二人，运辎重者二十五人。周时谓兵为赋，意盖因此。其器械则弓矢之外，有刀剑矛戟等，以铁为之，甲以犀兕之皮为之。其胄或以革，或以铜。人民服兵期限，自二十岁至六十岁止。王畿之民，半岁一更替，一生中仅就役一次。诸侯之民一岁一更替，一生中就役亦仅两三次。其训练方法，则春搜、夏苗、秋狝、冬狩，皆于农隙简练士卒。

六、刑制

民事分数种。关于人事者，以邻人为证。关于土地者，以邦国之图为证。关于借贷者，以券为证。关于卖买者，以约剂为证，皆有史官以记两造之辞。其诉讼之时，先使入束矢钧金，以禁刁讼。刑事先训后断，须得大夫国人之同意决死刑之时，则士师受其宣告书，择日而加刑焉。

王族有爵者及妇人，皆不刑于朝市。其刑制则墨、劓、剕、宫、大辟为五刑，本唐虞所创，三代因之。更有髡刵桎梏等刑，及徒刑、赎刑之类。又有嘉石以平罢民。凡万民之有罪过，未丽于法而害于州里者，桎梏而坐诸嘉石，役诸司空。重罪旬有三日坐，期役。其次九日坐，九月役。其次七日坐，七月役。其次五日坐，五月役。下罪三日坐，三月役。又有圜土以聚教罢民。凡害民者，寘之圜土，而施职事焉，以明刑耻之。其能改者，反于国中，不齿三年。其不能改而出圜土者杀。又有宥恕、减轻之法。老者、幼者、愚者，宥恕。不识者、过失者、遗忘者，减轻。出诉之期限，因地而一定，过期者不理。岁终则以一岁中所断定之狱，集而藏之，名曰法例，以备他日参考。命夫命妇，不躬莅狱讼，使其臣下代之。公族无官刑，刑者致之甸人，不于朝市。贵者议，亲者议。此皆贵族阶级之制也。

七、选举制

乡大夫举一乡之秀者，移名于司徒，曰选士。司徒又举选士之秀者而升之学，曰俊士。即举于司徒，则其身虽在乡，可免乡役，不给社事，不供田赋。升于学者，其身在学，亦可免司徒之役，不赴军旅。二者皆谓之造士。大乐正又举在国学中造士之秀者，移名于司马，曰进士。司马论其才，授以官，然后赐以爵禄。由乡进者，乡大夫掌之，大司徒用之，为乡遂之吏者也。由国学进者，大乐正掌之，大司马用之，为大夫士者也。其选举之法，则以德行道艺为主。知、仁、圣、义、忠、和为六德，孝、友、睦、姻、任、恤为六行，礼、乐、射、御、书、数为六艺。闾胥比长旅师等，日而记之，月而考之，岁而计之。三岁则汇集于乡大夫，加以宗核，而宾兴之礼出焉。

八、学校制

有虞时代大学曰上庠，小学曰下庠。庠者养也。夏代小学曰西序，大学曰东序。序者叙也。夏重射，射以叙为主，故以名其学。殷代小学曰左学，大学曰右学，亦曰瞽宗。殷重鬼，祭祀则尚乐，故以名其学也。周代兼用之，其制之可考者有七事：

甲、类别　有乡学、国学二种。二种中又各有大小之别。

乙、地址　天子小学在王宫东，诸侯小学在宫南之左，庶民小学随处有之。天子大学在国中，诸侯大学在郊。天子大学有在西郊者，乡学也。

丙、名称　大学在国内者有五，辟雍在中，为周制。其余在南之成均，黄帝制也。在东之东序，夏制也。在西之瞽宗，殷制也。在北之上庠，虞制也。在乡者乡有校，州有序，党有庠，亦兼各代之名。小学则闾有塾。诸侯之大学曰泮宫。

丁、教授　以养老教德行为主。大学教六艺及修己、治人之道，小学教洒扫、应对、进退之节。军人凯旋，受俘献馘，亦于大学，以厉其尚武敌忾之气。不率教者，则有移郊、移遂、屏远方及夏楚以收威之法。

戊、生徒　国学为王太子、王子群后世子、卿大夫、元士适子及国内俊选之士学习之所。乡学为庶民子弟学习之所。天子乡学，亦以待俊选及诸侯之贡士者也。

己、教师　国学有师保、大乐正、小乐正、大胥、小胥、太师、大司成等教之。乡学以乡之有德行道艺者教之。小学或有易子而教者。

庚、学龄　小学自八岁至十四岁。大学自十五岁至二十四岁。

九、实业制

周时极重实业，法亦极详。兹分七事，述之于下：

甲、农业　天子亲耕籍田，以为民率。立稻人、田畯等官，以为之督。不毛者有罚，不给者有助。又辨其土宜，察其种植，置其肥料，以教之。故农业极盛。

乙、蚕业　后妃亲蚕，以为民率。宅之旁皆树桑。茧出时，因桑之多少而纳茧税。

丙、林业　有山虞、林衡等官守之。斩伐有时有法。仲冬斩阳木，仲夏斩阴木之类是也。

- 夏商之官制
  - 夏——三公，九卿，二十七大夫，八十一元士
  - 商
    - 二相　右相，左相
    - 六太　太宰，太宗，太史，太祝，太士，太卜
    - 五官　司徒，司马，司空，司士，司寇
    - 六府　司土，司木，司水，司草，司器，司货
    - 六工　土工，金工，石工，木工，兽工，草工

- 西周之官制
  - 三公——太师，太傅，太保　坐而论道
  - 三孤——少师，少傅，少保　为三公之贰
  - 六官
    - 天官大冢宰，掌邦治，今行政院长
    - 地官大司徒，掌邦教，今内务、教育总长
    - 春官大宗伯，掌邦礼，今外交总长兼宗教总监
    - 夏官大司马，掌邦政，今陆军、参谋总长
    - 秋官大司寇，掌邦禁，今司法总长兼大理院院长
    - 冬官大司空，掌邦土，今农工商总长

丁、水产业　有川衡、泽虞等官守之。取之亦有时有法，如獭祭鱼，然后虞人入泽梁，及数罟不入洿池之类是也。

戊、矿业　有矿人之官守之。欲开采者，以图授之。物其地，定以时。

巳、工业　有玉人、雕人、攻金、攻木、攻皮、搏埴等官，以掌其事。

庚、商业　有司市之官，掌其治教政刑。禁华靡，去诈伪。美恶不得混淆，价值不得无常。圭璧金璋宗庙之器及戎器等，皆禁贩卖。盖当时以此为末业，故御之甚严也。行商周历各地，皆有关税，私越者没其货。

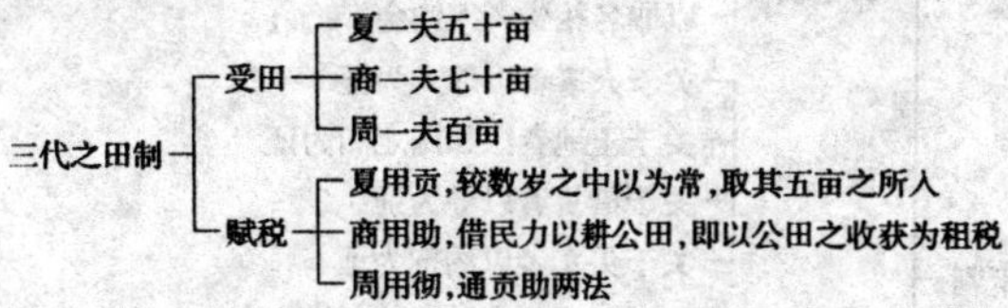

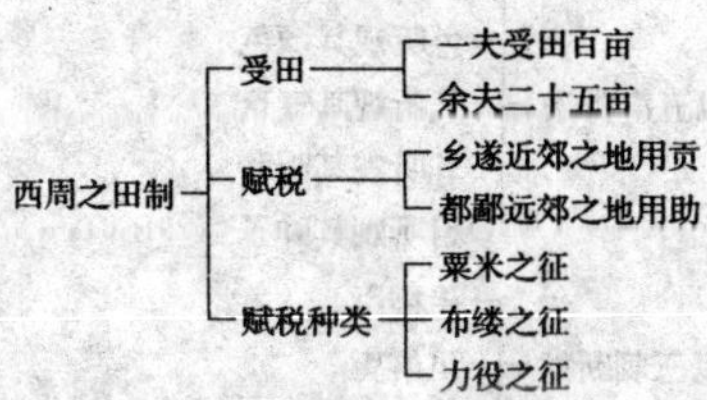

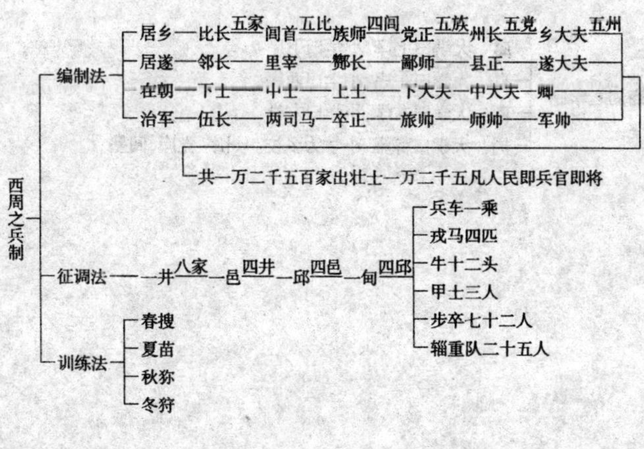

以上九者，以田制、学校制、实业制三者最为重要。盖田制善则民有恒产，自有恒心。学校多则教育普及，礼义自立。实业兴则生计宽裕，暴戾自少。成康之世，刑措不用者四十余年，非偶然也。故读史者以此为极盛之时。

- 西周之刑制
  - 刑名
    - 主刑　墨，劓，剕，宫，大辟
    - 从刑　髡，刵，桎梏，徒，赎
    - 罚作　有嘉石以平罢民，有圜土以聚教罢民
    - 宥恕　老者，幼年，愚者
    - 减轻　不识者，过失者，遗忘者
    - 优待　王族有爵者及妇人皆不刑于朝市，命夫命妇不躬莅狱讼，贵者议，亲者议
  - 审判
    - 诉讼费
      - 以货财相告者入束矢
      - 以罪名相告者入钧金
    - 证　据
      - 关于人事者以邻人为证
      - 关于土地者以邦国之图为证
      - 关于借货者以券为证
      - 关于买卖者以约剂为证
    - 审判法
      - 以五声听讼
        - 辞听观其出言
        - 色听观其颜色
        - 气听观其气息
        - 耳听观其听聆
        - 目听观其眸子
      - 以三刺断狱
        - 讯群臣
        - 讯群吏
        - 讯万民

- 虞夏商周之学制
  - 虞　大学曰上庠，小学曰下庠
  - 夏　大学曰东序，小学曰西序
  - 商　大学曰右学，小学曰左学
  - 周　大学曰辟雍，小学为乡校。州序，党庠，闾塾

- 西周学制与选举制
  - 学校
    - 大　学　天子曰辟雍，诸侯曰泮宫
    - 中小学　乡有校，州有序，党有庠，闾有塾
  - 教科
    - 八岁入小学
      - 教以长幼之序
      - 洒扫应对进退之节
      - 礼乐射御书数之文
    - 十五入大学
      - 春秋教以礼乐
      - 冬夏教以诗书
  - 选举
    - 由乡学升者曰选士
      - 乡大夫掌之
      - 大司徒用为乡遂之吏
    - 由国学举者曰进士
      - 大乐正掌之
      - 大司马用为大夫士

第二节　礼教

礼之大要，以辨尊卑上下之等威为主。兹分为五项，述之如下；

（一）吉礼

祭祀之礼是也。古者政治与宗教合一，故祭祀之礼极重。周时祭祀之礼，仍为大神、地祇、人鬼三种，而制度加详。筑坛于南郊，曰圜丘。燔柴而祀之，郊天之仪也。为坎十北郊，瘗埋而祀之，社地之仪也。郊惟天子得行之，诸侯则否。社有王社、侯社、州社、里社之别，而仪各不同。其他日、月、星辰、风、雨、霜、露、寒、暑等皆有祀，山、川、河、海、川泽五祀等皆有祭。天子诸侯同之。人鬼之享，天子七庙，中为太祖，左为昭，右为穆。诸侯五庙，大夫三庙，适士二庙，官师一庙，庶人无庙，祭于寝。天子之祭，有春礿、夏禘、秋尝、冬烝等名。诸侯只得其一，不能兼备。天子之乐舞，用八佾。诸侯六，大夫四，士二，皆有等差，不得僭越。

（二）凶礼

丧葬之礼是也。自天子以至于庶人，殡葬皆有定期。天子七日而殡，诸侯五日，大夫士三日。天子之葬，同轨毕至，故定期七月。诸侯须同盟至，故定期五月。大夫须同位至，故定期三月。士须外姻至，故定期逾月而已。其葬时或有他故，则可改时，如郑子产不毁子太叔之庙，朝窆改为日中而窆是也。或中止，如滕君之会鲁丧，雨不克葬是也。其丧具，则天子之棺椁四重，木用松。其葬法，隧道悬棺。诸侯三重，木与天子同。大夫二重，木如柏。士二重，木以杂品为之。又造竹瓦等器，纳之于棺中，名曰明器。其敛也，含饭衣衾等，皆以丰为主。丧服分五等。父母之丧，斩衰三年。祖父母、伯叔父母、兄弟等，齐衰一年。从父母、昆弟等，大功九月。再从伯叔父母、昆弟、外祖父母等，小功五月。三从伯叔父母、昆弟等，缌麻三月。此五服之制，至今沿用。惟周制，齐衰以下，诸侯绝，大夫降，则不平等之制也。谥号之典起于周初，贵人死，综其一生善恶之迹，以一二字概括之，所以劝善惩恶也。臣下之谥，由朝议而以君命赐之。天子则称天以诔，不以臣议君、子议父也。然当时直道尚存，恶人恶谥，若幽，若厉，虽孝子慈孙，百世不能改，故可行之而有效。既谥之后，则讳其名。《左传》曰："周人以讳事神。名终将讳之。"故讳亦起于此时也。

（三）军礼

师均（周礼，地官司徒均人掌、均地政、均地神、均地职、均人民牛马车辇之力，政凡均，力政以岁上下，丰年则公旬用三日焉，中年则公旬用二日焉，无年则公旬用一日焉，凶札则无力政，无财赋，不收地守，地职，不均地政，三年大比，则大均），田役封之类是也。五者皆须用众，以整齐为主，故有军礼。平时则司马以旗致民，列陈而教以坐作进退疏数之节。有事则入庙誓众，而授以兵。其命将也，跪而推毂曰："阃以内寡人主之，阃以外将军主之。"故将在外，君命有所不受，其礼甚严也。此外若凯旋之日，献俘饮至，或于庙，或于学，皆有礼制。又介者不拜，军中不驰，亦军礼也。

（四）宾礼

相见之礼是也。宾之来也，有介绍以达情，主之延见也。有摈相以传命，又以击物以将意。天子甩鬯，诸侯甩圭，卿用羔，大夫用雁，士用雉，庶人用鹜，童子用束修，妇人以脯修枣栗棋（音矩石李也）榛等。野外军中无挚，以缨拾矢为之。今将其礼分三等述之于下：

甲、天子　诸侯北面见天子曰觐。诸侯西面，诸公东面，曰朝。时见曰会，殷见曰同。诸侯称宾，大夫称客。宾常飨，客当燕。飨有体荐，以礼为主。燕有折俎，以情为主。飨燕之时，有赋诗赠答之节。此外又有郊劳、赠贿、授馆、授餐等礼。

乙、诸侯　相期曰会，不期曰遇。使大夫往曰聘，歃血为誓曰盟。其余燕飨之礼、宾客之称等，均与天子同。

丙、臣民　有士大夫相见礼，有士见君之礼，有见异邦人之礼，有侍坐、侍食之礼，有初见复见之礼。有称谓之礼，有执物之礼。《仪礼》一书，载之甚详。

（五）嘉礼

冠昏之礼是也。兹分述之于下：

甲、冠礼　男子年二十行之，表其为成人之意。筮日，筮宾，至期，冠者之父迎宾，使加冠其子，且命其子以字。冠毕，有见其母与兄弟及乡大夫、乡先生之礼。

乙、昏礼　娶妻不娶同姓。男子三十而娶，女子二十而嫁。行昏礼时，有纳采、问名、纳吉、纳征、请期、亲迎之六礼。纳采以下之五礼，皆使媒氏通之。亲迎则婿自往，奠雁而迎妇归。当时王侯至庶人，皆行此六礼。诸侯嫁女列国，必使侄娣从其姑姊同嫁为媵妾，夫人死则代之，故诸侯一娶九女。天子于后之外，更有三夫人、九嫔、二十七世妇、八十一御妻。

丙、乡饮酒礼　乡大夫每三年，集一乡之人而礼饮。自为主人，乡父老为宾客，推宾客中齿德尤尊者一人为大宾。余为众宾，皆以齿叙坐。有德行道艺之士，则亦以宾礼待之。燕时，乐人歌诗，进退揖让，其制甚繁。厥明，则以贤能之书献于王，王拜受之。

此外尚有君臣燕饮及习射等，亦皆属嘉礼。

- 吉礼　祭祀之礼
  - 天神
  - 地祇　有王社，侯社，州社，里社
  - 人鬼　天子七庙，诸侯五庙，大夫三庙，适士二庙，官师一庙
  - 物魅
- 凶礼　丧葬之礼
  - 棺椁　天子四重，诸侯三重，大夫二重，士一重
  - 葬期　天子七月，诸侯五月，大夫三月，士逾月
  - 丧服　斩衰三年，齐衰一年，大功九月，小功五月，缌麻三月
  - 谥法　臣下之谥由朝议而以君命赐之，天子则称天以诔
- 军礼　行军之礼
  - 平时司马教之
  - 战时命将专阃
  - 凯旋献俘饮至

- 西周之五礼
  - 宾礼　相见之礼
    - 种类
      - 天子诸侯间——诸侯北面见天子曰觐，诸侯西面诸公东面曰朝，时见曰会，殷见曰同
      - 诸侯相互间——相期曰会，不期曰遇，使大夫往曰聘，歃血为誓曰盟
      - 臣　民　间——有士大夫相见礼，有士见君之礼，有见异邦人之礼，有侍坐、侍食之礼，有初见、复见之礼，有称谓之礼，有执物之礼
    - 摈相
    - 挚物——天子用鬯，诸侯用圭，卿用羔，大夫用雁，士用雉，庶人用鸥，童子用束修，妇人以脯修枣栗椇榛等，野外军中无挚，以缨拾矢为之
    - 飨燕——诸侯称宾，大夫称客，宾当飨，客当燕。飨有体荐，以礼为主。燕有折俎，以情为主。此外又有郊劳，赠贿，授馆，授餐之礼
  - 嘉礼　冠婚之礼
    - 冠礼　男子年二十行之
    - 婚礼　男子三十而娶，女子二十而嫁，有纳采，问名，纳吉，纳征，请期，亲迎六礼
    - 乡饮酒礼　乡大夫每三年行之，自为主人，以乡父老为宾客

参考书

《孟子》（万章下）

《左传》

《礼记》

《周礼》

《仪礼》

《尚书·周书周官》

《中国历史参考书》（卷上）

第三期　春秋战国时代

第一章　王室之陵夷与霸权之消长

第一节　东周之式微

幽王既杀，秦襄公力战破戎。晋文侯、卫武公以兵来援，击退戎兵，郑世子掘突收父散兵。从诸侯东迎故太子宜臼立之，是为平王。平王以戎狄强横，西都残破，乃东迁洛。自此以后，王室衰微，内乱外患踵作。

一、桓王时代郑庄公攻王，其部将射王，中肩，王不能讨。

二、惠王时，弟子颓作乱，王出奔，子颓自立，郑厉公与虢公讨平之。

三、襄王立，弟子带作乱，王出奔郑。晋文公讨杀子带，奉王复位。

四、定王时，楚庄王伐陆浑之戎，遂至于雒，观兵于周疆。王使王孙满劳之，楚子问鼎之大小轻重，满婉辞谢绝之。

五、悼王敬王之时，庶兄子朝作乱，逐敬王而自立。晋人以兵讨平之。

六、晋大夫赵鞅与荀寅、士吉射争权作乱。王朝卿士刘氏世与士氏为婚姻，故右士氏。赵鞅以为讨，王杀大夫苌弘以谢。

传至赧王，为秦所灭。凡传二十五世，五百一十五年（西历纪元前七七一至二五六），史称东周。

第二节　齐桓晋文之霸业

平王东迁以后，王室衰微，诸侯涣散，戎狄内逼。汉族有累卵之危，中国有瓦解之势。有大英雄起，提倡纠合政策，假尊王攘夷为名，以号令天下，击退异族，维持将涣散之社会，使之保存现状，是为霸者。霸者者，无天王之名，而有 Sovereign 之实者也。霸者之首为齐桓公，凭藉山东半岛为根据地，举管夷吾为相，行富强政策。救燕、封卫、迁邢，击退山戎、北狄，黄河流域皆服。周惠王二十一年（纪元前六五六年），南伐楚，至于陉（在今河南开封道郾城县旧属许州）。扬子江中流流域蛮夷大长之楚成王遣使来请和，盟于召陵（今郾城县）。楚人遵约，入贡于周室，扬子江流域亦服。于是九合诸侯，一匡天下。葵丘（今河南开封道考城县，故属归德府）之会，天王遣使来莅盟。束牲载书而不歃血，声名文物，称极盛焉，实一时朝诸侯有天下之共主也。桓公薨，管仲卒，齐国内乱，霸业骤衰。代表扬子江流域民族之楚复举兵北上，侵入中原，压迫黄河流域之汉民族。有殷遗裔之宋襄公，凭藉现今河南开封道东部旧归德府一带为根据地，号召河北、山东诸国，欲击退楚兵，承袭桓公霸业。周襄王十四年（纪元前六三八年），与楚人战于泓（水名，在今河南开封道柘城县境内），宋师败绩，襄公负伤而卒，楚人益横。适晋文公勃兴于山西，率晋、齐、秦联军救宋。二十年（纪元前六三二年），大破楚人于城濮（今山东东临道濮县，即旧濮州），于是黄河流域霸权归于晋。

第三节 秦晋之争霸

秦自平王东迁后，力战破戎，尽得岐西之地。乃东徙汧渭之间（今陕西关中道凤翔县），尽取现在陕西关中道。筑王城，以塞周西来之路。东向而窥中原，遂与晋冲突。晋自献公在位，已灭虢，取崤函（今河南河洛道陕县等地），凭借山河之险，扼秦东下之路。晋文公卒，襄公即位。秦穆公乘其丧，出兵袭郑。襄公要击之于崤，擒其三帅（百里孟明视，西乞术，白乙丙），匹马只轮无返者。穆公知晋不可敌，乃转锋西上经略黄河上流流域，征服西戎诸国，受天王命为西方诸侯伯。时晋势方张，秦屡次与晋冲突，迄无效果，故不得主盟中国。穆公卒后，秦人方针一变，专注意于内治，不复争霸于东方，养精蓄锐数百年，卒吞并六国，为中国一统之君主。

第四节 晋楚之争霸与弭兵会

晋文公卒。子襄公、成公、孙景公、曾孙厉公玄孙悼公，相继为黄河流域霸主，屡与秦楚构兵。秦人以有所忌惮而不敢东侵，楚人以有所牵制而不能北上。平公在位，赵武为政，受宋向戌调停，与楚令尹屈建开弭兵会于宋，约定晋楚之属国互相朝会，号称南北二伯，划定势力范围。于是晋之霸权渐替。

先是春秋初年，楚武王文王相继在位，据湖北为根据地，蚕食汉水流域各小国，日益强大。成王在位，国势益张，北上争霸于中原，败宋于泓，杀宋襄公，一时河南淮北诸侯皆服于楚。城濮之战，为晋文公所败，楚势稍衰。其后历穆王至庄王，国势益盛，观兵洛水，问鼎之轻重，阴有图周之意。复败晋师于郑（今河南开封道郑县），河南山东各国皆服，一时霸权归于楚。共王之时，与晋战于鄢陵（今河南开封道鄢陵县），败绩，国势稍衰。至康王时，与晋开弭兵会于宋，南北分为二伯，楚势复振。传四世至昭王，国多内乱，为吴王阖闾所破，国几亡。于是扬子江流域霸权归于吴。

第五节 吴越之争霸

吴王阖闾者，泰伯之后，国于扬子江下流现今江苏南部，与蛮夷杂处。泰伯十九传至寿梦，国势始张，始僭王号。邲战以后，晋势稍衰。楚亡臣申公巫臣在晋，请于晋景公，通使于吴。以两之一卒往，舍偏两之一焉（司马法百人为卒，二十五人为两，车九乘为小偏，十五乘为大偏，盖留九乘车与二十五人以教吴也）。教吴乘车，教吴战阵，教之叛楚。于是吴势日强，楚国东方出一大敌。鄢陵败后，楚用全力争霸于中原，吴乘隙统一扬子江下流流域各国，蚕食楚之东境。楚平王在位，以谗杀其臣伍奢。奢子员奔吴，说吴王僚伐楚，僚不从。员进专诸于公子光，杀僚。光自立，是为阖闾。从员言，亟肄以疲楚，多方以误楚。敬王十四年，纪元前五〇六年。遂率师败楚。入郢（楚都城，今湖北荆南道江陵县），楚昭王奔随。楚大夫申包胥乞师于秦，立哭其庭七日。秦哀公为之出师，败吴。楚昭王得复国。自是楚骤衰而吴日强盛。二十四年，纪元前四九六年。阖闾帅师伐越，越王句践御之。战于槜李（今浙江钱塘道嘉兴县），吴师败，阖闾伤将指而卒。其子夫差志复父仇，使人立于庭而警之。越二年，攻越，越王句践战败。以甲楯五千，保于会稽，请成于吴，夫差许之。句践与其臣范蠡臣妾于吴者三年，乃得归。用其臣文种之策，卑辞厚礼，进美女西施以蛊吴。卧薪尝胆，阴谋报复。夫差恃其强，不为备，怠于政而黩于武。伍员固谏，不从而杀之。于邗江（今江苏淮扬道江都县）筑城穿沟，通江淮之道，而出师北攻齐鲁。又辟深沟于商鲁之间，北属之沂，西属之济，以会晋于黄池（今河南开封道封丘县）。句践乘虚袭吴，吴太子友战死。时夫差与晋争先歃血，闻警，恐诸侯轻己，乃以武力迫晋，得先歃血。急引兵归，卑礼厚币请和于越，于是吴日衰而越日强盛。自此以后，越屡伐吴。周元王二年（纪元前四六六年），卒灭吴，夫差自杀。于是扬子江流域霸权归于越。

越王句践者，史称其为夏后少康氏之庶子无余之后。国于会稽（今浙江会稽道），以奉禹墓。传二十余世至允常，国始强大。允常卒，子句践立，国势日张。既灭吴，遂以兵北渡淮，与齐晋诸侯会于徐州，致贡于王。王使人赐句践胙，命为伯。句践号令齐、晋、秦、楚，皆辅王室。秦不如命，句践选吴越将士西渡河，攻秦。会秦引罪，乃还军。渡淮而南，以淮上地与楚。又与鲁泗东地方百里，归吴所侵地于宋。越兵横行于江淮，东诸侯毕贺，号称霸王。

以上诸霸者之中，惟齐桓、晋文，差足名副其实。宋襄则谋而未成。秦穆割据一方，其尊攘之功不及齐晋，然尚以尊攘为政策犹属名实相副。楚、吴、越虽大国，有号召诸侯能力，顾帝制自为，目无周室。所谓己身且为蛮夷而有待华夏诸国来攘者也，曷足语于霸者。虽然，春秋末年，中原多故，中国之主权者，渐由北而南，移至扬子江流域。此亦运会使然，人力无可如何者欤。

春秋时代之霸者					
	尊王派	齐桓公	根据地	山东临淄	霸业成功，及身而止
		宋襄公	根据地	河南商丘	霸业未成，为楚成王所击杀
		晋文公	根据地	山西翼城	霸业成功，子孙继续至春秋末
		秦穆公	根据地	陕西凤翔	仅霸西戎
	非尊王派	楚庄王	根据地	湖北江陵	霸业成功，为南方蛮夷大长，与晋争霸于中原
		吴王夫差	根据地	江苏吴县	晚年失败，为越所灭，自杀
		越王句践	根据地	浙江绍兴	霸业成功，灭吴以后，横行江淮间

类别	主动者	战地	今地	战争时代		结果
春秋之大战	齐楚	召陵之役	河南郾城	周惠王二十一年	西历纪元前六五六年	讲和
	晋楚	城濮之战	山东濮县	周襄王二十年	西历纪元前六三二年	晋胜
		郯之战	河南郑县	周定王十年	西历纪元前五九七年	楚胜
		鄢陵之战	河南鄢陵	周简王十一年	西历纪元前五七五年	晋胜
	晋秦	韩原之战	陕西韩城	周襄王七年	西历纪元前六四五年	秦胜
		淆函之战	河南洛	周襄王二十五年	西历纪元前六二七年	晋胜
		王官之役	山西虞乡	周襄王二十九年	西历纪元前六二三年	秦胜
	晋齐	鞍之战	山东历城	周定王十八年	西历纪元前五八九年	晋胜
	吴楚	柏举之战	湖北麻城	周敬王十四年	西历纪元前五〇六年	吴胜
	吴齐	艾陵之战	山东泰安	周敬王三十六年	西历纪元前四八四年	吴胜
	吴越	槜李之战	浙江嘉兴	周敬王二十四年	西历纪元前四九六年	越胜
		夫椒之战	在太湖中	周敬王二十六年	西历纪元前四九四年	吴胜
		姑苏之战	江苏吴县	周元王三年	西历纪元前四七五年	越胜

参考书

《左传》

《国语》

《史记》

《通鉴纲目前编》

第二章　封建制度之破坏与地方集权制度之发达

由来霸者以尊攘为口实，将以收束涣散之社会，使人维持现状者也。顾事实与理想颇不相容，霸者既持富终主义，号召天下。属国与国或仇敌之国，有妨碍已国权利之发展者，为自保计，不能不用武力解决。用武力之结果，霸国国势骤张，诸侯辗转效尤。强凌弱，众暴寡，侵略主义盛行，兼并政策活现。于是弱者愈弱，渐即于灭亡。强者愈强，渐毓为大国。晋、楚、齐、秦皆跨州连郡，割据数千百里。一方面提倡尊攘之名，一方面实行兼并之实。口仁义而行暴乱，名实不相副，而名利兼收。于是封建制度，从根本动摇，地方集权制度流行。权不集于中央，而分集于各国政府。兹列春秋兼并表于下，以供参考。

春秋兼并表（见于经传者）

兼并者	被兼并者
鲁	项
齐	纪，郕，谭，遂，鄣，阳，莱等七国
晋	虢，虞，耿，霍，魏，潞氏，甲氏，留吁，铎辰，偪阳，肥，鼓，陆浑，焦，杨，韩等十六国
宋	宿，曹等二国
卫	邢

蔡	沈
郑	许
邾	须句
莒	鄫，杞，淳于
楚	权，申，邓，息，弦，黄，夔，江，六，庸，舒蓼，萧，舒庸，舒鸠，赖，陈，蔡，蛮氏，唐，顿，胡等二十一国
秦	梁，滑，都等三三国。西戎二十国
吴	州来，徐，巢等三国

据上表以观，山东诸国多入于齐，河北诸国多入于晋。汉阳诸国皆入于楚。顾当时小国，犹能介居强国之间，差足自保者，因国际之间，尚有所谓礼法，即今所谓公法也。其大略有四：

一、大事小　救灾恤贫，定乱扶危，教其不知，助其不足。不如此者，小国叛之，由此失霸。

二、小事大　平时有朝见之礼，有赋贡之礼，战时有从征之礼。大国来伐，则援据礼法，以曲直为老壮，往往可藉片言以退敌师。

三、平时交际　平时则有事而会，不协而盟。君即位则卿出聘，灾患至则互相补救。优礼使臣，恪守典章，皆是也。

四、战争之时　师出必有名，闻丧必退师。有乞师之礼，有假道之礼，有献捷之礼（戎捷则献中国则否），有归俘之礼。不害使臣，不伤国君。

因上四者之维系，故大国之图霸者，犹须假仁义以行，而小国亦得借以自保。春秋之所以异于战国者以此。春秋前半期，颇能遵守之，后亦渐蔑弃之矣。其中强国，以晋、楚、齐、秦、吴、越为最。其所以强者，以得地势之故。晋居北，楚居南，齐居东，秦居西，吴、越居东南，皆僻处一隅。当时中原诸侯，地丑德齐，方从事于会盟朝聘，莫敢先动。诸国既边僻，则肆意兼并，无所顾忌。且各以一面向中原争霸，无后顾之尤，其势尤易强大也。六国之中，以晋、楚为最强。晋之近旁皆戎狄，楚之近旁皆诸姬。凭恃武力以翦除异族，尤无所踌躇，故二国兼并独多。若齐之近邻，则为鲁、卫、宋、燕诸望国，未能逞其野心。秦欲东出，则有晋之强与周之尊以隔之，吴、越僻在荒远，开化最晚，故一则仅能表东海，一则仅能霸西戎，一则至春秋之季始能崛起。而前半期大势，不能不属之晋、楚也。惟楚与吴、越，当时皆以夷狄遇之。晋与齐、秦，则皆以尊王自命。故其战争，有谓之为夷夏之争者，实则南北之争也。至吴、越皆衰，于是楚势复盛矣。

第三章　世家之专横与主权之凌替

春秋时代，天王守府，主权下移于诸侯。南北构兵，竞争剧烈。斯人才辈出，各国执政大臣皆极一时之选，赞襄国政，握有君主实权。名望愈高，斯位置愈固。父死子继，兄终弟及，根深蒂固，不能动摇。其所可者，国民从而赞成之。其所否者，国民从而反对之。鼓吹者一人，附和者千百。其一言一动，可以转移全国之舆论。其势力之雄厚，与印度上古之婆罗门、欧洲中古之天主教、蒙古西藏当代之喇嘛相等，虽君主亦无如之何也。其后大诸侯开疆拓土，国势日强，一传再传，庸主杂出，安富尊荣，养成般乐怠傲习惯。朝廷之事，惮于躬亲。凡百政务，委之臣下。奸臣盗弄国柄，渐成尾大不掉之势。诸侯守府，政权复移于大夫。君主有不堪其逼者，起而与之争，大率成功者十一，失败者十九。逐君篡国之事，屡见不一见。若鲁之三桓、齐之田氏、晋之六卿，其尤著者也。兹分述其事迹如下：

第一节　鲁三桓

三桓者，鲁桓公有四子，长庄公，次庆父，次叔牙，次季友。季友之后为季孙氏，叔牙之后为叔孙氏，庆父之后为孟孙氏，是曰三桓。文公时，公室始衰，三桓稍强，宣公时欲假晋力以去之，未果。其后昭公在位。季孙氏与郈氏有隙，公助郈氏攻季孙氏，叔孙氏、孟孙氏共救季孙氏。败公之军，杀郈昭伯，公奔齐，诸侯观望不讨。由是三桓之势益盛，而季孙氏尤强。定公时，孔子为政，谋堕三桓之城，收其兵，不果。哀公时，欲借越之助以去之，未成功，哀公出奔越。是时上凌下僭，变乱相寻。季孙氏之家臣阳虎、公山弗扰相继作乱，叛季氏。叔孙氏、孟孙氏之家臣从而效尤。于是三桓亦渐弱。

第二节　齐田氏

田氏之先曰陈完，陈厉公之子。厉公二传至宣公，有内乱，完奔齐，为大夫，卒谥敬仲。时齐桓公十四年。是为田氏入齐之始。敬仲之后陈无宇，事齐景公为大夫，是为桓子。厚施于国，以大斗贷民粟，小斗收之，大得民心，众多归之。桓子卒，子乞嗣为大夫，是为僖子。僖子在职之时，齐景公薨。国内乱，僖子乘隙，操废立之权，是为田氏得政于齐之始。

初，齐景公无嫡子，嬖妾鬻姒之子荼有宠，欲立之。诸大夫数请立世子，公不应。公疾笃，属大臣国惠子、高昭子立荼。公薨，荼即位。僖子与诸大夫密谋，举兵逐惠子、昭子，废荼。立景公子阳生，是为悼公。由是僖子恃其援立之功，遂揽大政。悼公卒，子壬立，是为简公。僖子之子成子恒辅政，与大夫阚止争权，杀阚止，遂杀简公，立平公。以安平至琅琊之地，为己之封邑。至田盘为齐宣公相，兄弟宗人悉为齐邑大夫，遂与晋之韩、魏、赵氏通使联交，共谋篡国。

第三节　晋六卿

晋六卿为范、中行、智、赵、魏、韩六氏。厉公时，六卿始强。厉公暴虐，中行偃与栾书共弑公。昭公时，六卿益盛，公室愈衰。顷公时，晋之公族祁氏、羊舌氏俱灭绝，分其邑为十县，各以其亲属为大夫，于是六卿权威愈强。定公时，范吉射、中行寅与赵鞅争权。荀栎、韩不佞、魏哆三氏，奉公命伐吉射、寅。吉射、寅奔朝歌，遂奔齐。出公时，智瑶与韩康子、魏桓子、赵襄子共灭范中行氏而分其地。公大怒，告齐鲁伐四氏，四氏反而攻公，公奔齐。是时智氏最强，智瑶立哀公，专国政。求地于韩魏二氏，魏桓子、韩康子皆与之。又求地为赵，赵襄子不应。瑶怒，率韩魏之兵攻赵。

初，赵简子（襄子父）使尹铎治晋阳。尹铎减其户数，轻其租税，大得民心。简子疾笃，谓襄子曰："晋国有难，必托身晋阳。"至是襄子出奔晋阳，三氏随而围之。决水以灌晋阳，沉灶产蛙，民无畔意。襄子与韩、魏密谋，共破智氏之军。杀瑶，灭智氏，三分其地。于是三家之势益强，遂亡公室。

自是以后，风俗日漓，礼乐废坠，廉耻道丧。竞争剧烈之惯家，知有权利，不知有道德。君臣之间，杀杀相寻。家庭之间，烝淫数见。名教纲常，扫地以尽。乱臣贼子之横行，其祸甚于洪水猛兽。循是以往，世道人心将不可问。有心人憵焉尤之，乃各出学说，以思挽救世道人心于万一。希世之大哲学家，若孔孟、老庄之徒，乃出现于世界矣。

春秋弑逆表

年次	被弑者	弑者	被弑者与弑者伦理上之关系
周幽王十一年	周幽王	犬戎	主从之国
周平王三十二年	晋昭侯	潘父	君臣
仝四十七年	晋孝侯	庄伯	君臣，从叔侄
周桓王元年	卫桓公	公子州吁	君臣，兄弟
仝八年	鲁隐公	公子翚	君臣，叔侄
仝十年	晋哀侯	武公	君臣，再从叔侄

仝十年	宋殇公	华父督	君臣，同族
同十年	晋小子侯	武公	君臣，三从祖孙
仝二十二年	秦出子	三父	君臣
周庄王二年	郑昭公	高渠弥	同
仝十一年	齐襄公	公孙无知	君臣，从兄弟
仝十五年	宋湣公	南宫长万	君臣
周僖王二年	郑郑子	傅瑕	同
仝三年	晋侯缗	武公	君臣，再从叔侄
周惠王五年	楚杜敖	成王	君臣，兄弟
仝十七年	鲁闵公	公子庆父	君臣，叔侄
周襄王十六年	晋怀公	文公	君臣，伯侄
同二十六年	楚成王	穆王	君臣，父子
仝三十二年	宋成公	公孙固	君臣，同族
周匡王二年	宋昭公	卫伯	君臣
仝四年	齐懿公	丙歜	同
仝六年	晋灵公	赵穿	同
周定王二年	郑灵公	公子归生	君臣，从祖孙
仝八年	陈灵公	夏征舒	君臣
周简王十三年	晋厉公	栾书	同
周灵王六年	郑僖公	公子駟	君臣，从祖孙
仝二十四年	齐庄公	崔杼	君臣
周景王元年	吴余祭	守门阍者	同
仝二年	蔡景侯	灵侯	君臣，父子
仝四年	楚郏敖	灵王	君臣，叔侄
周敬王五年	吴王僚	阖庐	君臣，从兄弟
仝十年	曹声公	隐公	君臣，从祖孙
仝十四年	曹隐公	靖公	君臣，从祖孙
仝二十九年	蔡昭侯	大夫等	君臣
仝二十一年	齐晏孺子	田乞	君臣
仝三十五年	齐悼公	鲍子	同
仝三十九年	齐简公	田常	同
仝四十一年	卫庄公	石圃	同

第四章　周末学术之隆盛

第一节　学术勃兴之原因

中国学术全盛时代，实在战国之时，而发端在春秋之末。九流十家，继轨并作，非特中华学界之大观，抑亦世界学界之伟迹也。求其所以致此之原因，盖七事焉。

一、蕴蓄之宏富

人群初起，皆自草昧而进于光华。文明者，非一手一足所能成，非一朝一夕所可几也。传记所载，黄帝尧舜以来，文化已起，然太史公犹谓缙绅难言焉。观夏殷时代质朴之风犹且若此，则唐虞以前之文明概可想矣。及文王化被南国，武周继起。而中央集权之制大定。自豳岐以至春秋，又数百年。休养生息，遂一脱蛮野固陋之态。列国士大夫之多才艺娴文学者，所在皆然矣。积数千年民族之脑精，递相遗传，递相扩充。其机固有磅礴郁积一触即发之势，而其所承受大陆之气象，与两河流之精华，机会已熟，则沛然矣。此固非岛夷谷民崎岖偪仄者之所能望也。此其一。

二、社会之变迁

由尧舜至于周初，由周初至于东迁，由东迁至于春秋之末，其间固划然分为数时代，其变迁之迹，亦有不可掩者。虽然，其迹不甚著，而《史传》亦不详焉。独至获麟以后，迄于秦始，实为中国社会变动最剧之时代。上自国土政治，下及人心风俗，皆与前此截然划一鸿沟。而其变动之影响，一一皆波及于学术思想界。盖阀阅之阶级一破，前此为贵族世官所垄断之学问，一举而散诸民间，遂有秦失其鹿天下共逐之观。周室之势既微，其所余虚文仪式之陈言，不足以范围一世之人心，遂有河出伏流一泻千里之概。此其二。

三、思想言论之自由

凡思想之分合，当与政治之分合成正比例。国土隶于一王，则教学亦定于一尊，势使然也。周室为中央一统之祖，当其盛也，威权无外。思想言论，颇被束缚。周既不纲，权力四散，游士学者，各称道其所自得，以横行于天下。不容于一国，则去而之他。言论之自由，至是而极。加以历古以来，无宗教臭味。先进学说，未深入人心。学者尽其力之所及，拓殖新土，无挂无碍。庄子曰："天下大乱，贤圣不明，道德不一，学者多得一察焉以自好。"（《天下篇》）孟子曰："圣王不作，诸侯放恣，处士横议。"盖政权之聚散，影响于学术思想者如是其甚也。此其三。

四、交通之频繁

春秋、战国之时，兼并盛行，互相侵伐。其军队所及，自濡染其国政教风俗之一二，归而调和于其本邦。征伐愈多，则调和愈多，而一种新思想自不得不生。其在平时，则聘享交际之道，常为国家休戚所关，故各国皆不得不妙选人才以相往来。其膺交际之任者，既为国中文学最优之士。及其游于他社会，自能吸取其精英，赍之归以为本国用。而当时通商之业亦渐盛，豪商巨贾，往往与士大夫相酬酢（如郑商弦高能以身救国。子贡废著鬻财于曹鲁之闻。结驷连骑，以聘享诸侯，所至国君无不分庭与之抗礼。而阳翟大贾吕不韦至能召集门客著《吕氏春秋》等，皆其例也）。盖商业之盛通，为学术思想之媒介者，亦不少焉。若夫纵横捭阖之士，专以奔走游说为业者，又不待言矣。故数千年来，交通之道，莫盛于战国。此其四。

五、人材之见重

一统独立之国，务绥靖内尤，驯扰魁桀不羁之气，故利民之愚。并立争竞之国，务防御外侮，动需奇材异能之徒，故利民之智。衰周之际，兼并最烈。时君之求人才，载饥载渴。又不徒奖励本国之人才而已，且专吸他国者而利用之。盖得之则可以为雄，失之且恐其走胡走越以为吾患也。贵族阶级，摧荡廓清，布衣卿相之局遂起。士之欲得起于时者，莫不研精学问，标新欲异，以自取重。虽其中颇有努力无能者，而学问以辩而明，思潮以摩而起。道术之言，遂遍于天下。此其五。

六、文字之趋简

中国文字，衍形不衍音，故进化之难，原因于此者不少。但衍形之中，亦多变异。而改易最剧者，惟周末为甚。仓颉以来所用古籀，象形之文，十而八九。近世学者搜罗商周钟鼎，其字体盖大略相类。至秦皇刻石而大变。《说文》序云："诸侯力政分为七国，言语异声，文字异形。秦始皇帝初兼天下，丞相李斯乃奏同之。罢其不与秦文合者。"然则当时各国，各因所宜，随言造文，转变非一。故今传《墨子》、《楚辞》所用之字，往往与北方中原之书互有出入。《汉书艺文志》谓"秦始皇造隶书，起于官狱多事，苟趋省易"。其实日趋简易者，人群进化之公例，积之者已非一日，而必非秦所能骤创也。文字既简，则书籍渐盛。墨子载书五车以游诸侯，庄子亦言"惠施多才。其书五车"。学者之研究日易，而发达亦因之以速，势使然也。此其六。

七、讲学之风盛

前此学术既在世官，则非其族者不敢希望。及学风兴于下，则不徒其发生也骤，而其传播也亦速。凡创一学说者，辄广求徒侣，传与其人。而千里负笈者，亦不绝于道。孔子之弟子三千，墨子之钜子遍于宋、郑、齐之间。孟子后车数十乘，从者数百人。许行之徒数十人，捆屦织席以为食。盖百家莫不皆然矣，此实定哀以前之所无也。故有一主义于此，一人倡之，百人从而和之。一人启其端，而百人扬其华，安得而不昌明也。此其七。

以上所举七端，学术勃兴之原因，略具于是矣。周末学术之隆盛，岂偶然哉！

周末学术勃兴之原因
- 一、蕴畜之宏富
- 二、社会之变迁
- 三、思想言论之自由
- 四、交通之频繁
- 五、人材之见重
- 六、文字之趋简
- 七、讲学之风盛

第二节 诸家之派别

一、儒家

首创此派者为孔子。鲁之曲阜人，名丘，字仲尼。生于周灵王二十一年，没于周敬王四十一年。尝仕鲁，为司空，又为大司寇，摄行相事。后不终用，乃周游四方，历聘宋、齐、楚、卫、陈、蔡诸国，卒无所遇，退而讲学于鲁。与其徒删诗书，定礼乐，赞周易，修春秋。孔子卒后，弟子纂其学说，著《论语》二十篇。其学以仁为本，论治国平天下，以修身为先。其教人以循循善诱为法。其弟子三千人，身通六艺者七十二人，以颜回、曾参、闵损、有若、卜商、言偃、冉求、仲由、端本赐、颛孙师等为尤著。孔子没，诸弟子散之四方，或出仕，或设教，皆传其道。至战国时，分派甚多。最著者有二，一为孟轲，邹（山东邹县）人，私淑孔子之孙伋（伋尝师事曾参，而著《中庸》一书，独得其祖心传者也）。其学尊王，贱霸，重仁义，轻功利。谓人性皆善，人皆可以为尧舜。其政术主法先王，与当时法学家学说相反。历游魏、齐、宋、滕、薛等国，时君皆以为迂阔无用者。退而与门人讲学。门人纂其学说，著《孟子》七篇。一为荀况，赵人，受业谷梁赤，为卜商私淑弟子。周末时，仕楚为兰陵（山东峄县）令，后废免。著《荀子》三十二篇。其说以孔子为标准，对于其余诸圣贤，率多微词。谓人性本恶。非以礼义为矫正之，不能为善。与孟子学说相反。

二、道家

首创者为老子。姓李，名耳，又名聃，楚人。或谓与孔子同时，或谓在孔子前，或谓在孔子后。仕周为柱下史，博观古代圣贤遗籍，洞悉古今治乱兴衰之事，善言成败祸福。后世奉为神仙之祖。晚年见周之衰，去之，至函谷关，知关吏令尹喜亦隐君子，乃著书五千言遗之，即今所传之《老子》是也。其说主无为，尚自然。以清虚自守，以卑弱自持。其后有列御寇、庄周之徒祖述其说。列御寇，郑人。庄周，蒙（今河南商丘县）人。二人皆愤时嫉俗，庄周所著书，多系寓言，而大旨则外生死，齐物我。以放任为高，无用为贵，徜徉自喜，颇合于近世哲学家之所谓厌世主义，老子之正宗也。列御寇书中，载有禽滑厚与杨朱问答之语。杨朱之学，专以利己为主。统人世之悲喜、勤怠、啬靡，皆以纵乐主义赅之。充其极端，则不肯拔一毛以利天下。孟子所谓杨氏为我也，此派战国时亦盛行。

三、墨家

首创者为墨子。名翟，宋人，或曰鲁人。为宋大夫。善守御，尝与公输子竞，公输子不能克也。其学主兼爱，崇节俭。欲略葬礼，短丧服，节宫室饮食。去音乐，右鬼，非命，尊侠，尚义。孟子称墨子“摩顶放踵，利天下为之”。兼爱之作用，亦尚侠之作用也。古书言墨子之徒可使赴汤蹈火。游侠之宗，当首推墨子。其徒有田俅子、随巢子、胡非子等，皆有著作，今不传。战国时，其学盛行。历秦至汉初，犹与儒家并重。

四、法家

始于齐管仲，成于魏李悝。秦商鞅、韩申不害及韩非皆主之。其说以正刑名为本，循名以责实。尊君卑臣，崇上抑下。刘原父曰：“刑者刑家，名者名家，即太史公所论六家之二，并学之耳。”其论治天下之道，谓宜以法术，不宜以仁义。秦始皇时之丞相李斯，亦此派之铮铮者。

五、名家

以赵人公孙龙坚白同异之辩为最著。龙尝著《守白论》，坚白即守白，坚执其说而守之也。同异者，合异以为同也。又尝与孔子之玄孙穿，论臧三耳，两耳形也，兼听而言之，可得为三。其说与今之论理学相似。然辨别苛细，使人失其真慧。其派有邓析、惠施之徒，而其传不广。

六、兵家

春秋时齐穰苴、吴孙武，战国时齐孙膑、楚吴起、魏公子无忌等皆有兵书。战术渐精。秦白起、王翦，赵廉颇、李牧，俱以善战著名。

七、纵横家

以鬼谷子（姓王名栩，隐于河南之鬼谷，故以为号）为祖。苏秦、张仪之徒皆师事之。熟谙地理及统计学，而以口辨辅之。权时应变，以神其用者也。

八、计学家

越人计然者，范蠡之师也，名研，亦名倪，工心算。范蠡用其策之五而霸越。更用其二于家，三致千金。战国时，魏白圭善观时变。人弃我取，人取我与。能薄饮食，忍嗜欲，节衣服，与用事僮同苦乐。操奇而计赢，趋时若猛兽鸷鸟之发。其言曰："吾治生产，犹伊尹、吕尚之谋，孙吴用兵，商鞅行法是也。是故其智不足与权变，勇不足以决断，仁不能以取予，强不能有所守。虽欲学吾术，终不告之矣。"故后世言治生者多祖之。孔子之徒端木赐在白圭之先，以货殖闻。亿则屡中，盖亦精于计学者也。

九、文学家

分为二类。一散文。以《尚书》为最古，备载唐虞三代之文。实为史书，体专记载，与议论驰骤之文不同也。春秋以后，文明大启，学术日昌。于时瑰奇之士，各本其理想发为文章。若管子之劲拔，老子之高古，庄子之飘逸奇谲，孟子之博辩，荀子之富赡，墨子之切著，韩非国策之奇峭，《左传》、《国语》之浮华典丽。后人得其一二，即为名家。故世称此时为文章极盛时代，信不诬也。一韵文。尧有康衢之歌，舜有光华复旦之歌。周世学校教科，诗居其一。有太师之官，采取里巷歌谣，上之王廷，以观民风。列国燕飨之时，率赋诗相赠答，以见其志，故其学大盛。其义有比、兴、赋、风、雅、颂六端。其体裁则或四言，或五言，长短无定。皆善述情写景，与后世之浮丽纤巧者不同。战国时，楚屈原创骚体。骚者愁也，屈原以忠谏而遭放逐，幽愁尤思，托之文词，冀以悟其君，故曰《离骚》。其文依诗取兴，引类譬喻。温而雅，皎而明，与三百篇相若。其徒宋玉等推而衍之，名曰《楚辞》，为后世词章学之祖。韩非创连珠体，其文体词丽而言约，不指说事情，必假喻以达其指。而览者微悟，合于古时讽兴之义。欲使历历如贯珠，易看而可悦，故曰连珠。如韩非子中之《外储说》等篇是也，后世骈文盖本于此。荀卿创赋体。赋者敷陈其事而直言之者也。体物则曲肖，言理则尽致，而以整炼之韵语出之。如《荀子》中之赋篇所载是也。

十、史学家

古者左史记言，右史记行。朝廷之上纪载当甚多，特以年代悠远，半归遗佚。春秋时列国之史，如晋有《乘》，郑有《书》，宋有《志》，鲁有《春秋》，楚有《祷杌》，皆史名也。其著名良史，有齐之南史、晋之董狐等，皆身为史官，记载一时一国之事者也。孔子修《春秋》，为编纂国史之祖，编年体也。左丘明作《国语》、《左传》，为分国史，纪事体也。

十一、天文学及数学家

尧时以璇为玑，以玉为衡。以象天体之转运，窥日月五星之运行。以三百有六旬有六日为一期，以闰月定四时，是为阴历之祖。夏、商、周皆因之。惟月正之建，则各不同。其法以斗柄所指为主。斗柄一岁而周天，画其周天之度，为十二辰，以应十二月。子为正北，午为正南，卯为正东，酉为正西。其余以次左旋，天开于子，地辟于丑，人生于寅。斗柄建此三辰之月，皆可以为岁首。夏以寅为人正，故建寅为正月。商以丑为地正，故建丑为正月。周以子为天正，故建子为正月。此其异者也。周有冯相、保章二氏，以掌天文（冯乘也，相视也，世登高台以视天文之次叙者也，保守也，世守天文而占其象，以察时变者也）。分天体中各星辰为二十八宿（角、亢、氐、房、心、尾、箕、斗、牛、女、虚、危、室、壁、奎、娄、胃、昂、毕、觜、参、井、鬼、柳、星、张、翼、轸），辨某宿为某分野。见某分野之天象如何，即可以征其国之吉凶。春秋鲁昭公时，吴伐越。晋史墨曰："不及四十年，越其有吴乎。越得岁而吴伐之，必受其凶。"盖是年岁星在越故也。吴越同分野，而斗主吴，牵牛主越，是年岁星在牵牛。故史墨云然。后吴果为越灭，可谓验矣。又昭公时，有星孛于大辰（房、心、尾），西及汉，鲁申须知诸侯必有火灾。梓慎且因分野之所在，而知宋、郑、卫、陈四国必将有火。郑裨灶更欲以瓘斝玉瓒禳之，使不火。是亦皆有验者也。至于《周髀算经》、《九章算法》等，皆演于战国时。于推测星宿运行之术，颇有发明。

十二、医学家

周官制有医师，掌医之政令，聚毒药以共医事。食医则宜其饮食以防病于先，疾医则以五味、五谷、五药（草、木、虫、石、谷为五药）养其病。以五脏所出之五气，及言语宫、商、角、征、羽之五声，及面貌青、黄、赤、黑、白之五色，察其盈虚休王。而知其吉凶死生又以九窍之变，及九岁（与脏通，心、脾、肝、肺、肾、胃、膀胱、大肠、小肠曰九脏）之动等，参酌之。医则攻以五毒之药，养之以五谷，疗之以五药，节之以五味，亦专门之学也。春秋时，秦有和缓，能知晋平公及景公之病。一为进女色之无度，一为病在肓（鬲也，今译为横隔膜）之上，膏（《左传》原注，心下为膏）之下皆如目击，可谓良医。又有扁鹊者，姓秦，号越人。其治病能见五脏症结，且能割皮解肌，抉脉结筋。搦髓脑，湔洗肠胃，尤其著者。

十三、音乐学家

周以礼乐为治，且以乐为学校之教科，故其术甚精。春秋时，周有苌弘，鲁有师襄，均为孔子师。晋有师旷，其奏乐能深入神妙。皆其知名者。

十四、文字学家

古之文字，著于竹帛，以漆液书之，所谓蝌蚪文也。其后以刀刻字于方策，谓之削。鲁为诗书礼乐之国，故其削最有名。周时以六艺教士，书居其一，故人争务焉。宣王时，史籀始变古文，著大篆十五篇，亦名籀书，是为改良文字之祖。春秋后，儒学大兴，通六艺者甚多。又有石刻者，书字于石而刻之，为后世碑版之祖。齐薛稷以松烟和水而成墨，是为墨之始。秦蒙恬以柘木为管，鹿毛为柱，羊毛为被，合而成笔，是为笔之始。

十五、画学家

舜以日、月、星、辰、山、龙、华、虫作绘。夏禹铸魑魅、罔两之形于鼎，使民鉴戒。殷武丁梦得传说，图形以求之，皆为画学之明证。周时有设色之官，故其术特精。春秋时，鲁臧孙辰画藻于棁，楚沈诸梁好观画龙，宋元君召诸史作画。皆其著者。

十六、术数学家

约分为四：

甲、阴阳　起于《洪范》一书，推阴阳五行之消长生克及天文地理之变动，以占人事之吉凶。春秋时，鲁梓慎、郑裨灶皆通之，战国时，邹衍著五行终始之说。

乙、卜筮　卜以龟，以火灼之。视其纹理以断吉凶。筮以蓍，以其数之奇偶，合之卦象，以断吉凶。卜起于黄帝，夏商沿用之，周设卜筮专官。春秋时尤盛行，无论小事大事、灾祥、梦眚等，几无不卜筮者。亦几无人不知卜筮者。

丙、望气　周礼，视祲（音侵，妖气也，日旁气也阴阳气相侵，赤云为阳，黑云为阴）氏掌十辉（音辉，光也）之法，以观妖祥，辨吉凶。战国时，其术大行。俗传凡天子所居所游，及所欲游之地，皆能望得之。如汉高帝匿芒砀山而吕后尝求得之。秦始皇东游以厌胜等皆是也。

丁、形法　《山海经》一书，考异物，识谣俗，殆为古代形法之真传。夏禹铸鼎象物，更足资形法家之参考。春秋时，周内史叔服相公孙敖之子谷，丰下有后。晋姑布子卿相赵简子之子毋恤，必为将军，其言皆验。战国时，平原君于渑池之会，阴相白起，知其不克令终，荀子尝作《非相篇》攻之，亦可见当时其学之盛矣。

以上所举十六宗，为先秦学派大略。其中最有势力者，为儒、道、墨三家。儒、道二派，发生于春秋末年，时代稍先于墨。其后分裂混合，至战国末年，变为若干学派。兹列表于下，以供参考。

附诸家派别表

<table>
<tr><th colspan="2">学派名</th><th>首创者</th><th>继承之大家</th><th>著作</th></tr>
<tr><td colspan="2">儒学</td><td>孔子</td><td>孟子、荀子</td><td>《论语》、《孟子》、《荀子》</td></tr>
<tr><td colspan="2">道学</td><td>老子</td><td>列子、庄子</td><td>《老子》、《列子》、《庄子》</td></tr>
<tr><td colspan="2">墨学</td><td>墨子</td><td>禽滑禧、田俅子、随巢子、韩非子</td><td>《墨子》、《尹文子》、《慎子》</td></tr>
<tr><td colspan="2">法学</td><td>管子</td><td>李悝、商鞅、申不害、韩非子、李斯</td><td>《管子》、《商子》、《韩非子》、《邓析子》</td></tr>
<tr><td colspan="2">名学</td><td>公孙龙</td><td>邓析、惠施</td><td>《公孙龙子》、《邓析子》</td></tr>
<tr><td colspan="2">兵学</td><td>穰苴、孙武</td><td>孙膑、吴起、公子无忌、慰缭</td><td>《司马法》、《孙子》、《吴子》、《尉缭子》</td></tr>
<tr><td colspan="2">纵横学</td><td>鬼谷子</td><td>苏秦、张仪</td><td>《鬼谷子》</td></tr>
<tr><td colspan="2">计学</td><td>计然</td><td>范蠡、白圭</td><td>《计倪子》</td></tr>
<tr><td rowspan="2">文学家</td><td>散文</td><td>《书经》之作者</td><td>老子、庄子、孟子、荀子、墨子、韩非、左丘明</td><td>《老子》、《庄子》、《孟子》、《荀子》、《墨子》、《韩非子》、《左传》、《国语》、《战国策》</td></tr>
<tr><td>韵文</td><td>《诗经》之作者</td><td>屈原、韩非子、荀子</td><td>《离骚》</td></tr>
<tr><td colspan="2">史学家</td><td>《春秋》之作者</td><td>左丘明</td><td>《左传》、《国语》、《战国策》、《公羊传》、《谷梁传》</td></tr>
<tr><td colspan="2">天文数学家</td><td></td><td>史墨、申须、梓慎、裨灶</td><td></td></tr>
<tr><td colspan="2">医学家</td><td></td><td>和、缓、秦越人</td><td></td></tr>
<tr><td colspan="2">音乐学家</td><td></td><td>师襄、师旷</td><td></td></tr>
<tr><td colspan="2">文字学家</td><td></td><td>史籀、李斯</td><td></td></tr>
<tr><td colspan="2">画学家</td><td></td><td></td><td></td></tr>
</table>

术数学家	阴阳	《易经》之作者	梓慎、裨灶、邹衍	
	卜筮			
	望气			
	形法		内史服、姑布子卿	《山海经》

附先秦学派表一（南北对峙时代）

- 第一期　两派
  - （一）北派
    - （甲）邹鲁派（北派正宗）孔子
      - 孟轲
      - 荀卿
      - 及其他儒徒
    - （乙）齐　派（北　东　派）
      - 管仲
      - 邹衍及其同派
    - （丙）秦晋派（北　西　派）
      - 申不害、商鞅、韩非
      - 李悝
    - （丁）宋郑派（北　南　派）
      - 墨翟、宋牼及其他墨徒
      - 邓析、惠施及其同派
  - （二）南派
    - （南派正宗）老子
      - 庄子、列子
      - 杨朱
      - 及其他老徒
    - （南派支流）
      - 许行
      - 屈原

附先秦学派表二（三宗鼎立时代）

- 孔学
  - 小康一派：《春秋》据乱世、升平世之义。以法治国，以礼率民。故法家言亦颇出于此。其嫡传者为荀卿。而李克、李悝等之治术亦多本此。李斯受其道以相秦，秦制多本焉。汉初贾谊、晁错皆汲其流。此派之传最永
  - 大同一派：《春秋》太平世之义，传诸子游，而孟子大昌明之。荀子《非十二子篇》攻子思、孟子云：以为仲尼子游，为兹厚于后世。可见子思孟子之举，实由子游以受于孔子也。此派为荀派所夺。至秦而绝
  - 天人相与一派：此派亦《春秋》之学。而其原出于《易》与《洪范》。盖九流所谓阴阳家者，此派之流裔也。以纬书为论宗。齐派（即北东派）多由此出。至汉代而极盛。董子及其余今文家言，皆其子孙也

第二期 三宗

	心性一派	世子(硕)漆雕子等传之。孟子、荀子、告子皆各明一义。阅千余年后,衍为宋明学
	考证一派	孔子祖述宪章,征夏礼、殷礼于杞宋。读易韦编三绝。盖于考证古书三致意焉。北派之重经验,崇前古,势则然也。此派亦荀卿受之。汉兴,六经皆荀卿所传,衍为东汉初唐注疏之学。其末流盛于清朝乾嘉间
	记纂一派	孔子因鲁史作《春秋》。左丘明采《国语》以为之传。盖北学重先例,故史学之兴,亦相因而至者也。太史公以绍述孔学自命,其作《史记》。即受孔子此派之教也
老学	哲理一派	此道德家言之正宗也。庄、列传之。大盛于魏晋间
	厌世一派	凡游心空理者,必厌离世界。楚狂沮溺之徒,皆汲老学之流也。后世逸民传中人,皆属此派
	权谋一派	老学最毒天下者,权谋之言也。将以愚民,非以明民。将欲取之,必先与之。此为老学入世之本。故纵横言家,实出于是。而法家末流亦利用此术。韩非子有《解老》等篇。史公以老韩合传,最得其真相。此派极盛于战国之末
	纵乐一派	扬朱传之。数千年来,日益一日
	神秘一派	谷神玄牝,流沙化胡,盖必有所授焉。后衍为神仙方术家言,盛于秦汉。复为符箓丹鼎之学。盛于汉末三国六朝
墨学	兼爱一派	此墨学正宗也。禽滑厘等为钜子。宋牼尹文以禁攻寝兵为务,皆此学之感化也。战国之末,祖术之者极盛
	游侠一派	凡兼爱者必恶公敌。除害马乃所以爱马也,故墨学衍为游侠之风。楚之攻宋,墨子之徒,赴其难而死者七十二人。皆非有所为而为也,殉其主义而已。自战国以至汉初,此派极盛。朱家、郭解之流,实皆墨徒也
	名理一派	《墨子》经说上下大取、小取等篇,多名家言。《庄子·天下篇》,言南方之墨者,以坚白同异之论相訾。以奇偶不件之言相应

附先秦学派表三（六家分立时代）

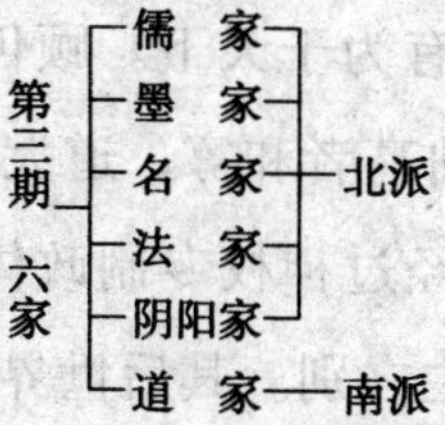

附先秦学派表四（分裂混合时代）

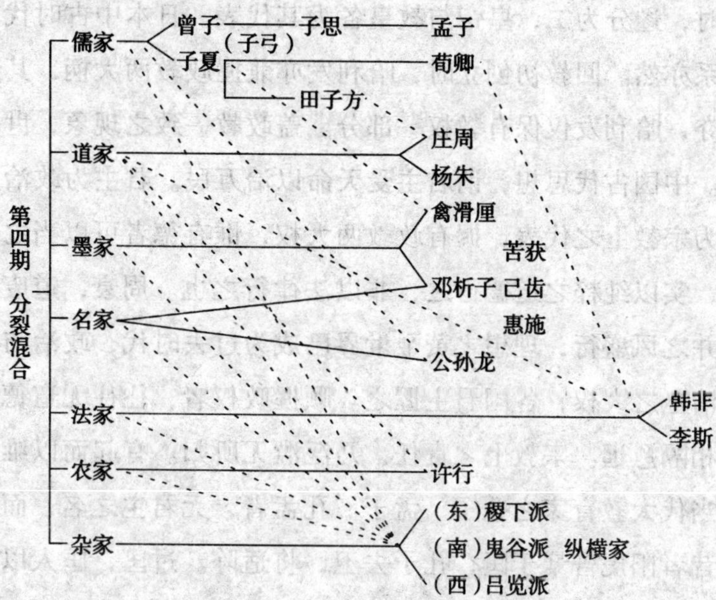

第三节　孔道不行之原因及其结果

以上所举各派诸大家，自当以孔子为巨擘。孔子为中国伟大人物，其所著之学说，含有哲学、宗教、教育、法律、政治、经济等各种科学理想。流传至今，已历二千余载，支配东亚各民族之心灵。各国人民无论贵贱老幼，皆崇之为先圣先师。其尊荣可谓至矣。顾孔子生前，颇不得志。历访列国，时君皆不能用。晚年归隐林下，教授弟子，以老寿终。天其不祚善人欤，抑有意祸中国也。孔子卒后，其弟子散之四方，宣布孔道。三传而至孟子，绍述孔子遗志，游说诸侯，欲大有为于天下。顾仍不得志，以教授终。岂生存竞争优胜劣败使然欤，抑亦曲高者和寡，道大莫能容之所致也。闲尝考之，人群进化之第一级，必须经过神权专制政体一阶级。神权专制时代，政教统于一尊，初无教主与君主之别。其后世界进化，政教遂分。西洋上古时代，埃及、波斯、罗马之君主，皆兼握政教两权。其后至中古时，遂分为二，皇帝与教皇各为其代表。日本中古时代，幕府与皇室之关系亦然。回教初创立时，哈利发亦兼握政教两大柄，其后政权为苏丹所攘夺，哈利发仅保有教权一部分。盖政教一致之现象，世界进化上所不许也。中国古代思想，谓君主受天命以治万民。君主为政治上之主权者，同时为宗教上之代表，握有政教两大权，惟有德者可以当之。君主所行之政治，实以纯粹之道德行之，非以法律行之也。周衰，道废，诸侯僭乱割据兼并之风盛行，理想之黄金世界已成为过去时代，政治与道德逐渐分离。政治上之大权，各国君主握之。顾握政权者，往往无道德。于是政治与道德相隔愈远。宗教上之责任，乃泛滥无所归。有起而以维持道德自任者是为当代大教育家之孔子、孟子。孔孟者，无君主之名，而有教主之实者也。昔者阳虎曾暴于匡，孔子去卫，将适陈。过匡，匡人以其貌似阳虎，聚众围之。孔子曰："文王既没，文不在兹乎。天之将丧斯文也，后死者不得与于斯文也，天之未丧斯文也。匡人其如予何。"孔子适宋，与弟子习礼于大树下。宋司马桓魋欲杀孔子，拔其树。孔子曰："天生德于予，桓魋其如予何。"《中庸》亦曰："仲尼祖述尧舜，宪章文武。"盖绍述先王之道德思想，以素王自命，负维持宗教之完全责任。不惟孔子自知之，即孔门之弟子，亦无不以是推许崇拜之也。孟子去齐，亦曰："五百年必有王者兴，其间必有名世家。由周而来，七百有余岁矣，以其数则过矣。以其时考之，则可矣。夫天未欲平治天下也，如欲平治天下，当今之世，舍我其谁也"云云。其以教主自命之心，亦犹是孔子也。顾剧乱之世，宗教上负完全责任者，政治上无实在权力。孔孟之道德思想，非得主权者之同意，不能向人类社会发挥。故孔子周游列国，历事诸君主。孟子亦历事齐宣王、梁惠王，将假其政柄，以大有为于天下。顾所至多不合，竟以儒生终者，其原因有二：凡政治家欲有所作为，必准现今社会之时势以定标准，其设施始易于着手。春秋战国时代，社会尚功利，而孔孟谈道德。时君重富强，而孔孟谈仁义。其所主张之学说，非不正大光明，但对于当时时势，似乎过于高尚，政治家所不取也。孔孟祖述尧舜、推崇汤武，复古之念太重，与世界进化之公例微觉抵触，亦时势所不许，故所至多不合也。惟孔子所至多不合，故道德主义屈抑，杂霸主义流行。人类社会上乱暴险诈之风盛，礼义仁让之风衰。东周之政界，遂成为不可收拾之局面。春秋时代，乃一变而为战国时代矣。虽然，孔孟为当时道德家代表，其一言一行，足为万世师法。春秋之口诛笔伐，严于刀剧斧钺，乱臣贼子望望然畏之。《诗》、《书》、《礼》、《乐》诸书。凡经孔子手订者，俱为后世之金科玉律。孔孟之道，屈抑于一时，流行于万世。于孔孟个人人格上毫无所损，于世界人类社会进化上固大有益也。

参考书

《饮冰室全集》（第十九册　论中国学术思想变迁之大势）　梁启超

《日知录》（卷十三　周末风俗）　顾炎武

《中国历史参考书》（第一编　第六章　第四节　东周时之学术风俗）　《中华书局》

《儒墨之异同》　自著

第五章　战国七雄之对峙

春秋时代既终，战国时代乃始。所谓战国时代者，起周威烈王十九年，终秦王政二十五年，即西历纪元前四〇三年至二二二年，凡一八一年间事也。此一百八十余年间，为中国有史以来变动最剧烈时代。政治上由封建制度，变为地方集权制度，复变为中央集权制度。楚、齐、秦三方对峙，而终并于秦。学术上由两派变为三宗，复变为六家，终则分裂混合，而汇合于秦。故西北方面，为中国政治界、思想界荟萃之中心点。嬴秦之勃兴，亦时势使然也。思想界变迁之大势，上章已言其略，本章述政治界大势。

第一节　晋之衰亡与韩赵魏之建国

先是春秋时代，黄河流域诸侯，晋为最大。跨陕西、山西、河北、河南四省立国，握中国霸权者百余年。晋衰，政柄入于六卿之手。赵鞅（简子）与荀跞、韩不信（简子）、魏曼多（襄子）共灭范、中行氏而分其地。鞅卒，子无恤（襄子）与不信之孙虎（康子）、曼多之孙驹（桓子）复共杀荀跞之孙瑶（即晋襄子）而分其地，于是晋国只余三卿。赵以晋阳为根据地，魏以安邑为根据地，韩以平阳为根据地，各扩张势力于四方。晋国土地皆入于三家之手，公室所领只余绛与曲沃二城。无恤卒，兄之孙浣（献子）

立，与魏驹之子斯（文侯）、韩虎之子启章（武子）鼎峙，自通周室，体统等于列国。晋哀公畏其强，反朝于三家，以求免祸。周威烈王二十三年（西历纪元前四〇三年），斯与浣之子烈侯籍、启章之子景侯虔，始受王命，列于诸侯。自三家灭智氏，至是凡五十一年。而三家建国，号为三晋。其后复经二十七年，斯之子武侯击、籍之子敬侯章、虔之曾孙哀侯，共废晋靖公俱酒为家人而分其地。晋亡。时周安王二十六年，西历纪元前三七六年也。

先是宣化大同等地，为北狄族代国所据。赵襄子姊适代，为代王夫人。襄子诱杀代王，平其地，以封兄子周。于是河北、山西北境，为赵所有。烈侯在位，任公仲连为相，围政修明。以故士马精强，雄于北方。

魏文侯好学，以卜子夏、田子方为师。每过段千木之庐必式，四方贤士多归之。以魏成为相，李克、翟璜等分任国事。命李悝掌农政。悝作尽地力之教，以为“地方百里，除山泽居邑，三分去一。为田六百万亩，治田勤谨，则亩益三斗。不勤，则损亦如之。地方百里之增减，辄为粟百八十万石”。又用邺令西门豹言，引用漳水（清漳出山西冀宁道平定县沾岭，浊漳出山西冀宁道长子县发鸠山二水分流，至河南河北道，故彰德府涉县始合，东北经河北界分二支，一东行入卫，一东北行合滏阳呼沱诸水至天津入海）穿渠，灌邺田（今河北道有西门渠，豹所开。后汉元初中尝诏修之）。河内之民利之。魏以是益富强。又以乐羊为将，伐中山，克之。复以吴起为将，击秦，拔五城，使守西河。秦兵不敢东向，于是魏之版图，扩张至现今河北中部及陕西东北部。周安王十五年（西历纪元前三八七年），文侯卒。子武侯击立，公叔为相，害吴起之宠，谮之，起奔楚。周烈王五年（西历纪元前三七一年），武侯卒。武侯生前不立太子，至是子罃与公中缓争立。国内乱，韩赵合兵伐魏。围安邑，国几亡。赵成侯议杀罃，立公中缓，割地而退。韩懿侯不听，乃解围去。罃遂杀公中缓，自立为魏侯，寻僭号称王，是为梁惠王。

韩自景侯卒后，传子烈侯取、孙文侯、曾孙哀侯。哀侯为严遂所弑，子懿侯立。懿侯卒，子昭侯立，以申不害为相。不害学本黄老，而主刑名。内修政教，外应诸侯十五年，终其身国治兵强。

第二节 齐之衰亡与田齐之建国

先是春秋初年，陈厉公之子完以事奔齐，事齐桓公为工正。卒谥敬仲，是为田齐之始祖。完生稚孟夷，夷生湣孟庄。庄生文子须无，事齐庄公。为大夫，有贤名。须无生桓子无宇，无宇生武子开与禧子乞。乞事景公为大夫，厚施于国，大得民心。景公薨，晏孺子荼立。乞杀荼，逐齐世臣国氏、高氏，立悼公。悼公以乞为相，于是田氏始得政柄。乞卒，子成子恒嗣为相。弑齐简公，杀公族及大臣之不附己者鲍氏、阚氏等。立平公骜，遂专国政。割齐领土自安平以东至琅琊为己封邑，大于公室所食。常卒，子襄子盘代立。使其兄弟宗人尽为齐都邑大夫，垄断公室权利。复与三晋通好，结为外援，谋篡齐国。盘卒，传子庄子白。至孙太公和，相齐康公。康公荒于酒色，不听政。和乃迁康公于海上，食一城，尽有齐国领土。复会魏文侯于浊泽（安邑旁地名），求为诸侯。文侯为请于周安王，王许之。安王十六年（西历纪元前三八六年），命和为齐侯，列于周室。和卒，子桓公午立。午卒，子威王因齐立。是岁，故齐康公卒，无子。田氏遂并齐地，姜氏之齐亡，其旧地皆为田氏所有。时周安王二十三年，西历纪元前二七九年也。

威王勤于治国。即位九年以后，封即墨大夫、烹阿大夫以肃内政。以驺忌为相，田忌、孙膑为将。屡破魏兵，杀其将庞涓，虏其太子申。于是魏人之势不振，三晋之王皆朝于齐。齐人称霸于东方。

第三节 越之衰亡与楚之强大

楚自春秋时代，已与晋争霸于中原。悼王之时，用吴起为相，起明法审令，捐不急之官，废公族疏远者以养战士，破游说之言纵横者。南平百越，北却三晋，西伐秦。诸侯皆患楚之强，而贵戚大臣多怨起者。悼王卒，贵戚大臣作乱，攻起，杀之。肃王即位，讨乱者，夷七十余家。

威王在位，越王无强伐楚，楚大败之。尽取吴故地，东至浙江，越以此败。诸公族争立，或为王，或为君，滨于海上，而朝服于楚。复遣将军庄蹻，将兵循江略巴、黔中，遂定滇池以傍诸部落。复北越汉水、淮水，与齐、魏争霸于中原。于是扬子江及汉水、淮水流域皆入于楚。

第四节　燕之勃兴

燕在现今北平，为周武王佐命召公奭之后。召公卒，传十七世至庄公。当春秋初年，现今河北东北境之山戎来侵，燕请救于齐。齐桓公灭山戎，以其地与燕，于是燕国始大。后传十六世至闵公。适当战国时代，燕僻处北方，距中原悬远，不为竞争之中心点，故幸免兵祸。又开化较迟，内部竞争亦薄弱，故内乱较少。休养生息数百年，蔚为大国。

大抵战国初年，山东六国，楚最强，跨有现今湖北、湖南、江西、安徽、江苏、浙江六省全部及河南、四川、云南、贵州四省各一部分。都郢（今湖北荆南道江陵县，即故荆州府）。齐次之。据山东一大部分及河北一小部分。都临淄（今山东胶东道临淄县）。次为赵。跨河北、山西、察哈尔、绥远四省。都邯郸（今河北大名道邯郸县）。次为魏。跨陕西、山西、河南三省。都安邑（今山西河东道，即故解州夏县）。次为燕。跨河北、辽宁、热河三省。都蓟（今北平大宛县）。最小者为韩。跨山西、河南二省。都阳翟（今河南开封道禹县）。此外则山东之鲁，河南之宋、郑，河北之卫、中山，及泗上小诸侯，犹介居大国之间，苟延残喘。其后郑为韩所灭，鲁与泗上诸侯皆为楚所灭，宋为齐所灭，中山为赵所灭。于是小诸侯皆尽，山东只余六大国，与关西之秦对峙。诸国陆续皆僭称王号，东周共主之位置全失，界居七国之间，苟延残喘，至赧王时卒为秦所灭。独卫国以谨事大国，得不被兵，至秦二世时始亡。

七雄表

国名	姓氏	始封	爵	始僭王号者	都城	今地	灭亡先后
秦	嬴	非子	伯	惠文王	咸阳	陕西咸阳	统一列国
楚	芈	熊绎	子	武王	郢、寿春	湖北江陵、安徽寿县	五
燕	姬	召公奭	侯	易王	蓟	北平	四
齐	田	太公和	侯	威王	临淄	山东临淄	六
赵	原嬴姓后氏赵	烈侯籍	侯	武灵王	邯郸	河北邯郸	二
韩	原姬姓后氏韩	景侯虔	侯	宣惠王	阳翟、新郑	河南禹县、新郑山西安邑、	一
魏	原姬姓后氏魏	文侯斯	侯	惠王	安邑、大梁	河南开封	三

春秋战国对照表

春秋	战国
尊王	不言尊王
世禄世官	无世禄世官
交际犹尊礼重信	交际不言礼信
严祭祀，重宗姓氏族	轻祭祀，不言宗姓氏族
重聘享，好赋诗	轻聘享，不赋诗
南北对峙，晋楚战争多	东西对峙，秦与三晋战争多

第六章　六国之衰亡与秦之一统

第一节　商鞅之富强策

秦自穆公卒后，国多内乱，久不争霸于中原。传五世至哀公，始出兵汉南，救楚。大破吴师，秦之声势一振。又传七世至简公，始入战国。是时秦室衰微，大臣专政，易君之事数见。三晋乘隙西侵，复取河西地为晋有。又三传至献公，徙都栎阳（今陕西关中道潼县），有恢复河西之志，屡败韩魏之师。周显王五年，大败三晋之师于石门（今山西解县东南白径岭），斩首六万。王赐以黼黻之服。是为秦人东向得志之始。献公卒，子孝公立。孝公英明果断，绍述父志，求才若渴。是时河山以东强国六，淮泗之间小国十余。楚魏与秦接界，魏筑长城。自郑滨洛以北有上郡，楚自汉中，南有巴、黔中。皆以夷翟遇秦，摈斥之不得与中国之会盟。于是孝公发愤修政，欲以强秦。下令国中，"凡宾客群臣有能出奇计强秦者，吾且尊官与之分土"。于是卫鞅西入秦，说孝公以富国强兵策，是为秦国勃兴之基础。时周显王八年，秦孝公元年，西历纪元前三六一年也。

卫鞅者，卫之庶孙，好刑名之学，事魏相公叔痤。痤知其贤，荐之于魏惠王。惠王不用，鞅既至秦。因嬖臣景监以求见孝公。公大晚，与议国事。

由来秦据渭水流域立国，土地肥饶，宜于农业。而秦开化较晚，农业不发达。鞅欲提倡农业，申明法制，使秦成为法政修明、实业发达之国家，大臣守旧者多群起反对。鞅言于孝公，谓“民不可与虑始，而可与乐成。论至德者不和于俗，成大功者不谋于众。是以圣人苟可以强国，不法其故”。孝公从之。以鞅为左庶长，定变法之令。令民为什五（五家为保，十家为连），而相收司连坐（收司相纠发也，一家有罪，九家举发。不纠发则十家连坐），告奸者与斩敌首同赏，匿奸者与降敌同罚。民有二男以上不分异者，倍其赋。有军功者，各以率受爵（率约数也，犹言差也），为私斗者，各以轻重被刑。大小僇力本业，耕织致粟帛多者，复其身（复，除也。谓除免其身役），事末利（谓工商）及怠而贫者，举以为收孥（谓收其妻子，没为官奴婢）。宗室非有军功论，不得为属籍（无战功可论，不得入宗属之籍）。明尊卑爵秩等级。各以差次名田（占田也）宅。臣妾衣服以家次（各随其家爵秩之班次）。有功者显荣，无功者虽富无所芬华。令既具，未布。恐民之不信，乃立三丈之木于国都南门。募民能徙置北门者，予十金。民怪之，莫敢徙。复曰：“能徙者予五十金。”一人徙之，辄予五十金。乃下令，令行期年。民言新令之不便者以千数。于是太子犯法，鞅曰：“法之不行，自上犯之太子君嗣也，不可施刑。”刑其缚公子虔，黥其师公孙贾。明日，秦人皆趋令。行之十年，秦国道不拾遗，山无盗贼。民勇于公战，怯于私斗。乡邑大治。乃徙都咸阳，并诸小乡、聚、集为县。县置令、丞，是为后世郡县制度之始。复废井田，开阡陌，更赋税之法，是为后世田赋制度之始。于是封建井田制度，同时破坏，社会状态一变，人文上一进化。

秦人内力既充，乃思乘间东略，以恢复穆公霸业。是时魏居太行山脉以西，都安邑，与秦界河，独擅山东之利。利则西侵秦，不利则东收地。故魏之与秦如连鸡不同栖，非魏并秦，即秦并魏。吴起守西河时代，屡破秦兵，一时秦人不敢东向。魏武侯卒，魏国多故，秦人东侵屡破魏师，蚕食河西地。适魏惠王在位，不知西邻之野心，兄弟阋墙，连侵韩、赵。魏将庞涓恃其兵术，伐赵，围邯郸。赵请救于齐，齐将孙膑，涓之仇也。以齐兵直走魏都，涓还救，大败于桂陵（今山东济宁道菏泽县）。逾数年。涓又伐韩，韩亦请救于齐。齐将孙膑又引兵直走魏都，涓又还救，大败于马陵（今河北大名县），涓被杀，魏太子申亦被虏。于是魏始衰。卫鞅言于孝公，请兵伐魏。诱执魏将公子卬。大破其兵。魏割河西地于秦以请和，因去安邑，徙都大梁（今河南开封道开封县）。于是魏势不振，秦人尽据山河之险，东扼崤函以瞰三晋。魏韩与秦比邻，当秦人东下之路。连年被兵，屡战屡败，土地削减。于是秦人之势骤张，列国皆大惊恐。

第二节　苏秦之合纵策

是时秦人东下，屡破魏韩之师，侵略河南、山西地。均势之局渐破，列国大惊。于是反动力起，各自研究对秦策。有利用此反动力发动之机会，组织列国攻守同盟以摈秦者，是为合纵派。其发起人为苏秦。

苏秦者，洛阳人。事鬼谷子，学纵横之术。以秦为大卜最强国，欲凭藉之以成事业，乃西游于秦，说秦惠文王以兼天下之术。时惠文土初即位，以卫鞅行法严峻，秦人多恐之者。杀卫鞅，灭其家。因恶诸侯游客，谢绝苏秦不用。秦发愤归家，昼夜攻苦，揣摩天下大势。欲联合山东六国，组织攻守同盟以拒秦。乃北游于燕，说燕文公以联赵拒秦之利，文公从之。资秦车马，使之赵，说赵肃侯以联合韩魏拒秦之利，请一韩、魏、齐、楚、燕、赵以摈秦，且令诸侯之将相会盟洹水（源出河南河北道，即故彰德府林县隆虑山至内黄入于卫）之上。约以秦攻一国，则五国各出锐师以挠秦，或救之，有不如约者，五国共伐之，则秦兵必不败出函谷关以害山东。肃侯大悦，厚赐赉之，以约于诸侯。于是苏秦周历列国，说韩宣惠王、魏襄王、齐宣王、楚威王，皆从其计，以苏秦为从约长，并相六国。于是合纵策成立。合纵者，联合南北诸侯以摈秦之谓也。苏秦归赵，赵肃侯封为武安君。时周显王三十六年，西历纪元前三三三年也。

纵约既成，列国声势甚盛，秦人大惊。然虚声吓人者，事实上未必能收效果。列国对秦关系，大体虽同，地位各异。韩魏距秦密迩，动受切肤之灾。燕齐距秦悬远，常如风马牛不相及。利害本不一致，欲以口舌之力，强其行动一致，势不能持久也。合纵策成立之第二年，秦使公孙衍欺齐魏与共伐赵，欲败纵约。赵肃侯让苏秦，秦恐，请使燕，必报齐。乃去赵适燕，纵约皆解。是时燕文侯已卒，易王新立，厚遇苏秦。秦通于文夫人，惧诛，奔齐。齐宣王以为客，卿齐大夫嫉其宠，刺杀之。于是合纵策之张本人长逝，合纵派受一大打击。

第三节　张仪之连衡策

合从策成立后，秦人反动力起，亟欲离间列国之邦交，使之内讧，又怂恿之使与秦连合。于是游士之中，有逢迎秦之政策，游说列国，使之联合以事秦者，是为连衡派。其发起人为张仪。

张仪者，魏人。始尝与苏秦俱事鬼谷先生，学纵横之术。游诸侯，无所遇，苏秦召而辱之，激怒之使入秦。秦惠文王悦之，以为客卿。合纵策成立之后五年，仪以秦兵代魏，取蒲阳（今山西河东道蒲县）。言于惠文王，请复归之，且使公子繇为质于魏。仪因往说魏襄王，谓“秦之遇魏甚厚，魏不可以无礼于秦”。魏因尽入上郡十五县以谢秦。仪归，秦以为相。是为连衡策小试其端之始。时周显王四十一年，西历纪元前三二八年也。

次年，秦人归焦（在今河南河洛道陕县东北）、曲沃（今山西河东道曲沃县）于魏，以牢笼之。四十五年，复遣张仪伐魏取陕（今河南河洛道陕县）以威吓之，欲使魏人率先事秦，顾魏人西向之心颇不固。次年，张仪自免秦相，出相魏，说魏事秦。魏王不听，仪嗾秦伐魏，取曲沃、平周（今山西冀宁道介休县），留魏四年。至周慎靓王二年，魏襄王卒，哀王新立，与诸侯合纵。适秦人大败韩师于修鱼（今河南河北道原武县有修武亭即其地），斩首八万，诸侯震恐。张仪因说哀王，谓：“梁地方不至千里，卒不过三十万。地四平，无名山大川之限。卒戍四境者不下十万。梁之地势，同战场也。夫诸侯之约纵，盟洹水之上，结为兄弟，以相坚也。今亲兄弟，同父母，尚有争钱财，相杀伤。而欲恃反覆苏秦之余谋，其不可成亦明矣。大王不事秦，秦下兵攻河外，据卷（今河南河北道原武县）、衍（今开封道郑县）、酸枣（今河北道延津县）、劫卫，取阳晋（今山东济宁道郓城县有阳晋城），则赵不南，梁不北，而纵道绝矣。大王之国，虽欲无危，不可得也。”哀王乃倍纵约而因仪以请成于秦。仪归报命，秦复以仪为相。于是秦魏之邦交渐合。越二年，至周赧王元年，秦败韩师于岸门（在今河南开封道许昌县东北），质其太子仓以和。于是秦韩之邦交亦合。

是时齐楚从亲，秦欲离间二国，乃使张仪说于楚怀王。谓：“大王诚能闭关绝约于齐臣，请献商（今陕西关中道商县于今河南汝阳道淅川县）之地六百里，使秦女得为大王箕帚妾。”楚王悦而许之，厚赐张仪，而闭关绝约于齐。使勇士宋遗，借宋之符，北骂齐王。齐湣王怒，折节事秦。于是齐楚之邦交离，齐秦之邦交合。仪归而倍约，楚王怒。周赧王二年（西历纪元前三一三年），使将军匄丐率师伐秦，秦庶长章拒之。次年，大破楚师于丹阳（丹水之阳在武关外），斩首八万，虏屈匄。楚复发兵袭秦，大败于蓝田（今陕西关中道蓝田县），割两城以和于秦。于是楚人之势大挫。越二年，至周赧王四年，秦欲得楚黔中地（今湖南辰沅道及武陵道境内之故常德府，永顺直隶州贵州镇远道境内之故黎平，思南二府），使使告楚王，请以武关（在今陕西关中道商县东）外之地易之，楚王辞以愿得张仪而献黔中。仪乃行，楚王囚仪，将杀之。仪故与楚嬖臣靳尚善，使尚说王幸姬郑袖，泣请于王。王乃赦仪而厚礼之。仪因说楚王曰：“夫为纵者，无异于驱群羊而攻猛虎，不格明矣。今王不事秦，秦劫韩驱梁而攻楚，则楚危矣。又自巴蜀治船积粟，浮岷江而下，一日行三百余里，不十日而钜扞关（楚之西界，在今四川东川道奉节县，即故夔州府治），扞关惊，则黔中、巫郡（今四川东川道东部）非王之有。

又举甲而出武关，则北地绝。夫秦之攻楚，危难在三月之内。而楚待诸侯之救，在半岁之外。此臣所为大王患也。大王诚听臣，请令秦楚长为兄弟之国。”楚王已得仪而重出地，乃许之。仪因去楚之韩，说韩襄王以事秦之利，王许之。仪归报命，秦人大悦，封以六邑，号武信君。复使东说齐湣王、赵武灵王、燕昭王。各国皆听命。于是连衡策成立。连衡者，连合东方诸侯，西向事秦之谓也。仪归报命，未至咸阳，秦惠文王卒，子悼武王立。悼武王自为太子时，不喜张仪，左右多谗仪者。诸侯闻张仪与秦王有隙，皆畔衡，复合纵。于是连衡事业未及一年而瓦解，时周赧王四年，西历纪元前三一一年，苏秦合纵后二十二年也。次年，仪复出相魏，越一岁卒。于是六国对秦之形势一变。

以上合纵连衡二策，各维持势力不及一年，其结果皆归于失败。顾苏张以口舌致位通显，四方游说之士，争慕效之。以辩给相尚，诈伪相高，世人争崇拜之。知有富贵，不知有廉耻。苏秦之弟苏代、苏厉，与周最、楼缓、公孙衍之徒，皆以险诈躐取禄位。忠厚仁让之风，荡然无存。风俗浇漓，达于极点。孔子之徒孟子起而议改革，以维持世道人心为己任。顾竞争时代，儒教学说，不生效果。法学大家商鞅、李斯之徒，乃借虎狼之秦为后援，挟其势力以东下矣。

第四节　列国之内讧与秦人势力之膨胀

是时山东诸国，形势日非，大有折而入于秦之势。为六国计，提倡合纵政策，结攻守同盟以拒秦，策之上也。否则闭关自守，练兵息民。用武装平和政策，静观时变。一旦西方有警，犹可挟国家全力以与秦抗，亦策之次也。顾六国君相计不出此，时而合纵，时而连衡，朝秦暮楚，为策士所愚弄。又时常内讧，甲与乙战，丙与丁战，自耗国力，力尽俱毙，使秦坐收渔人之利。大好河山，供虎狼之鱼肉，甚可惜也。兹述其事迹如下：

一、齐燕之冲突

苏秦合纵后一年，齐魏受秦之愚弄，连兵伐赵，是为纵约破坏之始。是年，齐伐燕，是为齐燕结怨之始。越十六年，至周慎靓王五年（西历纪元前三一六年），燕王哙让国于其相子之。将军市被不服，奉太子平攻子之，国内大乱。齐以燕有隙可乘，乃命匡章为大将，以周赧王元年，大举伐燕。燕士卒不战，城门不闭，遂破燕。醢子之，杀哙。时孟子在齐，劝齐为燕立君，齐不能用。越二年，燕人举兵抗齐，立故太子平为君，是为昭王。昭王即位于国破之后，吊死问孤，与百姓同甘苦，卑礼厚币以招贤者。于是魏名将乐羊之后毅自魏往，以为亚卿。授以国政。

是时齐宣王已卒，湣王即位，恃胜而骄，乘宋康王之恶，起兵伐之。初，宋有雀生䴙于城之陬，占曰："以小生大，必霸天下。"康王喜，起兵灭滕（今山东济宁道滕县），伐薛今（滕县西南有薛城，即其地）。东败齐，取五城。南败楚，取地三百里。西败魏军，与齐魏为敌国。又多行无礼于国，天下之人谓之桀宋。至是湣王伐之，民散，城不守，遂灭之。齐之疆土益拓张，湣王之骄暴亦益甚。南侵楚，西侵三晋，欲并二周为天子。列国嫉之。燕乃使乐毅如赵，联合列国共攻齐。诸侯患齐之骄暴，皆许之。周赧王三十一年（西历纪元前二八四年），燕以乐毅为上将军，率秦、魏、韩、赵五国联军攻齐。战于济西，齐师大败。毅还秦、韩之师，分魏师以略宋地，部赵师以收河间。身率燕师长驱深入，齐国大乱。燕军入临淄（今山东胶东道临淄县），湣王走莒。楚使淖齿将兵救齐。齿欲与燕分齐地，乃杀湣王。毅下齐七十余城，皆为郡县。唯莒（齐东境邑）、即墨（今山东胶东道平度县，即故莱州府平度州）二城未下。次年，齐遗臣王孙贾讨杀淖齿，立王子法章，保莒城，是为襄王。即墨人奉齐宗人田单为将，以拒燕。乐毅攻之，累年不下。周赧王三十六年，燕昭王卒，惠王立。田单纵反间计，以离间乐毅。惠王罢毅兵柄，以骑劫代将，毅奔赵。田单纵火牛阵，大破燕军，杀骑劫，尽复七十余城，迎襄王归临淄。自是以后，燕齐两国皆虚耗，秦益无敌于天下矣。

二、赵之盛衰

六国之中，齐、赵、燕三国皆远于秦，不受蹂躏，颇具有为之资格。当燕秦构兵之际，赵武灵王独能发愤自强，开拓疆土于域外，不可谓非铮铮佼佼者也。武灵王即位之初，置博闻师三人、左右司过三人，以自策励。又教民胡服、习骑射，以便战争。北略狄地，破林胡楼烦。至代、（今山西雁门道东北部，察哈尔口北道西部）云中（今雁门道北部，绥远道东部），西及九原。（今绥远道五原县），并筑长城。自代并阴山下至高阙（在雁门道大同县城西北四百二十里）为塞，而置云中、雁门（今雁门道中南部）、代三郡，东灭中山，疆土大拓。晚年，爱少子何，废太子章，传国于何，自号主父。将士大夫西北略胡地，将自云中、九原，南袭咸阳（今陕西关中道咸阳县）。于是诈为使者入秦，欲以观秦地形，及秦王之为人。秦王不知，已而怪其状甚伟，非人臣之度，使人逐之，主父行已脱关矣。秦人大惊。周赧王十六年（西历纪元前二九九年），故太子章作乱，公子成、李兑讨诛之。遂杀主父。赵之霸业骤衰。列国君主各自疲国力于内讧，无暇顾及西事。秦人乘势东下，着着进行，于是现在湖北、山西、河南等地，渐入于秦人势力范围之内。

三、秦人之势力扩张　蜀之衰亡与韩魏楚之削弱

是时四川西部尚为蜀所有。蜀国者，本汉族之别部，史称为黄帝时所封，历夏、商、周，世为诸侯。周衰，蜀蚕业始称王。于是蜀渐强大。周安王十五年（西历纪元前三八七年），秦伐蜀，取南郑（今陕西汉中道南郑县）。是为秦蜀构兵之始。于是秦人势力，越秦岭山脉而南下。蜀王封其弟于汉

中，号曰苴侯。苴侯与巴（今四川东川道）为好，而巴与蜀为雠。蜀王伐苴侯，苴侯奔巴。周慎靓王五年（西历纪元前三一六年），巴蜀相攻，俱告急于秦。秦惠文王从司马错计，起兵伐蜀。十月，取之。于是扬子江上流之地入于蜀。虏屈丐之年，秦乘胜攻楚，取汉中。于是汉水上流之地亦入于秦。秦尽据江汉上流，大有气吞云梦之概。周赧王十四年（西历纪元前三〇一年），秦以韩、魏、齐之师伐楚，取重丘（在今山东东临道聊城县东南，跨茌平县界）。次年，秦芊戎复伐楚，取襄城（今河南开封道襄城县）。十六年，复伐楚取八城，诱楚怀王至武关，劫之以归。次年，复伐楚，取十六城。于是楚之西境多入于秦。

同时秦复分兵东下，经略黄河流域。先是三家分晋，魏得其南部，赵得其北部，韩得其中部。韩国疆域最小，其根据地为平阳（今山西河东道临汾县）。距魏都安邑（今河东道安邑县）密迩。卧榻之侧，实逼处此。韩人心常岌岌，乃避强攻弱。逾太行山脉，侵略卫地。复越河，侵略郑地，遂迁都阳翟（今河南开封道禹县）。经略中原，屡与宋郑构兵，侵略其属地。卒于周烈王元年（西历纪元前三七五年）灭郑，自阳翟徙都之。于是韩之根据地移于河南。魏惠王时，以庞涓为将，屡伐韩赵，越太行山脉经略东方，卒为齐兵所败。庞涓见杀，猛将劲卒多战没于马陵。秦卫鞅乘其衰弊，大破其兵，取河西地，于是魏与秦隔河为界。安邑在河东，据太行之余脉。魏若以重兵驻守，犹可扼秦人东下之路。为惠王计，自当置中央政府于安邑。竭国家全力以守，魏安则六国亦安。顾惠王惧秦兵威，愿赌国家生命，与秦人争太行山脉以西地。又东方齐、赵、韩等国，不顾大局，屡侵魏之东境。惠王为自保计，乃去安邑，徙都大梁，既以避秦之逼，又可以经略东方。失之于甲者，将以取偿于乙。于是之魏根据地亦移于河南，距韩国都密迩，两国时常内讧。韩魏重兵多移屯于东方。安邑、平阳旧都，驻屯兵力渐薄弱。秦人乘势渡河，蚕食太行山脉以西地。周显王四十一年（西历纪元前三二八年），张仪伐魏，取蒲阳，于是黄河北岸地入于秦。四十五年，伐魏，取陕。于是黄河南岸地亦入于秦。崤函守兵，后路断绝，不攻自破。秦人之势，遂如虎兕出柙，凭高以瞰河南全省。韩魏之新根据地渐危。韩在魏西，先被秦害。乃悉国内重兵，西守宜阳（今河南河洛道宜阳县），拒秦人东下之路。周赧王八年（西历纪元前三〇七年），秦丞相甘茂悉国内重兵攻宜阳，围困一年，拔之。于是韩人西门之锁钥破。韩人乃以重兵守伊阙（今河南河洛道洛阳县城南之山脉）。魏亦顾全大局。发兵助守。周赧王二十三年（西历纪元前二九二年），秦左更白起大破韩魏之师于伊阙，斩首二十四万，拔五城。于是第二防御线又破，河南大局渐不可为矣。二十四年，秦伐韩，拔宛（今河南汝阳道南阳县）。次年，秦魏冉伐魏，魏入河东，韩人武遂（在平阳近傍）于秦。次年，秦白起伐魏，拔六十一城。二十八年，二十九年，复连伐魏，魏献安邑以和，于是韩魏西境多入于秦，太行山脉以西皆为秦所有。三十五年，秦司马错以蜀兵伐楚，拔黔中，楚献汉北、上庸于秦。于是汉水下流之地为秦所有。次年，白起伐楚。取鄢（今湖北襄阳道宜城县）、邓（今河南汝阳道，邓县）、西陵（今湖北江汉道黄冈县境）。三十七年，复伐楚，拔郢（楚都，今湖北荆南道江陵县），烧夷陵（今湖北荆南道宜昌县，楚先王墓在焉）。楚徙都陈（今河南开封道淮阳县）。秦置南郡、黔中郡。于是扬子江中流之地亦入于秦。四十五年，秦灭西戎族之义渠，于是陕甘边境皆为秦所有。秦人尽据黄河扬子江上流地，乘高屋建瓴之势，东向以临六国。屡败魏师，围大梁，蚕食魏韩腹地，齐赵亦屡被兵。山东六国岌岌不能自保矣。

第五节 列国对秦之抵抗策

是时大局日危，列国为自保计，不得不出于联合。周慎靓王三年（西历纪元前三一八年），楚、赵、魏、韩、燕五国，组织第二次合纵，连兵伐秦，攻函谷关。秦出兵逆之，五国皆败走。于是第二次合纵失败。周赧王九年（西历纪元前三〇六年），楚、齐、韩三国组织第三次合纵以摈秦。楚寻背约，与秦盟于黄棘（故城在今湖北襄阳道房县）。秦复与楚上庸（今湖北襄阳道西部）。齐、韩怨楚，与魏连兵伐楚。楚怀王使其太子横为质于秦以请救。秦人救之，三国引去。于是第三次合纵又失败。十七年，齐相田文为主动力，与韩魏二国组织第四次合纵，连兵伐秦，败其军于函谷关，河渭绝一日。秦割河东三城以和，三国乃退。于是第四次合纵亦终于虎头鼠尾。四十五年，魏复与齐合纵。秦魏冉伐魏，拔四城。齐坐视不敢救，于是第五次合纵亦终无效果。秦人无所忌惮，日肆侵陵。各国为自保计，不得不铤而走险，背城借一，与秦人争一日之命。其能以一国之力与秦对抗者，厥为赵。能以一英雄之力屡败秦兵者，厥为魏信陵君公子无忌。

赵僻处北方，与北狄为邻，风俗慓悍。武灵王在位，士马雄于一时。惠文王在位，以廉颇、蔺相如为将相，数折辱秦，未尝屈服。会秦人已屡败韩魏之师，略取太行山脉以西地，凭山脉之高脊东向以瞰赵，赵之西境逐渐被兵。周赧王四十五年（西历纪元前二七〇年），秦伐赵，围阏与（故城在今山西冀宁道沁县城西北二十里）。赵以赵奢为将大破秦兵，赵人之势一振。五十三年，秦白起伐韩，拔野王（今河南河北道沁阳县，即故怀庆府河内县）以逼上党。上党与韩本国联络之路中断。上党守冯亭不愿属秦，乃以上党降赵。时赵惠文王已卒，孝成王在位，从叔父平原君公子胜劝，受之。越二年（周赧王五十五年），秦攻拔上党，遂移师攻赵。孝成王听秦离间，罢廉颇兵柄，以赵括代之。军长平（今山西冀宁道即故泽州府高平县西北二十一里）以拒秦。蔺相如固谏，不听。秦白起攻破长平，杀赵括，坑降卒四十万人。赵人为之虚耗，于是太行山脉之险悉入于秦。秦乘胜拔武安（今河南河北道武安县）、皮牢（故城在今山西河东道河津县），定太原、上党（二郡今山西冀宁道），尽取山西地，赵之西境无险可守，势渐岌岌。五十七年，复伐赵，图邯郸（今河北大名道，邯郸县）。赵使平原君公子胜如楚乞师，楚使春申君黄歇率师救赵。惮秦兵强，不敢进。是时魏安禧王在位，其弟公子无忌封信陵君，仁而下士，有贤名。无忌之姊为公子胜夫人，赵数请救于魏，使者冠盖相望。魏安禧王使将军晋鄙率师十万以救赵。秦遣使者威吓魏王，魏王恐，止晋鄙军留屯邺（今河南河北道安阳县），持两端以观望。公子胜数遣使让无忌，无忌患之。数请进兵，王不许。赵势危急，无忌用隐士侯嬴计，矫王命，袭夺鄙军。自将以救赵，大破秦兵于邯郸下。秦解围走还，无忌遂留赵不敢归魏。时周赧王五十八年，西历纪元前二五七年也。

第六节 范雎之远交近攻策

秦人之内政外交，皆有一定方针。内政之方针曰富国强兵，外交之方针曰远交近攻。富国强兵策为商鞅所献纳，远交近攻策为范雎所主张。秦累世君主能实行之，遂得天下。故商范二人对于秦之统一事业，实有莫大关系者也。兹述其事迹如下。

先是周显王三十一年（西历纪元前三三八年），秦孝公卒，惠文王立，张仪为相。外交政策注意连衡，顾不能收十分效果。周赧王四年（西历纪元前三一一年），惠文王卒，悼武王立。越四年（西历纪元前三〇七年）而卒，异母弟昭襄王立。年幼不能亲政，母芈氏治国事，以舅魏冉为将军，主兵柄。寻以冉为丞相，封穰（今河南汝阳道邓县）侯。于是政权归于冉。冉战胜攻取，雄于一时。顾军事及外交方针犹无定见。越韩魏以攻齐赵，得地而不便于守。周赧王四十五年（西历纪元前二七〇年），魏人范雎至秦说昭襄王，谓“穰侯越韩魏而攻齐刚（故城在今山东济宁道定陶县）、寿（故城在今山东东临道寿张县），非计也。齐湣王攻楚，再辟地千里，而尺寸无得焉者，岂不欲得地哉，形势不能有也。诸侯见其罢敝而伐之，齐几于亡。今王不如远交而近攻，得寸则王之寸也，得尺亦王之尺也。今夫韩魏，中国之处，而天下之枢也。王若欲霸必亲中国以为天下枢。而威楚赵，则齐附，而韩魏因可虏矣。”王悦，以雎为客卿。寻以为丞相，封应侯。于是外交方针一定，东结好于齐，而一意攻韩魏。韩魏不支，将折入于秦。乃进兵攻赵。将取河北，为魏公子无忌所败而还，雎寻以故解官。顾秦仍袭其政策不变，于是秦人之势日张，六国之势日蹙。

第七节　秦之统一　周室之衰亡与列国之颠覆

一、东周之衰亡

邯郸战后，秦人之气稍挫。顾是时三晋已衰，实力不足与秦抗。秦实行远交近攻策，次年，复伐韩，取阳城（今河南河洛道登封县）、负黍（故城在今登封县境内），伐赵，取二十余县。周赧王恐，与诸侯合纵，欲伐秦。秦使将军樛攻西周。西周公恐，入秦，顿首受罪尽献其邑三十六，口三万。秦受其献，而归公于西周。是岁，赧王卒，王室遂不祀，周亡。时周赧王五十九年，西历纪元前二五六年也。

自武王受命以后，传十二世，凡三百五十二年，而西周为犬戎所灭。平王东迁以后，复传二十五世，凡五百一十四年，而东周亡。两周合计，凡传三十七世，八百六十六年。

王室灭后，东周西周尚存。国于河南，秦周祀。东周西周者，本周公揭之后。先是考王在位，封弟揭于河南，以续周公之职，是为桓公。桓公卒，子威公、孙惠公，相继在位。威烈王时代，惠公自封其少子班于巩以奉王，号东周，而河南遂号西周。夹辅王室。王室亡后之第二年，秦灭西周，迁西周文公于惮（音惮）狐聚（在今河南河洛道临汝县东北）。越五年，复灭东周。迁东周惠公于阳人聚（在临汝县西），周室遂不祀。周比亡。凡有河南（即王城。洛阳、即下都。谷城、在今洛阳城西北十八里），平阴（在今孟津县东）、偃师、巩、缑氏（在今偃师县南二十里）七邑。

二、河外之战

范雎罢相后四年（西历纪元前二五一年），昭襄王薨，子孝文王立。次年（西历纪元前二五〇年），孝文王薨，子庄襄王立，以吕不韦为相国，封文信侯。于是秦之政权归于不韦。庄襄王立三年而薨（西历纪元前二四七年）。子政立，年甫十三岁，国事皆委之不韦，号仲父。是时秦数攻韩魏。昭襄王时代，韩桓惠王入朝于秦。昭襄王葬，桓惠王衰绖入吊祠。魏亦举国听令于秦以求免祸。顾秦人欲心未餍，侵略益急。庄襄王三年（西历纪元前二四七年），遣蒙骜大举伐魏。是时魏公子无忌留赵十年不归，魏安禧王患秦兵。召无忌归国，授为上将军。求援于诸侯，诸侯闻无忌主兵，皆遣兵救魏。无忌率五国之师，败秦兵于河外，追至函谷关而还。秦人东下之势稍阻。

秦既败于河外，使人行万金以间公子无忌。求得晋鄙客，使谗无忌于魏王。安禧王信其谗罢无忌兵柄。无忌谢病不朝，日夜以酒色自娱，四岁而卒。秦人大喜，连年伐韩魏与赵，诸侯患秦攻伐无已时。秦王政六年（西历纪元前二四一年），楚、赵、魏、韩、卫五国复合纵以伐秦，楚考烈王为纵长。取寿陵（今河南河洛道新安县境），至函谷。秦师出，五国皆败走。于是最后之合纵亦终无结果。秦人东下之势日急。

三、韩赵之衰亡

是时秦焰日张，列国自保不暇，顾内讧之事犹时常不绝。赵自长平败后，国势骤衰。燕王喜乘机，遣将栗腹伐赵。赵使廉颇击败之，燕人气阻。秦王政二年，赵孝成王殂，悼襄王立。罢廉颇兵柄，颇奔魏，于是赵失一良将。次年，赵使李牧伐燕，取武遂（在今河北保定道安肃县）、方城（在今河北固安县）。牧果敢善用兵，屡破匈奴、林阴等族有功，为赵北边良将。

秦王政三年，秦桓齮伐赵，杀其将扈辄。赵以李牧为大将军，复战宜安（今河北保定道藁城县），大败秦兵。秦人东下之势又经一波折。

是时秦相国吕不韦有罪免官，秦王政始亲政。用客卿楚人李斯计，阴遣辩士赍金玉，游说诸侯。厚遗结其名士，不可下者刺杀之，离其君臣之计。然后使良将将兵随其后。秦王政十七年（西历纪元前二三〇年），秦内史胜灭韩，虏王安。次年，使王翦伐赵。厚赂赵嬖臣郭开，使谗杀李牧。次年，灭赵，虏王迁。迁之嫡长兄公子嘉，率宗族数百人奔代。于是韩赵皆亡，山东只余四国。时秦王政十九年，西历纪前二二八年也。

四、燕之衰亡

先是秦庄襄王未即位时，为质于赵，生秦王政。适燕太子丹亦质于赵，与政善。及政即位，丹质于秦。秦王不礼焉，丹怒，亡归。秦王翦既灭赵，乃进军屯中山以临燕。适赵公子嘉自立为代王，与燕合兵军上谷（今河北保定道）。燕太子丹怨秦，使刺客卫人荆轲劫秦王。不克，见杀。王翦遂破燕代兵，围蓟，拔之。燕王喜走辽东，斩太子丹以献于秦。时秦王政二十一年，西历纪元前二二八年也。

五、楚之衰亡

楚自与赵、魏、韩、卫合纵无成之后，徙都寿春（今安徽淮泗道寿县），以避秦逼。秦王政九年（西历纪元前二三八年），考烈王薨，养子幽王悍立。立十年而薨，同母弟哀王犹立。立二月而为庶兄负刍所杀，负刍自立。立之年，秦灭赵。越二年，秦破燕，拔蓟。遂遣李信将二十万人伐楚，为楚所败。次年，复遣王翦以兵六十万伐楚，大破楚军，杀其将项燕，遂灭楚。虏王负刍，楚亡。扬子江流域悉入于秦。时秦王政二十四年，西历纪元前二二三年也。

六、魏之衰亡

王翦南征之际，其子王贲率师伐魏，引河沟以灌其城。秦王政二十二年（西历纪元前二二五年），魏王假降，杀之，遂灭魏。乘胜北下。二十五年（西历纪元前二二四年），灭燕，虏王喜。还灭代，虏王嘉。于是韩、赵、魏、楚、燕五国皆亡。山东只余齐一国。

七、齐之衰亡

先是周赧王五十年（西历纪元前二六五年），齐襄王法章卒，子建立。年幼，国事皆决于其母君王后。君王后事秦谨，与诸侯信。齐亦东边海上。秦日夜攻五国，五国各自救。以故王建立四十余年不被兵。君王后卒，后胜相齐。与宾客多受秦间金，劝王朝秦。不修战备，不助五国攻秦。以故秦得灭五国。王贲既灭燕，遂南袭齐。突入临淄，建降。秦迁之共（今河南河北道辉县），处之松柏之间，饿而死。齐亡。秦遂统一中国。时秦始皇二十六年，西历纪元前二二一年也。

自平王东迁以后，王室凌夷，天下无共主。经春秋战国五百余年，至是中国复一统。计秦所以成功之原因有四：

第一，秦居关中，据上游，扼地势之要害

第二，秦居西北，与戎狄为邻，生存竞争之结果，民风尚武，民气胜于六国

第三，秦历代多英主，能招贤才而登庸之。不拘资格，不论亲故，故能吸收六国之人才使为己用

第四，秦之政策一定，历代皆循预定之方针进行，不轻易变更，与六国之朝秦暮楚，无一定之见解，动辄受人愚弄者异

以上四大条件，为列国竞争时必需之要素。六国之中无能一具备者，

故不得不处于劣败地位。于是秦人一统，东亚大帝国始出现矣。

附战国兼并表（春秋之际，诸侯百六十余国，次第并吞攘夺。战国时只十余国，后并为七大国，遂为秦所统一。独卫介居七国之间，至秦并六国后而始亡。今欲明诸国之分合离并，特表示如图）

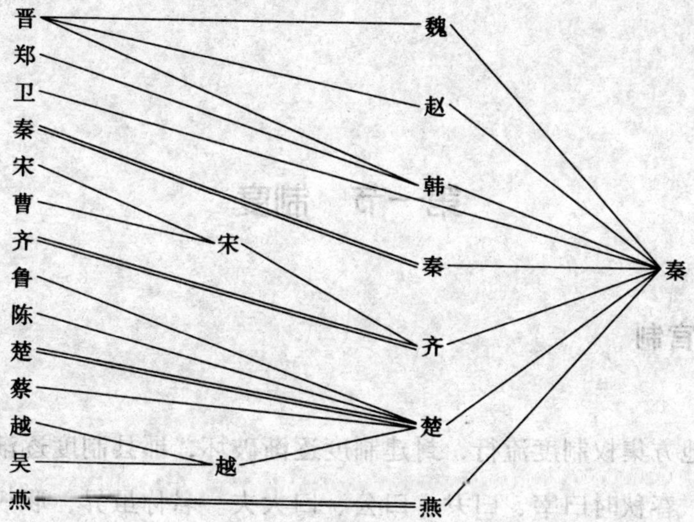

第七章　春秋战国时代之文化

第一节　制度

一、官制

是时地方集权制度流行，封建制度逐渐破坏，郡县制度逐渐发达。其地方官制，春秋时曰宰、曰尹、曰公、曰大夫。名称虽异，职权则同，皆县行政长官也（鲁称宰，如孔子为中都宰，子游为武城宰，子羔为费宰之类是也。楚称公，如叶公，陈公，蔡公之类是也。又称尹，如沈尹戌之类是也。晋称大夫，如赵衰为原大夫，狐溱为温大夫之类是也）。战国时复置守，郡行政长官也。各国中央官制，春秋时概为三卿，半天子六官之数，曰司徒、司马、司空。然晋之中上下军将佐，楚之令尹、司马，秦之右、左庶长，宋之右师、左师，司城、司寇。名虽互异，皆执政大臣也。至战国时则定名为相，秦改名为丞相，后更尊为相国，实当民国国务总理之职。陆军之长官曰将军，即总司令之职也。

二、田制、赋税制

春秋时有税亩之法（鲁宣公十五年初税亩于公田之外复逐亩什取其一，是田税加一倍也）、丘甲之法（鲁成公元年作邱甲于甸，出兵车一乘，戎马四匹，牛十二头，甲士三人，步卒七十二人外，复令邱重出也），大率承袭井田遗制，而稍加以变通。至战国时，秦用商鞅政策，废井田，开阡陌，招诱三晋之人，使垦辟之。田不受之官使民自相买卖，改什一之制，计亩而定赋。一切任民自耕，不加限制。于是地方尽辟，而贫富之差，亦渐悬殊。

三、兵制

春秋时代犹寓兵于农，而以车战为主。晋为最大国，其全盛时代，甲车不过四千乘（每乘七十五人，共约三十万人）。至战国时始用召募之法。赵武灵王胡服习骑射，各国多效之。于是中国始有骑兵。大国之兵，动辄以数十万或百万计。车骑之数，以千万计。于是军制及战术一变，军数亦骤增。汉民族之武力始压倒东西各民族。

四、刑制

春秋时，刑法概依五刑之旧。但劓、刵、剕、黥之法，惟行之于平民，不适用于贵族。贵族有罪，例以流放代之。至战国时，君权益张，刑法益密。秦有三族、七族、十族连坐诸法，有腰斩、车裂诸刑。楚有灭家之法。齐有烹刑。赵有夷刑。大率人君以喜怒为之，不遵照成文法及习惯法，于是刑法日流于残酷。

五、人才登庸法

春秋时代世禄世官，纯为贵族专制政体。选举之制虽有而不用。战国时代，竞争剧烈，得士者霸，失士者亡。列国君主及大臣各卑礼厚币，招致游士。不论亲疏，不问新旧。苟有奇才异能，虽仇必用，虽奸必赏，大率以多为贵。齐宣王时，稷下谈士至数千人。中下流社会之人杂居其半。其后至战国末年，齐孟尝君田文、魏信陵君公子无忌、赵平原君公子胜、楚春申君黄歇，各养士数千人，天下号曰四君。平民之中有一技之长者，皆可凭借之以取富贵，于是阶级制度从根本打破。加以群雄割据方隅，各自有用人行政之主权。士之求显名者，甲国不用，则去而之乙国。昨日为逃亡之羁旅，今日为名誉之宰相。苏秦、张仪、商鞅、范雎、孙膑、庞涓之徒，或起自刑余，或出自逃虏，皆以匹夫崛起为大国将相。世不以为怪也。

学术异常发达。中国数千年来，凡哲学、文学、各种科学以及美术技艺等，除去自外国输入者外，大抵皆发端于此时。文字亦逐渐趋于简单，由象形文字，一变而为大篆（一曰籀文，周宣王时史籀作），再变而为小篆（秦丞相李斯作），于是记忆力及时间俱省。学校制度虽废，讲学之风流行。孔子、孟子以及其他各派诸大家，弟子之数，皆以千百计，是为后世私塾之权舆。其结果则得士之盛，反胜于学校。不过学校所造就者，多循规蹈矩之人。私家所养成者，多跌宕不羁之士。微嫌其道德观念轻，英雄气息重耳。然此自是战国时特色，无害其为多士也。游侠之风盛行，急人之难，虽粉身碎骨而不辞。如晋之程婴、公孙杵臼、豫让，魏之侯嬴、朱亥，赵之蔺相如、毛遂，燕之荆轲、田光、樊於期、高渐离之徒，皆以匹夫名重天下。其轻死重义之风操，流传至海东，化为日本之武士道。非近世中国一般醉生梦死热心利禄之徒所能及也。

- 列国之内阁
  - 春秋时代
    - 各国—司徒，司马，司空
    - 晋——中军将，佐，上军将，佐，下军将，佐
    - 宋——右师，左师，司徒，司马，司城，司寇
    - 楚——令尹，司马
    - 秦——右庶长，左庶长
  - 战国时代
    - 列国一相
    - 秦——丞相或相国

- 四君
  - 齐孟尝君田文
  - 魏信陵君公子无忌
  - 赵平原君公子胜
  - 楚春申君黄歇

第二节　礼教

一、家族制度

家族制度逐渐发达，始禁止同姓为婚。纳采、问名、纳吉、纳征、请期、亲迎之礼亦渐完备。同时一夫多妻制盛行。天子三夫人、九嫔、二十七世妇、八十一御妻。诸侯一娶九女（诸侯一娶九女，有嫡夫人，有右媵，有左媵，嫡及两媵，又各有其侄与娣，是为九女，见《春秋·公羊传》隐元年何注）。士大夫之家，公然蓄妾，为法律所不禁。其时社会上女子地位甚卑，男子视女子等于奴婢。往往因小故出妻，世不以为怪。被出之妇，无再嫁之禁。在室之女，多早婚之弊，所谓待年之媵，皆早婚之过度者也。

同时淫风流行。荡妇游子公然无礼，不以为耻。《诗经·国风》所载《桑中》、《洧上》、《采兰》、《赠芍》、《月皎》、《人僚》等篇，迄今犹脍炙人口。大抵郑最甚，卫次之，陈又次之。各国亦不甚相远。《左传》、《国语》所载，子烝父妻（卫宣公烝于夷姜，晋献公烝于齐姜，惠公烝于夷姜，之类是也），父夺子妇（卫宣公纳太子伋之妻宣姜、楚平王纳太子建之妻秦嬴之类是也），兄弟争室（鲁公孙敖为公子遂聘己氏而自娶之，郑公孙黑与公孙楚争室之类是也），朋友易妻（齐庆封与卢蒲嫳易内而饮酒，晋祁胜与邬臧通室之类是也）或兄妹为奸，诗有雄狐之诮（鲁桓公夫人姜氏通于其兄齐襄公），或内外同嬖，史贻艾豭之羞（卫灵公夫人南子与其大夫宋朝），或国母下匹优人（晋献公之妾骊姬），或内子私通室老（晋栾桓子之妻栾祁与其老州宾通），属辞比事，连类而书。上自王室公室，下至士大夫家，内室秽恶，不堪言状。史书所载，班班可考者，不下数十百件。上流社会如此，下流社会可知。春秋战国时代之社会犹如此，唐虞三代以前之社会更可知矣。

二、姓氏制

姓氏之制逐渐完备。太古之时，男女无别，人民知有母而不知有父。有圣人出，制嫁娶，正姓氏，通媒，始有夫妇之伦。有夫妇而后有父子，有父子而后有兄弟。伦理由此正，家族之制亦于是定。春秋时代，同姓不婚，谓男女同姓，其生不蕃也。故当时之姓，皆为女子所用。如齐为姜姓，鲁为姬姓，宋为子姓。其公族男子，名字上皆不冠姓，而独称已嫁之女曰某姬、某姜、某子者是也。氏则为一家之标识。各国世族，或以官为氏，或以事为氏，或以封邑为氏，或以王父字为氏，为普通男子名字上所冠用。至春秋战国之交，遂去姓不复用，而以氏行，族制之分别愈严矣。

三、别号与易名之典

字与谥之流行亦盛于此时。古者生子三日，咳而名之。男子二十而行冠礼，冠则字之。女子许嫁笄而字。《礼·檀弓》曰："幼名冠字，周道也。"盖周以前之人，其见于史传者，鲜闻有字，周以后始流行。至春秋战国时代，其见于经传之名人，大抵皆有字，流传至前清末年。贩夫俗子，人各有字。于是以一人之身，无端而用二个以上之固有名词，作为称号。繁复错杂，为外国东方交际家所哂。死后易名之典，创于周初，盛行于春秋战国之时，流传至前清末年未辍。民国成立，尚有议复之者。甚矣人心之好古也。

四、葬祭之礼

家族制度发达之完备，为我国特色。故葬祭之礼亦最隆重，葬礼至周而大备。饭含殡殓哭泣擗踊，各有定制。衣衾棺椁务尽其美。自天子至于庶人，以贵贱为等级，其葬期各有长短。春秋时代，始有殉葬之俗。秦穆公卒，以子车氏之三子奄息、仲行、针虎为殉。楚文王卒，鬻拳自杀以殉。晋景公卒，杀梦负公登于天之小臣以殉。载在史册，其尤著者也。至战国时则变而加厉，君主一殂，殉葬者动至数十百人，真虐政也。后乃易以木偶，流传至今未辍。仲尼曰："始作俑者。其无后乎。"此亦古圣人深非难之点。有志者所为欲改革而未遑者也。丧服期间之长短略如周制。父母丧中食饩粥，不御酒肉。丧服之久，为古今世界各国所仅见。旷时废日，销磨锐气。实际行之，往往发生许多窒碍。故庐墓之制，古有明文，而实行者甚鲜。墨绖从军之事，历史上屡不一见。西汉文帝始遗诏短丧，经学家群起而非难之。然事实上已成为历代通行之习惯法。泥古者张目熟视无可如何也。

祭礼亦逐渐完备。天神地祇而外，尤重人鬼。礼称天子七庙，诸侯五庙，大夫三庙，适士二庙，官师一庙，庶人无庙。则祭于寝。传曰："吾见新鬼大，故鬼小。先大后小，顺也。跻圣贤，明也。明顺，礼也。"凡此皆由尊祖思想沿习养成者也。

五、卜筮法及神仙说

卜筮之法，盛行于此时。国有大事，恒先筮而后卜。此外或以物变，或因梦异，或征诸人事，或验诸童谣，皆可以辨吉凶，定祸福。而掌其事者，则卜祝之属也。至战国末年，神仙学说始盛，驺衍既以阴阳之运显于诸侯。而燕齐海上之方士，竞为神仙怪诞之言，以荧惑世主。齐威王、宣王、燕昭王等，深信其说，使人入海求三神山，谓仙人及不死之药咸在。然终莫有至者。此宗教思想上一变动也。

六、各国之民风

各处民风不同。大抵鲁俗尚礼，齐俗逐利，越俗信鬼，秦俗尚功，郑卫之俗淫靡。邹鲁滨洙泗，好儒，备于礼，畏罪远邪。三河之地，土狭人众，其俗纤俭习事。燕赵多慷慨悲歌之士。梁宋重厚，多君子，有先王遗风。楚俗清刻，夸诈而少信。代地边胡，人民慓悍，好气任侠为奸，不事农商。大抵各国地理气候及历史之遗传不同，故养成之民风如此。至秦室一统，各处民风，始逐渐混合矣。

- 古代之一夫多妻制
  - 天子　一后，三夫人，九嫔，二十七世妇，八十一御妻
  - 诸侯　一夫人，二媵，六娣绖
  - 卿大夫　一妻，二妾
  - 士　一妻，一妾

- 古代之姓氏
  - 姓　明世系——如夏姓子，商姓姒，周姓姬——女子用之
  - 氏　表家门
    - 以官为氏，如司徒、司马、司空
    - 以事为氏，如窦、白马
    - 以封邑为氏，如韩、赵、魏
    - 以王父字为氏，如展、鱼、朝
    - ——男子用之
  - 战国以后混氏姓为一

- 各国之民风
  - 鲁俗尚礼
  - 齐俗逐利
  - 越俗信鬼
  - 秦俗尚功
  - 郑卫之俗淫靡
  - 邹鲁好儒备礼，畏罪远邪
  - 三河纤俭习事
  - 燕赵多慷慨悲歌之士
  - 梁宋重厚，多君子
  - 楚俗清刻，夸诈而少信
  - 代地人民慓悍好气，任侠为奸

第二编　中古史　汉族全盛时代

第一期　秦汉时代

第一章　秦始皇之统一政策

第一节　秦始皇之内治

封建制度盛于周初，至春秋时而破坏。春秋二百四十年间，被灭之国六十有五。及战国之末，只余七雄，各据一方，竞以实力相雄长，并吞小国，分设郡县。是为地方集权制度全盛时代。秦王政勃兴，并吞六国，统一中原。奋乾断，排舆论，从廷尉李斯议，废封建，分天下为三十六郡。郡置守、尉、监，分掌民政、军政、监政三大权。朝廷置丞相、太尉、御史大夫以总其成。于是地方集权制度，一变而为中央集权制度。王自以为德兼三皇，功过五帝，乃更号曰皇帝。是为中国有史以来君主尊号称为皇帝之始。自称曰朕，命为制，令为诏，除谥法，自称始皇帝。大修宫室，以示天子之尊严。命李斯作小篆以统一中国文字。一法度衡石丈尺。收天下兵器，销以为钟镓金人，置宫廷中。徙天下豪杰于咸阳，凡十二万户。屡次巡行诸郡，到处立石颂功德。一以示天子之尊严，一以察民间之情状，于是内政统一，中央对于地方，始收身使臂臂使指之效。顾自春秋战国以来，思想言论之自由，已成习惯。始皇之内政，过于专制武断，儒者群起而非难之。丞相李斯上言："五帝不相复，三代不相袭。今陛下创大业，建万世之功，固非愚儒所知。今诸生不师今而学古，以非当世，惑乱黔首。人闻令下，则各以其学议之。入则心非，出则巷议。夸主以为名，异趣以为高，率群下以造谤。如此弗禁，则主势降乎上，党与成乎下。禁之便。臣请史官非秦记，皆烧之。非博士官所职，天下有藏诗书百家语者，皆诣守尉杂烧之。偶语诗书者弃市，以古非今者族。吏见知不举，与同罪。令下三十日不烧，黥为城旦。所不去者，医药卜筮种树之书。欲学法令者，以吏为师"云云。诏从其议。已而侯生卢生相与讥议始皇，因亡去。始皇大怒，使御史按问之。诸生传相告引。乃自除犯禁者四百六十余人，皆坑之咸阳。长子扶苏谏，始皇怒，使北监蒙恬军于上郡，是为焚书坑儒之祸。

第二节　秦始皇之外征

内地既平，遂思攘外。当时匈奴据有漠南漠北，势力强大，日思南下。不制服之，将演成春秋时代戎狄猾夏之活剧。始皇乃思厚集兵力以制服之。然将欲北征，必先统一南方各族，绝后顾之患。二十五年，先遣王翦乘灭楚之威，进兵定江南。降百越君长，置会稽郡以治之。于是浙东、浙西地皆内属。三十三年，发诸常逋亡人及赘婿、贾人为兵，略取南越陆梁地。置桂林、南海、象郡。以谪徙民五十万戍之。于是广东、广西全土及越南北部皆内属。南方既平，遂整军北伐。三十二年，自将巡北边，遣将军蒙恬率师三十万伐匈奴。三十三年，败其兵，斥逐匈奴，收河南地（即河套，今绥远省鄂尔多斯旗）为四十四县。因战国时代秦、赵、燕所筑长城之旧址增筑之。西起临洮（今甘肃兰山道岷县，即故巩昌府岷州），东至辽东（今辽宁辽沈道辽阳县，即故辽阳州），延袤万余里，暴师于外十余年。虽劳民伤财，为世诟病，然北方藩篱，自此始固。帝国版图，扩张至禹域以外。东亚空前之大帝国成立。

第三节 秦始皇之神仙思想

以上所举始皇之内政外交，颇流于残忍刻薄，诚为君子所不取。顾以一国之大政治家，欲统一历来积久涣散之社会人心，使之归于一致时，实亦出于不得已。儒家万事师古，始皇以法治天下，其思想与儒家学说不相容也。万里长城之大工程，老师费财十余年，害在目前，利在百世，非专制之君主不为功。儒家治国，主张节用爱人，不能有此大举动也。顾始皇在位久，政治上压制太甚，思想界之自由全失。故自秦以后迄于近代，我国思想界忽然停滞。汉以后之文化，皆胚胎于先秦，间以外来之文化润色之，新发生之文化绝无，不得不归咎于始皇也。儒教既受压制，阴阳五行家学说乃流行。《山海经》、《穆天子传》等神话式的历史地理书逐渐出现。始皇亦人也，不能无宗教思想。既排斥浅近易行之儒教学说，乃驰心于荒渺无稽之神仙怪诞议论，于是封泰山，禅梁父，数遣人人海，寻三神山，求神仙及长生不死之药。一时语怪之方士纷至沓来，阴阳五行家学说异常发达。顾求之愈殷者，得之愈困难。荏苒十年，求神仙之使节，多鱼沉雁渺，羁留绝域不复返，长生不死之药卒不可得，而始皇乃羸然病矣。三十七年（西历纪元前二一〇年），东巡狩，还崩于沙丘（台名，纣所筑，在今大名道即故顺德府平乡县东北）。始皇生前不立太子，至是相续问题起，秦乃大乱。

秦代诸郡表

郡名	今地释要
内史	陕西中部
三川	河南黄河两岸各地
河东	山西西南部
上党	山西东南部
太原	山西中部
代	山西东北部及河北蔚县附近一带
雁门	山西西北部
云中	察哈尔西南部，绥远东部
九原	绥远中部
上郡	陕西北部
北地	甘肃东北部
陇西	甘肃东南部
颍川	河南中部，南部
南阳	河南西南部，湖北北部
砀	河南东部，山东西南部，江苏西北部，安徽北部
邯郸	河南北部及河北西南之一部
上谷	河北西部，中部
钜鹿	河北西南部
渔阳	河北旧京兆
右北平	河北东北部，热河南部
辽西	热河东南部，辽宁西南部
辽东	辽宁东南部
东河	北南部，山东西北部
齐	山东东部及东北部
薛	山东南部，江苏东北部
琅玡	山东东南部

郡名	今地释要
泗水	江苏北部安徽东北部
汉中	汉中西南部，湖北西北部
巴	四川东部
蜀	四川中部
九江	江苏安徽江北一带及江西境内之地
鄣	江苏西南部，安徽东南部，浙江西北部
会稽	江苏东南部及浙江东部南部各地
南	湖北东部南部
长沙	湖南东半部及广东一部
黔中	湖南西半部
闽中	福建全境
南海	广东全境除西南部外皆是
桂林	广西全境
象	广东西南部及安南北部

秦代官制表

名称	职权
丞相	总理行政事务
太尉	总理全国军政
御史大夫	言论及纠察之事
奉常	祭祀
郎中令	宫殿掖门
治粟内史	钱谷出入
卫尉	门卫屯兵
宗正	皇族宗籍等事
廷尉	刑法狱讼
典客	宾客之事

名称	职权
太仆	舆马服御
少府	山泽租税
博士	撰述
将作少府	营造
将行	统率宦官及宫内后妃之事
郡守	一郡之政其下有尉监等属官
县令	一县之政其下有尉丞等属官

秦代刑制表

（一）谪治	（二）弃市	（三）族	（四）坑
（五）戮（六）	（六）矺（陟格即音舴、同磔、裂也开也）	（七）黥为城旦	（八）相坐收族
（九）搒掠	（十）具五刑	（十一）腰斩	（十二）夷三族

秦代文字表

体类	作用
大篆	用之简册
小篆	用之简册
刻符	用之符传
摹印	用之印玺
虫书	用之幡信
署门	用之封检题字
殳书	用之铭一切兵器
隶书	施之徒隶

秦始皇事略表

- 略历
  - 父庄襄王楚，母赵姬
  - 即位时年十三
  - 统一时年三十八
  - 崩时年五十
- 内治
  - 废封建，置郡县
  - 收兵器，铸金人
  - 徙六国豪杰于咸阳
  - 焚书坑儒
  - 严刑罚，重赋役
  - 大兴土木，筑长城，修阿房宫
  - 屡游郡国
  - 封泰山，禅梁父，遣方士入海求神仙
- 外征
  - 北伐匈奴，筑长城
  - 南降百越，置四郡

阿房宫表

- 前殿形势
  - 东西五百步，南北五十丈
  - 上可以坐万人，下可以建五丈旗
  - 周驰为阁道，自殿下直抵南山，表南山之岭以为阙
- 宫之数目
  - 关内三百
  - 关外四百余
- 工徒
  - 作者七十万人

第二章　秦之衰亡

自来创业之主，贵乎英断；守成之主，贵乎仁慈。故文武之后，继以成康，周之基础始固。高帝之后，继以文景，汉之大业乃兴。盖丧乱之余，民生雕敝，非慈祥恺悌之君主，不能休养生息，与民更始也。始皇帝以雄武之姿，席累世之业并吞六国，行武断政治者十余年。其间干戈未尽息，创痍未尽复，教育未普及，实业未振兴，民生之雕敝如故，元气之摧残如故。虽法严令行，国内整齐划一；顾民畏其威，不怀其德，仇视始皇者日益增加。始皇二十九年，帝东游，至阳武（秦县名，今属河南河北道），韩人张良与力士狙击帝于博浪沙（在阳武县东），误中副车，始皇幸免。顾天下之仇始皇者何限，其欲得而甘心者何限。嗣位之君主，正宜大施仁政，删除苛法，休兵息民，以怀天下。庶几民望未尽去，宗社犹可保也。二世昏庸，虑不及此，为奸臣所愚弄。身死家奴手，国随以灭，可慨也。兹述其事迹如下。

第一节　二世之昏庸　群雄之蜂起

先是始皇长子扶苏贤，因谏坑儒故，与始皇意见相左，出监蒙恬军于上郡。始皇病笃，遗诏命扶苏会葬咸阳。始皇崩，宦者赵高，故得幸于少子胡亥，又与蒙氏有隙。乃密与丞相李斯谋，矫诏立胡亥为太子，赐扶苏、蒙恬死。还至咸阳，胡亥袭位，大行杀僇，兄弟姊妹死者数十人。葬始皇帝于骊山下，后宫无子者皆令从死，治陵之工匠皆生闭墓中。又大修宫室，盘游无度，天下骚动。于是阳城（在今安徽淮泗道宿县，即故凤阳府宿州南）人陈胜、阳夏（今河南开封道，即故陈州府太康县）人吴广起兵于鄿（今江苏徐海道即故徐州府丰县），诈称公子扶苏及故楚将项燕以号召天下，是为民间起兵叛秦之始。行略地，下陈（今河南开封道淮阳县），胜自立为楚王，都于陈，以吴广为假王，监诸将击荥阳（今河南开封道，荥阳县），分遣诸将徇赵魏。郡县苦秦苛法者，争杀长吏以应之。于是沛（今江苏徐海道，即故徐州府沛县）人刘邦起兵于沛，自立为沛公；故楚将项燕之子梁及梁兄子籍起兵于吴（今江苏苏常道）。豪杰蜂起以应楚，秦军屡败。二世以少府章邯为将，赦骊山徒，东向以击楚，屡败楚军，楚王胜为其下所杀。项梁引兵渡江北伐，胜故部将及刘邦等皆以兵附之。梁用居鄛（今安徽安庆道，即故庐州府巢县）人范增计，立故楚怀王孙心为楚怀王以收民望。

第二节　钜鹿之战

当是时，楚将周市略定魏地，立魏公子咎为魏王。楚将张耳、陈余略定赵地，立故赵王后歇为赵王。赵将韩广略定燕地，自立为燕王。齐人田儋起兵，自立为齐王。楚人秦嘉起兵于郯（今江苏徐海道东海县，即故海州），立景驹为楚王。大河南北，群雄并起。独项梁地最广，兵最强。击秦嘉、景驹，杀之。既立楚怀王孙心为楚王，复从韩人张良计，立韩公子成为韩王，西略韩地，往来为游兵于颍川，自树党，为秦树敌。秦将章邯引兵东下，大破齐、楚、魏联军于临济（在今河南开封道陈留县境内）。齐王儋、魏王咎及周市皆败死，复破楚军于定陶（今山东济宁道，即故曹州府定陶县），项梁亦败死，楚王心徙都彭城（今江苏徐海道铜山县，即故徐州府）。邯以楚兵为不足忧，乃北击赵。破邯郸（今河北大名道邯郸县），赵王歇走钜鹿

(今河北大名道，即故顺德府钜鹿县)，邯进兵围之。赵数请救于楚，楚王心以宋义为上将军，项籍为次将，范增为末将，大发兵救赵。宋义引兵至安阳(在今山东济宁道，即故曹州府曹县境)，留四十六日不进，日置酒高会。天寒大雨，士卒冻饥。项籍固请急救赵，义不听。籍怒，因晨朝义，即其帐中斩之。下令军中，诬义与齐谋反。自立为上将军，率师救赵。

当是时，钜鹿兵少食尽。赵将陈余、张敖，齐将田都，燕将臧荼等，皆引兵救钜鹿。惮秦兵强不敢进，钜鹿旦暮且破。项籍既杀宋义，乃使蒲将军将二万人渡河。绝秦饷道。复自将全军渡河。沉船破甑，烧庐舍，持三日粮，以示士卒必死无还心。与秦军遇，九战皆破之。虏其将王离，章邯走。时诸侯军救钜鹿者十余壁，莫敢纵兵。及楚击秦，皆从壁上观楚战。士卒无不一当十，呼声动天地，观者人人惴恐。既破秦军，诸侯将入辕门，膝行而前，莫敢仰视。籍由是始为诸侯上将军，诸侯兵皆属焉。

第三节　沛公入关

当是时，宦官赵高专政。赞杀右丞相冯去疾，左丞相李斯，自为中丞相。二世深拱禁中，凡事听高播弄，凌侮诸将，诸将嫉之。章邯既败，退屯棘原(在今钜鹿县南境)，与项籍相拒。邯军屡败，二世使人让邯。邯恐，使长史欣请事，留司马门三日，赵高不见。欣恐，走还报邯。陈余亦遗邯书劝降。邯狐疑未决，籍复大破其兵。邯乃请降，籍与盟于洹水(在今河南河北道安阳县境内)上，立以为雍王，置楚军中。而使欣将其军为前行，渡河西上。

先是楚王心与诸将约，先入定关中者王之。时秦兵尚强，诸将莫利先入关。独项籍怨秦，奋力愿与沛公西。诸将皆以籍慓悍猾贼，所过无不残灭，不如更遣长者，扶义而西。沛公素宽大，可遣。王既遣宋义发大军救赵，复遣沛公收散卒伐秦。沛公由南路进兵，所过之处，秋毫不犯。至昌邑（故城在今山东济宁道，即故兖州府金乡县西南十里），邑人彭越以兵从。过高阳（今河南开封道杞县西境），邑人辩士郦食其从。说陈留（今河南开封道陈留县），下之。遂攻颍川，略南阳，沿路多降。遂入武关（关名，在今陕西关中道商县，即故商州东）。

当是时，赵高专政已久，数言关东盗无能为，以荧惑二世，二世信之。沛公已入武关，二世使责让高，高惧，乃与其婿咸阳令阎乐谋，诈为有大贼，召吏发卒。使乐将之入望夷宫（建临泾水以望北夷为名，在今陕西关中道，即故西安府泾阳县东南八十里），弑二世，立其兄子子婴为秦王。子婴称疾不朝，高自往请之，子婴遂刺杀高，族其家。会沛公已破峣关（今蓝田关，在陕西关中道，即故西安府蓝田县东南九十八里），屯兵霸（水名，在陕西长安县城东三十里）上。子婴素车白马，系颈以组，封皇帝玺符节降轵道（亭名。在今长安县城东十三里）旁，沛公遂入咸阳。从部将樊哙、谋臣张良议，还军霸上。悉除秦苛法，与民约法三章，秦民大悦。计二世立三年而被弑，又逾月而秦亡。自襄公建国至是，凡五百六十四年（西历纪元前七七〇至二〇七）。自始皇一统至是，凡十五年（二二一至二〇七）。

第三章 楚汉之争

第一节 项籍之专横

诸侯之起兵也，独楚地最广，兵最强。楚王心既遣宋义救赵，复遣沛公灭秦。天下大势，将有折而入于楚之势。项籍自以身为楚国世将，其祖父燕为殉国烈士，其叔父梁为创业元勋，楚王心又为其家所立，有专制天下之意。既降章邯，遂引兵西。所属诸侯吏卒与秦降兵有宿隙，至是乘胜折辱降兵。降兵多窃有怨言，籍恐众心不服，入关必危，至新安（今河南河洛道，即故河南府新安县），夜引楚兵击秦降兵二十余万人，悉坑之新安城南。行略定秦地，遂至函谷关。

初，沛公之还军霸上也，或说以急遣兵守函谷关（在今河南河洛道灵宝县城西），无纳诸侯兵，沛公从之。项籍既至函谷关，见有兵守关，不得入。又闻沛公已破咸阳，大怒，攻破函谷关。进至戏（水名，在今陕西关中道临潼县东，源出骊山下，流入渭水）西，飨士卒，欲击沛公。时籍兵四十万在鸿门（亭名，在今关中道即故西安府临潼县东十七里），沛公兵十万在霸上。范增说籍急击沛公，籍季父项伯与张良善，夜驰告之，欲与俱去。良要伯见沛公，沛公奉卮酒为寿，约为婚姻，使伯以“遣兵守关，以备他盗”为辞代谢籍。伯从之。旦日，沛公从百余骑往谢籍。因留饮，范增数劝籍杀沛公，籍不忍。公脱身独骑还霸上，留张良使谢籍。籍遂引兵西，屠咸阳，杀秦降王子婴。烧宫室，掘始皇帝冢，收宝货妇女，大掠而东，秦民大失望。韩生说籍以“关中阻山带河，四塞之地，肥饶可都以霸”。籍见秦残破，又思东归，竟不能从。

先是始皇焚书，民间书籍虽销毁，政府书籍无恙也。沛公入咸阳，诸将皆争取金帛财物，从事萧何独先入丞相府，收图籍，以此得具知天下厄塞户口多少强弱之处。惟政府之书籍无人过问。至项籍焚咸阳，火三月不灭，帝室图书馆同时付之一炬。古来珍藏之天府秘籍与民间流行之通俗书卷，一概化为乌有。中国上古文明，一时中断。后之考古者，仅于焚余之残编断简中，拾取一二，作为金科玉律。可胜叹哉。

当是时，项籍兵最强，诸侯兵皆属，有帝制自为之意。嫉沛公之得人心，不欲使之王关中。其初入关也，使人致命楚王心。王曰：“如约。”籍怒。灭秦之翌年（汉王元年，西历纪元前二〇六年）正月，阳尊王为义帝，徙之江南，都郴（今湖南衡阳道彬县即故彬州）。使其党吴芮、黥布、共敖等，击杀之于江中。是年二月，籍自立为西楚霸王。王梁楚地九郡，都彭城。于是义帝起兵时旧根据地为籍所有。立沛公为汉王，王巴、蜀、汉中，都南郑（今陕西汉中道南郑县），而三分秦地。王秦降将章邯、司马欣、董翳，以距塞汉路。复徙各国故王于僻远地，而立己所亲信及诸侯部将之从己入关者于善地以代之。于是人心不平，争欲背籍。汉王以项籍负约，怒欲攻之，纳萧何谏，乃止。是年四月，诸侯罢兵就国。汉王赴南郑，以萧何为丞相。

第二节　汉兵之东下

当是时，昌邑人彭越在钜野（今山东济宁道钜野县），有众万余人，无所属。齐田荣愤项籍封建之不公，与越将军印，使击西楚军。大破之。是为诸侯背籍之始。是年八月，汉王用萧何言，以淮阴（故城在今江苏淮阳道淮安县城西四十里）人韩信为大将，还定三秦。章邯逆战，败走废丘（故城在今陕西关中道兴平县东南十里）。司马欣、董翳降。关中悉定。

当是时，项籍自将击田荣。张良遗籍书，谓“汉王失职，如约即止，不敢东”，故籍不以汉为意。汉王得以其间略定河南、河北。至洛阳，从新城三老董公言，为义帝发丧。告诸侯讨项籍，于是诸侯响应。次年四月，汉王率五诸侯兵，凡五十六万人伐楚。彭越以兵属汉，汉以越为魏相国，使西略梁地。王自将乘虚袭破彭城，收其宝货美人，日置酒高会。会籍已击破田荣，自以精兵三万，还袭汉军，大破之。汉王走荥阳，筑甬道属之河，取敖仓（秦置太仓于敖山，故以为名。在今河南开封道河阴县西北二十里）粟为军食以拒楚。命萧何守关中，立宗庙社稷。何调兵给军，未尝乏绝。复从张良议，遣随何使九江（今安徽淮泗道寿县，即故凤阳府寿州一带地），说九江王英布叛楚归汉。拜韩信为左丞相，北渡河，伐魏（时都平阳，在今山西河东道），虏王豹，遂出井陉（今河北保定道井陉县）击赵。背绵蔓水（在今保定道井陉县南门外）为阵，大破赵军，虏王歇，斩代王陈余，遣使下燕。于是现在河北、山西等地皆入于汉。

汉王自将屯荥阳，与楚相拒经年。楚数侵夺汉甬道，汉军乏食。楚围荥阳甚急，汉将军纪信伪为汉王装，乘王车，出东门以诳楚，楚人杀之。汉王得以其间微服出西门，走入关。收兵复东，出武关，军宛（今河南汝阳道南阳县）、叶（今汝阳道叶县），与黥布行收兵。项籍引兵南下，汉坚壁不与战。会彭越袭下邳（今江苏徐海道邳县），大破楚军，杀其将薛公。项籍引兵还救，汉王复军成皋（今河南开封道汜水县）。

已而籍破彭越，还攻荥阳及成皋，皆下之。汉王走渡河，至小修武（今河南河北道，即故怀庆府修武县东四里），驰入韩信营，夺其军，于是军势复大振。使韩信收赵兵之未发者东击齐。又从郎中郑忠议，深沟高垒，不与楚战。使刘贾、卢绾渡白马津（在今河南河北道延津县），入楚地，佐彭越烧楚积聚。越下梁十七城，籍还击越，破走之。汉王乘势渡河，复取成皋。

军广武（山名，在今河南河阴县北。东连荣泽，西接汜水，有二城。西城汉所筑，东城楚所筑），就敖仓粟以拒楚。

当是时，韩信已破齐兵，齐求救于楚。楚使大将龙且，将兵二十万救齐，与汉军夹潍水而阵。信囊沙壅水上流，诱楚军半渡而击之，大破楚军，杀龙且，虏齐王广，悉定齐地。于是现今山东等地皆入于汉。汉立信为齐王，征其兵击楚。项籍大惧，使武涉说信，欲与连和，三分天下。信不听。

第三节　垓下之战

当是时，彭越将游兵居梁地，往来侵夺楚馕道，烧其积聚，楚军乏食。齐王信复将兵南下，虎视楚之北境。汉立黥布为淮南王，使南袭九江，绝楚后路。项籍军广武，自知少助食尽，乃与汉约，中分天下。鸿沟（水名，在今河南开封道河阴县东）以西为汉，以东为楚，解而东归。汉工欲西归，张良、陈平固谏，王乃自将追项籍。至固陵（在今河南开封道淮阳县，即故陈州府淮宁县西北），与韩信、彭越期会击楚。不至，楚击汉军，大破之。汉王复入壁，深堑而守。用张良议，许以楚封信，魏封越。遣使召之，信、越皆引兵来会。汉遣使诱楚大司马周殷，殷举九江兵叛楚。迎黥布，与汉王及信越兵会，围项籍于垓下（今安徽淮泗道，即故凤阳府灵璧县东南垓下聚）。韩信自将大军以击楚，大破其兵。项籍走乌江（今安徽安庆道和县，即故和州乌江浦），自杀。楚地悉定。时汉王五年，西历纪元前二〇二年，秦亡后之第五年也。

计刘项兴亡之原因如下。

第一，汉王出身微贱，久经患难，备尝艰苦，通达世事人情，有笼络人才手段，驾驭群雄能力；项籍起家贵族，年少性暴，不知世故，无将将之能力。仅一范增犹不能用，故卒无成功

第二，汉之根据地在陕西，据山河形胜，东向以临天下，其势易。项籍之根据地在江北，据长淮下流，西向以争天下，其势难

第三，汉王困守荥阳、成皋间数年，而其偏师已略定河北、山东，收各处兵马，由西、南、北三方面合击楚。项籍围攻荥阳、成皋数年，而其根据地数为彭越所袭击，猛将劲卒多战殁，诸将多叛。籍数数回救，疲于奔命

第四，汉据荥阳，取敖仓粟以给军，故粮足而军气壮。楚之积聚数被彭越焚掠，故粮乏而士苦饥

第五，项籍弑义帝，天下所共愤。汉王为义帝讨项籍，群情之所归。

此外若汉王宽厚，民心趋向，项籍骄暴，民心厌恶等节，又事之彰明较著，无俟赘言者也。

项籍分封各国表

古国地	古国	名人	得封原因	都邑	今地
秦	汉	刘邦	先入关	南郑	陕西南郑县
	雍	章邯	降项籍	废邱	陕西兴平县
	翟	董翳	劝章邯降项籍	高奴	陕西鄜县
	塞	司马欣	旧有德于项梁	栎阳	陕西临潼县
魏	西魏	豹	旧国新徙	平阳	山西临汾县
	殷	司马印	赵将取河内有功	朝歌	河南沁阳县
韩	韩	成	旧国	阳翟	河南禹县
	河南	申阳	先下河南迎楚	洛阳	河南洛阳县
赵	代	歇	旧国新徙	代	河北蔚县
	常山	张耳	为赵相从入关	襄国	河北邢台县
燕	辽东	韩广	旧国新徙	无终	河北玉田县
	燕	臧荼	燕将从楚救赵入关	蓟	河北蓟县

古国地	古国	名人	得封原因	都邑	今地
齐	齐	田都	齐将从楚救赵入关	临淄	山东临淄县
	胶东	田市	旧国新徙	即墨	山东即墨县
	济北	田安	王建孙下济北引兵降楚	博阳	山东泰安县
楚	九江	英布	为楚将常冠军	六	安徽六安县
	衡山	吴芮	率百越佐诸侯从入关	邾	湖北黄冈县
	临江	共敖	为柱国击南郡功多	江陵	湖北江陵县

汉王三困于楚表

一，汉王二年四月，王率五诸侯兵五十六万人入彭越，日置酒高会，项羽还破汉军，睢水为之不流。

二，汉王三年五月，项羽围荥阳益急，将军纪信伪为汉王降楚，王微服出西门，走入关。

三，汉王三年六月，楚破彭越还，拔荥阳及成皋。汉王走渡河。

楚汉比较表

西楚霸王项籍	汉高帝
一，少年时，学书剑皆不成	一，为亭长时，好酒及色
二，观始皇帝东游，曰：彼可取而代也	二，见始皇帝威严，曰：嗟乎！大丈夫当如是也
三，性强悍，善战	三，性豁达，善将将
四，性残忍，好杀，坑秦降卒二十万，屠咸阳，杀秦降王子婴，烧秦宫室，掘始皇帝冢，收宝货妇女而东	四，性宽厚，尚权术，优礼秦降王子婴，除秦苛法，与秦民约法三章，还军霸上，财帛无所取，妇女无所幸
五，遣部将杀义帝，负弑君之恶名	五，为义帝发丧，告诸侯讨项籍，动天下之公愤
六，有一范增而不能用	六，以张良陈平为谋主
七，彭越略梁地，积聚尽被烧	七，萧何守关中，兵饷得无乏

西楚霸王项籍	汉高帝
八，英布在九江，叛楚归汉	八，韩信下河北，灭齐制楚
九，都彭城不能制西北，故一败而失天下	九，都关中，可以制东南，故一胜而得天下

第四章　汉初之封建问题

封建制度之流弊，至东周末年达于极点，秦始皇一旦扩清之。及其衰也，天子孤立于上，亲贵束手于下。强臣专权，敢于弑逆；暴民作乱，颠覆政府，其流弊与封建制度亦约略相当。

汉兴，折衷于封建制度与郡县制度之间，实行郡国制度。天子都长安，自有三河（河南、河东、河内三郡）、东郡、颍川、南阳，北自云中，西至陇西，凡十五郡（陇西、北地、上郡、云中、河东、河南、河内、东郡、颍川、南阳、南郡、汉中、巴郡、蜀郡、内史），而其余以分封同姓。大者跨州带郡，连城数十，置百官宫殿，势力雄厚，侔于天子，将以使之藩卫国家，维持中央政府势力于不坠也。其终也尾大不掉，强诸侯事事与中央为难，中央无力驾驭之。新进之书生起而议改革，激而成七国之变。周亚夫以名将知兵，击灭七国。朝廷用推恩子弟策，削减诸侯势力。及诸侯衰而外戚兴，政柄入于外戚之手，同姓诸侯无力补救，汉室遂鼎革矣。兹略述其事迹如下。

第一节　汉初封建之由来

汉王起丰沛，八年而成帝业，遂以汉为有天下之号，受诸侯推戴，即皇帝位，是为太祖高皇帝。罢兵归农，以安百姓。用娄敬言，西都关中，据山河形胜以临天下。用张良言，先封雍齿为什方侯，以安诸将之心。令博士叔孙通起朝仪，以维持天子之尊严。置丞相、太尉、御史大夫，总理民政、军政、监政三大权。内官大抵仍秦制，于是大局粗定。顾是时有二大问题起，一曰对强诸侯处置问题，一曰对匈奴防御问题。

初，楚汉之战争也，高帝用韩信等诸将力，击灭项籍。项籍未灭之时，诸将多已封王。及项籍已亡，天下粗定。诸将韩信、彭越、英布、卢绾，故王臧荼、张耳、吴芮、无诸、韩王信等，或以战功故，或以旧爵故，皆得分茅裂土，锡封大国。高帝深谋远虑，以为天下已定，诸将多拥重兵，据广土，与中央对峙，非长治久安之计，乃用狠毒手段，不五六年，除长沙、闽越外，悉剪灭之。其间或废、或杀、或族诛。因其人智略之大小，政府对于其人疑忌之深浅而定，不以罪也。在内之大臣，若萧何、樊哙等，亦数以谗，几危其身。盖专制君主，欲私有天下，不得不自贪土地。自贪土地，不得不废诸侯。诸侯废国内始能统一。其残酷刻薄忍于杀戮者，盖为统一内政而然，非有恶于其人也。高帝深思远虑，知秦之失国，以自剪羽翼而成。于是一方面剪除异姓之诸侯，一方面大封同姓之诸侯。灭项籍之翌年，立从兄贾为荆王（王淮东五十三县），弟交为楚王（王薛郡、东海、彭城三十六县），兄喜为代王（王云中、雁门、代郡五十三县），子肥为齐王（王胶东、胶西、临淄、济北、博阳、城阳郡七十三县）。其后代王喜因匈奴入寇、荆王贾因英布作乱，相继失国。复立子如意为赵王，恒为代王，恢为梁王，友为淮阳王，长为淮南王，建为燕王，兄子濞为吴王。刘氏子弟遍布要地，凡为王者九国。内以防贵戚重臣之跋扈，外以防草泽英雄之横行。用意不可谓不深，然而异日祸机伏于是矣。

第二节　吕氏之乱

高帝在位七年崩，太子盈即位，是为孝惠皇帝。母后吕氏专政。吕氏者，高帝微时糟糠之妻。性强毅果决，勇于杀戮。韩信、彭越之死，皆其所主张，帝严惮之。惠帝仁厚柔弱，高帝嫌其不类己，数欲废之而立宠妾戚夫人所生之子赵王如意。惮吕后牵掣，未果。高帝崩，惠帝即位。诸将韩信、彭越等，先已诛夷。相国酂侯萧何、相国平阳侯曹参及留侯张良等，亦相继去世。老成凋谢，辅佐无人。惠帝仁弱，受制于母后，不能有所作为。吕后追念旧怨，毒杀赵王如意，残杀戚夫人，惨酷非人道。惠帝在位七年崩，太后拥立惠帝庶子为主，临朝称制，益肆无忌惮，惟所欲为。命兄子吕台、吕产将南北军。于是兵权归于吕氏。寻欲立诸吕为王。右丞相王陵固争，不听，左迁陵为帝太傅。自此大权归于吕氏，大臣无敢抗者。复以吕氏诸女配刘氏诸王。诸女多骄横，高帝皇子赵王友、赵王恢及燕王建之子等，皆以开罪于夫人故，不得令终。于是刘吕之间，渐生嫌隙。太后在位八年崩，遗诏以吕产为相国，吕禄为上将军，分将南北军，专国政。是时齐王襄（齐王肥子）之弟朱虚侯章、东牟侯兴居，皆入宿卫。章娶禄女为妇，知吕氏欲为变，乃遣使告襄，令发兵西，己为内应，以诛诸吕。襄从之，遗诸侯王书，声吕氏罪致讨。产使大将军灌婴将兵击齐，婴留屯荥阳，与齐连和，以待吕氏之变。产闻警，欲作乱。丞相陈平、太尉周勃矫诏夺禄兵柄，命章率兵击产，杀之，遂尽灭诸吕。废吕后所立之少帝，迎立代王恒是为孝文皇帝。于是政权复归于刘氏。

初，吕氏之既诛也，诸大臣谋迎立新君。或言“齐王高帝长孙可立”。大臣皆谓“吕氏几危宗庙。今齐王舅驷钧，虎而冠。即立齐王，复为吕氏矣。代王高帝子最长，仁孝宽厚。太后家薄氏谨良”。乃召文帝。代诸臣多谓汉大臣习兵，多谋，愿称疾勿往，以观其变。中尉宋昌曰：“秦失其政，诸侯豪杰并起。卒践天子之位者，刘氏也。天下绝望，一矣。高帝封王子弟地，犬牙相制，此所谓磐石之安也。天下服其强，二矣。汉兴，除秦苛政，约法令，施德惠，人人自安，难动摇，三矣。夫以吕太后之严，立诸吕为三王，擅权专制，然而太尉以一节入北军，一呼士皆左袒，为刘氏叛诸吕，卒以灭之。此乃天授，非人力也。今大臣虽欲为变，百姓弗为使。内有朱虚、东牟之亲；外畏吴、楚、淮南、琅玡、齐、代之强。方今高帝子，独淮南王与大王。大王又长，贤圣仁孝，闻于天下。故大臣因天下之心而迎立大王。大王勿疑也。”文帝从之，遂应召，赴长安，即帝位。吕氏之乱，卒抵于治安者，封建制度之力也。

第三节　济北王兴居之乱

文帝即位，拜宋昌为卫将军，主兵柄。以俭约率天下，除历来苛法（收拿相坐令诽谤妖言法及肉刑）以恤刑。定振穷养老之令以周济无告者。亲耕籍田以提倡实业。屡减免田租，弛省费，以苏民困。举贤良方正直言极谏之士，以延揽人才。一时司法大臣，若吴公、张释之辈，皆能持平守法，为有汉一代循吏。纳贾谊之言，遇大臣以礼，养庶僚有节，此后人人自爱。大臣有罪，皆自杀，不受刑。于是士风丕变。高帝以来箕踞谩骂养成之卑污苟贱习惯革除。在位二十三年间，内政修明，人民乐业。顾是时封建之弊端已兆，于是有济北王兴居之变。兴居者，高帝之孙，齐悼惠王肥之子，初封东牟侯。陈平、周勃诛诸吕时，兴居与其兄朱虚侯章皆有大功。大臣许以赵王章，以梁王兴居。文帝即位，闻二人初欲立其兄齐王襄，绌其功不录。割齐之二郡，立章为城阳王，兴居为济北王，兴居快快。文帝三年，闻匈奴入寇，帝幸太原，遂发兵反。帝遣大将军柴武将兵击之，兴居兵败自杀。

第四节　淮南王长之跋扈

淮南王长者，帝之异母弟。三年，入朝。以母怨故，杀辟阳侯审食其，帝伤其志为亲，赦弗治，袁盎固请加以制裁。不听，已而长益骄恣。

出警入跸，拟于天子。自作法令行于其国。逐汉所置吏，又擅爵赏刑罚人。帝下诏切责之。长怨望，遂谋反。六年，发觉。废徙蜀，道死。梁王太傅贾谊知诸侯权太重，非长治久安之策，上疏劝帝削诸侯之权。其言曰："方今天下少安者何也？大国之王，幼弱未壮，汉所置之傅、相方握其事。数年之后，诸侯之王，大抵皆冠，血气方刚，汉之傅、相称病而赐罢。彼自丞尉以上，遍置私人。此时欲为治安，虽尧舜不治。（中略）欲天下之治安，莫若众建诸侯而少其力，力少则易使以义，国小则亡邪心。"帝嘉纳之。会齐王则（襄之子）薨，无子，诏分齐地。立悼惠王子六人为王（将闾为齐王、志为济北王、贤为菑川王、雄渠为胶东王、印为胶西王、辟光为济南王）。复分淮南地，立厉王（长谥）子三人为王（安为淮南王，勃为衡山王，赐为庐江王）。于是齐与淮南国势皆削弱，而吴楚之势力如故。

第五节　七国之乱

已而文帝崩，太子启即位，是为孝景皇帝，景帝之为太子也。适吴太子入见，侍帝饮博。吴太子争道不恭，帝取博局击杀之，吴王濞怒，称疾不朝，始有反谋。太子家令晁错数上疏言吴罪可削，文帝弗忍，以是吴日益骄横。景帝即位，以错为御史大夫。错上疏曰："昔高帝初定天下，昆弟少，诸子弱，大封同姓。齐七十余城，楚四十余城，吴五十余城，封三庶孽，分天下半。今吴王前有太子之隙，诈称病不朝，于古法当诛。文帝弗忍，因赐几杖。德至厚，当改过自新。反益骄溢，即山铸钱，煮海水为盐，诱天下亡人谋作乱。今削之亦反，不削亦反；削之其反亟祸小，不削反迟祸大。"上从错议。于是楚王戊、赵王遂、胶西王印，皆以有罪为错所弹劾，削地。廷臣方议削吴，吴王恐削地无已，因发谋举事。闻胶西王印勇而好兵，使人说之反，发使约齐、茁川、胶东、济南，皆许诺。于是吴王濞、胶西王印、胶东王雄渠、菑川王贤、济南王辟光、楚王戊、赵王遂以诛晁错为名，同时举兵反，齐王后悔，背约城守。胶西、胶东、菑川、济南共攻齐，围临淄。赵王遂引兵屯西境，遣使北约匈奴为援。吴王濞悉起兵二十余万，北渡淮，与胶东、胶西等国合兵西上，闽越、东越皆以兵从。帝信袁盎谗，杀晁错以谢七国。七国不奉诏。

初，文帝之在位也，从贾谊计，封少子武于梁。以扼东西咽喉。文帝且崩时，嘱景帝以“即后有缓急，周亚夫真可使将兵”。至是梁王武守睢阳（今河南开封道商丘县），扼吴楚西下之路。诏以周亚夫为太尉，将三十六将军，往击吴楚。曲周侯郦寄击赵，将军栾布击齐。拜窦婴为大将军，屯荥阳，为郦寄、栾布后援。吴楚悉兵围睢阳，梁王坚守不下，周亚夫用赵涉计，轻骑走蓝田，偷渡武关，直抵洛阳，吴楚大惊。梁数乞援，亚夫不应，进兵北屯昌邑，遣轻骑出淮泗口，绝吴楚兵后，塞其馕道。吴王攻亚夫营，亚夫坚壁不与战，吴楚士卒多饥死叛散，乃引去，亚夫追击，大破之。楚王戊自杀，吴王濞走东越（国名，在今浙江钱塘江南），越人杀之以谢汉，于是吴楚皆下。胶西、胶东、茁川、济南四国兵，久围临淄，不下。会栾布至，大破其兵，卬、雄渠、贤、辟光皆死。布旋师至赵，与郦寄合兵，攻破其城，遂亦死。七国之乱平。时景帝三年，西历纪元一五四年也。

七国既平，景帝乃为思患预防计，抑损诸侯，减黜其官。梁王武以帝弟有功，王四十余城，居天下膏腴地，骄姿多不法。王薨。诏分梁地为五国，尽立其子五人为王（买为梁王，明为济川王，彭离为济东王，定为山阳王，不识为济阴王），于是梁势分，其余诸国亦多削弱。燕、代无北边之郡；吴、淮南、长沙无南边之郡；齐、赵、梁、楚之支郡，名山陂海，咸纳于汉，诸侯渐微。大国不过十余城，小侯不过数十里。而汉郡八九十杂居其间，犬牙相错，扼其要害。王国大臣，由汉廷派遣。诸侯唯衣食租税而已。

武帝即位，用主父偃计，令诸侯得推恩分子弟以地，诸侯皆喜从之，于是诸藩始分，子弟毕侯矣。其后淮南王安、衡山王赐谋反，事觉，自杀。诏收其地为郡县，作左官之律，仕诸侯者不能复仕王朝。于是人才多集于中央，诸侯之势益削弱矣。

景帝仁爱节俭，留心民事，省刑罚、薄税敛，能绍文帝之业。在位十七年间，民殷国富，史称文景之治。比于周之成康，非过誉也。顾帝天性稍刻薄，多疑忌，故太子临江王荣、故丞相条侯周亚夫，皆以微嫌，不得令终，为世所诟病焉。

汉初封建之乱表

一、高帝五年七月，燕王臧荼反，帝自将击虏之。

二、同六年九月，匈奴寇边，围马邑，韩王信叛，与连兵。七年，帝自将讨信，信及匈奴皆败走，帝追击之，被围平城，七日乃解。

三、十年九月，代相陈豨反，帝自将讨平之。

四、同十一年七月，淮南王英布反，帝自将讨平之。

五、同十二年十一月，燕王卢绾谋反，遣樊哙以相国将兵讨之。

六、文帝三年十一月，淮南王长来朝，杀辟阳侯审食其。

七、同年五月，济北王兴居反，遣大将军柴武击杀之。

八、同六年十月，淮南工长谋反，废徙蜀，道死。

九、景帝三年正月，吴王濞，胶西王印，胶东王雄渠，菑川工贤，济南王辟光，楚王戊，赵王遂反，以条侯周亚夫为太尉，将兵讨平之。

十、景帝中二年九月，梁王武使刺客杀故太常袁盎。

十一、武帝元狩元年十月，淮南王安，衡山王赐谋反，自杀。

贾谊推恩策施行表

一、文帝十六年四月，齐王则薨，无子，诏分齐地，立悼惠王子六人为王。

二、文帝十六年四月，分淮南地，立厉王子三人为王。

三、景帝中六年四月，梁王武卒，分梁地，立其子五人为王。

晁错削藩策施行表

景帝初年，楚王戊、赵王遂有罪，削一郡，胶西王卬有罪，削六县，方欲削吴，吴王濞遂约胶西、胶东、菑川、济南同举兵反。

第五章　汉初之对外关系

汉初之封建问题，经七国之乱而解决。然对外问题如故也。对外问题之复杂，虽稍逊于封建问题，而困难过之。计自汉兴传国百有余年，经高、惠、文、景四代，朝廷所以宵旰忧勤，全国之智士谋臣，所以绞脑筋耗心血者，半为解决此问题而起。武帝有雄才大略，在位五十余年，用兵数十次，集全国之兵力财力，以从事于对外。于是对外问题解决，而汉室亦疲敝矣。兹述其概略于下。

第一节　汉与匈奴之关系

先是秦室盛时，北破蒙族之匈奴，略取河南地，南降苗族之百越，略取岭南地，一时中国疆域，西抵临洮、东至鸭绿江西岸、南尽交趾、北迄九原、云中，汉族势力骤膨胀，四夷之国皆辟易。及秦衰而匈奴兴，略取内外蒙古为根据地，进逼中国北境。汉楚战争时，其单于冒顿乘中国内乱，复取河南地，统一漠南漠北，数寇中国边境。韩王信叛，与连兵。高帝自将御之，败绩于平城（在今山西雁门道大同县城东五里），被围白登（山名。上有台在平城东七里），七日乃解。是时中国当丧乱之余，民生凋敝，强诸侯跋扈，有割据之势，中央势力薄弱，未能集权，对于强大之匈奴，有不敌之势。高帝用娄敬言，实行和亲政策，卑礼厚币以事匈奴。惠帝、高后及文景二帝，皆踵行此种姑息政策，屡遣宗女下嫁异族，子女玉帛，唯其所欲，识者鄙之，然亦深谅其不得已也。顾匈奴之跋扈滋甚，屡侵略中国边境，北鄙骚然。代相国陈豨、燕王卢绾、济北王兴居、赵王遂等作乱，匈奴皆与之遥为声援，收纳中国亡人，使南下与汉室为敌，朝廷苦之。是时百越旧地，为南越、闽越、东瓯所分据，皆为半独立国，不直隶于汉。南越地广兵强，其王赵佗雄勇有智略。高后摄政时，与中国有隙，数寇长沙之边境。文帝即位，遣大中大夫陆贾说降之。然对于汉室，常取独立态度，不受约束也。内地之大诸侯，若齐、若吴、若楚、若赵，皆地广兵多，有半独立之势，朝廷常受各方面牵制，不敢以全力向匈奴，以故匈奴日益恣横。已而七国之乱平，中国内部统一，中央集权之理想见诸事实，朝廷之气一振。西历纪元前一四一年，景帝崩，太子彻即位，是为武帝。武帝英明刚断，知人善任，思雪历来国耻。拔卫青、霍去病于厮养中，拜为大将，前后击匈奴十余次，汉兵得利，匈奴远飏。复乘南越、闽越、东瓯内乱，遣兵击灭之。于是西江、闽江、瓯江流域皆内属。分兵下朝鲜，于是鸭绿江流域内属。遣使通西域诸国，于是天山南北路亦羁縻于中国。一时汉族势力，包围匈奴三面。昭宣之世，乘匈奴内乱，一举破之。于是匈奴遂降为属国，受汉室保护矣。其事迹始末，已见于拙著东洋史中。兹从略。

匈奴内情表

风俗	逐水草游牧，食肉衣皮
	以言语为约束
	贵壮贱老，父死妻母，兄死妻嫂
	正月小会，五月大会，祭天地鬼神。秋季大会，立法
区划	左贤王居东，直上谷以东，接涉貊朝鲜
	单于居中，直代云中
	右贤王居西，直上郡以西，接氐羌

匈奴对汉之关系表

一，高帝时，冒顿单于势强，汉以家人子为公主，与冒顿和亲

二，文帝时，匈奴屡入寇，以宗室女为公主，妻老上单于

三，景帝时，匈奴与赵王遂通谋，遣宗女翁主婚军臣单于

四，武帝时，汉屡大举兵伐匈奴，伊稚斜单于远遁，漠南无王庭

五，昭帝时，壶衍鞮单于立，国内乖离

六，宣帝时，匈奴内乱，五单于争立，呼韩邪请降于汉

七，文帝时，西域副校尉陈汤击斩郅支单于。呼韩邪来朝，诏以后宫良家子王嫱妻之

汉武帝伐匈奴表

第一次	元光二年六月	西历纪元前一三三年	用大行王恢计，诱匈奴至马邑，伏兵邀之，无功而还
第二次	元光六年春	西历纪元前一二九年	匈奴寇上谷，遣车骑将军卫青等击郤之，是为匈奴受创之始
第三次	元朔二年春	西历纪元前一二七年	元匈奴入寇，遣卫青等将兵击走之，遂取河南地，置朔方郡，北边始有险可守
第四次	元朔五年春	西历纪元前一二四年	匈奴寇朔方，遣卫青率六将军击走之，虏获甚众
第五次	元朔六年四月	西历纪元前一二三年	遣卫青率六将军出定襄，击匈奴，嫖姚校尉霍去病以功封冠军侯
第六次	元狩二年春	西历纪元前一二一年	以霍去病为骠骑将军，出陇西，击匈奴，败之。秋，匈奴浑邪王降，始得河西地，以断羌胡交通路

第七次	元狩四年夏	西历纪元前一一九年	卫青、霍去病分道出击匈奴，青至寘颜山，去病封狼居胥山而还。自此匈奴远遁，漠南无王庭
第八次	太初二年秋	西历纪元前一〇三年	遣将军赵破奴击匈奴，败没
第九次	天汉二年夏	西历纪元前九九年	遣将军李广利击匈奴，无功而还。骑都尉李陵将兵别从别道进，战败，降匈奴
第十次	天汉四年春	西历纪元前九七年	遣李广利击匈奴，不利，引还
第十一次	征和三年春	西历纪元前九〇年	遣李广利等将兵击匈奴，败之；复战，败绩，遂降匈奴

参考书

东洋史（第二编　中古史　第一期　第一章　第十章）

第二节　汉与南越之关系

西江流域，旧为蛮夷巢窟。秦始皇定天下，始略取福建、广东、广西及安南北部，开郡置吏。秦亡，中原大乱，诸郡复乘隙离中国独立。汉初，两广、安南为南越所据，福建为闽越所据，浙东为东瓯所据，四川、南境及贵州、云南二省则为苗族诸小国所分据。各戴君主，不奉正朔。而南越地最广，兵最强，与汉为敌。高帝即位，因其故地，封为王爵以羁縻之，是为南越建国之始。

南越王赵佗者，真定（今河北保定道正定县）人，有大略。秦始皇时，略定岭南。置南海、桂林、象郡，徙谪戍民与粤人杂处，以佗为南海龙川（今广东潮循道即故惠州府龙川县）令。秦二世时，中原大乱，南海尉任嚣病且死，召佗，属以后事。并被佗书行南海尉事，嚣死，佗即移檄关隘，绝道聚兵。因稍以法诛秦吏，击并桂林象郡，自立为南粤武王。高帝既定中原，以天下初定，与民休息，不欲劳师远伐，乃立佗为南越王。使陆贾往授玺绶，与剖符通使，使和集百越，无为南边患害，佗称臣奉汉约。吕后时，有司请禁粤关市铁器，佗怒，遂反，自号为南越武帝，发兵攻长沙。吕后使隆虑侯周灶击之，会暑湿，士卒大疫，兵不能逾岭。佗因以兵威财物，赂遗闽越西瓯骆（今广西苍梧道郁林县地）役属焉。东西万余里，乘黄屋左纛，称制，与中国侔。文帝既立，以南越、滨海负山，地势险远，天气暑湿，不可以武力服，乃为佗亲冢在真定者置守邑，岁时奉祀，召其昆弟厚赐之；更命陆贾往，以书谕之。佗谢罪，去帝号，称臣如故。武帝时，南越王兴欲内属，比内诸侯，三岁一朝，除边关，用汉法，因治行装，欲奉其太后樛氏入朝。其相吕嘉为南越重臣，以樛氏淫乱，与汉使者安国少季通，乃称疾不见使者，数上书谏止兴入朝。樛氏惧，置酒召嘉，谋因宴会杀之。嘉恐，遂谋作乱。朝廷闻警，使韩千秋及樛氏弟乐将兵二千人入越境以诛嘉。嘉闻汉兵入境，遂弑王及太后，杀汉使者，更立兴兄建德为王，举兵反，伏兵袭杀千秋等，发兵守要害处。朝廷闻警，发楼船师十万，使路博德杨、仆等分兵五路伐之。仆击败越兵，嘉奉建德走入海，追获之。诏分其地，置南海（治番禺，今广东粤海道）、苍梧（治广信，今广西苍梧道旧梧州府）、郁林（治布山，今广西苍梧道旧浔州府及郁林直隶州）、合浦（治徐闻，今广东高雷道）、交趾（治羸𨻻，今法领越南河内附近北宁县）、九真（治胥浦，今法领越南东京附近清华县）、日南（治朱梧，今法领越南又安附近河靖县）、珠崖（今广东琼州岛北部）、儋耳（今广东琼州岛南部）等九郡。南越亡。自赵佗建国，传五世，九十三年而亡。现今广东、广西二省及法领越南北部皆入于汉。时武帝元鼎六年，西历纪元一一一年也。

第三节　汉与闽越及东瓯之关系

闽越王无诸、东海王摇，其先皆越王勾践之后，姓驺氏。周显王三十五年，越王无强伐楚，楚人大败之，尽取吴故地，东至浙江。越以此败，诸王族争立，或称王，或称君，滨于海上，而朝服于楚。于是无诸、摇先人，皆降为百越君长。秦兴，取其地置闽中郡，无诸、摇等皆废为平民。顾越之宗族，君临东南久，受人民崇拜，故仍为豪族。及诸侯叛秦，无诸、摇率其旧部落，归鄱阳令吴芮。从诸侯灭秦，有功，项籍分封天下，不与之爵，以故二人不附楚。汉楚战争时，无诸、摇率越人佐汉。高帝五年，楚亡，汉统一中国。论功，立无诸为闽越王，王闽中故地，都东冶（故城在今福建闽侯县冶山之麓），而摇仍为百越君长。惠帝三年，追论佐命旧功，立摇为东海王，都东瓯（今浙江瓯海道，即故温州府永嘉县）。是为闽越、东瓯建国之始。

景帝三年，七国作乱，吴王濞以淮南为根据地，招闽越、东瓯与共攻汉。闽越不从，东瓯从之。及吴王败，走渡淮，保丹徒（今江苏金陵道丹徒县），欲依东瓯以拒汉。东瓯受汉贿，杀吴王以谢罪以故得不问。吴王子驹亡走闽越，怨东瓯杀其父，常劝闽越击东瓯。武帝建元三年，闽越发兵围东瓯，东瓯食尽，困且降，乃使人告急于汉。武帝使中大夫庄助持节，发会稽兵，浮海救东瓯。未至，闽越解兵，东瓯请举国内徙。乃徙其众于江淮间，于是浙东地遂空。时建元三年，西历纪元前一三八年也。

闽越既北摧东瓯，复乘胜西攻南越。时南越王佗已卒，其孙胡在位。守天子约，不敢擅发兵，遣使告急于汉。武帝嘉其义，遣大行王恢为将军，出豫章，大司农韩安国为将军，出会稽，伐闽越以救南越。兵未逾岭，闽越王郢发兵拒险。其弟余善先与郢谋乱，至是畏汉兵威，恐己身及祸，乃与宗族谋杀郢。使使奉其头致王恢，恢乃以便宜案兵，告安国，而使使驰奏，诏罢兵。以无诸孙繇君丑始终不与乱谋，嘉其义，立丑为越繇王，与以闽越故地。使奉先王祀。余善既杀郢，威行全国，国民多属。窃自立为王，丑不能制，乃以上闻。武帝以余善疥癣之病，不足复劳师动众，乃以余善诛郢有功为名，立余善为东越王，与繇王分王闽越故地，东南事始定。时建元六年，西历纪元前一三五年也。

已而南越相吕嘉拒命，余善请以卒八千人，从楼船将军杨仆击南越，诏从之。兵至揭阳（今广东潮循道，即故潮州府揭阳县），以海风波为辞，逗遛不进。阴通使南越，持两端。南越亡后，杨仆请移师击东越，上以士卒劳倦，不许，令屯豫章梅岭（山名。在今豫章道，即故南昌府新建县西上有梅仙坛）以待命。余善闻汉兵临境，遂反，发兵拒汉道，以部将驺力等为吞汉将军，率师攻武林（地名。有武林山今浙江钱塘道等地）、白沙（地名。今浙江瓯海道即故温州府乐清县有白沙岭上有关为水陆要隘）、梅岭，败汉兵，杀三校尉，遂僭号，自称武帝。诏遣横海将军韩说、楼船将军杨仆、中尉王温舒及戈船、下濑两将军，分兵五路击东越。东越发兵拒险，败杨仆兵。故越衍侯吴阳前在汉，汉使归谕余善，余善不听。阳与越建成侯敖、繇王居股谋，共杀余善，以其众降汉。诏封居股等三人为侯。以闽地险阻，数反复，终为后世患，诏诸将悉徙其民于江淮间，遂虚其地，于是现今福建全省皆入于汉。时武帝元封元年，西历纪元前一〇年也。

第四节　汉与西南夷之关系

西南诸国形势，与东南诸国异。东南皆大国，西南皆小国。东南皆居国，西南多行国。东南各国君主皆汉族，有完全之政府，成为具体的国家。西南各国君主多蛮夷，概系部落酋长制度，不成为国家也。相传西南夷君长以十数，夜郎（今四川永宁道故叙州府宜宾、乐山二县及泸县界东南至贵州西边地）最大，其西靡莫之数以十数，滇（今云南滇中道，即故云南府附近）最大。自滇以北，君长以十数，邛都（今四川建昌道，即故宁远府附近）最大。皆椎结耕田，有邑聚。其外西自桐师以东，北至叶榆（泽名因以为部落号，即今洱海），名为嶲、昆明（二部皆在今云南迤西一带）。编发，随畜迁徙，无常处，无君长。地方可数千里。自嶲以东北，君长以十数，徙（音斯）、筰

（音昨）、都（今四川建昌道，即故雅州府清溪县附近）最大。自筰以东北，君长以十数，冉駹（今四川西川道茂县即故茂州附近）最大，皆苗族也。其俗或土著，或移徙，在蜀之西。自冉駹以东北，君长以十数，白马最大，皆氐族也。惟滇之王室为汉族，滇在云南境内，有大泽，方三百里，名滇池（在今云南昆明县），因以泽名名其国。其旁平地肥饶，可数千里。滇王庄氏，楚之疏族。战国时代，楚威王（纪元前三三九年至三二九年）以庄跻（楚庄王苗裔）为将军，将兵循江，上略巴（今四川东川道，即故重庆府附近）、黔中（今湖南武陵道，即故常德府及贵州东北部）以西，遂至今云南境内，略定滇池近傍诸部落。欲归报命，会威王薨，怀王立。秦将司马错灭蜀，乘势袭取楚之巴、黔中郡，归路阻绝。乃以其众王滇，变服从其俗以长之，是为滇国之始祖。其后秦遣兵略西南夷诸部，通五尺道，颇置吏焉。秦亡汉兴，弃西南诸部，而以蜀故徼为塞。于是西南诸部复沦于域外。巴蜀或窃出商贾，取其筰马、僰（蒲北切王制屏之远方西曰僰，西南夷部落名也）僮、髦牛之属，与中国土产交换。巴蜀以此殷富。是为汉初西南塞外之形势。

武帝时，使番阳（今江西鄱阳县）令唐蒙使南粤。访知南粤通蜀之道在夜郎，夜郎临群牂江（系船杙曰牂牁牂，庄跻伐夜郎椓船于此而步战既灭夜郎以江有椓船柯处因名。今名盘江，在广西），乃请武帝通夜郎。谓夜郎精兵可十余万，浮船牂牁，出其不意，为制粤一奇，帝从之。使蒙从筰关，（今四川建昌道清溪县）入见夜郎侯，厚赐之。谕以威德，约为置吏，夜郎侯听约，遂置犍为郡。邛、筰君长闻南夷得赏赐，多欲请吏，请为内臣。帝皆从之。后张骞使西域还，言："在大夏见邛竹杖及蜀布，知其市之身毒，身毒宜近蜀，且使大夏者，从羌中（今青海地）险。少北则为匈奴所得，不如由蜀经身毒市往为便。"乃使骞因蜀、犍为。发间使，四道并出，求身毒国。各行一二千里，终莫得通，于是始通滇国。昆明（在云南腾越道大理县地）不服，帝将伐之。闻其地有池甚大（即洱海），乃于近郊穿昆明池以习水师。南粤之叛也，帝使使发南夷兵。且兰（南夷国今贵州平越县）君反，杀使者。南粤既灭，移师讨之，诛且兰君，遂平南夷为牂牁郡。夜郎侯入朝，帝以为夜郎王。西夷冉駹之属皆震恐，请臣置吏。乃以邛都为越嶲郡，筰郡为沈黎郡，冉駹为汶上郡，广汉西白马为武都郡。

上乘灭越及征服西南夷之威，使王然于使滇，讽使其王入朝。滇大国，有众数万人。其东北境有劳深、靡莫（西南夷二国名，即今云南滇中道故曲靖府及姚州等地），皆同姓相扶，不肯入朝。劳深、靡莫数侵犯使者吏卒。元封二年（西历纪元前一〇九年），诏将军郭昌、中郎将卫广，发巴蜀兵击灭劳深、靡莫，以兵临滇。滇王恐，举国降，请置吏，入朝。诏以其地为益州郡（治滇池，今云南昆明县，即故云南府等地），赐滇王玉印，复长其民，于是云南东中北部皆入于汉。西南夷君长以百数，独滇及夜郎受王印，而滇最宠焉。

当是时汉灭两越，平西南夷，置初郡十七，威震塞外。欲遂通大夏，岁遣使十余辈，出此初郡，皆闭昆明，为所杀夺。元封六年（西历纪元一〇五年），赦京师亡命，遣拔胡将军郭昌将以击之，大破其兵，昆明终不下，后复遣使，竟不得通。于是汉廷政治上统辖范围，西南至益州郡为界，不复西矣。

第五节　汉与朝鲜之关系

朝鲜建国在周时。相传为殷太师箕子之后，殷亡，箕子耻臣周室，率国人五千避地朝鲜，遂君临其地。战国时，始与燕人接触；秦时，为辽东外徼。汉兴，修辽东故塞，与朝鲜以浿水（今鸭绿江）为界。燕王卢绾叛入匈奴，燕人卫满亡命，聚党东走出塞，渡浿水，袭破朝鲜，逐其王箕准而代之，传至其孙右渠，所诱汉亡人甚多。辰国（朝鲜半岛东南隅之辰韩）欲上书请见，又壅阏不通，又攻杀辽东东部都尉涉何。诏遣楼船将军杨仆浮渤海，左将军荀彘出辽东，分道伐朝鲜。朝鲜人杀右渠以降。诏分其地为乐浪（今平安北道、平安南道、黄海道及京畿道北部治朝鲜县）、玄菟（今咸镜南道治高句骊县）、临屯（今江原道治东胣县）、真番（今奉天东边道治云县）四郡，于是现今日领朝鲜及辽宁东部皆入于汉。时武帝元封三年，西历纪元前一〇八年也。其详具载于拙著《东洋史》中古史，第一期，第二章。兹从略。

第六节 汉与西域诸国之关系

西域诸国，大月氏最大，乌孙次之。两国皆突厥民族，旧居敦煌祁连间。汉初，为匈奴所破，陆续西走。大月氏走阿母河流域，乌孙走天山北路，皆征服其地而君之。武帝时，使张骞出使大月氏，招与夹击匈奴。骞出陇西，途中为匈奴所虏，留十余年。予妻有子，然骞持汉节不失也，已而得间西走，至大宛（今俄属费尔干省）。大宛为发译导至康居（今俄属吉尔吉思荒原），传致大月氏。大月氏地肥饶少寇，殊无报胡之心。骞留岁余，不得要领，乃还。复建议联络乌孙以断匈奴右臂，武帝然之，使骞赍金帛值数千万，往乌孙致赐谕指。因分遣副使，使大宛、康居、大月氏、安息（今波斯）、身毒（今印度）、于阗（今新疆喀什噶尔道和阗县）及诸旁国，皆与其人俱来，于是西域诸国始通于汉。

当时西域凡三十六国，车师（今新疆迪化道土鲁番县）、楼兰（在今罗布淖尔近傍）二国最偏东。楼兰王姑师为匈奴耳目，数攻劫汉使。元封三年（西历纪元前一〇八年），将军赵破奴以七百骑深入，虏姑师，遂击车师，破之。西域诸国震骇，大宛故产善马，上得宛汗血马，爱之，名曰天马。使者相望于道以求之，会汉使还，言宛有善马，在贰师城，匿不肯与汉。上遣壮士持千金并金马以请，宛王不肯。汉使怒，携金马以去，宛人杀之。上以李广利为贰师将军，大发兵伐宛，宛杀其王以降，于是汉室威灵震于葱岭以西。征和三年（西历纪元前九〇年），发西域诸国兵，击车师，虏其王。昭帝元凤四年（西历纪元前七七年），使付介子袭杀楼兰王，于是南北要道皆通行无阻，乌孙与汉和亲。宣帝本始二年（西历纪元前七二年），大发兵与汉东西犄角，夹击匈奴，大破之。地节三年（西历纪元前六七年），侍郎郑吉将免刑罪人，经略西域，与匈奴相持八年，卒破其兵。朝廷拜吉为西域都护，兼护诸国，于是现今天山南北路皆入于汉。时神爵二年，西历纪元前六〇年也。其详已见于拙著东洋史中。兹从略。

张骞奉使表

第一次，建元中，出陇西，为匈奴所得，亡走大宛，经康居，至大月氏，不得要领而还。初行时百余人，在外十三岁，惟二人得还。

第二次，元狩元年夏，出蜀道，求身毒不得，始通滇国。

第三次，元鼎二年夏，将三百人使乌孙，遣其副分使诸旁国，乌孙王遣使随骞报聘。后岁余，西域诸国皆通汉。

西域三十六国表（据徐松汉书西域传补注，南道诸国自东而西，北道诸国自西而东）

南道	北道
一、婼羌；二、楼兰，行国；三、且末；四、小宛；五、精绝；六、戎卢；七、擀弥；八、渠勒；九、于阗；十、皮山；十一、乌秅居国；十二、西夜；十三，子合；十四、蒲犁；十五、依能；十六、无雷；行国；十七、难兜，居国	十八、大宛；十九、桃槐；二十、休循；二十一、捐毒；二十二、莎车；二十三、疏勒；二十四、尉头；二十五、姑墨；二十六、温宿；二十七、龟兹；二十八、尉犁；二十九、危须；三十、焉耆；三十一、姑师；三十二、墨山；三十三，劫；三十四、狐胡；三十五、渠犁；三十六、乌垒。皆行国
以上十七国具在葱岭东塔里木河南，计居国十、行国七	以上十九国具在葱岭东塔里木河北岸

附葱岭东以外各国
- 车师前王庭，后王庭
- 山北六国（具在葱岭东塔里木河北）
  - 东且弥，西且弥
  - 前蒲类，后蒲类
  - 前卑陆，后卑陆

附岭西各国
- 乌孙……伊犁河流域
- 康居……锡尔河北
- 大月氏……阿母河流域及阿富汗
- 罽宾……北印度
- 乌弋山离……俾路芝
- 安息……波斯
- 条支……阿剌伯
- 奄蔡……里海北
- 身毒……印度

汉女外嫁表

一，高帝九年，与匈奴和亲，以家人子为公主，妻冒顿单于

二，惠帝二年，以宗女为公主，嫁冒顿单于

三，文帝六年，遣宗女翁主嫁匈奴老上单于

四，景帝时，遣公主嫁匈奴军臣单于

五，武帝时，遣江都王建女细君，嫁乌孙昆莫猎骄靡

六，武帝时，遣楚王戊之女孙解忧，嫁乌孙昆弥军须靡

七，元帝时，以后宫良家子王嫱，妻匈奴呼韩邪单于

参考书

东洋史（第二编　中古史　第一期　第六，七，八，九，四章）

第六章　武帝之内治

汉室全盛时代，实在武帝之时。其内治外征，皆能发挥一代特色。外征之事迹已见上章。兹述其内治事业。

第一节　儒学之奖励

中国学术之发达，至战国时达于极点。自经秦火后，受一大打击，奄奄不振者垂数十年。高帝出身微贱，轻谩儒生。既得天下，任用叔孙通、陆贾等，始知儒教之有益于人主。于是过鲁以太牢祀孔子，慨然兴学。惠帝之时，始除挟书律。文帝之世，始购求遗书，于是学术渐有生机。顾当时墨学流行，朱家郭解之流，皆以大侠名闻天下。及墨学衰而老派兴，惠帝之相国曹参，文帝之皇后窦氏皆崇拜之。景帝之时，晁错用事；武帝之时，张汤用事，皆以法治天下。此三派在朝廷及社会上，一时各占有无上势力，及三派皆衰，而儒教始勃然兴矣。

初，孔子之既没也，其弟子卜子夏设教于西河。魏文侯从之受经，初置博士官，是为以国力推行孔教之始。秦始皇焚书，儒教亦同时受一大打击。有汉初年，墨、老、法三派先后流行于社会，儒教势力依然不振。武帝即位之元年（西历纪元前一四〇年），诏举贤良方正直言极谏之士。广川（前汉王国治信都，今河北保定道、故深州直隶州大名道、故冀州直隶州及津海道、故河间府景州等地）名儒董仲舒对策，请表章六艺，罢黜百家，诏从之。以仲舒为江都（今江苏淮扬道故扬州府）相，治申韩苏张之言者皆罢之。于是儒教之尊严，回绝百流。建元五年（西历纪元前一三六年），初置五经博士。从董仲舒议，令郡国各举孝廉一人，孝廉之名始于此。元朔元年，定二千石不举孝廉者罪。五年，从公孙弘议，置博士弟子五十人。民年十八以上仪状端正者，得为博士弟子，复其身。每岁课第其高下，以补郎中、文学、掌故。有秀才异等者，辄以名闻，其不事学若下材者罢之。吏通一艺以上者，得选择补右职。于是公卿士大夫间，彬彬多文学士。其中若丞相公孙弘、御史大夫儿宽，皆以布衣致位宰相。此外侍从之臣，若司马迁、司马相如、庄助、朱买臣、吾邱寿王、东方朔、枚皋、终军等，学问文章，皆极一时之选。孔子之裔孙孔安国，以经学为侍中。帝兄河间王德、帝诸父淮南王安，皆以天潢贵胄，雅好儒学，著作鸿富。当时著述之书，现今流传者不少。西汉文学，极于此时矣。

第二节　法学家与经济学家之登庸

武帝虽尊重孔道、提倡儒学，顾性情奢侈、好大喜功、察察为明，用法制以御下，于是以需财孔急之结果，财政上不得不加以改革；犯法者多之结果，法律上不得不加以改革。一时经济大家若孔仅、桑弘羊辈；法学大家若张汤、赵禹辈，乃应时而出现矣。

武帝之在位也，外则连年征伐，又与西域诸国交际。内则大兴土木，宫廷苑囿备极华丽。文景以来之积蓄，挥霍一空。岁人与岁出不相符，因之财政困难。元朔元年，诏民得买爵赎罪，置武功爵卖之。元鼎三年，令株送徒（所忠言世家子弟富人乱齐民，乃征诸犯令相引数千人名目株送徒）得入财补郎，是为后世捐纳之始。元狩四年，置盐铁官，禁民间私铸铁器或煮盐。天汉三年，初榷酒酤，禁民间酿酒，是为后世政府盐、铁、酒专卖之始。

元狩四年，造皮币白金，是为后世纸币及银币之权舆。元光六年，初算商车。元狩四年，又算缗钱舟车，是为后厘金及交通税之权舆。元鼎二年，置均输法，作平准仓于京师，都受天下委输，贵卖贱买，于是商业上利权悉归于政府。元鼎五年，尝酎（酒名以献宗庙），令列侯献金助祭。金有轻及色恶者，上皆令劾以不敬，夺爵者百有六人。天汉四年，令死罪入钱五十万者，得减死一等。凡所以营营谋利者，无微不至。是时齐大煮盐东郭成阳、南阳大冶孔仅（大农令）、洛阳贾人子桑弘羊（大农中丞后为御史大夫）皆以巧于理财。致位大臣，操奇计赢，与民争利，百姓疲敝，流为盗贼。犯法者多，朝廷乃严刑峻法以治之。先后任用张汤、赵禹、义纵、王温舒、杜周等为司法大臣，皆以残酷著名，史称酷吏。民不堪命。东方盗贼蜂起。天汉二年，朝廷发绣衣直指使者讨之，死者甚众。又作沈命法（韦昭曰沈没也，敢蔽匿盗贼者没其命）曰："盗起不发觉，发觉而捕弗满品者，二千石以下至小吏主者皆死。"于是郡县吏畏诛，相与隐匿，盗贼益多，国家元气大损。又以法制御群臣，朝廷大臣，往往以小过被杀，人人自危，朝不保夕。已而巫蛊狱起，长安流血，皇后太子皆罹惨祸，于是武帝一生事业，以喜剧始，以悲剧终，亦可慨矣。顾孔、桑、东郭所行之财政，张、赵、义、王所行之法律，多为后世所则效，且与现今西洋学说相近，亦一代之人杰也。

第三节　巫蛊之狱

先是秦始皇时，朝廷好神仙怪诞之说。一时语怪之方士，纷至沓来。始皇没后，道教中衰。汉文帝时，鲁人公孙臣以五行代嬗说，赵人新垣平以神气符应说，受帝知遇，致位通显，是为汉初以神仙说易富贵者之始。武帝初年，方士李少君以祠灶却老方见上，上尊信之，始亲祠灶。方士齐人少翁、栾大，数为神仙鬼怪之言以蛊惑帝，帝深信之。其后二人相继以罪诛。方士齐人公孙卿复有宠，于是封泰山，禅梁父，数遣人人海求神仙。天子亲幸缑氏城（在今河洛道偃师县南二十里），幸东莱山。巡行海上，以候神仙，不至。帝在位岁久，为神仙说所惑，脑筋益流于荒诞，几成为一种精神病，宫廷惨祸，从此起矣。

征和元年（西历纪元前九二年），上居建章宫，见一男子带剑入中龙华门，命收之，弗获，上怒，斩门侯。大搜长安十日，无所得。是时方士及诸神巫，多聚京师，惑众变幻，无所不为。女巫往来宫中，教美人度厄，埋木人祭祀之，更相告讦以为咒诅。上心益疑，尝昼寝，梦木人数千，持杖欲击上。上为惊寤，因是体不平，益严刑峻法以威群臣，群臣罹祸者滋众。是时皇后弟大将军卫青已卒，皇后卫氏、皇太子据，皆仁厚恭谨，斤斤自守，顾颇不得上欢。邪臣因而毁之，皇后姊夫丞相公孙贺、贺子太仆敬声、皇后女诸邑、阳石两公主，皇后犹子长平侯卫伉，皆先后以谗，坐巫蛊罪，被杀。赵人江充有宠于上，为水衡都尉，陵侮太子。见上年老，恐晏驾后，为太子所诛。因言上疾祟在巫蛊，上使充治巫蛊狱，前后杀三辅及郡国居民数万人，搜治后宫希幸夫人，次及皇后、太子。声言于太子宫得木人尤多，将白上，穷治其罪。太子窘迫无计，乃从少傅石德议，收斩江充。白皇后发兵自守，诏丞相刘屈牦击败之，皇后、太子皆自杀，皇孙二人被害。已而吏民以巫蛊告者，案验多不实。高寝郎（高帝陵寝官）田千秋上书讼太子冤，上深感寤。族灭江充家，诛其党与宦官苏文，作思子宫，为归来望思之台，以吊太子。然事已无及矣。

已而帝知海内愁苦，罢方士候神人者，以田千秋为丞相，封富民侯，赵过为搜粟都尉。休兵息民，与天下更始。下轮台之诏，陈既往之非。除诸苛政，汉室复少安。然而帝已老矣，在位五十四年。以后元二年（西历纪元前八七年）崩，太子弗陵即位，是为孝昭皇帝。

汉武帝事略表

- 内治
  - 尊儒术，举贤良方正直言极谏之士……董仲舒等
  - 创年号
  - 信方士……孝少君，少翁，栾大，公孙卿等
    - 封泰山，禅梁父，数遣人入海求神仙
    - 兴巫蛊之狱
  - 任聚敛之臣……东郭咸阳，孔仅，桑弘羊等
    - 卖爵
    - 赎罪，令株送徒得入财补郎
    - 置盐铁官，禁民铸铁器，煮盐
    - 榷酒酤，禁民间酿酒
    - 造皮币、白金
    - 算商车，算缗钱舟车
    - 置均输法
  - 用酷吏……张汤，赵禹，义纵，王温舒，杜周等
- 外征
  - 伐匈奴……卫青，霍去病等
  - 通西域……张骞
  - 通夜郎……唐蒙
  - 开卭，筰，冉駹……司马相如。
  - 通滇国……张骞
  - 平南越……杨仆，路博德
  - 平闽越……杨仆，韩说
  - 徙东瓯……庄助
  - 灭朝鲜……杨仆，荀彘

第七章 外戚之擅权

自来殷忧所以启圣，多难所以兴邦。有汉初年，君臣协心。孜孜图治、文事武备、蒸蒸日上者，曰惟敌国外患故。及七国之乱平，封建问题解决，匈奴降附后，对外问题亦解决。昭宣之世，汉室隆盛，达于极点。元成继之，朝野上下，歌舞升平，文恬武嬉，不知乾惕。天子多傅脂粉，坐深宫，左抱美人，右拥嬖妾，以图目前之快乐。凡百庶政，委之左右近习之人，于是与天子最接近之外戚宦官，遂凭城狐社鼠之威，盗弄国柄。汉室诸姬，多出身微贱，悉尝民间疾苦，知人情之信伪。且较帝龄遥少，天子没后，尚能久存。往往以皇太后、太皇太后之资格，专执朝政。天子多受深宫教育，其经验阅历远不如皇太后。汉室尚孝，往往以隆重太后之故，推恩于其父兄子弟，追尊太后之父为侯，使长丞奉守寝庙，而以元舅为大司马大将军，领尚书事，辅政。元舅没后，诸舅继之。于是政柄入于外戚之手。外戚常借太后之力，压制天子。汉家末代之天子，不过外戚之傀儡。其终也，寡妇孤儿拱手于上，大司马大将军弄权于下。高帝以来艰难缔造之大业，遂为此辈牺牲矣。兹述其概略于下。

第一节 吕氏之专横

先是高帝在位，内惧吕后，高帝没后，吕氏擅权，几危宗庙。刘氏之所以安然无恙者，赖有诸侯之藩卫故也。顾强诸侯之跋扈，与外戚之擅权，其弊相等。以强诸侯制外戚，犹之以强盗御猛兽，虽一时免于吞噬，而剥肤吸髓之祸继之。主人痛楚难堪，仍不得不设法驱除强盗，及强盗去而猛兽又来，终难免吞噬之患。盖专制政体以下无良法，徒恃各机关互相牵制以为治，未有能长治久安者也。

第二节　薄昭之骄恣

吕后殂后，大臣迎立文帝，其理由则因其母家薄氏谨良。薄氏固谨良矣，设有不谨良者将何法以处置，则大臣曾未议及。盖陈平、周勃之徒，皆起家草泽，有经验，无学问；有急智，无远虑，法制思想不发达，不能思患预防也。文帝仁孝，凡事多请命于太后，以帝舅昭为车骑将军，辅政。卒因骄恣杀汉使者，帝不忍加诛，使公卿从之饮，欲令自裁。昭不肯，使群臣丧服往哭之，昭不得已，自杀。谨良者之结果如此，其不谨良者可知也。

第三节　窦后之擅权　田蚡之专横

景帝即位，母后窦氏擅权，天子大臣莫敢逆。皇子临江王荣之下吏也，中尉郅都禁不与刀笔，荣恚，自杀。太后怒，以危法中都，杀之。太后好黄老，景帝及诸窦不得不读老子，尊其术，史称老徒黄生与儒徒辕固生，尝辩难于帝前，黄生不胜。太后怒，使辕固生入圈刺豕，欲杀之。太后对于政治及学术权力之大如此，其他可知矣。七国反时，太后从兄子窦婴为大将军，屯荥阳，监齐赵军，有功，封魏其侯。武帝即位，以婴为丞相。母王太后之异父弟田蚡为太尉。窦太后崩，婴为蚡所倾，被杀，蚡为丞相，富贵终其身。盖外戚多借太后为护身符，太后崩则失所恃，得保首领以没者甚寥寥也。

第四节　卫氏之盛衰　钩弋夫人之无罪赐死

其后帝姊平阳公主家讴者卫子夫有宠，入宫，拜为夫人。生皇子据，立为皇后，据为太子。后弟卫青以战功拜大司马大将军，封长平侯。青三子伉、不疑、登皆封列侯。后姊卫少儿子霍去病，亦以战功拜大司马骠骑大将军，封冠军侯，声势赫濯。其后去病、青相继病没，不疑、登皆坐酎金失侯。后姊君孺为公孙贺夫人，贺为丞相，封侯，子敬声为太仆。坐巫蛊狱，与青子袭长平侯卫伉皆被杀。皇后、太子相继以巫蛊之狱自杀，卫氏骤衰。帝之晚年，鉴于吕后之专政，将立幼子弗陵为皇太子，先杀其母钩弋夫人赵氏。帝意以为“往古国家所以乱，由于主少母壮，女主独居骄蹇，淫乱自恣，故不得不先去之”。此论固然，然而欲立其子，先杀其母，未免太忍。况母后专政之恶习，本当立严法以限制，武帝不以法治，而以个人之武断治，亦非正本清源之长计也。

第五节　上官桀安之乱　霍氏之盛衰

帝疾笃，以霍去病之异母弟光为大司马大将军，金日磾为车骑将军，上官桀为左将军，受遗诏辅政。帝崩，弗陵即位，是为孝昭皇帝。命光、日磾、桀皆以将军领尚书事，由是大权归于领尚书事之将军。大司马、大将军，永为外戚辅政者之位置，丞相一职等于虚设。是时昭帝年才八岁，未能亲政。霍光忠厚有重望，辅幼主，政自己出。天下想闻其风采，光与桀相亲善。曰磾卒后，光与桀同辅政，每休沐出，桀常代入决事。光女为桀子安妻，生女，年甫五岁。安因帝姊盖长公主嬖人丁外人，纳之宫中，立为皇后，拜安车骑将军。安为外人求封，光不许，盖长公主以是怨光。

自武帝时，桀位在光右，至是安为后父，光乃其外祖。顾专制朝政，桀安滋不平，乃与盖主及帝兄燕王旦、御史大夫桑弘羊共谋退光。诈令人为燕王上书，告光专权自恣，疑有非常，候光出沐曰奏之，桀欲从中下其事。令弘羊与诸大臣共执退光，是时昭帝年才十四，知其欺诈，持不可。桀、安惧，乃与盖主、燕王、弘羊、外人等谋反。事觉，伏诛，于是大权悉归于光。

自武帝没后，霍光独秉政者垂二十年（自昭帝始元元年至宣帝地节二年）。承奢侈之余，持以恭俭。内安百姓，外抚四夷，屡遣使者巡行郡国。举贤良，问民疾苦，罢战争以来新加之恶税。赈贫民，减口赋，人望归之。昭帝在位十三年，以元平元年（西历纪元前七四年）崩，无嗣。光承皇后诏，迎皇侄昌邑王贺入即位，尊皇后曰皇太后。贺狂纵，淫戏无度，大臣谏不听，光深以为忧。用大司农田延年议，率群臣奏太后而废之，迎武帝曾孙病已入即位，是为孝宣皇帝。

宣帝者，太子据之孙，皇孙进之子。遭巫蛊之祸，太子三男，一女及诸妻妾皆被害。帝生才数月，亦坐系郡邸狱。廷尉监丙吉受诏决狱，哀其无辜而免之，择谨厚乳媪抚养。长受诗于东海澓中翁，高材好学，喜游侠，斗鸡走马，上下诸陵，周遍三辅，以是具知闾里奸邪，吏治得失。昭帝崩后，丙吉上书于光，称帝仁孝恭俭，可嗣大位。光乃率群臣奏太后迎帝入宫，封为阳武侯，遂即帝位。尊皇太后为太皇太后，归长乐宫。霍光请归政，上谦让不许。

当是时霍光秉政岁久，威权甚重，家门繁盛。帝即位后，议立皇后，公卿皆心拟光女，帝不听，而立微时糟糠之妻许氏为皇后。光夫人显欲贵其小女成君，道无从，会皇后免身。显与女医淳于衍密谋，进毒弑后。因劝光纳成君于宫中，光不得已，从之，立为皇后。地节二年，光卒，诏以其子禹为右将军，兄孙山为奉车都尉，领尚书事。是时光女婿范明友为未央卫尉，任胜为中郎将、羽林监，邓广汉为长乐卫尉，分握兵柄。霍氏骄侈恣横，太夫人显僭拟淫放，帝内不能善，又颇闻霍氏毒杀许后而未察。乃用御史大夫魏相议，令上封事者去副封，以夺霍山之权。寻以相为丞相，丙吉为御史大夫，总理庶政。于是领尚书事之权渐绌，复以张安世为大司马卫将军，长乐、未央卫尉，诸军皆属，而徙明友、胜、广汉他官。以霍禹为大司马，冠小冠，亡印绶，罢其屯兵官属。诸领胡、越骑、羽林，及两宫卫将屯兵，凡霍氏党与皆转职，而以所亲信许、史子弟代之，霍氏怨望。地节四年，谋大逆，事觉，族诛，连坐者数十家。皇后霍氏废处昭台宫，后十二岁，徙云林馆，自杀。

先是宣帝微时，受掖庭令张贺教养，为娶许后，恩义甚笃。昭帝在位，贺弟安世为右将军，辅政。昭帝崩，安世与霍光定策，迎立宣帝。光卒后，擢安世为大司马车骑将军，领尚书事，辅政。寻改授大司马卫将军，两宫卫尉，总统诸军，以收霍氏兵权。于是大权归于安世，安世谨慎周密，每定大政，已决。辄移病出，闻有诏令，乃惊。使吏之丞相府问焉，自朝廷大臣，莫知其与议也。久之，安世卒。以许后叔父延寿为大司马车骑将军，辅政。

第六节　宣帝之内治

宣帝生长闾阎，深知民间疾苦。霍光卒后，帝始亲政，以魏相、丙吉等为丞相，于定国、黄霸等为廷尉，赵广汉、萧望之、尹翁归、张敞、盖宽饶、韩延寿等尹京邑，韩增、赵充国等为将军。公卿大臣，皆极一时之选，励精为治，五日一听事，自丞相以下，各奉职而进。枢机周密，品式备具，上下相安，莫有苟且之意。拜刺史、守、相辄亲见问，观其所由，退而考察所行，有名实不相应，必知其所以然。常称曰："庶民所以安其田里，而亡叹息愁恨之声者，政平讼理也，与我共此者，其惟良二千石乎。"以为太守吏民之本，数变易则下不安。民知其将久，不可欺罔，乃服从其教化，故二千石有治理效。辄以玺书勉励，增秩赐金，或爵至关内侯。公卿缺，则选用之。汉世良吏，于斯为盛。举贤良方正之士，求直言。省京师屯兵，罢郡国宫馆，假贷贫民，置廷尉平，令郡国岁上系囚掠笞瘦死以课殿最。益小吏俸以养廉，诏诸儒讲五经异同于石渠阁，立梁丘易、夏侯尚书、谷梁春秋博士以奖励经学。袭武帝余威，征服匈奴及西域诸国，以统一塞外民族。在位二十五年，令行禁止，史称中兴之世。独惜帝果于刑戮。京兆尹赵广汉、司隶校尉盖宽饶、左冯翊韩延寿、光禄勋杨恽，皆以能臣不得其死，又惑于神怪祥瑞之说，遣使至益州，求金马碧鸡之神。郡国希旨，数言凤凰见，甘露降，朝廷为之大赦。则亦未能免俗也，黄龙元年崩（西历纪元前四九年），太子奭即位，是为孝元皇帝。

汉宣帝事略表

内治	任贤相魏相，丙吉相继为御史大夫、丞相，朝廷称治
	任循吏赵广汉、黄霸、张敞相继为京兆尹，于定国为廷尉，朱邑为大司农，龚遂为水衡都尉，尹翁归为右扶风，萧望之，韩延寿相继为左冯翊，百官循理
	杀京兆尹赵广汉，司隶校尉盖宽饶，光禄勋平通侯杨恽，左冯翊韩延寿，直臣短气
	任弘恭为中书令，石显为仆射，为宦官之祸所自始
	用许广汉、史高，为外戚之祸所自始
外征	遣校尉常惠护乌孙兵，击破匈奴
	遣侍郎郑吉平定西域，卫侯冯奉世破莎车
	遣后将军赵充国平先零羌

第七节　弘恭石显之祸

孝元柔仁好儒，为太子时，其师疏广疏受知其愦愦不堪造就，同时谢病归。宣帝以其不类己，数欲废之。因许后微时所生，时后已亡，不忍。宣帝病笃，以祖母史良娣之兄子高为大司马车骑将军，太子太傅萧望之为前将军，少傅周堪以光禄勋领光禄大夫，受遗诏，辅政，领尚书事。元帝即位，望之堪皆以当世名儒，又为帝师，数言治乱，陈王事。选白宗室明经有行者，与同心谋议，劝导上以古制，多所匡正，上甚向纳之，史高充位而已。由是与二人有隙。宦官中书令（少府属官）弘恭、仆射石显，自宣帝时，久典枢机。元帝多病，以显中人无外党，遂委以政。事无大小，因显以白。贵幸倾朝廷，显为人巧慧习事，内深贼，持诡辞以中伤人。与高为表里，论议常持故事，不从望之等。望之患苦许史放纵，又疾恭显专权，建白以为“中书政本，国家枢机，宜以通明公正处之，罢中书宦官，应古不近刑人之义”。帝初即位，谦让重改作，议久不定。恭显与高密谋，谮望之等“谮诉大臣，毁离亲戚，欲以专擅权势，为臣不忠，诬上不道，请召致廷尉”。上从之，下望之等狱，免其官，寻逼杀望之。堪亦忧愤而卒，高庸碌无他长，旅进旅退，充位而已。恭寻卒，朝廷大权悉归于显。显谗害正人，引进同类，朝政日益腐败。元帝在位十五年，以竟宁元年（西历纪元前三三年）崩，太子骜即位，是为孝成皇帝。

第八节　王氏之祸

成帝之为太子也，后父许嘉以大司马车骑将军，辅政。即位以后，以元舅王凤为大司马大将军，领尚书事，免石显官，放归故郡。寻策免嘉，以凤专录朝政。封其弟崇、谭、商、立、根、逢时，皆为列侯。于是大权悉归于凤。凤骄恣专横，杀戮直臣。丞相乐昌侯王商、京兆尹王章，皆以贤臣不得其死，郡国守相刺史皆出其门。王氏竞为奢侈，赂遗珍宝，四面而至。凤在职十一年卒，诏以其从弟音为大司马车骑将军，辅政。音在职七年卒，诏以凤弟商为大司马卫将军，辅政。商在职三年卒，诏以其弟根为大司马骠骑将军，辅政。根在职四年，病免。诏以其从子莽为大司马，辅政。王氏父子五代，握政权二十余年，内有太后为之奥援，门生故吏遍天下，根深蒂固，牢不可拔。成帝荒淫，数微行，出入市里郊野，远至旁县，斗鸡走马，无所不为。过阳阿主家，悦歌舞者赵飞燕，召入宫，大幸。其女弟合德，姿性尤醲粹，亦召入，有宠。飞燕姊妹谮废许后，立飞燕为皇后，合德为昭仪，宠倾后宫，性淫荡妒嫉，后宫美人不得召幸，以故帝无子。帝在位二十六年，以绥和二年（西历纪元前八年）暴崩。民间喧哗，咸归罪赵昭仪，昭仪自杀。计元成二代四十余年，君臣酣嬉，夜以继日，大权旁落，王氏篡汉之祸，兆于此矣。

第八章　新莽之篡

汉室中叶以后，例以外戚辅政。天子高拱于上，丞相束手于下，公卿百官奔走趋承于其左右。孝元皇后历汉四世，为天下母，享国六十余载。群弟世权，更持国柄，五将十侯，声势赫濯。其侄王莽席累世积威，乘大统更迭之际，拥戴幼主，利用经学谶纬学说，淆惑世人耳目，窃据九五，自称天子。汉祚因以中斩。履霜坚冰，其所由来者渐矣。兹先叙王莽家世，及其幼年况状，次及其壮年辅政时之事迹，以为有新篡汉之前提。

第一节　王莽之家世及其登庸事迹

先是王太后兄弟八人，独弟曼早死不侯。子莽幼孤，不及等比，其群兄弟皆将军。五侯子乘时侈靡，以舆马声色佚游相高。莽因折节为恭俭，勤身博学，被服如儒生，事母及寡嫂，养孤兄子。行甚敕备，又外交英俊，内事诸父，曲有礼意。大将军凤病，莽侍病，亲尝药。乱首垢面，不解衣带连月。凤且死，以托太后。当世名士戴崇、金涉、陈汤亦咸为莽言，由是封为新都侯，迁骑都尉、光禄大夫、侍中，宿卫谨敕。爵位益尊，节操愈谦，振施宾客，家无所余，收赡名士，交结将相，故在位更推荐之。虚誉隆洽，倾其诸父，敢为激发之行，处之不惭恧。尝私买侍婢，昆弟怪之。莽因曰："后将军朱子元无子，莽闻此儿种宜子，为买之。"即日以婢奉博，其匿情求名如此。成帝末年，卫尉淳于长有宠，莽发其奸，杀之。上称莽忠直，会大司马根病免，荐莽自代，诏从之。于是政权始归于莽。时年三十八，莽既拔出同列，继四父而辅政。欲令名誉过前人，遂克己不倦。聘诸贤良以为掾史，赏赐邑钱，悉以享士，愈为俭约。母病，公卿列侯遣夫人问疾，莽妻迎之，衣不曳地，布蔽膝，见之者以为僮使。问知其夫人，皆惊。其饰名如此。成帝崩，哀帝即位，尊皇太后为太皇太后。太后诏莽就第，避帝外家，莽上书乞骸骨。帝遣尚书令敦谕起之。寻以忤傅太后旨故，罢就第，于是政权归于傅太后。

第二节　王莽之中废　傅太后之专横　董贤之嬖宠

傅太后者，哀帝本生祖母。元帝时为昭仪，有宠。生定陶共王康，康卒，子欣嗣。成帝无子，欣以犹子资格，立为皇太子。成帝崩，欣即位，是为孝哀皇帝。哀帝幼时，受傅太后抚养，及立为太子。傅太后及帝母丁姬，皆从至长安，居定陶国邸，诏以抚养旧恩，许十日一至太子家相见。哀帝即位，太皇太后令傅太后、丁姬十日一至未央宫，诏问大臣傅太后宜何居。丞相孔光知傅太后刚暴，长于权谋，恐其干与政事，不欲使与旦夕相见。建议以为宜改筑宫，大司空何武以为可居北宫，上从之。北宫有紫房复道，通未央宫，傅太后朝夕从复道至帝所，要求尊号，并贵宠其亲属。上不得已，白太皇太后，追尊定陶共王为定陶共皇，尊傅太后为定陶共皇太后、丁姬为定陶共皇后，封傅太后从子晏、丁姬兄明，皆为列侯。立晏女为皇后。寻承傅太后意旨，免大司马王莽官，遣曲阳侯王根就国，免成都侯王况为庶人。于是王氏之势力大挫，傅太后专横滋甚，以私怨杀中山王太后冯氏，及其弟宜乡侯参。策免大司空师丹、大司马傅喜、丞相孔光，变更朝廷大臣，于是大权皆归于傅太后。寻尊傅太后为帝太太后、丁姬为帝太后、复尊傅太后为皇太太后。傅太后骄恣特甚，与太皇太后语，至谓之妪。丁傅子弟为公卿列侯者甚众。

已而傅太后卒，帝始自由行政，是时帝久病无子，侍中董贤美丽自喜，性和柔便辟，得幸于上。常与上同卧起，贵震朝廷。妻得通籍殿中，女弟为昭仪，父恭为少府，诏将作大匠为贤起大第北阙下。穷极技巧，赐武库禁兵，上方珍宝，皆选上第，而乘舆所服乃其副。东园秘器，珠襦玉柙，无不备具。下至僮仆，皆受上赐。又为贤起冢茔义陵旁，周垣数里。丞相新甫侯王嘉、尚书仆射郑崇谏，上怒，下崇狱，杀之。嘉不食而卒，于是公卿大臣皆奔走趋承于贤左右，寻封高安侯。年二十二，拜大司马、常给事中，领尚书事，百官因贤奏事。亲属皆侍中，帝奇嬖贤，常因酒酣，微露禅让之意。其策拜贤为大司马之文云："建尔于公，以为汉辅，匡正庶事，允执其中。"亦法尧禅舜之文也。帝在位六年，以元寿二年（西历纪元前一年）崩，无子。太皇太后诏起王莽为大司马，领尚书事，辅政。于是大权复归于王氏。

第三节　西汉末年之儒学思想　王莽之矫诬

初，王莽之免官也，朝士多为之言。哀帝乃加恩宠，以为特进、给事中，朝朔望。寻承傅太后意旨，令莽就国。哀帝崩，太皇太后遣使者驰召莽。莽以太后诏，册收董贤印绶，逼之自杀。追夺傅太后、丁姬尊号，废孝成、孝哀二皇后、就其园，皆自杀。斥逐丁、傅子弟及董贤家属，迎哀帝从弟中山王箕子入即位，是为孝平皇帝。年九岁，不能亲政，于是太皇太后临朝。王莽以大司马秉政，百官总己以听。莽阴柔奸险，以孔光名儒，历相三帝，名望甚重，太后所敬，天下信之。于是盛尊事光，引光女婿甄邯为侍中。诸素所不悦者，皆傅致其罪，每有举措，先遣邯以太后旨讽示大臣。令人奏，莽白太后，辄可其奏。太后偶有异同，莽辄以朝议挟持太后。太后不得已，辄从莽议。于是附顺者拔擢，忤恨者诛灭。以王舜、王邑为心腹，甄丰、甄邯主击断，平晏领机事，刘秀典文章，孙建为爪牙。莽色厉而言方，欲有所为，微见风采。党羽承其指意而显奏之，莽稽首涕泣固推让，上以惑太后，下用示信于众庶焉。

当是时儒教统一中国思想界已久，学者多倾于保守，抱残守缺，以研究经学为唯一不二要义，文字以外，无特别发明。复古之念太重，崇拜孔子“祖述尧舜，宪章文武”主义，以唐虞三代为朝廷模范。思想界之束缚太甚，各种科学皆不发达，因之阴阳五行家学说流行，迷信思想乘虚而入。于是以儒教天人相与之说，与谶纬学说并为一谈。日食则天子例当修省，月食则皇后例当修省。宰相有燮理阴阳之责，地震雨水，则可以策免三公。凡天地间自然现象，现今宜以科学解释者，当时皆以谶纬学附会经学解释之。王莽生逢其时，利用经学及谶纬学学说，以为攘夺政权地步，一举一动，取法周礼，迎合一般世人心理。貌为迂阔，内实奸深。当时朝廷大臣，若孔光、马宫、平晏、甄丰之徒，类皆无知俗儒，有意无意之间为莽所愚弄，迎合莽意，铺张扬厉，阿谀苟合，以求富贵。莽乃规行矩步，处处效法周公，笼络世人，受其崇拜，窃据九五。自以为法尧禅舜，汉廷大臣皆以莽有种种符瑞，为天命所归，虽奴颜婢膝称臣效忠于莽而不悔，盖西汉之颠覆，经生与有责焉。论史者不敢因其为孔教徒而代为之讳也。莽之初摄政也，讽益州，令塞外蛮夷，自称越裳氏，重译献白雉一、黑雉二，莽白太后以荐宗庙。于是群臣盛称莽功德，宜赐号曰安汉公，益户畴爵邑。莽阳推功于孔光、王舜、甄丰、甄邯等，太后诏普进光等官爵，而特进莽为太傅，号安汉公，益封二万八千户。莽貌为惶恐，不得已，始受职。复建言褒赏宗室群臣。王侯已灭者复其国，绝者为立嗣。优待年老致仕官吏，与以故禄三分之一，终其身。下及庶民鳏寡，恩泽之政，无所不施，于是朝野上下之人，无不爱戴。莽又讽公卿奏言太后春秋高，不宜亲省小事。令太后诏曰：“自今以来，唯封爵乃以闻。他事安汉公四辅（时以孔光、王莽、王舜、甄丰为四辅）平决，州牧二千石及茂才吏初奏除事者，引入近署，对安汉公，考故官，问新职，以知其称否。”于是莽人人延问，密致恩意，厚加赠送，其不合指，显奏免之，权与人主侔矣。

寻仿唐虞称号，置羲和官（改大司农为之后更名纳言），封公子宽孔均为侯。以奉周公孔子之嗣，复仿周制，郊祀高祖于稀以配天。宗祀孝文于明堂以配上帝，起明堂、辟雍、灵台。立乐经，征天下通经异能之士。又访殷制，尊孝宣庙为中宗、孝元庙为高宗。更定官名及十二州界。又讽黄支国献犀牛，讽匈奴单于令遣女入侍太皇太后，遣使者多持金币，诱塞外羌。使言“太皇太后圣明，安汉公至仁，天下太平。五谷成熟，或禾长丈余，或一粟三米，或不种自生，或不蚕自茧。四年以来，羌人无所疾苦，愿献地内属”。奏以为西海郡。大臣皆上书称莽功德，宜比周公。诏采伊尹周公称号，进莽号宰衡，位上公。三公言事称“敢言之”。寻进莽位在诸侯王上。吏民前后为莽上书颂功德乞封赏者，凡四十八万七千五百七十二人。诏加莽九锡，莽自以为人心趋向，始日夜谋篡位，无复忌惮矣。

第四节　王莽之弑逆及其篡立

帝之初即位也，莽恐帝外家卫氏夺其权，白太后拜帝母卫姬为山中孝王后，赐帝舅宝、玄爵关内侯，皆留中山，不得至京师。莽长子宇非莽隔绝卫氏，私与卫宝通书，教卫后上书谢恩，因求至京师。莽不听。宇与师吴章谋，以为莽好鬼，使妇兄吕宽夜为变怪以惊之，谋泄，莽杀宇，灭卫后家，腰斩吴章，穷治党羽，连引莽素所恶者汜乡侯何武、故司隶校尉鲍宣、故丞相乐昌侯王商子安、故左将军辛庆忌诸子通、遵、茂等及汉室直臣。郡国豪杰，平素不附莽者，凡数百人，皆弃市。天下震动。

已而帝益壮，以卫后故，怨不悦。莽因腊日上椒酒，置毒酒中，帝有疾。莽作策请命于泰畤，愿以身代，藏策金畤，置于前殿，敕诸公勿敢言。帝在位五年，以元始五年（西历纪元五年）崩。太后与群臣议立嗣，时元帝世绝，而宣帝曾孙，有见王五人，列侯四十八人。莽恶其长大，曰：“兄弟不得相为后。”乃悉征宣帝玄孙选立之。先是泉陵侯刘庆上书，言“皇帝富于春秋。宜令安汉公摄行天子事，如成王周公故事”。至是群臣多以为言。太后力不能制，乃诏莽居摄践祚，如周公故事。于是群臣奏言：“请安汉公践祚，服天子韨冕，背斧依于户牖之间，南面朝群臣，听政事，车服警跸。臣民称臣妾，皆如天子之制，祭赞曰假皇帝。臣民谓之摄皇帝，自称曰予，平决朝事，常以皇帝之诏称制，其朝见太皇太后。皇帝皇后，皆复臣节，自施政教于其宫家国采，如诸侯礼仪故事。”诏曰：“可。”次年。莽立宣帝玄孙婴为皇太子，号曰孺子。年甫二岁，宗室安众（故城在今河南汝阳道南阳县城西南三十里）侯崇，严乡侯信与东郡太守翟义，先后起兵讨莽。移檄郡国声莽鸩杀孝平盗窃帝位之罪，三辅豪杰赵朋、霍鸿等，起兵应之。莽闻之，惶惧不能食，曰抱孺子祷郊庙。会群臣而称曰：“昔周公摄政，而管蔡挟禄父以畔。今翟义亦挟刘信而作乱，自古大圣犹惧此，况莽臣之斗筲。”群臣皆曰：“不遭此变，不章圣德。”莽依周书作大诰，谕天下以当反位孺子之意。

已而诸将击灭义等，三辅皆平。莽乃置酒白虎殿，治校军功，依周制爵五等，以封功臣。当赐爵关内侯者，更名曰附城。自谓威德日盛，大获天人之助，遂谋即真之事矣。是年十二月，梓潼无赖哀章作铜匮为两简，假高帝灵以献莽，莽至高庙，拜受金匮神禅，御王冠，即真天子位，建国号曰新。改元始建国。废孺子为定安公，汉亡。时孺子婴初始元年，西历纪元八年也。

计前汉一代，传国二百一十年，传世十三代。中间女主之有权者九人，外戚之握政权九姓。凌夷至于末叶，遂成新莽之祸。盖履霜坚冰，其所由来者渐矣。兹试列女主及外戚表于下，以供参考。

西汉女主外戚表

帝名	在位年代	女主之有权者	外戚之有权者
高帝	八年		
惠帝	七年	母吕太后	
两少帝	八年	祖母吕太后	吕氏王者三人，侯者六人
文帝	二十三年	母薄太后	薄太后之弟侯者一人
景帝	十六年	祖母薄太后二年崩，母窦太后	窦氏侯者三人
武帝	五十四年	祖母窦太后六年崩，母王太后	
昭帝	十三年		霍光执政
宣帝	二十五年	叔祖母上官太后	霍氏有权母家王氏侯者二人，祖母家史氏侯者四人
元帝	十六年	继母王太后	母家许氏侯者二人
成帝	二十六年	母王太后	王氏侯者十人，大司马五人
哀帝	六年	祖母傅太后母丁太后	傅氏侯者五人，丁氏侯者二人
平帝	五年	嫡祖母王太皇太后	王莽
孺子婴	三年		王莽
计二百一十年			

第九章　王莽之末路

西汉亡国之直接原因，由于王莽篡立。莽之所以敢于篡立，且不得不篡立者，有二大原因：一为积极之原因。因当时同姓诸侯，势力微弱，不足以监督政府；一为消极之原因。因当时外戚势成骑虎，不篡汉室，恐遭灭族之祸也。史称自汉兴至于孝平，外戚后庭，以色宠著闻者二十有余人，然其保位全家者，唯文帝薄太后、景帝窦太后、武帝王太后及宣帝印成后（宣帝皇后王氏霍后废后立者以父奉光封印成侯，故称印成后）四人而已。此外若宣帝祖母史良娣、宣帝许后，身皆夭折，其族依附旧恩，不敢纵恣，是以能全。其余大者夷灭，小者放诛。若高帝吕后、武帝卫后、昭帝上官后、宣帝霍后、平帝母中山卫后，家皆被诛夷；文帝母薄太后弟昭、文帝窦后从昆弟子婴；宣帝母王夫人之从子商、平帝祖母中山冯太后弟参，亦皆不得令终。哀帝祖母傅太后、母丁姬，家皆徙合浦，其被祸尤酷者也。岂外戚皆不肖欤，抑亦威权震主者身危，势力逼人者家破。汉家末造天子，形同木偶，外戚起于微贱，盗据国柄。权力愈大者，得罪于人民愈甚，其欲得而甘心者亦愈多。故一有可乘，动辄遭覆宗之祸也。王莽深悉此中利害，一旦得志，倒行逆施，略无顾忌。臣节固有亏矣，为个人计，固未为失策也。独惜其顽固迂阔，不切事情。朝廷举措，一则曰效法古人，再则曰占验符命。昧于当世之潮流、与舆论之向背，于是始以经学及谶纬学说、欺人寡妇孤儿、狐媚以取天下者。既得天下后，仍以经学及谶纬学说自欺，驯至失天下，腐儒起家之奸雄，终不脱措大习气，所谓君以此始，亦以此终，亦可笑也。兹述其事迹如下。

第一节 莽之复古

一、官制

莽之初摄政也，学者每以周公颂扬莽，莽亦以周公自居。其发诏诰，常用尚书文体。始建国元年正月朔，莽帅公侯卿士，奉皇太后玺韨（音弗），更号新室文母太皇太后。废孝平皇后为定安太后。按金匮，封拜其党王舜、平晏、刘歆、哀章为四辅，甄邯、王寻、王邑为三公，甄丰、王兴、孙建、王盛为四将，凡十一公。王兴者，故城门令史，王盛者，卖饼儿。莽案符命，求得此姓名十余人，两人容貌应卜相，径从布衣登用，以示神焉。莽好古制，尽易汉官名，皆彷唐虞三代之旧。降汉诸侯王皆为公，王子侯皆为子，诸刘为郡守者，皆徙为谏大夫。改明光宫为定安馆，徙定安太后居之。以故大鸿胪府为定安公第，皆置门卫使者监领。敕阿乳母不得与语，常在四壁中，至于长大，不能名六畜。

二、封建

立妻王氏为皇后，子临为太子，安为新嘉辟。封长子宇子六人为公，齐衰之属为侯。大功为伯，小功为子。缌麻为男，其女皆为任，男以睦、女以隆为号。莽因汉承平之业，府库百官之富，百蛮宾服，天下晏然。莽一朝有之，其心意未满，陿小汉家制度，欲更为疏阔，乃自谓黄帝虞舜之后，至齐王建孙济北王安失国。齐人谓之王家，因以为氏，故以黄帝为初祖，虞舜为始祖，追尊陈胡公曰陈胡王、田敬仲曰齐敬王、济北王安曰济北愍王。立祖庙五，亲庙四。天下姚、妫、陈、田、王，五姓皆为宗室，世世复无有所与。封陈崇、田丰为侯，以奉胡王敬王后，天下牧守。皆以前有翟义、赵朋等作乱，领州郡，怀忠孝。封牧为男，守为附城。以汉高庙为文祖庙，汉氏园庙祠荐如故。

三、地方制

仿周制，以洛阳为东都，常安（长安改名）为西都。诸侯之员千有八百。附城之数亦如之，以侯有功。又仿王制之文，置卒正、连率、大尹，职如太守；属令、属长，职如都尉。置州牧部监二十五人，见礼如三公。监位上大夫，各主五郡。分六乡、六尉、六队、六郊、六服，总为五国。其后岁复变更，一郡至五易名，而还复其故。吏民不能纪，每下诏书，辄系其故名。凡所举措，皆徒务虚文不顾实际类如此。

莽性骚扰，不能无为，每有所兴造，动欲慕古，不度时宜。制度又不定，吏缘为奸，天下謷謷，陷刑者众。

寻以戊己较尉史陈良、终带等，自称汉大将军。亡降匈奴为口实，罢汉庙及诸刘为吏者，废汉诸侯王为民，更号定安太后曰黄皇室主。欲绝之于汉，令孙建世子盛饰将医往问疾，太后大怒，称疾不起。

四、货币制

莽以刘之为字为卯金刀。诏正月刚卯（佩器刻其上面曰正月刚卯，佩之以祓除不祥也、以正月卯日作长三寸广一寸四方或用玉或用金革带佩之）、金刀（莽所铸之钱）之利，皆不得行。罢错刀契刀及五铢钱，更作小钱，径六分，重一铢，与前大钱五十者为二品。欲防民盗铸，乃禁不得挟铜炭。其后更作金银龟贝钱布之品，名曰宝货。凡五物（金一物、银一物、龟一物、贝一物、钱布共为一物）、六名、二十八品（金货一品、银货二品、龟货四品、贝货五品、钱货六品、布货十品）。百姓愦乱，其货不行。但行小钱直一，与大钱五十、二品。盗铸者不可禁，乃重其法。一家铸钱，五家坐之，没入为奴婢。百姓便安汉五铢钱，以莽钱大小两行难知，又数改变不信，皆私以五铢钱市买。莽复下书诸挟五铢钱者，投四裔，抵罪者不可胜数。于是农商失业，食货俱废，民人至涕泣于市道。

五、田制及赋税制

莽仿周制，行井田之法。收天下之田为王田，禁止买卖。其男口不盈八、而田过一井者，分余田于族党。故无田今当受田者如制度，敢有非井田圣制、无法惑众者，投诸四裔以御魑魅。于是天下骚然，民不聊生。又设六管之令，命州县凡民间酤酒、卖盐，制造铁器及采取山泽之众物，皆课租税。于是百货沸腾，人民生活困难。

莽好空言慕古法，多封爵人，性实吝啬，托以地理未定为名，所封之诸侯，皆不与以国邑，暂令受俸都内，月钱数千。诸侯皆困乏，至有佣作者。寻赋以菁茅四色之土，行受土式于明堂，以慰其心。借口于制作未定，上自公卿，下至小吏，皆不得禄。各因官职为奸，受取赇赂以自给。于是中外离心，大臣解体。

第二节　莽大臣之内乱

莽之谋篡也，吏民争为符命，皆得封侯。其不为者，相戏曰："独无天帝除书乎。"司令（官名，主司察上公以下者）陈崇白莽，"此开奸臣作福之路，而乱天命，宜绝其原。"莽亦厌之，遂使尚书验治，非五威将率所班，皆下狱。初，甄丰、刘秀（即刘歆改名）、王舜为莽腹心，唱导在位，褒扬功德。安汉、宰衡之号皆所共谋，而丰等亦受其赐，并富贵矣。非复欲令莽居摄也，居摄之萌，出于刘庆、谢嚣等。莽羽翼已成，意欲称摄，丰等承顺其意，莽辄复封丰等子孙以报之。丰等爵位已盛，心意已满，又实畏汉宗室。天下豪杰，而疏远欲进者，并作符命。莽遂据以即真，舜秀内惧而已。丰素刚强，莽觉其不悦。而丰子寻复作符命，言黄皇室主当为寻妻。莽怒，收捕寻，丰自杀，寻亡。捕得。辞连国师公秀子棻，及门人丁隆等。牵引公卿党亲，列侯以下，死者数百人。乃流棻于幽州，放寻于三危，殛隆于羽山，皆驿车载其尸传致云。于是王舜内惧，病悸寖剧死。莽内恶大臣，有言其过失者，辄拔擢。孔仁等以敢击大臣，特见信任。

第三节　莽之家祸

朝廷之黑暗，既不堪闻问如此矣，莽家庭之秽浊更加甚焉。先是莽妻王氏有子四人：宇、获、安、临。莽摄政时，宇以反对莽见杀。莽即位后，宇子宗自画容貌，被服天子衣冠，发觉，自杀。莽妻以莽数杀其子孙，涕泣失明。莽令子临居中养焉。侍儿原碧等得幸于莽，临亦通焉，恐事泄，谋共杀莽。莽妻死后，莽收原碧等，考问具服。莽欲秘之，杀碧，埋之狱中。赐临死，安寻病殁。于是莽嫡子俱尽。先是哀帝之世，莽以侯就国，与侍儿增秩、怀能、开明通，怀能生男兴，增秩生男匡，女晔。开明生女捷。莽以其种姓不明，不承认其为己子，留之新都，不令至京。及安疾甚，莽自病无子，乃为安作书，请召兴等。莽从之，召兴等赴长安，男封公，女封任。下诏书，仿尚书文体，做煌煌大文一篇，褒奖安之友于，以朦蔽世人耳目，其欺世盗名如此。

第四节　莽之外交

内部状态，既纷如乱丝，茫无头绪矣。对外处置失宜，外患大起，又加一层困难。初，莽以为四夷君长不宜授王爵，皆更号为侯。遣五威将帅，奉符命，赍印绶，巡行郡国。东至玄菟、乐浪、夫余；西抵西域；南出徼外，历益州；北至匈奴庭。收回汉故印绶，易新室印绶。贬句町（西南夷国属牂牁郡）王为句町侯，高句骊王为下句骊侯。西域诸国王皆为侯。收回匈奴单于玺，更授以新匈奴单于章。于是各国君主皆不悦。西域先叛，匈奴应之。西南夷及扶余、涉、貉，亦相继蜂起。莽恃府库之富，欲立威匈奴，乃更名匈奴单于曰降奴服于，遣孙建等率十二将，分道并出，募卒三十万人。先至者屯于边郡，须毕具，乃同时出，穷追匈奴，纳之丁令。分其国土人民以为十五，立呼韩邪子孙十五人，皆为单于。于是匈奴忿怨，连年入寇。会北边大饥，人相食。莽不得已，与匈奴和亲，赂遗甚厚。改匈奴单于曰恭奴善于，单于贪莽金币，曲从之，而寇掠如故。

第五节 莽之衰亡与盗贼之蜂起

莽志方盛，以为四夷不足吞灭，专念稽古之事。莽意以为制定，则天下自平，故锐思于地理，制礼作乐，讲合六经之说。公卿旦入暮出，论议连年不决，不暇省狱讼冤结，县宰缺者数年。守（署理）兼（兼任）一切，贪残日甚。绣衣执法在郡国者，并乘权势，转相举奏，召会吏民。逮捕证左，郡县赋敛，递相赇赂，白黑纷然。守阙告诉者多，莽自见前颛权以得汉政，故务自揽众事，又好变改制度。政令烦多，当奉行者辄质问，乃以从事。前后相乘，愦眊不渫（音亵清也），莽常御灯火至明，犹不能胜。尚书因是为奸寝事，上书待报者，连年不得去。拘系郡县者，逢赦而后出，卫卒不交代者，至三岁。谷籴常贵，边兵二十余万人，仰衣食县官，五原、代郡尤被其毒，起为盗贼，数千人为辈，转入旁郡。莽遣兵击，岁余乃定。莽又发兵击益州蛮，疾疫死者什六七。赋敛民财，什取伍，益州虚耗而不克。

复置羲和命士，以督五均（市官名，王莽更长安东西市令及洛阳、邯郸、临淄、宛、成都市长皆为五均)、六管(一盐,二酒,三铁,四名山大泽,五均赊贷,六铁布铜冶),皆用富贾为之,乘传求利,交错天下。因与郡县通奸,百姓愈病,莽复下诏申明六管。为设科禁,犯者罪至死。民摇手触禁,不得耕桑。吏旁缘莽禁,侵刻小民。富者不自保,贫者无以自存,于是并起为盗贼,依阻山泽。吏不能擒而覆蔽之,浸淫日广。吏以不得俸禄,并为奸利。郡尹、县宰,家累千金。莽乃考诸军吏,及缘边吏为奸利、增产致富者,收其家所有财产五分之四,以助边急。开吏告其将、奴婢告其主之例,冀以禁奸而奸愈甚。

复募天下丁男及死罪囚、吏民奴击匈奴,税天下吏民赀,三十取一,令公卿以下,至郡县黄绶(凡吏二百石以上至五百石者皆铜印黄绶),皆保养军马以秩为差。又博募有奇技术,可以攻匈奴者;或言能度水,不用舟楫,连马接骑,济百万师;或言不持斗粮,服食药物,三军不饥;或言能飞,一日千里,可窥匈奴。莽辄试之,知其不可用,苟欲获其名,皆拜为理军,赐以车马待发。复下诏谓:“方出军行师,敢有趋讙犯法者,辄论斩,毋须时。”于是春夏斩人都市,百姓震惧,道路以目。

又以私铸犯法者多,不可胜行,乃更轻其法。铸者与妻子没入为官奴婢,吏及比伍知而不举告,与同罪。由是犯者愈众,槛车锁颈,传诣长安锺官(官名主铸钱者)以十万数,死者什六七,天下怨叹!于是临淮瓜田仪、琅玡吕母、荆州王匡王凤、琅玡樊崇、东海刁子都、南郡秦丰、平原女子迟昭平等,相继起为盗贼。莽遣使者赦之,还言盗解复合,问其故,皆曰:“愁法禁烦苛,不得举手。力作所得,不足以给贡税。闭门自守,又坐邻伍铸钱挟铜。奸吏因以愁民,民穷悉起为盗贼。”莽大怒,免之。或言民骄黠当诛,及言时运适然,且灭不久,莽悦,辄迁官,其自欺以欺人如此。

初四方皆以饥寒穷愁,起为盗贼,稍稍群聚。常思岁熟,得归乡里,众虽万数,不敢略有城邑转掠求食。日阕而已(言随日而尽也),诸长吏牧守皆自乱斗。中兵而死，贼非敢欲杀之也，而莽终不谕其故。荆州牧费兴、青徐二州牧田况，用招抚策，颇能解散贼党，上书言贼实迫于饥寒，非乐为寇盗，请从事招抚。莽怒，皆免其官。更遣太师王匡，更始将军廉丹，将锐士十余万人击樊崇，所过放纵。东方为之语曰："宁逢赤眉，不逢太师，太师尚可，更始杀我。"是时连年雨雪蝗旱，五谷不登，北边及关东皆大饥，人相食，流民入关者数十万人。莽闻城中饥馑，以问中黄门王业，业曰："皆流民也。"乃市所卖粱饭肉羹，持入示莽曰："居民食咸如此。"莽信之。于是天下皇皇，人心思汉。

第六节　昆阳之战

当是时王凤、王匡等兵势日盛，诸亡命者马武、王常、成丹等皆往从之。数月间至七八千人，藏于绿林山（在今湖北襄阳道当阳县）中，称绿林兵。会遇疾疫，死者且半，乃各分散。王常等西入南郡，号下江（在南郡编县监口聚）兵。王匡等北入南阳，号新市（县名，故城在今湖北襄阳道，即故安陆府京山县南三十里）兵。平林（县名，故城在今江汉道随县，即故随州东北八十里）人陈牧、廖湛，复聚众千余人以应匡，号平林兵，侵略南阳属县。会汉宗室缜及弟秀起兵舂陵（故城在今湖北襄阳道枣阳县南三十里），兴复帝室，使族人招说新市、平林兵，皆奉命。与莽前队大夫甄阜、属正梁丘赐战，败绩。缜收兵还保棘阳（故城在今河南汝阳道邓县境内），下江兵五千余人至宜秋（聚名，故城在今汝阳道泌源县，即故南阳府唐县东南），缜与弟秀俱造其壁。见王常，说以合纵之利，常还，具为余将言之，诸将皆听命，遂与汉兵合，攻阜赐，诛之。莽纳言将军严尤、秩宗将军陈茂，引兵欲据宛（今河南汝阳道南阳县），缜与战于淯阳（县名，故城在今汝阳道南阳县南）下，大破之，遂围宛。

先是青徐贼众，虽数万人，讫无文书号令旌旗部曲，及汉兵起，皆称将军，攻城略地，移书称说。莽闻之始惧。刘縯威名日盛，兵至十余万人。时舂陵戴侯曾孙玄在平林兵中，号更始将军。诸将议以兵多而无所统一，欲立刘氏以从人望。南阳豪杰及王常等皆欲立縯。新市、平林将帅乐放纵，惮縯威名，贪玄懦弱，先共定策立之。然后召縯示其议，设坛场于淯水（俗名，白河源出河南嵩县西南攻离山东南，流经南阳至湖北襄阳县合唐河入汉）上。奉玄即皇帝位，南面立朝群臣。羞愧流汗，举手不能言，由是豪杰失望，秀徇昆阳（县名，故城在今汝阳府叶县南）、定陵（县名，故城在郾西北）、郾（县名，即今开封道郾城县），皆下之。汉兵日盛，莽遣其司徒王寻、司空王邑，大发兵平定山东。征诸明兵法六十三家，以备军吏。以长人巨无霸为垒尉，驱诸猛兽虎豹犀象之属，以助威武。兵士四十三万人，号百余万，出颍川（今河南开封道中部）与尤、茂合。诸将见兵盛，多反走入昆阳。时城中唯有八九千人，寻、邑纵兵围之。刘秀使王凤、王常守昆阳，夜与李轶等十三骑，出城南门，于外收兵，至郾定陵。悉发诸营兵，自将步骑千余为前锋，去大军四五里而阵。寻、邑亦遣兵数千合战。秀奔之，斩首数十级。寻、邑兵却，诸部共乘之，斩首数百千级。秀与敢死者三千人，从城西水上冲其中坚。寻、邑阵乱。汉兵乘锐崩之，遂杀寻。城中亦鼓噪而出，中外合势，震呼动天地。莽兵大溃，走者相腾践，伏尸百余里。会大雷风，屋瓦皆飞，雨下如注，滍川（音雌，即古泜水，今名沙河，源出鲁山县西吴大岭东南流至襄城县会汝水又东入于颍河）盛溢，虎豹皆股战，士卒溺死以万数，水为不流，邑、尤、茂轻骑逃去。尽获其军实辎重，关中震恐。于是海内豪杰，翕然响应，皆杀其牧守，自称将军，用汉年号，以待诏命。旬月之间，遍于天下。

莽闻汉兵言莽鸩杀孝平皇帝，乃会公卿于王路堂，开所为平帝请金縢之策，泣以示群臣。莽将军王涉与国师刘秀、大司马董忠等，谋执莽降汉，谋泄，皆自杀。莽以军师外破，大臣内叛，左右无所信，忧懑不能食。更始遣申屠建、李松攻武关（在今陕西关中道商县西），三辅豪杰邓晔、于匡等起兵应之。莽忧不知所出，乃率群臣至南郊，陈其符命本末，仰天大哭，气尽，伏而叩头。诸生小民，旦夕会哭，甚悲哀者，除以为郎。拜将军九人，皆以虎为号，将精兵数万以东。时省中黄金，尚六十余万斤，他财物称是。莽赐九虎士人四千钱，众重怨无斗意。畔开武关迎汉兵，以弘农掾王宪为校尉，将数百人，北度渭，至频阳（故城在今陕西关中道富平县东北七十里），所过迎降。诸县大姓，各起兵称汉将，率众随宪。四会长安城下，城中少年，烧作室门，火及掖庭。莽避火宣室前殿，火辄随之，莽绀袀服（绀深青扬赤色袀纯也），持虞帝匕首，旋席随斗柄而坐曰："天生德于予，汉兵其如予何。"群臣扶莽之渐台。欲阻池水，众共围之。商人杜吴杀莽，传首诣宛，新亡。时新莽地皇四年，汉帝玄更始元年，西历纪元二十三年，西汉亡国后第十六年也。

王莽事略表

- 微时
  - 对自身……折节为恭俭，勤身博学，被服如儒生
  - 对家庭……事母及寡嫂，养孤兄子，行甚敕备；事诸父，曲有礼意
- 贵时
  - 对自身……爵位愈尊，节操愈谦
  - 对宾客……振施宾客，收赡名士，交结将相，聘诸贤良以为掾史，赏赐邑钱悉以享士。家无余财
- 辅政时
  - 施小惠
    - 对官吏……王侯已灭者复其国，绝者为立嗣，优待致仕官吏，与以故禄三分之一终其身
    - 对民人……下及庶民鳏寡，恩泽之政，无所不施
  - 专诛杀……杀其子宇及汉忠臣何武、鲍宣等数百人
  - 对外国……讽黄支国献犀牛，讽匈奴遣女人侍太皇太后，讽西羌献地，置西海郡

- 篡立后
  - 改官制
    - 中央官……四辅，三公，四将
    - 地方官
      - 州牧
      - 部监
        - 卒正
        - 连率
        - 大尹
        - 属令
        - 属长
          - 县宰
  - 改地方制
    - 六乡……长安城旁
    - 六尉……三辅属县
    - 六队……河内，河东，弘农，河南，颍川，南阳
    - 六郊……河南属下之三十县，每五县置州长一人
    - 六服……维城，维宁，维垣，维屏，维翰，维藩
  - 改田制……收天下之田为王田
    - 禁止买卖，
    - 其男口不盈八而田过一井者，分余田于族党
  - 改赋税治
    - 布六管之令……一、盐，二、酒，三、铁，四、山泽，五、五均赊贷，六、布及铜冶
    - 设理财之官
      - 五均……平价取民物
      - 司市……定物价为市平
      - 泉府……赊贷取民息
  - 改币制
    - 禁汉五铢钱
    - 作宝货……金货一品，银货二品，龟货四品，贝货五品，布货十品
  - 肆杀戮……杀甄寻，刘棻，丁隆等数白人
  - 开衅外国
    - 更名匈奴单于为降奴服于，遣孙建等分道出击之
    - 改句町王为侯，使牂牁大尹周歆诈杀其王邯，邯弟承起兵攻歆，杀之
    - 发高句骊兵击匈奴，高句骊不欲行，贬高句骊王为下句骊侯，王怒，犯边

第十章　光武之中兴

自来虽有智慧，不如乘势；虽有镃基，不如待时。古来为圣为贤称王称霸者，代有其人。顾能造时势之英雄有几，大都运会所趋，即乘风云而起。所谓民意所归，即天心所向，当局者界乎主动与被动之间，为四围潮流所激荡，迫而为铤而走险之举，及成功以后，自己亦莫知其所由然也。知此者可与论东汉之建国，东汉建国易于成功之原因有二。其一、汉室自文景以后积功累仁百余年，虽历代非尽明君，然汉室政令从未有如新莽之扰民者，故人民怀汉不已；其二、莽称道符命以篡汉室，虽能掩一时耳目，积久则天下皆知其非。故称刘氏讨之，为故主复仇，名甚正、言甚顺也。此事劳少利多，事半功倍。当世群雄所见略同，故争奉戴刘氏子孙为傀儡，割据一方，称王称帝。其中若严尤、陈茂之奉戴刘望，方望、弓林之奉戴孺子婴，李育、张参之奉戴假刘子舆，赤眉之奉戴刘盆子，其尤著者也，而卒能成功者厥为光武帝。

第一节　光武之家世及其举义事迹

光武帝，名秀，字文叔，南阳蔡阳（汉县，故城在今湖北襄阳道枣阳县）人。高祖九世孙。出自景帝子长沙定王发，定王母唐姬。无宠，故王卑湿贫国。定王生舂陵节侯买，买生戴侯熊渠，熊渠生考侯仁。仁以南方卑湿，徙封南阳之白水乡，与宗族往家焉。仁卒，子敞嗣。值莽篡位，国除，节侯少子外，为郁林太守，外生钜鹿都尉回，回生南顿令钦。钦娶湖阳樊重女，生三男：缜、仲、秀。缜性刚毅，慷慨有大节，常愤愤怀复社稷之虑，不事家人居业，倾身破产，交结天下雄俊。秀隆准日角，尝受尚书长安。略通大义，性勤稼穑，缜常非笑之，比于高祖兄仲。宛人李通、李轶有大志，知缜兄弟泛爱容众，可与谋大事，阴与结纳。会新市兵北上，南阳骚动，秀卖谷于宛。通遣轶往迎之，相与结约定谋。新莽地皇三年秋七月，缜号召诸豪杰，分遣亲客于诸县起兵。缜自发春陵子弟，子弟恐惧，皆亡匿曰："伯升杀我。"及见秀，绛衣大冠，皆惊曰："谨厚者亦复为之。"乃稍自安。凡得子弟七八千人，部署宾客，自称柱天都部，秀时年二十八。昆阳战后，缜兄弟威名益盛，新市、平林诸将阴劝更始除之。缜部将刘稷勇冠三军，闻更始立，怒曰："本起兵图大事者，伯升兄弟也。今更始何为者耶?"以为将军，又不肯拜，更始乃与诸将陈兵收稷诛之。缜固争，李轶、朱鲔因劝更始并执缜，杀之。秀自父城（县名，故城在今河南河洛道临汝县东南父城堡）驰诣宛谢，缜官属迎吊秀，秀不与交私语，惟深引过而已。未尝自伐昆阳之功，又不敢为缜服丧。饮食言笑如平常，更始以是渐，拜秀为破虏大将军，封武信侯。更始将都洛阳，以秀行司隶校尉，使前修宫，秀乃置僚属，作文移，从事司察，一如旧章。时三辅吏上东迎，见诸将过，皆冠帻（发巾也，古之卑贱执事者用之）而服妇人衣，莫不笑之。及见司隶僚属，皆欢喜不自胜，老吏或垂涕曰："不图今日复见汉官威仪。"由是识者皆属心焉。

第二节　平河北之乱

更始既入洛阳，以河北尚未下，欲令大将徇河北。大司徒赐言诸家子独有文叔（光武帝字）可用，朱鲔等以为不可，赐深劝之，乃以秀行大司马事，持节北渡河，镇慰州郡。所过郡县，考察官吏，黜陟能否，平遣囚徒，除王莽苛政，复汉官名。吏民喜悦，争持牛酒迎劳，秀皆不受。南阳邓禹杖策追秀，及于邺（今河南河北道安阳县）。秀曰："我得专封拜，生远来，宁欲仕乎？"禹曰："不愿也。但愿明公威德加于四海，禹得效其尺寸，垂功名于竹帛耳。"秀笑。因留宿闲语。禹进说曰："今山东未安，赤眉青犊之属，动以万数。更始既是常才，而不自听断，诸将皆庸人崛起，志在财币，争用威力，朝夕自快而已。非有忠良明智，深虑远图，欲尊主安民者也。历观往古圣人之兴，天时人事，二科而已。今以天时观之，更始既立，而灾变方兴。以人事观之，帝王大业，非凡夫所任，分崩离析，形势可见。明公素有盛德大功，为天下所向服，军政齐肃，赏罚明信。为今之计，莫如延揽英雄，务悦民心。立高祖之业，救万民之命。以公而虑，天下不足定也。"秀大悦。因令禹常宿止于中，与定计议。每任使诸将，多访于禹，皆当其才。

初，秀自兄缜死，每独居，辄不御酒肉。枕席有涕泣处，主簿冯异独叩头宽譬，因进说曰："更始政乱，百姓无依，人久饥渴，易为充饱，宜分遣官属，循行郡县，宣布惠泽。"秀纳之。北行至邯郸，时赤眉樊崇之众屯河内（郡名，今河南河北道）。故赵缪王（名元景帝七世孙）子林说秀决列人（县名，故城在今河北大名道肥乡县东北二十里列人堤上）河水以灌赤眉，秀不从。去之真定。林素任侠于赵魏间，邯郸卜者王郎，诈称成帝子子舆，林等信之，与赵国大豪李育等，入邯郸，立郎为天子。徇下幽冀，州郡响应，秀以王郎势盛，乃北徇蓟（今河北大宛县）。时上谷（郡名，今河北口北道）太守耿况，遣子弇诣长安。至宋子（今河北大名道赵县），闻王郎兵起，乃驰北上谒秀，留署长史，会故广阳王子接起兵蓟中，应王郎。城内扰乱，秀趣驾出城。晨夜舍食道旁，不敢入城邑。时郡国皆已降王郎，独信都（今河北冀县）太守任光、和戎（郡名，治下曲阳故城在今河北保定道晋县）太守邳彤不肯从。秀驰赴信都，发奔命兵，移檄边郡，共击邯郸。郡县还复响应，南击李育于柏人（故城在今河北大名道唐山县），大破之。进兵拔广阿（故城在今河北大名道隆平县东十里），军势复振。

初，蓟中之乱，耿弇与秀相失。北走昌平（今河北昌平县），就其父况，请击邯郸。况以邯郸势盛，力不能独进，遣功曹寇恂往约渔阳（郡名，旧京兆东部）太守彭宠。宠吏吴汉、盖延、王梁，劝宠从秀，宠乃发步骑三千人，使汉延梁将之攻蓟。恂自渔阳还，与长史景丹及弇将兵俱南，与渔阳军合。所过击斩王郎大将以下三万级，定县二十有二。前及广阿，与秀会，进攻邯郸。连战，破之。遂拔邯郸，斩王郎。假子舆之乱平。

先是更始迁都长安，悉封诸功臣为王。以赵萌为右大司马，秉政。日夜饮燕后庭，群臣欲言事，辄醉不能见。萌专权，生杀自恣。群小膳夫，皆滥授官爵。诸将在外者，皆专行诛赏。各置牧守，州郡交错，不知所从。由是关中离心，四海怨畔。王郎平后，更始遣使立秀为萧王，令罢兵。耿弇曰："百姓患苦王莽，复思刘氏。闻汉兵起，莫不欢喜，如去虎口，归慈母。今更始为天子，而诸将擅命于山东，贵戚纵横于都内。元元叩心，更思莽朝，是以知其必败也。公功名已著，以义征伐，天下可传檄而定也。天下至重，公可自取，毋令他姓得之。"王乃辞以河北未平，不就征，始贰于更始矣。

是时诸贼铜马、大彤、高湖、重连、铁胫、大枪、尤来、上江、青犊、五校、檀乡、五幡、五楼、富平、获索等，或以山川土地为名，或以军容强盛为号，各领部曲，众合数十百万人，所在寇掠。秀以吴汉、耿弇为大将军，发幽州突骑击铜马于鄡（县名故城在今河北束鹿县），大破之。受降未尽，而高湖、重连从东南来，与铜马余众合，王复与大战，悉破降之。封其渠帅为列侯，降者犹不自安。王知其意，敕令各归营勒兵，自乘轻骑，案行部阵。降者更相语曰："萧王推赤心置人腹中，安得不投死乎。"由是皆服。悉以分配诸将，众遂数十万。赤眉别帅与青犊、上江、大彤、铁胫十余万众在射犬（故城在今河南河北道沁阳县，即故怀庆府河内县），王击破之。南徇河内，太守韩歆降，遂自将北徇燕赵。

第三节 平赤眉之乱

先是琅玡樊崇起兵于莒（今山东济宁道莒县），同郡人逄安、东海人徐宣、谢禄、杨音等皆附之，有众数万人，转掠青徐间。王莽遣王匡、廉丹击之。崇恐其众与莽兵乱，乃皆朱其眉以相识别，由是号曰赤眉，战于梁郡（今河南开封道故归德府）。莽兵大败，赤眉兵势日盛。更始既入洛阳，遣使降赤眉。樊崇等闻汉室复兴，留其兵，自将渠帅二十余人，随使者至洛阳，皆封列侯。未有国邑，而留众稍离畔，乃复亡归，转掠河南、颍川诸郡，虽数战胜，而疲敝愁泣，思欲东归。樊崇等虑众东向必散，不如西攻长安。更始遣兵屯弘农（今河南河洛道陕县）以拒之。赤眉进至弘农，败更始兵，遂进至湖（今河洛道阌乡县）。更始大臣张卬等作乱，欲劫更始归南阳为盗。更始不从，杀卬党申屠建。王匡与卬合兵击更始，连战月余，匡等败走，长安大乱。赤眉进至华阴（今陕西关中道华阴县），方望弟阳怨更始杀其兄。说樊崇等曰："将军拥百万之众，西向帝城，而名为群贼，不可以久，不如立宗室挟义诛伐。"崇等以为然，乃于军中求城阳景王章之后盆子，立之。时盆子年十五，被发徒跣，见诸将皆称臣拜，恐怖欲啼，王匡张卬迎降。赤眉遂入长安。更始奔高陵（今陕西关中道高陵县），遣式侯恭请降于赤眉，三辅苦赤眉暴虐，皆怜更始，欲盗出之。张卬等深以为虑，使谢禄缢杀之。时更始三年，光武帝建武元年，西历纪元二十五年，新莽亡国后二年也。

先是萧王将北徇燕赵，度赤眉必破长安，乃拜邓禹为前将军，中分麾下精兵二万人，遣西入关。时更始将朱鲔、李轶守洛阳，鲍永、田邑在并州（今山西）。王以河内险要富实，拜寇恂为太守，谓曰："昔高祖留萧何关中，吾今委公河内，当给足军粮，率厉士马，防遏他兵，勿令北渡。"

拜冯异为孟津将军，统兵河上，以拒洛阳。王乃引兵而北。恂调馔粮、治器械以供军，未尝乏绝。冯异遗李轶书，为陈祸福，劝令归附。轶知长安已危，而以伯升之死，心不自安，乃报异书，而不复与争锋。故异得北攻天井关（在今山西冀宁道晋城县太行山顶），南下城皋以东，斩河南太守武勃。轶闭门不救，朱鲔怒，使人刺杀轶，自将攻河内，冯异、寇恂击败之，合兵追至洛阳城下，环城一匝而归，自是洛阳震恐，城门昼闭。

当是时王自将击尤来、五幡、大枪等于元氏（今河北保定道元氏县），大破之。冯异、寇恂移檄上状，诸将入贺，因上尊号，王不许，引还蓟。遣吴汉率耿弇等十三将军，分道追击尤来等群盗，悉破灭之。河北平，还至鄗（今河北大名道高邑县）南。诸将固请正尊号，王遂即位，改元建武。以吴汉为大司马，率诸军围洛阳，数月不下。帝以岑彭与鲔有旧，令往说之，鲔请降。建武元年冬十月，车驾入洛阳，遂定都焉，是为东汉创国之始。

是时邓禹西征，击王匡等兵于安邑（今山西河东道安邑县），大破之。河东平，遂渡河，破更始左辅都尉公乘歙兵。会赤眉已入长安，所过暴掠，百姓不知所归。闻禹师行有纪，皆望风相携负以迎，禹辄停车驻节以劳来之，名震关西。诸将皆劝禹径攻长安，禹曰："吾众虽多，能战者少。前无可仰之积，后无转馈之资。赤眉新入长安，财赋方盛，锋锐未可当。夫盗贼群居，无终日计，变故万端，非能坚守者也。上郡（今陕西榆林道）、北地（今甘肃泾原道故庆阳府）、安定（今甘肃泾原道故平凉府）饶谷多畜，吾且休兵北道，就粮养士，观其敝乃可图也。"遂引军北至栒邑（今陕西关中道栒邑县），所至郡县皆开门归附。赤眉久掠长安，城中食尽。建武二年正月，收载珍宝，纵火烧宫室市里，恣行掠杀。长安城中无复人行，转掠城邑，遂入安定、北地。邓禹入长安，谒祠高庙，收十一帝神主，送诣洛阳，扫除园陵，置吏士奉守。

已而赤眉欲上陇，隗嚣遣兵击破之。赤眉复还攻长安，邓禹兵败，出屯云阳（故城在今关中道泾阳县）。军乏食，战数不利，归附者日益离散。帝遣冯异入关，征禹还京师，会三辅大饥，人相食。遗民往往聚为营堡，各坚壁清野。赤眉虏掠无所得，乃引而东。帝遣侯进屯新安，耿弇屯宜阳（二县俱在河洛道），以拒其来路。禹惭于受任无功，数以饥卒邀赤眉战，辄不利，乃邀异合兵共攻，战于湖县，败绩。禹以二十四骑脱归宜阳，异收散卒归营，与赤眉约期会战。预使壮士变服伏于道侧，赤眉攻异前部，异少出兵以救之。贼见势弱，遂悉众攻异，异乃纵兵大战。日昃，贼气衰，伏兵猝起，衣服相乱。赤眉不复识别，遂惊溃。异追击，大破之于崤底。余众东向宜阳，帝亲勒大军，严阵以待之。樊崇等惊震，不知所为，乃奉盆子及丞相徐宣以下肉袒降。赤眉之乱平，时建武三年，西历纪元二七年也。

第四节　光武初年群雄割据之形势 宗室诸王之破灭东方之平定

绿林、赤眉为新莽末年二大流寇。绿林兵辅立刘玄，及更始之亡，与之同归于尽。赤眉辅立刘盆子，崤底败后，降于东汉。天下无复强敌。光武帝乃分兵经略四方。先是新莽末年，群雄蜂起，公孙述起兵成都，略取四川全省，自称成帝。隗嚣起兵天水（郡名，故城在今甘肃渭川道通渭县），略取甘肃东南部，自称西州上将军。窦融起兵河西，略取甘肃西北部，自称五郡大将军。卢芳起兵安定（今甘肃泾原道镇原县），更姓名为刘文伯，自称西平王，匈奴迎之，立以为汉帝。略取上郡、安定、朔方（今绥远西部及宁夏东南部）、云中（今绥远东部察哈尔西南部）、五原（今绥远中部北部）郡，往来侵寇陕甘北境，是为当时群雄称霸于西方者。李宪起兵庐江（今安徽安庆道合肥县等地），自称淮南王。秦丰起兵黎丘（故城在今湖北襄阳道宜城县），自称楚黎王。董宪据东海（今江苏徐海道东部），张步据琅玡（今山东故兖沂青莱四府东南境及胶州），与梁王永联合，步称齐王，宪称海西王。渔阳（故城在今河北密云县东南）太守彭宠叛汉，自称燕王，是为当时群雄称霸于东方者。刘望在汝南、孺子婴在临泾、梁王永在睢阳、汉中王嘉在汉中、真定王杨在河北，亦各据地起兵。是为当时宗室中之割据一方者。

刘望者，故锺武（故城在今河南汝阳道信阳县）侯，更始元年，起兵汝南，（今汝阳道）自立为天子。莽将严尤、陈茂败于昆阳，走往归之，望以尤为大司马、茂为丞相，更始遣将军刘信击杀之。

孺子婴者，故定安公，即长大不能名六畜者。莽败后，居于长安，隗嚣入朝于更始。嚣军师方望度更始必败，不从。建武元年，与安陵（县名，故城在今陕西关中道咸阳县东）人弓林等，求得婴于长安，将至临泾（县名，故城在今甘肃泾原道镇原县）立之。以望为丞相、林为大司马，更始遣李松击破斩之。

真定王杨者，汉之疏属。更始初年，复国。王郎之起兵邯郸也，杨起兵附之，有众十余万，光武遣刘植说降之。寻以谋反，伏诛。

汉中王嘉者，舂陵考侯仁之孙。更始初，封王。南阳延岑起兵武当（县名，以武当山名之，故城在今湖北襄阳道均县北），侵略汉中，嘉击降之。其后岑复反，嘉败走。岑遂据汉中，为更始将李宝所破，走天水。公孙述乘势取南郑，岑引兵北入散关（在今陕西汉中道凤县东北），嘉追击破之，赤眉之西上也。故更始将廖湛以赤眉十万众击嘉，嘉大败之，遂就谷云阳。会邓禹已入长安，遣使招之。嘉妻兄来歙，帝之姑子，亦劝嘉降，至洛阳，封顺阳侯，于是汉中亦就抚。宗室中僭位号者，只余梁王永一人。光武建都洛阳，去西方悬远，陇蜀二国非目前之急，独梁地广兵强，去洛阳伊迩，有卧榻之侧不容他人鼾睡之势。光武乃用远交近攻策，通好窦融、隗嚣以羁縻之，而集中兵力经略东方。

梁王永者，故梁王立之子，孝王八世孙。更始初年，首诣洛阳，诏封为梁王，都睢阳（今河南开封道商丘县）。后永见更始政乱，起兵攻下济阴（今山东济宁道故曹州府）、山阳（今江苏淮阳道故淮安府）等二十八城，尽有淮水流域。与西防（故城在今山东济宁道单县，即故曹州府境）贼帅佼强及董宪、张步等连兵，专制东方。更始败后，永遂称帝。建武元年四月，帝遣大将军盖延伐永，拔睢阳，永走湖陵（县名，故城在今济宁道，即故兖州府鱼台县东六十里）。张步等惶怖请降，帝使光禄大夫伏隆持节安辑二州，拜步东莱（今山东胶州道故莱州府）太守。永闻之，即驰使封步齐王、董宪海西王。步贪王爵，受之，杀隆。是时帝方北忧渔阳，南事梁楚，故步得专集齐地，据郡十二，尽有现今山东之地。建武三年三月，睢阳人反城迎永，盖延围之百日，永突围走，其将庆吾斩永以降。将军庞萌反，据彭城，帝自将击之。佼强率兵救萌，兵败，强降。董宪、庞萌莽朐（县名，故城在今江苏徐海道东海县，即故海州），吴汉引兵围之。六年二月，拔朐，斩宪、萌，河南、淮北悉定。

彭宠之叛也。涿郡（故京兆南部）太守张丰反，与连兵。建武四年，大将军耿弇击斩丰，进围渔阳，宠苍头子密斩宠以降，弇旋师至平原（今东临道平原县），击流寇富平、获索等，大破之。进攻张步，拔祝阿（县名今山东东临道禹城县）、济南、临菑，大破其兵。五年十月，步降，山东悉定。

建武三年七月，大将军岑彭击秦丰于邓（今河南汝阳道邓县），破之，进围黎丘。四年，将军马成击李宪，围舒（县名，故城在今安庆道，即故庐州府舒城县），秦丰势衰。诏将军朱祐代彭围丰，命彭南击丰将田戎。五年二月，彭攻拔夷陵，戎奔蜀，彭留屯津乡（故城在今荆南道江陵县东），当荆州要会，喻告诸蛮夷降者。奏封其君长。

先是王莽末年，交趾诸郡闭境自守。岑彭素与交趾牧邓让厚善，与让书，陈国家威德，又遣偏将军屈充，移檄江南，班行诏命，于是让与江夏太守侯登、武陵太守王堂、长沙相韩福、桂阳太守张隆、零陵太守田翕、苍梧太守杜穆、交趾太守锡光等，相率遣使贡献，悉封为列侯。是年六月，朱祐拔黎丘，斩秦丰。次年正月，马成拔舒，斩李宪，江淮悉平，于是扬子江中流、下流及西江流域与现今法领安南北部等地复入于汉。

第五节　西方之平定　隗嚣公孙述之破灭　窦融之归附　卢芳之远窜

江淮山东既平，天下三分之二折而入于汉。东方僭国俱尽，乃移兵经略西方。西方僭国之情形，与东方稍异。东方诸国首领，多群盗出身，初无远志，其军士亦以虏掠为生活，不事农桑。西方僭国首领，为窦融、隗嚣、公孙述三人，皆上流社会出身，富于政治能力，颇有帝王思想。三人初起，皆假汉室名义，自称将军，其后公孙述僭号称尊，隗嚣、窦融仍守臣节。嚣根据地在陇西，与汉接境。邓禹之西征也，部将冯愔反，引兵西向天水（今甘肃渭川道），嚣遣兵击破之。禹承制，遣使持节，拜嚣为西州大将军，得专制凉州朔方事，是为汉与嚣交际之始。赤眉灭后，帝方专力东方，恐西州有警，遣大中大夫来歙使嚣。嚣腹心议者，多劝通使京师。嚣乃奉表诣阙，帝报以殊礼。言称字，用敌国之仪。

建武四年十二月，公孙述遣将李育、程乌等将数万众，出屯陈仓（故城在今关中道，即故凤翔府宝鸡县），将徇三辅。冯异迎击，大破之。嚣遣兵佐异有功，遣使上状，帝报以手书，所以慰藉之者甚厚。其后述数遣将间出，嚣辄与异合势，共摧挫之。述遣使以大司空、扶安王印绶授嚣，嚣斩其使，出兵击之，以故蜀兵不复北出。

窦融等闻帝威德，心欲东向，以河西隔远，未能自通，乃从嚣受建武正朔，嚣皆假其将军印绶。嚣外顺人望，内怀异心，使辩士张玄说融以合纵连横之利，融不听，遣长史刘钧等奉书诣洛阳。帝赐以玺书，授融凉州牧，所以慰藉之者甚厚。

其后嚣自比西伯，议欲称王，又广置职位。其祭酒郑兴固谏，乃止。时关中将帅数上书，言蜀可击之状，帝以书示嚣，因使击蜀以效其信，嚣上书盛言“三辅单弱，刘文伯在边，未宜谋蜀”。帝知嚣欲持两端，不愿天下统一，于是稍绌其礼，正君臣之义。帝以嚣与马援、来歙相善，数使歙、援奉使往来，劝令入朝，许以重爵。嚣言无功德，须四方平定，退伏闾里。帝复遣歙说嚣遣子人侍。嚣闻刘永、彭宠皆已破灭，乃遣长子恂随歙诣阙。帝以为胡骑校尉，封镌羌侯。嚣将王元以为天下成败未可知，不愿专心内事，说嚣以东封之利，嚣心然其计，虽遣子人质，犹负其险厄，欲专制方面。

江淮山东既平，诸将班师还京，置酒赏赐。帝积苦兵间，以隗嚣遣子内侍。公孙述远据边陲乃谓诸将曰："且当置此两子于度外耳。"因休诸将于洛阳，分军士于河内。数腾书陇蜀，告示祸福。帝与述书曰："君非吾乱臣贼子，仓猝时人皆欲为君事耳。天下神器，不可力争，宜留三思。"署曰公孙皇帝。述不答。

已而述使田戎出江关（故基在今四川东川道奉节县城东北七里赤甲山上），招其故众，欲取荆州。帝乃诏嚣欲从天水伐蜀。嚣上言："述性严酷，上下相患，须其罪恶熟著而攻之。"帝知嚣终不为用，乃谋讨之。六年五月，遣耿弇、盖延等七将军，从陇道伐蜀。先使来歙奉玺书，赐嚣喻旨。嚣不听，使其将王元据陇坻（即陇坂，在今陕西关中道陇县西北六十里），伐木塞道，诸将与战，大败而还。嚣乘胜使王元、行巡将二万余人下陇，冯异、祭遵迎击，大破之。北地诸豪长耿定等悉畔嚣降，异因北击卢芳兵，破之。上郡、安定、朔方、云中四郡相继降，芳徙据五原。嚣遣使称臣于述，述立嚣为朔宁王，遣兵援之。

八年春，诏来歙将二千余人，伐山开道，从番须（谷名）、回中（城名，在今陕西关中道陇县西北四十里）径袭略阳（县名，故城在今甘肃渭川道，即故秦州秦安县），斩嚣守将金梁。嚣大惊，自将其大众数万人围之。公孙述遣将李育、田弇助攻，堑山筑堤，激水灌城，歙与将士固死坚守。嚣尽锐攻之，累月不能下。是年闰四月，帝自将征嚣，至高平第一城（今甘肃泾原道固原县）。窦融率五郡太守及羌虏小月氏等步骑数万，与大军会。嚣将王遵、牛邯相继来降，俱拜太中大夫。于是嚣大将十三人、属县十六、众十余万皆降。嚣将妻子奔西城（故城在今甘肃渭川道天水县西南），帝使吴汉、岑彭围之。以四县封窦融为安丰侯，遣西还所镇。是年九月，帝还京。嚣将王元、行巡、周宗，将蜀兵五千余救嚣，因迎嚣归冀（今甘肃渭川道伏羌县）。吴汉军食尽，引还长安。九年正月，嚣卒。王元、周宗立嚣小子纯为王，总兵据冀。嚣将高峻拥兵据高平第一城，耿弇围之，经年不下。帝遣寇恂招降之，冀城势孤。十年十月，来歙等攻破落门（聚门，在伏羌县西），纯降。元奔蜀，陇石悉定，于是西方僭国只余公孙述。

先是延岑为汉中王嘉所破，东走关中，屯杜陵（故城在今陕西长安县城东南十五里），击赤眉，大破之，遂列置牧守，欲据关中。冯异既灭赤眉，屯兵上林苑中，岑引群盗攻异，异大破之。岑走南阳，复为邓禹所破，遂奔蜀。公孙述以为大司马，封汝宁王。秦丰之亡也，田戎奔蜀，述封为翼江王，于是益州一隅，遂为天下逋逃薮。述将荆邯说述起兵，命延岑、田戎分出东北二路，经略秦、楚，述心然其计而不能用。建武九年，述遣田戎等将数万人下江关，击破岑彭部将冯骏兵，遂拔巫（今荆南道巴东县）及夷道（今宜都县）、夷陵（今宜昌县），据荆门、虎牙（二山名，在今江陵县城南跨江南北相对），横江水，起浮桥关楼，立欑柱以绝水道，结营跨山以塞陆路，拒汉兵。岑彭数攻之，不克。建武十一年三月，诏吴汉发荆州兵六万余人，与彭连兵伐蜀，是为由楚入川之师。诏来歙与盖延等进攻河池（今渭川道，即故秦州徽县），破王元与述将环安兵，进克下辨（今渭川道，即故阶州成县），是为由陇入川之师。岑彭令偏将军鲁奇为前锋，攻破浮桥，田戎走保江州（故城在今东川道巴县西）。彭长驱入江关，令军中无得虏掠，所过百姓皆奉牛酒迎劳。彭复让不受，百姓大喜，争开门降。诏彭守益州牧，所下郡辄行太守事，彭若出界，即以太守号付后将军，选官属守州中长吏。彭到江州，以其城固粮多，难卒拔，留冯骏守之，自引兵乘利，直指垫江（今东川道合川县，即故合州）。公孙述使延岑、王元等悉兵拒彭。彭与将军臧宫等分兵袭击破之。因晨夜倍道兼行，径拔武阳（故城在今建昌道彭山县），使精骑驰击广都（故西川道双流县）。去成都数十里，势若风雨，所至皆奔散。岑奔成都，王元举众降，四川大震。公孙述使盗刺杀来歙，诏马成代总北路之师，复使盗刺杀岑彭。监军郑兴领其营，以候吴汉至而授之。汉以舟师溯江而上，大破蜀兵，遂拔广都，进逼成都，斩述将谢丰、袁吉。自是汉与述战于广都、成都之间，八战八克，遂军于其郭中。述困急，悉散金帛，募敢死士五千余人以配延岑。岑袭破汉军，汉堕水，缘马尾得出。述自将数万人攻汉，自旦至日中，军士不得食。汉因以锐卒击之，述兵大乱，述中伤，堕马死。岑以城降，冯骏亦拔江州，获田戎。蜀平。次年，窦融入朝，拜冀州牧。卢芳知势不敌，弃五原，奔匈奴。于是塞内僭国俱尽，中国复一统矣。时建武十三年，西历纪元三七年也。

东汉初年群雄割据表

人名	称号	根据地	占地今释
公孙述	成帝	成都	四川省
隗嚣	西州上将军	陇西	甘肃东南部
卢芳	西平王	安定	甘肃东北部及绥远
窦融	河西五郡大将军	河西	甘肃西北部
刘永	梁帝	睢阳	山东、江苏、河南三省之交
王郎	汉帝	邯郸	河北西南部
樊崇	赤眉	无定	山东、河南、山西、陕西一带
李宪	淮南帝	舒	安徽、江苏一带
董宪	海西王	郯	山东东南部
张步	齐王	祝阿	山东
彭宠	燕王	渔阳	河北东北部
秦丰	楚黎王	黎丘	湖北中部
	铜马贼	无定	河北一带

光武削平群雄表

一、更始二年四月，拔邯郸，斩王郎

二、同年秋，击降铜马诸贼，河北平

三、建武三年正月，击降赤眉贼

四、同年七月，盖延拔睢阳，刘永将庆吾杀永以降，河南平

五、五年正月，祭遵围渔阳，彭宠奴子密斩宠以降

六、同年十月，耿弇拔临淄，张步降，山东平

七、六年正月，马成拔舒，斩李宪，淮南平

八、同年二月，吴汉拔朐，斩董宪、庞萌，淮北平

九、十年八月，来歙等攻破落门，隗纯降，陇右平

十、十二年十一月，吴汉破成都，杀公孙述，蜀平

十一、同年同月，窦融入朝，河西平

十二、十三年正月，卢芳奔匈奴，陕北平

高帝光武帝比较表

高帝……创业
一，性豪放，不事生产
二，见始皇帝之威严，曰：嗟夫！大丈夫当如是也
三，不事诗书，轻蔑儒生，从龙者多枭悍之徒
四，根据地在关中，东向以争天下
五，平定天下后，大杀功臣
六，三十四岁起兵，三年灭秦，又五年灭楚，四十二岁即帝位，五十三岁崩

光武帝……中兴
一，性循谨，力农
二，见执金吾之驺从，曰：仕宦当作执金吾，娶妻当娶阴丽华
三，略通尚书义，礼贤下士，从龙者皆儒雅之士
四，根据地在河北，南向以争中原
五，平定天下后，保全功臣
六，二十八岁起兵，一年而灭莽，四十四岁定海内，六十三岁崩

第十一章　东汉初年之内政

第一节　光武之内政

前汉自高帝建国，传至孺子婴，奠都长安，故曰西汉；王莽乱后，光武中兴，奠都洛阳，故曰东汉。东西两汉皆为刘氏之天下。顾民风国俗大不相同，西汉创业之君主，出身微贱，贪财好色，轻蔑儒生，屡经大敌，手段狠辣；东汉创业之君主，出身华贵，通达经史，晓畅世情，尊贤礼士，崇奉儒教。两人之性格不同，故其设施各异，其所成就亦自不同。两汉之民气学风大相径庭者，势使然也。欲研究东汉之士风，当详观光武之内政，光武内政之方针有五。

第一，制度之复旧

王莽之时，取复古主义，形式上采用周制。官制复杂，地方制紊乱，法令繁苛，民不堪命。光武即位，一旦扩清之，内官取三公、九卿制，外官取州刺史、郡守、县令制，地方取郡国制。除莽苛法，一依前汉之旧。其微有不同者，则尚书省之权力渐重，三公之权渐轻。名义上之宰相，与实际上之宰相，划分为二职是也。尚书一官始于秦时，初仅为天子秘书。前汉中叶以后，权力渐重，其长曰令，次长曰仆射。司诏命出纳，往往以贵戚重臣领之，名曰领尚书事，权在丞相以上。光武中兴以后，责三公以吏事，而寄耳目于尚书，尚书之权益重。其后章帝即位，以赵熹为太傅、牟融为太尉，并录尚书事，于尚书令仆以上。复设录尚书事一官，握宰相之实权。三公不加录尚书事者，非真宰相。录尚书事时设时不设，于是尚书令仆，遂握相权矣。

第二，宗室及功臣待遇法

前汉初年，宗室诸王强大，与中央政府对峙，有尾大不掉之势，及其末年，宗室权力衰微，势不足以监督政府，驯至酿成王莽之祸，与皇室同归于尽。光武乃折衷于二者之间，近支宗室概封为王公，而国势不令十分强大。西汉承秦旧俗，国民强悍夸诈，创业功臣半系市井无赖，贪权力，重实利，与阴险狠毒之高帝，性情不能相容。故韩信、彭越、英布之俦，皆以盖世功名，中途身陨族灭。固由高帝刻薄寡恩，抑亦诸人不善处功名之所致也。武帝以后，表章儒教，尊崇六经，大义名分浸染于人心。王莽虽假托孔教，篡夺汉室，积久则天下皆知其伪，争起义师，颠覆新室。东汉创业功臣，多长安游学士子，与光武为布衣交，崇礼义，重廉让。光武优待功臣，不愿使居嫌疑地位，元勋重臣，皆封以小县，罢其兵柄。灭蜀以后，大飨将士功臣。封侯者凡三百六十五人。定封邓禹为高密侯，食四县；李通为固始侯；贾复为胶东侯，食六县。余各有差，已殁者益封其子孙，或更封支庶。帝在兵间久，厌武事，且知天下疲耗，思乐息肩。自陇蜀平后，非警急未尝复言军旅。皇太子尝问攻战之事，帝曰："昔卫灵公问陈，孔子不对，此非尔所及。"邓禹、贾复知帝偃干戈，修文德，不欲功臣拥众京师，乃去甲兵，敦儒学。帝思念欲完功臣爵土，不令以吏职为过，遂罢左右将军官。耿弇等亦上大将军印绶，皆以列侯就第，加位特进，奉朝请。邓禹内行淳备，有子十三人，各使守一艺，修整闺门，教养子孙，皆可以为后世法。朱祐为人质直，尚儒学，为将多受降，以克定城邑为本，不存首级之功。吴汉性强力，每从征伐，帝未安，常侧足而立，诸将见战阵不利，或多惶惧，失其常度，汉意气自若，方整厉器械，游扬吏士。帝时遣人观大司马何为，还言方修战攻之具，乃叹曰："吴公差强人意，隐若一敌国矣。"每当出师，朝受诏，夕则引道，初无办严之日，及在朝廷，斤斤谨质，形于体貌。汉尝出征，妻子在后买田宅，汉还，让之曰："军师在外，吏士不足，何多买田宅乎？"遂尽以分与昆弟外家，故能任职，以功名终。贾复为人刚毅方直，多大节，即还私第，阖门养威重。朱祐等荐复宜为宰相，帝方以吏事责三公，故功臣并不用，是时列侯。唯高密、固始、胶东三侯，与公卿参议国家大事，恩遇甚厚。帝虽制御功臣，而每能回容，宥其小失。远方贡珍甘，必先遍赐诸侯，而太官无余，故皆保其福禄，无诛谴者。顾邓禹、贾复、寇恂、朱祐之徒，皆公辅之器，宜处台阁。平章大政，乃一切待以功臣，不复任使，未免矫枉过正。伏波将军新息侯马援奉诏征武陵蛮，受疫，没于王事。帝听梁松之谗，收其印绶，又未免刻薄寡恩矣。

第三，财政之整理

王莽之时，货币屡变，政府信用全失，民间不能流行。偏僻之区，甚至以物品交换，商业上异常不便。光武即位，从马援议，仍行五铢钱。政府信用恢复，人民便之。废王莽新加之苛税，并省郡县，减损吏员。罢郡国车骑材官，还复民伍，轻徭薄赋，与民休息。田赋制度，依景帝元年之规定，三十分取一，较前汉初年轻减三分之二。

第四，奴婢之保护

土地所有权之限制：战国末年以来，财产私有制已成习惯，兼并土地使用奴婢之风盛行。王莽在位，欲禁之而未能。光武即位，禁止虐待奴婢，诏州郡检核垦田户口，以为将来土地所有权制限之基础，顾亦有志而未迨也。

第五，教育之提倡

学者之奖励：西汉君主表面上尊崇儒教，以为牢笼士子计，凡所举拔，多利禄之徒。及其末年，养成无数伪君子，占社会上最高地位。王莽遂借若辈之力，盗据天下。光武即位，乃从根本提倡奖励之。即位之初，征耆儒卓茂为太傅，封褒德侯。征循吏伏湛、侯霸相继为尚书令、大司徒。征处士太原周党、王霸、会稽严光、东海王良、北海逢萌等，优以殊礼。公孙述平后，祠处士巴郡谯元以中牢，表广汉李业之间，征犍为费贻、任永、冯信，于是天下晓然于帝意之所在。人争自爱，砥砺名节，琢磨道德，士风丕变。东汉末造多节义之士，帝在位时代提倡奖励之力居多。帝起家书生，颇好文学，迁都洛阳之际，载书籍二千余辆。建武五年，起太学，亲临视之，赐博士弟子各有差，其后复封孔子后为褒成侯，表明崇拜先师之意，起明堂、灵台、辟雍。文物制度粲然大备，三公九卿及地方长官，多以耆儒硕学充之，赏罚严明。吏治蒸蒸日上，一时地方亲民官，若颍川太守郭汲、南阳太守杜诗、渔阳太守张堪、会稽太守第五伦、洛阳令董宣、江陵令刘昆之徒，皆起家书生，出为循吏。选举制度，依前汉孝廉方正之旧，而以孝廉为主，得人才甚多，为后世孝廉之始。

第六，外戚专横之预防

西汉亡国直接之原因：由于外戚专横。光武即位，为思患预防之举，对于外戚取抑压主义。帝舅樊宏、郭皇后之弟况、阴皇后之兄识、兴，皆忠厚君子，谦恭谨下，斤斤自守，不敢以富贵骄人。

要之光武一生，除弊政，建新规，其所设施，皆可以为后世法。独惜其义不胜恩，意不制情。即位之后十七年，以微嫌废郭皇后，立阴贵人为皇后。越二年，复废皇后所生之太子强，立贵人所生之子东海王阳为太子。夫妇父子之间不能顾全大体，足为盛德之累。晚年惑于河图会昌符（谶纬篇名），封泰山，禅梁阴（梁父之北也），宣布图谶于天下，又未免自欺以欺人矣。帝在位三十三年，以中元二年（西历纪元五七年）崩。太子庄即位，是为孝明皇帝。

光武帝内政表

一，制度复旧　官制，地方制具复西汉旧制

二，优待宗室及功臣，宠以厚禄，罢其兵柄

三，整理财政　复行五铢钱，除莽苛税，并省郡县，减损吏员

四，禁止虐待奴婢

五，礼聘耆儒，循吏，处士

六，起太学

七，防制外戚专横

八，废郭皇后及太子强，为盛德之累

九，惑于谶纬学，封泰山，禅梁阴

第二节　明帝之内政

一、崇儒

明帝者，阴皇后之子，初名阳，幼而聪颖，光武帝爱之，及太子强废，遂立为太子，更名庄。强谦恭，帝友爱，兄弟之间无间言。帝即位之初，提倡儒教，临辟雍，行大射礼及养老礼。以耆儒学躬为三老，桓荣为五更。帝自为太子，受尚书于荣。即位之后，仍隆以师礼。自皇太子、诸王侯及大臣子弟、功臣子孙，莫不受经，又为外戚樊氏、郭氏、阴氏、马氏诸子立学于南宫，号四姓小侯。置五经师，搜选高能，以授其业。自期

门、羽林之士，悉令通孝经章句，于是贵戚大臣之家彬彬多文学士。

二、优礼功臣

帝即位之初，以邓禹为太傅，辅政。遣使祠萧何、霍光以中牢，又命画工中兴功臣三十二人像于南宫云台，以示崇德报功之意。

三、治河

先是平帝时，河汴决坏，久而不修。建武十年，光武欲修之。浚仪令乐俊上言："民新被兵革，未宜兴役。"乃止。其后汴渠东浸，日月弥广，兖豫百姓怨叹，会有荐乐浪王景能治水者。永平十二年四月，诏发卒数十万，遣景与将作谒者王吴，修汴渠堤，自荥阳东至千乘（今山东胶东道广饶县，即故青州府乐安县）海口，千有余里。景商度地势，凿山开涧，防遏冲要，疏决壅积，十里立 水门，令更相洄注，无复溃漏之患，于是河汴分流，复其旧迹。

帝性褊察，好以耳目隐发为明。公卿大臣，数被诋毁。近臣尚书以下，至见提曳（常以事怒郎药崧，以杖撞之。崧走入床下，帝怒甚疾言曰。"郎出"，崧曰，"天子穆穆，诸侯皇皇，未闻人君自起撞郎"。帝乃赦之）。庶兄楚王英有罪自杀，穷治其党累年，坐死徙者数千人，冤滥甚众。淮阳王延有罪，降封阜陵王，所连及死徙者甚众。然能遵奉建武制度，无所变更。后妃之家不得封侯与政。馆陶公主尝为子求郎，帝曰："郎官上应列宿，出宰百里。苟非其人，民受其殃。"卒不与。当时吏得其人，民乐其业，户口蕃殖，远近悦服焉。在位十八年，以永平十八年（西历纪元七五年）崩。太子炟（当达反）即位，是为孝章皇帝。

明帝内政表

一，提倡儒学
- 临辟雍，行大射礼及养老礼，以耆儒为三老，五更
- 自皇太子，诸王侯及大臣子弟，功臣子孙与外戚子弟皆入学
- 自期门，羽林之士，悉令通孝经章句

二，优礼功臣

三，使王景与王吴，修理黄河，复故道

四，重惜官位：馆陶公主尝为子求郎，卒不许

五，性情苛察，公卿大臣数被诋毁，尚书以下至见提曳

六，楚王英之狱，淮阳王延之狱，连坐死徙者甚众

第三节　章帝之内政

章帝亦承平令主，好儒学。即位之初，诏二千石劝农桑。慎选举、顺时令、理冤狱、省贡献、减徭费，以利饥民。禁治狱惨酷者，除妖言禁锢者，还坐楚、淮阳事徙者四百余家。凡所设施，一以仁厚为主。复诏太常、将、大夫、博士、郎官及诸儒，会白虎观，议五经同异，使五官中郎将魏应承制问。帝亲称制临决，作白虎议奏（即今之白虎通）。当世大儒，若丁鸿、楼望、成封、桓郁、班固、贾逵之徒皆与。其书始于爵号，终于崩薨，共四十四篇，大抵皆引经断论之语。复诏侍中曹褒定汉礼，依准叔孙通旧典，杂以五经谶记之文，撰次天子至于庶人。冠婚吉凶，终始制度，凡百五十篇，是为后汉一代通礼。帝素知人厌苛切，事从宽厚，尽心孝道，平徭简赋，民赖其庆。魏文帝称明帝察察，章帝长者，诚哉是言。在位十三年，以章和二年（西历纪元八八年）崩。太子肇即位，是为孝和皇帝。

第十二章　东汉初年之外交

东汉外患，不及西汉之困难，而复杂过之。西汉大敌，厥为匈奴。两越、朝鲜及西域诸国，具不足为中国轻重，故匈奴衰亡，西汉即统一东亚。东汉外患，则匈奴以外，有东胡遗族之乌桓、鲜卑。凭借热河特区为根据地，图伯特民族之氐、羌，凭借青海为根据地，逐渐发展势力，侵入中原。光武、明、章三代，乘匈奴内乱，用离间策，招降南匈奴，击走北匈奴。而鲜卑势渐强大，乘虚略取漠南、漠北，侵入辽宁、河北边境。氐、羌二族亦杂居陕甘西方，南匈奴复徙居山陕北境。卧榻之侧，他人鼾睡，有连鸡不同栖之势。东汉初年，国势富强，尚可制驭外族，使不为中国患。中叶以后，国势渐衰，南匈奴与乌桓、鲜卑、氐、羌等部，更迭作乱，侵扰黄河流域。庙堂之上，外戚、宦官与清流党互相倾轧，报复相寻，更无余暇注意外寇，于是西北民族势力，日渐南下，五胡乱华之祸从此始矣。独是明帝之时，遣使天竺，求佛像、佛经。章帝末年，班超征服中亚，与大月氏、安息、罗马通使。印度文化与希腊文化借以输入中国。光武末年，倭奴国奉贡朝贺，赐以印绶。中国文化复输出于日本，为东西交通史、汉族文化史上别开一新生面，是亦外交上一特别进步也。兹述其事迹如下。

第一节　东汉对匈奴之关系

自宣帝时，匈奴呼韩邪单于称臣入观，北鄙无警者六十余年。王莽篡汉，扰动戎夷。匈奴大怨，东连乌桓、鲜卑，西诱西域诸国，侵苦北边。光武中兴，厌倦武事，不欲启衅边外。匈奴益骄，每岁劫略山陕边地。建武二十二年（西历纪元四六年），匈奴呼都而尸道皋若鞮单于舆殂，子蒲奴立，其兄乌珠留若鞮单于囊智牙斯子比时为右奥鞬日逐王，领南边八部，与蒲奴有隙，自立为呼韩邪单子，款五原塞求内属，是为南匈奴，于是匈奴分为南北二部。南匈奴微弱，移居现在绥远，受汉廷保护。北匈奴势盛，屡与汉室冲突，侵略中国北边，汉与南匈奴联合拒之。

明帝永平十六年（西历纪元七三年），奉车都尉窦固奉诏西征，击破北匈奴呼衍王兵，恢复伊吾卢地（今新疆迪化道哈密县），遣假司马班超经略西域诸国，皆下之。北匈奴势顿衰，南匈奴乘隙攻其前，丁零寇其后，鲜卑击其左，西域诸国侵其右，北匈奴不能自立，乃远引而去。和帝永元元年（西历纪元八九年），车骑将军窦宪伐北匈奴，大破其兵，北单于走西海（当系今俄领七河省之巴尔喀什湖）二年九月，遣使请降，欲入朝见，宪已许之，意复中变。三年二月，遣兵围北单于于金微山（今阿尔泰山），大破之。单于遁走，不知所终。其余众辗转西下，经过现今俄领乞而吉思荒原，移入欧洲东部。南匈奴移居黄河套，完全变为汉廷保护国。汉置度辽将军于五原（今绥远五原县），使匈奴中郎将于单于庭以监护之，历百余年相安无事。其详已见拙著东洋史中。兹从略。

第二节　东汉对西域诸国之关系

一、莎车之猖獗

先是王莽在位，遣兵击匈奴右部，道出西域。车师后王（王庭在今新疆迪化道迪化县）惮于供给，谋亡入匈奴。都护但钦斩之，其兄狐兰支遂降匈奴。单于遣兵与共击车师，戊已校尉史陈良终带等，杀校尉以应之。是为西域骚乱之始。其后焉耆叛，杀但钦。莽遣五威将王骏、都护李崇出西域，诸国郊迎送兵谷，焉耆（今新疆阿克道焉耆县）诈降，而聚兵自备，骏等至，伏兵袭杀之。西域遂绝。匈奴乘势侵略西域，诸国多降。惟莎车（今新疆喀什噶尔道莎车县）王延仍为汉守，延卒，子康立，率傍国拒匈奴，拥卫故都护吏士妻子千余口。光武帝建武五年，檄书河西，问中国动静。窦融承制，授康西域大都尉，康卒，贤立，与鄯善（今新疆迪化道鄯善县）王安同遣使贡献。时西域诸国苦匈奴重敛，皆愿属汉。请复置都护，上以中国新定，不许。贤野心渐萌，上书复请都护，上以西域都护印绶赐之。寻以敦煌（今甘肃安肃道西部）太守裴遵上言，追回都护印绶，更赐贤以大将军印。贤不悦，然犹诈称大都护。移书诸国，悉服属焉，数攻诸国，欲兼并西域，诸国愁惧。车师前王（王庭在今迪化道吐鲁番县）及鄯善、焉耆等十八国，俱遣子入侍，愿得都护。帝以中国初定，不许，还其侍子，厚赏赐之。诸国闻都护不出，侍子皆还，大忧恐，乃与敦煌太守檄，愿留侍子以示莎车，诏从之。已而侍子久留敦煌，皆愁思亡归。贤知都护不出，攻杀龟兹（今新疆阿克苏道库车县）王，击破鄯善。鄯善王安愿复遣子入侍，更请都护，都护不出。诚迫于匈奴，上报以“使者大兵未能得出，如诸国力不从心，东西南北自在也”。于是鄯善、车师复附匈奴。贤击于寘（今新疆喀什噶尔道和阗、于阗等县）、大宛、妫、塞等国，皆灭之。天山南路诸国多羁縻于莎车。

二、于寘之跋扈

明帝永平三年，于寘故将休莫霸起兵逐莎车兵，杀其将君德，自立为王。贤自将击之，败绩。休莫霸进攻莎车，中流矢卒。兄子广德嗣立，击灭莎车，杀贤。西域诸国多降于广德，匈奴发兵围于寘。广德请降。匈奴立贤质子不居征为莎车王，广德复攻杀之。于是天山南路诸国，大半隶属于广德。

当是时北匈奴数入寇，谒者仆射耿秉上书，请效武帝故策，先击白山（一名雪山，在今迪化道哈密县城北一百二十里），得伊吾（即哈密），破车师，通使乌孙诸国，以断匈奴右臂，然后发兵击之。上善其言，以秉为驸马都尉，窦固为奉车都尉，将兵屯凉州。经略西域，又恐汉兵西伐，匈奴必并力来救，乃分兵四路。以秉、固与太仆祭彤、骑都尉来苗为大将，各将骑兵万余。以十六年（西历纪元七三年）春二月北伐。窦固至天山（即北祁连山），击破匈奴呼衍王兵。取伊吾卢地，置宜禾都尉，留吏士屯田；遣假司马班超追击匈奴，战于蒲类海（今新疆迪化道哈密县北之巴里坤湖），多斩首虏而还，是为班超投身于军事界、外交界之始。

三、班超之西征

班超字仲升，扶风平陵（县名，汉昭帝陵在焉，故城在今关中道咸阳县西北）人。少有大志，轻细节。随兄固至洛阳，佣书于官以养母，尝辍业投笔而叹曰："大丈夫无他志略，犹当效傅介子、张骞，立功异域，以取封侯，安能久事笔砚间乎？"久之，除兰台令史，复坐事免官。窦固西征，以超为假司马。既击破匈奴，遂与从事郭恂，同使西域，所部仅三十六人。至鄯善，王广礼敬甚至，后忽更疏懈。超谓其官属曰："宁觉广礼意薄乎？"官属曰："胡人不能常久，无他故也。"超曰："此必虏使来，狐疑未知所从故也。明者睹未萌，况已著耶。"乃召侍胡诈之曰："匈奴使来数日，今安在？"侍胡惶恐曰："到已三日，去此三十里。"超乃闭侍胡。悉会其吏士三十六人，与共酣饮。因激怒之曰："卿曹与我俱在绝域，欲立大功以报国家。今虏使到裁数日，而王广礼敬即废。如令鄯善收吾属送匈奴，骸骨长为豺狼食矣，为之奈何？"官属皆曰："今在绝地，死生从司马。"超曰："不入虎穴，不得虎子。"乃约以初夜往袭匈奴使营。众请与从事图之，超以郭恂文俗吏，闻此必恐而谋泄，持不可，众从之。会天大风，超将吏士径奔虏营，顺风纵火。前后鼓噪，超手格杀三人，吏士斩其使及从士三十余级。余众百余人皆烧死。翌晨，召王广至，以虏使首示之。一国震怖，超告以汉威德，广叩头愿属汉，遂纳子为质。鄯善定，南道复通，汉使西域者始得通行无阻。

当是时，于寘王广德，雄张南道。匈奴遣使监护其国。班超既定鄯善，捷报至京，朝廷嘉其功，以为军司马。欲益其兵，使之经略于寘，超以“于寘国大而远，将数百人。无益于强，如有不虞，多益为累”，乃独将原从三十六人至于寘。广德礼意甚疏，且其俗信巫，巫言“神怒！何故欲向汉，汉使有騧马，急求取以祠我”，广德乃遣国相私来比就超请马。超密知其状，报许之。而令巫自来取马，巫至，斩其首，送广德，因责让之。广德素闻超威名，大惶恐，即攻杀匈奴使者而降。超重赐其王以下，因镇抚焉。于是南道诸国皆遣子入侍。西域与汉绝六十五载，至是复通。

南道既平，超乃经略北道。北道最西之要塞为疏勒（今喀什噶尔道疏勒县），疏勒之东为龟兹，龟兹王建为匈奴所立。倚恃虏威，据有北道，攻杀疏勒王，而立其臣兜题以代之。超深知疏勒人奉戴兜题，系慑于虏威，本非心服。永平十七年（西历纪元七四年）春，从间道至疏勒，遣吏田虑先往降兜题，谕以“相机行事，兜题本非疏勒种，国人必不用命。如不降，便可执之”。虑既至。兜题见虑轻弱，果无降意，虑乘其无备，因劫缚之。兜题左右惊散，虑驰报超。超乃悉召疏勒将吏，说以龟兹无道之状。因立其故王兄子忠为王，国人大悦，请杀兜题。超曰：“杀之无益于事，当令龟兹知汉威德。”遂解遣之。于是北道要塞属于汉，超留镇其地，经略北道。

北道要塞西路为疏勒，东路为车师。疏勒虽降，车师未下。班超深入重地，后路不联络，形势甚危险也。汉廷计划，以班超为奇兵，由间道袭疏勒，别遣重兵出西域，击车师。东西夹攻，以恢复北道。是年冬，遣窦固、耿秉等出敦煌昆仑塞，合兵万四千骑，击破白马虏于蒲类海上，进逼车师，大破其兵，车师降。复置西域都护、戊己校尉，以陈睦、耿恭、关宠任之。分屯车师后王部金蒲城（今新疆迪化道镇西县）及前王部柳中城（今新疆迪化道鄯善县之鲁克察克），每屯各数百人，与班超遥为声援。北道诸国多下。

车师为北道要塞，地肥美，宜于屯田，为匈奴必争之地。十八年（西历纪元七五年）二月，窦固班师，北匈奴遣左鹿蠡王率二万骑击车师。戊校尉耿恭遣部将率兵三百人救之，败没。匈奴遂破后王庭，杀其王安得，进攻金蒲城，耿恭以毒矢射却之。是年八月，明帝崩，章帝立。中国新遭大丧，无暇经略西域。焉耆、龟兹合兵攻没都护陈睦，北匈奴围己校尉关宠于柳中城。车师叛，与匈奴共围耿恭。恭率厉士卒，誓以死守。关宠上书求救，诏酒泉太守段彭将兵七千余人救之。章帝建初元年（西历纪元七六年）正月，击破车师兵。北匈奴惊走，车师复降。会关宠已没，诸将欲引还，耿恭军吏范羌时在军中，固请迎恭，乃分兵二千人与羌，迎恭俱归。悉罢西域都护及戊己校尉官，复罢伊吾卢屯兵。匈奴复据其地，北道多陷。

是时班超屯兵疏勒，与陈睦、耿恭、关宠遥为声援。龟兹、姑墨（今阿克苏道拜城县）数发兵攻之，辄不克。会陈睦、关宠已没，耿恭已还。超以三十六人孤守绝地，章帝恐其单危，下诏征还。疏勒举国忧恐，其都尉黎弇至自刭以留超。超至于寘，于寘王侯以下皆号泣，抱超马脚不得行。超亦欲遂其本志，乃还疏勒。疏勒两城已降龟兹，而与尉头（今阿克苏道乌什县）连兵。超捕斩反者，击破尉头，疏勒复安。

是时姑墨、温宿（今阿克苏道阿克苏县）二国，与龟兹狼狈，阻绝北道。超以疏勒、康居、于寘兵，攻姑墨石城，破之。欲乘势遂平西域，乃上书请兵曰："西域诸国，莫不向化。唯焉耆、龟兹独未服从。今宜拜龟兹侍子为王，以步骑数百送之，与诸国连兵。岁月之间，龟兹可擒。以夷狄攻夷狄，计之善者也。"帝知其功可成，以徐干为假司马，将弛刑及义从千余人就超。超与干击疏勒叛将番辰，大破之。欲进攻龟兹，以乌孙兵强，宜因其力，乃上书请招抚乌孙，诏从之。拜超为将兵长史，以干为军司马，经略西域。

是时莎车因汉兵不出，已降于龟兹。元和元年（西历纪元一八四年），朝廷遣假司马和恭将兵八百人诣超。超因发疏勒、于寘兵击莎车，莎车以赂诱疏勒王忠叛，超击破之。忠奔康居，寻复诈降，超斩之。疏勒复定。

章和元年（西历纪元八七年），超发于寘诸国兵，凡二万余人，击莎车。龟兹王发温宿、姑墨、尉头兵，合五万人救之。超以众寡不敌，乃佯言撤兵，龟兹王信其言，与温宿王将兵分屯东西界以邀之。超知二虏已出，密召诸部勒兵，鸡鸣驰赴莎车营，胡大惊乱奔走。追斩五千余级，大获其马畜财物。莎车遂降，龟兹等各溃散，自是威震西域。

是时西方诸国略定，而东部伊吾卢要塞，尚为北匈奴守。和帝永元二年（西历纪元九〇年），大将军窦宪击破北匈奴，复遣兵取伊吾卢地。车师遣子入侍，先是月氏助汉击车师有功，贡奉珍宝、符拔（兽名，形似麟而无角）、狮子，因求尚汉公主，班超拒还其使，月氏由是怨恨。是年，遣其副王谢将兵七万攻超。超众少，皆大恐，超晢军士曰："月氏兵虽多，然数千里逾葱岭来，非有运输，何足忧耶，但当收谷坚守。彼饥穷自降。不过数十日决矣。"谢遂前攻超，不下。抄掠无所得。超度其粮将尽，必从龟兹求救，乃遣兵数百于东界要之。谢果遣骑赍金银珠玉以赂龟兹，超伏兵遮击，尽杀之。持其使首以示谢，谢大惊，遣使请罪，超纵遣之，月氏大震，由是岁奉贡献。

次年（西历纪元九一年），龟兹、姑墨、温宿诸国皆降。复置西域都护、戊己校尉官，以超为都护，干为长史。超废龟兹旧王，而立汉廷侍子白霸为王，自驻节龟兹以镇抚之，遣干屯疏勒，于是西域诸国皆降。唯焉耆、危须（在今焉耆县境内）、尉犁（今阿克苏道尉犁县）三国，以前有杀都护之隙，不下。

六年（九四年）七月，超发龟兹、鄯善等国兵，凡七万人，吏士贾客千四百人，伐焉耆。诱焉耆王广、尉犁王汎等于陈睦故城，斩之，传首京师，更立左侯元孟为焉耆王，于是西域五十余国悉皆纳贡内属。其条支、安息诸国，至于海滨四万里外，皆重译贡献。诏封超定远侯。九年（九七年）复遣掾甘英使罗马，为安息所阻，未至而还。其事迹已见于东亚史中。兹不赘述。

超以久在绝域，年老思归。永元十四年（一〇二年），征超还京师。八月，至洛阳。九月卒，年七十一岁。凡在西域者三十年。

班超事略表

- 家庭
  - 父彪——作王命论（以文学著）
  - 兄固——作汉书（以文学著）
  - 妹昭——续汉书（以文学著）
  - 子勇——定西域，以武功显
- 履历及功绩
  - 字仲升，扶风平陵人
  - 初至洛阳，佣书于官以养母
  - 除兰台令史，复坐事免官。
  - 明帝永平十六年，窦固西征，以为假司马
  - 使鄯善有功，拜军司马
  - 招降于寘，南道诸国皆遣子入侍
  - 十七年，招降疏勒，北道要塞入于汉
  - 章帝建初五年，攻破姑墨，拜将兵长史，以徐干为军司马，经略西域
  - 章和元年，击破莎车兵，莎车降，龟兹、温宿、姑墨、尉头等国联军骇散
  - 和帝永元二年，击破大月氏援龟兹兵，月氏请降
  - 永元三年，龟兹、姑墨、温宿等国皆降，拜西域都护，屯龟兹；以徐干为长史，屯疏勒；镇抚西域
  - 永元六年，发西域诸国兵破焉耆，诛焉耆王广、尉犁王汎；为故都护陈睦复仇。西域五十余国悉纳质内属，诏封超定远侯
  - 永元十四年，超以年老，上书请罢归，八月至洛阳，九月卒，凡在西域三十年，年七十一岁
- 策略
  - 不入虎穴，不得虎子，用之以平鄯善，于寘，疏勒
  - 以夷狄攻夷狄，用之以平莎车，龟兹

四、班勇之西征

班超之还京也，诏以任尚代之。尚性褊急，失边和，西域诸国多叛，尚上书求救。殇帝延平元年（一〇六年），诏以梁慬为西域副校尉，将河西四郡羌胡五千骑救之。未至，尚得解，诏征尚还，以段禧代为都护，与骑都尉赵博及梁慬进屯龟兹。龟兹叛，与姑墨、温宿等国兵共围段禧，慬等大破其兵，围乃解。而道路阻塞，檄书不通，公卿议者皆以为西域阻远，数有背叛，吏士屯田，其费无已，不如罢之，诏从其议。安帝永初元年，（一〇七年）发关中兵，迎禧等还汉，罢西域都护及伊吾卢、柳中屯田，于是汉与西域国交中断。

已而北匈奴复以兵威役属西域诸国，与连兵寇边。元和六年（一一九年），敦煌太守曹宗遣行长史索班，将千余人，出屯伊吾，以招抚西域，于是车师前王及鄯善王复来降，是为东汉第二次经略西域。永宁元年（一二〇年），北匈奴率车师后王军就攻杀索班，击走前王，略据北道。鄯善危急求救，曹宗上书，请出兵击匈奴，因复取西域为汉领土。公卿皆以为宜闭玉门关，绝西域。时皇太后邓氏临朝，闻班超子军司马勇有父风，召问计策，勇以为“西域为国屏藩，若归属北虏，则河西城门，将有昼闭之警。请复置护西域副校尉。将兵三百人居敦煌，遣长史将兵五百人，出屯楼兰西。当焉耆、龟兹径路，南强鄯善、于寘心胆，北扞匈奴”。公卿难之。乃置副校尉居敦煌，而不发屯兵，于是匈奴与车师数寇河西。诸郡大被其害，朝廷不能禁，识者因欲闭玉门、阳关，以绝其患。敦煌太守张珰上言：“北虏呼衍王常转蒲类、秦海之间，专制西域，共为寇钞。今以酒泉属国吏士二千余人集昆仑塞，先击呼衍王，绝其根本，此上计也。若不能出兵，可遣将将兵五百人，出据柳中，此中计也。”诏从之。延光二年（一二三年），以班勇为西域长史，将弛刑士五百人出屯柳中，是为东汉第三次经略西域。三年，勇至楼兰，鄯善归附。龟兹王白英率姑墨、温宿，自缚请降。勇发其兵万余人，至车师前王庭，击走匈奴伊蠡王，屯田兵于伊和谷，车师前部复降。四年，诏发敦煌、张掖、酒泉兵六千骑就勇，及鄯善疏勒车师前部兵，击车师后王军就，大破之，生获军就及匈奴持节使者，将至索班没处，斩之。更立故王子加特奴为王，车师平。顺帝永建元年（一二六年），勇发诸国兵击匈奴呼衍王，呼衍王遁走，其众二万余人皆降。汉威大振，西域诸国多降，唯焉耆不下。二年，诏敦煌太守张朗将河西四郡兵三千人就勇，勇因发诸国兵四万余人击焉耆，焉耆降，于是天山南路复入于汉。朗以计倾陷勇，勇坐免官。嗣任者无大英雄，西域遂破坏不可收拾。六年（一三一年），复置伊吾司马，开屯田，然于大局亦无补。桓帝元嘉二年（一五二年），长史王敬为于寘所攻没，诸国日益骄慢，更相陵伐，西方汉族声灵扫地，班定远苦心孤诣经营缔造之事业遂雪消云散矣。

第三节　东汉对乌桓之关系

先是战国末年，东胡强盛，据有现在热河省地，与匈奴对峙。西汉初年，匈奴冒顿单于灭东胡，其遗族东走。一保乌桓山（在今内蒙古阿鲁科尔沁西北一百四十里），一保鲜卑山（在今内蒙古科尔沁右翼西三十里），因以地名为族号。乌桓所据之地，在今辽河上流西喇穆楞、老哈穆楞流域，常臣服匈奴。武帝时，骠骑将军霍去病击匈奴左地，因徙乌桓于上谷、渔阳、右北平、辽东、辽西五郡塞外，为汉侦察匈奴动静，置护乌桓校尉监领之，是为乌桓南迁之始。其后休养生息，部众渐强。昭帝元凤三年，遂反，汉遣将军范明友击破之。新莽及东汉初年，中原纷乱，乌桓乘势寇边，代郡以东，尤被其害。其居止近塞，朝发穹庐，暮至城郭，五郡民庶，家受其辜。朝廷遣伏波将军马援击之，不克。

已而匈奴国乱，乌桓乘势击破之。匈奴转北徙数千里，漠南空虚，帝乃以币帛赂乌桓，封其渠帅为侯、王、君、长者八十一人，皆居塞内。布于缘边，为汉侦侯，助击匈奴，复置护乌桓校尉于上谷宁城（今察哈尔省延庆县，即故宣化府延庆州附近）以监领之。开府营田岁时互市，历明帝、章帝、和帝三世，与中国相安无事。

安帝即位，乌桓复与鲜卑及南匈奴联兵寇边，朝廷遣兵击破之。自此以后，时叛时服，东北骚然。灵帝初，乌桓大人上谷有难楼者，众九千余落；辽西有丘力居者，众五千余落，皆自称王。辽东苏仆延众千余落，自称峭王（峭七笑反）。右北平乌延众八百余落，自称汗鲁王。并勇健而多计策。献帝初平中，丘力居死，子楼班年少，从子蹋顿有武略，代立。总摄三部，众皆从其号令。建安初，袁绍与公孙瓒争河北，蹋顿遣兵助绍击瓒，破之。绍矫制赐蹋顿、难楼、苏仆延、乌延等，皆以单于印绶，后难楼、苏仆延率其部众奉楼班为单于，蹋顿为王。然蹋顿犹秉计策，绍子尚败奔蹋顿时，幽、冀吏人奔乌桓者十万余户，尚欲凭其兵力，复图中国。建安十二年，曹操自将征乌桓，大破蹋顿于柳城（今热河凌源县），斩之，首虏二十余万人。尚与楼班、乌延等皆走辽东，辽东太守公孙康并斩送之，其余众万余落悉徙居中国。自此以后，乌桓遗族大半同化于汉族。

汉末乌桓大人表

人名	所在地	今地户口	户口称号
难楼	上谷	察哈尔口北十县	九千余落王
丘力居	辽西	辽宁辽沈道西部	五千余落王
苏仆延	辽东	辽宁辽沈道东部	千余落峭王
乌延	右北平	热河南部、河北东北部	八百余落汗鲁王

第四节　东汉对鲜卑之关系

鲜卑故附属匈奴，其地远在辽东塞外，与乌桓相接，故未尝通中国。光武初年，匈奴强盛，屡率鲜卑寇抄北边，杀掠吏民。建武二十一年，辽东太守祭肜大破之，穷追出塞，鲜卑震慑。其都护偏何率种人来降，屡为汉击北匈奴及乌桓，有功。朝廷厚遇之，鲜卑悦服，其大人皆来归附，并受赏赐。历明、章二帝，保塞无事。和帝永元中，大将军窦宪击破北匈奴，北单于遁走西方，鲜卑因徙据其地。匈奴余种留者尚有十余万落，皆自号鲜卑，鲜卑由此渐盛。桓帝时代，其大人檀石槐在位，勇健有智略，诸部推为共主，南抄缘边，北拒丁零，东却夫余，西击乌孙，尽据匈奴故地，东西万四千余里。鲜卑势骤张，朝廷患其强，遣使持印绶，封为王。欲与和亲，檀石槐不肯受。屡寇幽州、并州诸郡，沿边胥受其祸。朝廷遣护乌桓校尉夏育出高柳（汉县名，故城在今山西阳高县）破鲜卑；中郎将田晏出云中，使匈奴；中郎将臧旻出雁门。各将军万骑，分道击檀石槐，败绩，育等仅以身免。灵帝光和四年（西历纪元一八一年），檀石槐殂，子和连代立，才力不及父，而贪淫。出攻北地，中流矢卒。子骞曼幼，兄子魁头代立，后骞曼长，与魁头争国。众遂离散，鲜卑势稍衰，而汉亦虚耗矣。其详已见于拙著东洋史中。兹从略。

第五节　东汉对羌之关系

先是西周末年，图伯特族之戎人侵入中国，灭西周之王室，略据现在陕西、河南等地。后经嬴秦扫荡，声气销沉者数百年。其遗民大半同化于汉族，其同族羌人散居河湟（今甘肃西部）间，以游牧为业，分为数十种，各戴酋长，不相统属。汉初，附属匈奴，汉武帝开河西四郡（武威、张掖、酒泉、敦煌四郡，即今甘肃甘凉安肃二道），隔绝羌与匈奴交通之路，羌人震惧。先零种等乃解仇诅盟（羌人多互相仇，欲举事则解其仇而相诅盟也），攻金城袍罕（今甘肃兰山道导河县），将军李息大败之。始置护羌校尉，驻临羌（今西宁县）以监护之，羌人自是臣服于汉。宣帝时，先零种又叛，帝使赵充国击之。充国屯田湟中（今西宁河流域，即西宁道与青海东部），坚壁清野以困羌。羌人请降，置金城（今甘肃故兰州西宁二府地）属国以处其众。

王莽专政，收西羌地，置西海郡，徙罪人实之。羌人怨莽夺其地，遂反，入居塞内，金城属县多为所有。光武即位，隗嚣利用羌兵与汉相持。光武平嚣，复置护羌校尉镇抚之。西方局面稍定。

已而乌桓、鲜卑及南匈奴相继变乱，东北骚然。羌人亦乘势起于西方，侵略雍州、凉州境，焚掠及于三辅。烧当、先零二族最强，烧当羌酋滇良击破先零，夺取大小榆谷（在今甘肃兰山道导河县西）为根据地。滇良卒，子滇吾、孙迷吾、号吾、曾孙迷唐，相继为河西、陇右患，朝廷拜邓训为护羌校尉，以威信招抚诸羌。诸羌多降，迷唐走青海。护羌校尉贯友袭破大小榆谷，迷唐走赐支河曲，依发羌。贯友卒，嗣任者非将帅才，迷唐势遂猖獗。朝廷连年征讨，数易将帅，迄无胜算，迷唐死，其祸乃已。和帝永元十四年（西历纪元一〇二年），朝廷用喻麋相曹凤议，缮修故西海郡，徙金城西部都尉以戍之。增广屯田，列屯夹河，合三十四部，于是现今青海东部复入于汉。

安帝即位，西方郡县更凌虐诸羌。诸羌复叛，先零羌酋滇零僭称天子，寇抄三辅，汉兵不能制。诏徙缘边郡县于内地以避寇，命北军中候将兵防河，于是雍州、凉州境内郡县多陷。滇零死，子零昌立，与同族狼莫、汉阳（即前汉天水郡，统甘肃旧巩昌府秦州阶州地治冀故城，在今伏羌县南）人杜季贡连兵为寇。诏中郎将任尚屯三辅。怀令虞诩说尚以“虏骑吾步，势不相及，宜罢遣步兵，多练骑卒，始克有济”。尚从之，于是汉兵始有起色。已而任尚与度辽将军邓遵用暗杀计，重赂募羌人，刺杀零昌、狼莫、杜季贡等。先零羌之势始戢，计滇零父子叛乱十余年，边民及内郡死者不可胜计，并、凉二州遂至虚耗。

建光元年（西历纪元一二一年），烧当羌复叛，寇湟中，护羌校尉马贤击破之。朝廷以来机为并州刺史，刘秉为凉州刺史，镇抚西北方。机等虐刻，多所扰发。永和四年（西历纪元一三九年），诸羌复叛。朝廷以马贤为征西将军，屯汉阳以备之。六年正月，贤军败绩，贤与二子皆殁于阵，诸羌遂大炽，寇三辅，烧园陵，杀略吏民。诏以赵冲为护羌校尉，讨羌，冲忠勇善战，屡破羌兵。卒中伏，没于阵，而羌人亦虚耗。左冯翊梁并以恩信招诱叛羌。叛羌皆降，陇右复平。计西羌叛乱经年，费用不赀。诸将多朘削军士以自肥，于是关陇为墟，野有暴骨矣。

桓帝永寿二年（西历纪元一五六年），诸羌复反，寇雍州、凉州诸郡。诏护羌校尉段颎、中郎将皇甫规、张奂，前后持节督诸军以讨之。规西州豪士，威信过人，以恩义招抚诸羌，诸羌多降。以谗去职，羌人之势复炽。朝廷乃以西事专付段颎，颎治军严整，抚士卒有恩，善以寡击众。在军十年，屡破羌兵，塞内诸羌皆降，与汉族杂居内地。其详已见于拙著东洋史中。兹从略。

东汉羌表

部落名	酋长名	根据地
牦牛		
白马		
参狼		
先零	滇零——零昌	
烧当	滇良——滇吾—┬迷吾 └号吾	大小榆谷
	迷唐	赐支河曲

参考书

东洋史（中古史　第二三期　第三章）　．　自著

此外若辽东方面之对于夫余及高句骊，乐浪方面之对于倭，武陵方面之对于武陵蛮，益州方面之对于哀牢夷，虽亦间有接触，然于中国史上无重大关系，兹从略。

参考书

东洋史（中古史　第二三期　第四章　第四期　第七章　近古史　第一期　第三章）自著

中国民族史第二章　自著

第十三章　外戚宦官势力之消长

自来封建之世，权在贵族；专制之世，权在君主；共和之世，权在国民。封建时代，君相位置，皆定于有生以前。大臣与国家共休戚，当主少国疑之际，举国家大政，委之相臣。而强臣不致生觊觎之心，小民无或有摇动之虑。专制之世，起家平民，可为宰相。宰相位置非贵族专有物，辅政大臣与皇室无血统关系，当主少国疑之际，不能不听命于母后。中国男女界限綦严，母后临朝，不能直接与廷臣接触。凡百庶政，不能不假手于己之兄弟及左右侍奉之人。于是外戚宦官，势力遂潜滋暗长。中国向来为贵族政体，自唐虞至三代，有大臣摄政，无母后临朝。若尧末年之舜，舜末年之禹，太甲初年之伊尹，成王初年之周公，皆以宰相代总万机。廷臣习见，不以为怪。秦汉以后，专制政体进化，贵族权力渐微。后母临朝之风，始成为历代习惯法。外戚宦官之祸，因之潜滋暗长。其势足以左右全国政令，其祸遂与专制政体相终始。盖履霜坚冰，其所由来者渐矣。西汉外戚之祸，始于吕后，成于成帝。及其末年，王莽遂篡汉室。光武即位，鉴于前车之覆，极力抑压外戚。明帝因之，至章帝时方针始变。和帝以后，诸帝多不永年。诸侯入继者五君，国母临朝者六后，外戚宦官互起用事，利立幼君以固其权。因之海内志士，抗愤于外。朝政日非，清议益峻。由是邪正之冲突起，凌夷至于桓灵之世，酿成钩党之狱，在朝在野人望一网打尽。汉室因以墟矣。兹述其事迹如下。

第一节　马氏之放恣

先是光武在位，对于外戚取抑压主义。帝舅樊宏，郭后之弟况，阴后之兄识、兴，皆以贤称。明帝即位，仍循此方针。后父马援以中兴名臣，不列云台二十八将之列，后亦贤明谦让，未尝以家私干政事。后之兄弟，终明帝世，未尝改官。章帝即位，尊后为皇太后。以后兄廖为卫尉，防为中郎将，光为越骑校尉。帝欲封爵诸舅，太后不听。会大旱，言事者以为不封外戚之故。太后手诏切责之，帝省诏悲叹，复重请曰："汉兴，舅氏子封侯，犹皇子之为王也。太后诚有谦虚，奈何独不令臣加恩三舅乎。"太后不可。寻以防为将军，击羌有功，拜车骑将军。越二年，有司请封诸舅，上以天下丰稔，方垂无事，从之。太后叹息。廖等辞让不获，乃受爵而辞位。廖谨笃自守，而性宽缓，不能教敕子弟，皆骄奢不谨。防、光大起第观，食客常数百人，防又多牧马畜，赋敛羌胡。太后崩后，帝数加谴敕，禁遏甚备，由是权势稍损，宾客亦衰。廖子豫投书怨诽，有司并奏防、光兄弟，悉免就国。帝以光稍谨饬，特留之京师，以马后之贤。马氏之谨饬，其结果犹如此，他可知矣。

第二节　窦宪之专横

诸马既得罪，皇后窦氏之家益贵盛，皇后兄宪、弟笃，喜交通宾客。宪以贱值，请夺帝姊妹沁水公主园田，主畏逼不敢计。太尉郑弘数陈宪权势太盛，奏宪党张林、杨光贪残。吏与光有旧，因以告之。宪谮弘漏泄密事，帝诘让弘，收印绶，弘自诣廷尉。诏敕出之，因乞骸骨归，未许，病笃。上疏弹劾宪罪，请黜之。帝不能从。

章帝崩，和帝即位，年甫十岁。尊皇后为皇太后，太后临朝。宪以侍中内干机密，出宣诏命，弟笃、景、环皆任亲要。宪以故太尉邓彪为当代名儒，先帝所敬，而仁厚委随，易于指使，思利用之以为己傀儡。白太后以彪为太傅，录尚书事，百官总己以听，凡有所施为，辄外令彪奏。内白太后，事无不从。彪在位，修身而已，不能有所匡正。宪性果急，睚眦之怨莫不报复。宗室都乡侯畅来吊国忧，太后数召见之。宪惧畅分宫省之权，遣客刺杀畅于屯卫之中，而归罪于畅弟刚。使侍御史与青州刺史杂考之，尚书韩棱以为“贼在京师，不宜舍近问远”。太尉掾何敞说太尉宋由，请于朝廷自案之，具得事实。太后大怒，闭宪于内宫，宪惧诛，自求击北匈奴以赎罪。太后以宪为车骑将军，发兵击北匈奴。公卿诣朝堂上书谏，不听。宪常使门生赍书，诣尚书仆射郅寿，有所请托。寿收送诏狱，上书陈宪骄恣，复因朝会厉音正色，讥宪等以伐匈奴起第宅事。宪怒，陷寿以诽谤，下吏，自杀。宪击北匈奴有功，还朝，拜大将军。故事大将军位在三公下，至是诏宪位次太傅下，三公上。宪兄弟骄纵，而景尤甚。奴客夺人财货，篡取罪人，妻略妇女。擅发缘边突骑，司徒袁安、司空任隗，屡弹劾之，并寝不报。宪以耿夔、任尚为爪牙，邓叠、郭璜为心腹，班固、傅毅典文章。刺史守令多出其门，赋敛吏民，共为赂遗。安、隗举奏，贬四十余人，窦氏大恨。但安、隗素行高，未有以害之。尚书仆射乐恢上疏，请罢窦氏政治，书奏，不省，恢乞骸骨归。宪讽州郡迫令自杀，于是朝臣震慑，无敢违者。安以天子幼弱，外戚擅权，每朝会进见，及与公卿言国家事，未尝不喑呜流涕，天子大臣皆恃赖之。永元四年，安薨，隗孤立。宪益肆无忌惮，窦氏父子兄弟并为卿、校，充满朝廷。邓叠及弟磊、母元与宪婿郭举，举父璜、共相交结，举得幸太后，遂谋为逆。帝知其谋，而外臣莫由亲接。以钩盾令（属少府秩六百石宦者，为之典诸近池苑囿游观之处）郑众谨敏有心计，不事豪党。与定议诛宪，会宪自凉州还京师。帝使清河王庆（章帝长子和帝兄）私从千乘王伉求得外戚传，夜独纳之，明日幸北宫。诏执金吾五校尉（属北军中侯掌五营兵），勒兵屯卫南北宫，闭城门，收璜、举、叠、磊，诛之。收宪大将军印绶，更封冠军侯，与笃、景、坏皆就国，选严能相，迫令自杀。宗族宾客皆免归故郡，班固死狱中。固尝著汉书，尚未就。诏固女弟曹寿妻昭踵成之。太尉宋由以党于窦氏故，策免自杀。论功，以郑众为大长秋，封鄛乡侯，宦官封侯自众始。是时帝年才十四，乃能选用秘臣，密求故事，勒兵收捕，中外肃清，足以继孝昭之烈。所可恨者，三公不与大政。而郑众有功，由是宦者用权，驯致亡汉，所谓前门拒虎、后门进狼也。可胜叹哉。

宪既诛，帝始亲政。尊信儒术，友爱兄弟，礼贤纳谏，中国又安。在位十七年崩，皇子隆即位，是为孝殇皇帝。

第三节　邓太后之临朝　邓氏荣华之始末

先是光武帝在位，以宠阴后故，废郭后所生之太子强，而立阴后所生之明帝，后世遂奉为家法。东汉一代，国本时常动摇者，光武帝作俑之罪居多。章帝即位，纳扶风宋扬二女为贵人，大贵人生太子庆。梁竦二女亦为贵人，小贵人生和帝。窦皇后无子，养和帝为己子。谋陷宋氏，诬言欲为厌胜，废庆为清河王，立和帝为太子。出宋贵人，使小黄门蔡伦按之，伦承讽旨傅致其事，二贵人皆饮药自杀。庆时虽幼。亦知避嫌畏祸，言不敢及宋氏。帝怜之，敕皇后令衣服与太子齐等。太子亦亲爱庆，入则共室，出则同舆。梁氏私相庆贺。窦皇后以是忌梁贵人，数谮之。诸窦遂作飞书，陷梁竦以恶逆，竦死狱中。家徙九真。两贵人皆以忧死。宫省事秘，莫有知帝为梁氏出者。窦宪伏诛以后，帝赐庆奴婢、舆马、钱帛、珍宝，充牣其第。庆或时不安，帝朝夕问讯，进膳药，垂意甚备。庆亦小心恭孝，畏事慎法，故能保其宠禄焉。永元九年，窦太后崩。梁竦兄子扈奏记三府，求得申议。太尉张酺言状，帝感恸良久。酺因请追上尊号，存录诸舅，帝从之。会贵人姊上书自讼，乃知贵人枉殁之状。三公请奏贬窦太后尊号，不宜合葬先帝。帝手诏曰："窦氏虽不尊法度，而太后常自减损。朕奉事十年，深惟大义，礼臣子无贬尊上之文，其勿复议。"追尊梁贵人为恭怀皇太后。

帝数失皇子，后生者辄隐秘养于民间，群臣无知者。帝崩，皇后邓氏收皇子于民间。少子隆生始百余日，迎立以为太子，即位，是为殇帝。尊皇后为皇太后。太后临朝，封长子胜为平原王，以后兄隲为车骑将军，仪同三司，辅政。清河王庆就国，太后以帝幼弱，远虑不虞。留庆子祜与嫡母耿姬，居清河邸。是年八月，帝崩。后与隲定策禁中，迎祜，拜长安侯。立以为和帝嗣，是为孝安皇帝。安帝年已十三，太后犹临朝称制，封隲及弟悝、弘、阊，皆为列侯，隲固辞不受。

是时太后称制日久，政权移于中宫，以寇贼、雨水，策免太尉徐防、司空尹勤，三公以灾异免自此始，宦官郑众、蔡伦等皆秉势豫政。司空周章数进直言，太后不能用。初，太后以平原王胜有痼疾，而贪殇帝孩抱，养为己子，故立焉。及殇帝崩，群臣以胜疾非痼，意咸归之。太后恐胜终怨，乃迎安帝而立之。章以众心不附，密谋诛隲兄弟及众、伦等，废太后及帝而立胜，事觉，自杀。

安帝永初二年，以隲为大将军。隲在位，颇能推进贤士，荐何熙、李郃等，列于朝廷，又辟弘农杨震、巴郡陈禅等，置之幕府，天下称之。五年，太后母新野君卒，隲等乞身行服。服除，诏隲还朝辅政，更授前封，隲等固让，乃止。于是并奉朝请，有大议与公卿参议，司空袁敞廉劲，不阿权贵，失邓氏旨。尚书郎张俊有私书与敞子，怨家封上之，敞坐策免，自杀。隲从弟度辽将军遵与中郎将任尚，征西羌有功。遵以太后从弟故，封武阳侯。任尚与遵争功，槛车征弃市。以隲兄弟之贤，犹滥用权力残害忠良如此，他可知矣。

是时东汉承平日久，武力渐衰，鲜卑、西羌更迭入寇。先零羌酋滇零僭称天子，寇抄三辅。海贼张伯路掠滨海九郡，南匈奴叛，与乌桓、鲜卑合兵寇五原。太后选将练兵，四方征讨，外寇逐渐屏迹。太后自临朝以来，水旱十载。四夷外侵，盗贼内起。每闻民饥，或达日不寐，躬自减彻以救灾厄。故天下复平，岁仍丰穰。尝征济北、河间王子男女五岁以上，四十余人，及邓氏近亲子孙三十余人，为开邸第，教以经书，躬自监试。又诏司隶校尉、河南尹、南阳太守、检查邓氏宾客，虽亲属犯罪，无所容护。复诏公卿中二千石，各举隐士大儒，务取高行，以劝后进。罢祀官不在礼典者，减用度，省宫人，以公田赋与贫民。凡所设施，一依明章以来旧制，不愧为承平令主。邓骘亦谦恭退让，有儒者风，辅政十年，无大过失。独惜太后贪恋权势，帝年已长，久不还政，颍川杜根尝上书言之。太后大怒，盛以缣囊扑杀之。载出城外，得苏，逃窜为宜城（今湖北襄阳道宜城县）山中酒家保。平原成翊世亦坐谏太后不归政，抵罪。太后从弟越骑校尉康，以太后久临朝政宗门盛满，数上书谏，言甚切至，太后不从。康谢病不朝，太后大怒，免康官，遣归国，绝属籍，识者嗤之。称制十五年，以安帝建光元年崩，帝始亲政，谥后曰和熹皇后。

第四节　安帝之昏庸　耿宝阎显之倾轧　群小之弄权

帝少号聪明，故邓太后立之。及长，多不德。太后征济北、河间王子诣京师，以河间王子翼，为和帝长子平原怀王胜后，留京师。帝乳母王圣虑有废置，常与中黄门李闰、江京候伺左右，共毁短太后，帝每忿惧。及太后崩，宫人有诬告太后兄弟悝、弘、阊，谋立平原王者。帝怒，废悝子西平侯广宗等为庶人。骘以不与谋，徙封罗（故城在今湖南湘江道湘阴县东六十里）侯，遣就国。宗族免官，归故郡，没入赀产，广宗等皆自杀，骘不食而卒。贬平原王翼为都乡侯，遣归河间。自是以后，邓氏之势衰，群小始杂进矣。

小黄门蔡伦有巧思。和帝时，以中常侍充尚方令。监作秘剑及诸器械，莫不精工坚密。自古书契多用竹简或缣帛。缣贵而简重，不适于用。伦乃造意，用树肤、麻头、敝布、鱼网以为纸，奏上之，帝善其能。邓太后摄政时，以伦久在宿卫，封龙亭侯，故天下咸称蔡侯纸。及帝亲政，追尊父清河孝王庆曰孝德皇，妣曰孝德后，祖妣宋贵人曰孝隐后。追论伦在章帝时，受窦后讽旨，诬陷宋贵人罪。敕伦自致廷尉，伦自杀。复尊嫡母耿姬为甘陵大贵人，以其兄宝监羽林车骑。宋氏封侯为卿校侍中者十余人。皇后阎氏兄弟显、景、耀，并典禁兵。宦者江京、李闰，皆为列侯，与中常侍樊丰、刘安、陈达，及帝乳母王圣、圣女伯荣煽动中外。兢为奢虐，出入宫掖，传通奸利。

太尉杨震，关西名儒，鲠直有大节，数上书谏争，上不听。丰等诈作诏书，调发司农钱谷、大匠、见徒、材木，各起冢舍园池。震复上疏，所言转切，帝既不平，而丰等愤怨。会河间男子赵腾上书，指陈得失。帝发怒，欲诛腾，震救之，不听。及帝东巡，太尉部掾高舒得丰等所诈下诏书具奏，须行还上之。丰等惶怖，会太史言星变逆行，遂共谗震云："自赵腾死后，深怀怨怼，且邓氏故吏，有恚恨心。"帝然之。及还京师，便临太学，即其夜遣使者策收震太尉印绶，遣归故郡，震饮鸩而卒。以耿宝为大将军，辅政。

王圣、江京、樊丰等，谗太子保乳母王男、厨监邴吉，杀之。太子叹息。京丰惧，乃与阎后谗太子。帝怒，废太子为济阴王。帝在位十九年，凡亲政五载。以延光四年（西历纪元一二五年）三月崩。阎后自尊为皇太后，临朝称制。以兄显为车骑将军，仪同三司，辅政。后欲久专国政，贪立幼主，与显等定册，迎章帝孙、济北惠王寿子、北乡侯懿为嗣。显忌樊丰、耿宝，讽有司。奏贬宝为亭侯，遣就国。宝自杀，下樊丰于狱，杀之。徙王圣、伯荣于雁门，以弟景为卫尉，耀为城门校尉，晏为执金吾，并处权要。是年十月，懿薨。显白太后，秘不发丧。更征诸王子闭宫门，屯兵自守。中黄门孙程与其党王康、王国等，谋立济阴王保。十一月，举兵夜入省门，遇江京、刘安、陈达，斩之。以李闰积为省内所服，胁与俱迎保。召尚书令以下，从辇幸南宫，登云台。召公卿百僚，使虎贲、羽林士屯南北宫诸门，收显及其弟耀、晏，诛之，家属皆徙比景。迁太后于离宫，奉保即位，是为孝顺皇帝。封程等十九人为列侯，以程为骑都尉。

第五节　梁冀之跋扈

顺帝即位，年甫十一岁。改葬杨震，祠以中牢。以虞诩为司隶校尉，来历为车骑将军，许敬为司徒。聘处士樊英为五官中郎将，杨厚、黄琼为议郎。免太傅冯石、太尉刘熹官。遣孙程等十九人就国。举贤黜佞，政治清明。阳嘉元年，顺帝七年立贵人梁氏为皇后，以后父商为执金吾。四年，进拜大将军，辅政。永和六年（顺帝十六年），商卒。以其长子冀代为大将军，辅政。冀嗜酒逸游，居职纵暴，汉政渐衰。帝在位十九年崩，太子炳即位，是为孝冲皇帝。

冲帝即位，年甫二岁。尊皇后为皇太后。太后临朝，以李固为太尉，录尚书事。次年正月，帝崩，征章帝曾孙清河王蒜，及渤海孝王子缵，至京师。蒜为人严重，动止有法度，公卿皆归心焉。而缵年始八岁。李固欲立蒜，梁冀不从，与太后定策禁中，迎缵入即位，是为孝质皇帝。

是时匈奴、乌桓、鲜卑、西羌更迭入寇，关西、河北时常被兵。武陵（今湖南武陵道）蛮、象林（今法领越南中部顺化府）蛮，复乘势作乱。扬徐群盗范容、九江盗马勉、广陵盗张婴、历阳（今安徽安庆道和县，即故和州）盗华孟等，各据地起兵，骚扰州郡，东西南北，同时戒严。太后委政李固，分遣诸将征讨四方，陆续奏捷。固骨鲠严正，宦官为恶者一切斥遣之，于是群小皆怨，梁冀疾之尤甚。初，顺帝即位时，除官多不以次，固奏免百余人。此等遂作飞章，言固离间近戚，自隆支党。冀以白太后，后不听。

帝少而聪慧，尝因朝会目冀曰："此跋扈将军也。"冀深恶之，使左右置毒于煮饼以进。帝苦烦甚，召李固。固入前问，帝曰：“食煮饼腹闷，得水尚可活。”冀曰：“恐吐，不可饮水。”语未绝而崩，固伏尸号哭。推举侍医，冀虑事泄，大恶之。会议立嗣，固与大鸿胪杜乔皆以为“清河王蒜，明德著闻，又属最尊亲，宜立为嗣”。中常侍曹腾有憾于蒜，说冀以“清河严明，若果立则将军受祸，不如立蠡吾（今河北省蠡县）侯”。冀从之。白太后策免固，迎蠡吾侯志入即位，是为孝桓皇帝。

桓帝即位，年甫十五。太后犹临朝称制，立太后女弟为皇后，以杜乔为太尉。乔守正不阿，朝野皆倚望焉，而冀深恨之，遂以地震为口实，策免乔。会甘陵（县名，清河孝王陵在焉，故城在今河北清河县东南）人刘文等谋共立清河王蒜，劫其相谢皓，杀之。蒜坐贬为尉氏（今河南开封道尉氏县）侯，徙桂阳（今湖南衡阳道桂阳县），自杀。梁冀因诬固乔，谓与文通谋，收下狱，杀之。天下怨叹。

是时梁冀秉政日久，家门繁盛，凡七侯、三后、六贵人，二大将军、卿、将、尹、校五十七人。冀专擅威柄，凶恣日积，宫卫近侍，并树所亲，禁省起居，纤微必知。四方贡献，皆先输上第于冀，乘舆乃其次焉。百官迁召，皆先到冀门谢恩，然后敢诣尚书。冀妻孙寿善为妖态，冀宠惮之。冀爱监奴秦宫，出入寿所，刺史二千石皆谒辞之。冀、寿对街为宅，殚极土木，互相夸竞。起兔苑亘数十里，移檄调生兔，刻毛为识，人有犯者罪至死。冀用寿言，多斥夺诸梁在位者，外以示谦让，而孙氏宗亲为侍中、卿、校、郡守者十余人，皆贪饕凶淫，所在怨毒。帝欲褒崇冀，使议其礼。有司奏请冀入朝不趋、剑履上殿、谒赞不名。礼仪比萧何，增封四县比邓禹，赏赐金钱、奴婢、丝帛、车马、衣服，甲第比霍光。每朝会与三公绝席，十日一入平尚书事。冀犹以所奏礼薄，意不悦。冀秉政几二十年，以私憾杀人甚众。威行内外，天子拱手。梁后恃兄姊势，奢靡恣肆。和平元年（桓帝四年），皇太后崩，后宠渐衰，后既无子，潜怀妒忌，宫人孕育，鲜得全者。帝虽畏迫冀，不敢谴怒，然见御转稀。延熹二年（桓帝十三年），后以忧恚崩。于是冀之内援绝，先是和熹皇后从兄子邓香妻宣，生女猛，香卒，宣更适孙寿舅梁纪，寿引其女猛入掖廷为贵人。冀欲认猛为己女，时猛姊婿邴尊为议郎。冀恐尊沮宣，乃使刺客杀尊，又欲杀宣。遣客登屋，宣家觉之，驰入白帝。帝大怒，乃与中常侍单超、徐璜、黄门令具瑗、小黄门史唐衡、左悺等共谋诛冀。冀疑之，使中黄门张恽入宿以防变。瑗收恽，请帝诣前殿。使尚书令尹勋持节，勒丞郎以下，皆操兵，守省阁。敛诸符节送省中，使瑗将厩驺、虎贲、羽林、都侯、剑戟士，合千余人，与司隶张彪共围冀第，收大将军印绶。冀、寿皆自杀，梁氏、孙氏无少长皆弃市，太尉胡广、司徒韩缜、司空孙朗，皆坐阿附，减死免为庶人。故吏宾客免黜者三百余人，朝廷为空，百姓称庆。收冀财货合三十余万万，以充王府用。减天下租税之半，散其园圃以给贫民。封单超等五人为侯，以超为车骑将军，辅政。于是外戚之势衰，宦官之势转盛矣。

第十四章　外戚与清流之结合及其对宦官之冲突

自来稷鼠不攻，城狐不灼，愈接近宫廷者，其势力愈不可侮。以清流与外戚较，则外戚与宫廷接近；以外戚与宦官较，则宦官与宫廷尤接近。是故外戚与清流冲突，常居优胜地位；与宦官冲突，反居劣败地位。东汉初年，政在君主。中叶以后，政权移于外戚。末年复移于宦官，其胜败所由来，非有特别原因，势使然也。东汉自章帝崩后，和帝、殇帝、安帝、北乡侯、顺帝、冲帝、质帝、桓帝，皆以冲龄践祚。章德窦后、和熹邓后、安思阎后、顺烈梁后，相继临朝。窦宪、邓隲、耿宝、阎显、梁商、梁冀，皆以大将军或车骑将军辅政。权力凌轹宰相，势不能不起冲突。邓隲贤者，犹与司空周章、袁敞等不协。此外若窦宪之与太尉郑弘，耿宝之与太尉杨震，梁冀之与太尉李固、杜乔，其冰炭不相容者，固势所不得不尔也。郑弘、杨震、李固、杜乔之徒，皆起家书生，出为贤相，清风亮节，为一世所钦仰，而皆不得令终，外戚势力之伟大可想。然而千人所指，无病自死。势力愈伟大者，其得罪于人民者愈甚，其欲得而甘心者亦愈多。天乃假手于猝不及防之他人，以削其气焰。窦宪之死，假手于郑众。邓隲之死，假手于李闰、江京。阎显之死，假手于孙程。梁冀之死，假手于单超、徐璜、具瑗、唐衡、左悺。以炙手可热、气焰薰天之外戚，举朝大臣所无可如何者，一宦竖诛之而有余，则宦官潜势力之伟大更可知矣。顾君子得志常自谦，小人得志常自满，自谦者能下人，自满者恒凌人。能下人者多恺悌慈祥，恒凌人者多暴虐恣横，是故小人不可以有权力，有权力必滥用之，小人不可以立大功，立大功则国家将来无以报酬之也。东汉中叶君主，既假宦官之手以诛外戚，势不能不假以权力。郑众、孙程、单超之徒，皆致位公卿，与闻国政，政柄渐为宦官所垄断，其暴虐恣横，反甚于外戚。士君子不忍见朝政之日非、国事之日坏，乃与外戚之贤者结合，并力排除宦官。窦武、何进相继失败，钩党狱起，朝廷流血，诸贤骈首就戮。袁绍愤极，乃召外兵。宦官虽诛，汉亦灭矣。此真附骨之疽，一割则有性命之虞者也。兹述其事迹于下。

第一节 宦官之恣横

窦宪之伏诛也，郑众以功拜大长秋，帝策勋班赏，众每辞多受少。帝由是贤之，常与之议论政事。寻封鄛乡侯，是为宦官封侯与政之始。邓后称制，众与蔡伦皆用事。司空周章数进直言，太后不能用。安帝亲政，宦官江京、李闰皆封侯，与樊丰、刘安、陈达等同与政，谗杀太尉杨震，废太子为济阴王，是为宦官杀害清流之始。顺帝即位，孙程等十九人以功封侯，听中官得以养子袭爵，是为中官爵位世袭之始。梁冀伏诛以后，单超等五人皆以功封侯，世称为五侯，赏赐巨万，以超为车骑将军。辅政五侯皆贪纵，倾动内外。白马（县名，属东郡故城在今河北道，即故卫辉府滑县治南）令李云上书固谏，上怒，杀之。大鸿胪陈蕃、太常杨秉等，皆以疏救云得罪，免官。延熹三年，超卒，赐东园秘器，棺中玉具。及葬，发五营骑士，将作大匠起冢茔。其后四侯转横，天下为之语曰："左回天，具独坐，徐卧虎，唐雨堕。"皆竞起第宅，以华侈相尚，兄弟姻戚宰州临郡，辜较百姓，与盗无异，虐遍天下。民不堪命，故多为盗贼焉。中常侍侯览、小黄门段珪，皆有田业，近济北界，仆从宾客，劫掠行旅。济北相滕延一切收捕，杀数十人，陈尸路衢。览、珪以事诉帝，延坐征诣廷尉免。左馆兄胜为河东太守，皮氏长京兆赵歧耻之，即日弃官西归。唐衡兄玹为京兆尹，收歧家属宗亲，陷以重法，尽杀之。歧逃难四方，匿姓名，卖饼北海（郡名，山东旧青州府东部莱州府西部地治营陵，故城在今胶东道昌乐县东南）市中。安丘（今山东胶东道，即故青州府安邱县）孙嵩见而异之，载与俱归，藏于复壁中，及诸唐死，遇赦，乃敢出。中郎将皇甫规征西羌，有功，当封。徐璜左悺从规求货，不答。璜等诬以罪，下吏，论输左校。

延熹八年，太尉杨秉、司空周景，上言“内外吏职，多非其人。旧典中臣子弟，不得居位，请皆斥罢”。帝从之。于是条奏牧守以下五十余人，或死或免，天下肃然。侯览兄参为益州刺史，残暴贪婪，累赃亿计。秉奏槛车征参，于道自杀。阅其车重三百余辆，皆金银缯帛。秉因奏劾览，帝不得已，免览官。司隶校尉韩缜因奏左悺及其兄太仆称罪恶，皆自杀。又奏具瑗兄沛相恭赃罪，瑗贬都乡侯，子弟分封者悉夺爵土，宦官之势稍绌。

宛陵羊元群，罢北海郡，赃污狼藉，郡舍溷轩有奇巧，亦载之以归。河南尹李膺表按其罪，元群行赂宦官，膺竟反坐。单超弟迁为山阳太守，以罪系狱。廷尉冯绲考致其死，中官飞章诬绲以罪。中常侍苏康、管霸，固天下良田美业，州郡不敢诘，大司农刘佑移书所在，依科品（务律法式）没入之。帝大怒，三人俱坐输作左校。

是年，太尉杨秉薨，以陈蕃代之。蕃数言李膺、冯鲲、刘佑之枉，请加原宥，上不听。司隶校尉应奉复上书申理，上乃悉免其刑。久之，复拜膺司隶校尉。时小黄门张让弟朔为野王（县名，属河内郡）令，贪残无道，畏膺威严，逃还京师，匿于兄家合柱（夹壁也）中。膺知其状，率吏卒破柱取朔，付洛阳狱，受辞毕，即杀之。让诉冤于帝，帝召膺诘以不先请便加诛之意，对曰：“昔仲尼为鲁司寇，七日而诛少正卯。今臣到官已积一旬，私惧以稽留为愆，不意获速疾之罪。自知衅责，死不旋踵。乞留五日，克殄元恶。退就鼎镬，始生之愿也。”帝顾谓让曰：“此汝弟之罪，司隶何愆。”乃遣出。自此诸黄门、常侍皆鞠躬屏气，休沐不敢出宫省。帝怪问其故，并叩头泣曰：“畏李校尉。”时朝廷日乱，纲纪颓废，而膺独持风裁，以声名自高。士有被其容接者名为登龙门，于是宦官深嫉膺，有不两立之势矣。

第二节　东汉之士风

是时儒学统一中国已久，专经之士甚多。自光武时，创立太学。明、章继之，学校之盛，迈乎三代。安帝薄于艺文，博士不复讲习，朋徒怠散，学舍颓敝，鞠为蔬园。顺帝永建六年，将作大匠翟酺上疏，请更修缮，从之。复起太学，凡造二百四十房，千八百五十室，收容博士弟子三万人，其中西域诸国留学生不少。同时私塾异常发达，河南、汝南、南阳等郡最盛。学生人数最多者，往往过万人。所用之教科书概为五经论语。大学之中，设专门博士研究经学。研究之人愈多，训诂学愈发达，学说亦愈复杂。门户之争渐起，排斥异说，固守师传。顾其所研究者，纯为文字之解释。对于儒教哲学，尚未暇顾及也。

同时孝廉选举之制盛行。每二十万人以上之区，每年选出孝廉一名，不足二十万人之区，每二年选出一名。人口最多之郡为南阳，每年选出十二名。次为汝南，每年选出十名。故东汉人才，以汝南、南阳二郡为最盛。其选举方法，注重实行。每年由本地地方官择尤保荐，以备政府任用，不由孝廉出身者不能入政界，故士子争砥砺实行以求当选。注重实行太甚，往往不问学问何若。已当选之孝廉，学问空虚者有之，政治上之经验全无者有之，时或不能致用。顺帝之世，用尚书令左雄议，令郡国举孝廉，限年四十以上。诸生通章句，文吏能笺奏，乃得应选。其有茂才异行，得以不拘年齿，是为孝廉限年课试法之始。于是诸郡守十余人，皆坐谬举免黜。唯汝南陈蕃、颍川李膺、下邳陈球等三十余人，得拜郎中。自是牧守畏栗，莫敢轻举。察选清平，多得其人。后复用尚书令黄琼议，增孝悌及能从政者为四科，得人愈盛。

儒学本有名教之目，砥砺廉隅，崇尚名节，以是为一切公德私德之本。孝武表章六艺，师儒虽盛，斯义未昌，故新莽居摄，颂德献符者遍天下。光武有鉴于此，尊崇节义，敦厉名实。以经明行修四字，为进退士类之标准。东汉二百年间，儒教之道德，渐渍社会，寖成风俗，至其末造，朝政昏浊，国事日非，而党锢之流，独行之辈，依仁蹈义，舍命不渝。风雨如晦，鸡鸣不已。让爵让产，史不绝书。或千里以急朋友之难，或连轸以犯时主之威。论者谓三代以下，风俗之美，莫尚于东京，非过言也。历代贤相，若太尉郑弘，司徒袁安，司空任隗、袁敞，太尉杨震、李固、杜乔、黄琼、杨秉，直臣若尚书仆射郅寿、乐恢，尚书韩棱，太仆来历，司隶校尉虞诩，光禄大夫张纲，尚书张陵，冀州刺史朱穆，度辽将军陈龟，白马令李云，弘农掾杜众，五官中郎将爰延。循吏若九江太守宋均、蜀郡太守廉范，洛阳令周纡，临淮太守朱晖，廷尉陈宠，中牟令鲁恭，洛阳令王涣、任峻，冀州刺史苏章，胶东相吴佑，朗陵相荀淑，嬴长韩韶，林虑长锺皓，太丘长陈寔，雍丘令刘矩，会稽太守刘宠，南阳太守刘宽。孝义若司徒丁鸿，庐江毛义，东平郑均，汝南薛包，彭城姜肱，李固弟子郭亮、董班、王成、杜乔，故吏杨匡。高士若汝南黄宪、周燮，南阳冯良，安丘郎颉，涿郡崔实，豫章徐稚，汝南袁闳，京兆韦著，颍川李昙，安阳魏桓等。清风亮节，俱足千古，皆儒教养成之人物也。梁冀之专政也，朝廷遣杜乔、周举、周栩、冯羡、栾巴、张纲、郭遵、刘班等八使分行州郡，表贤良，显忠勤。其贪污有罪者，刺史二千石驿马上之。墨绶以下，便辄收举。乔等受命之部，张纲独埋其车轮于洛阳都亭曰："豺狼当道，安问狐狸?"遂劾奏梁冀及其弟河南尹不疑无君之心十五事，京师震悚。顺帝虽知纲言直，不能用也。冀恨纲，思有以中伤之。时广陵贼张婴寇乱扬、徐间，积十余年，乃以纲为广陵（今江苏淮扬道东部）太守。纲单车径诣婴垒门，婴大惊，走闭垒。纲于门外罢遣吏兵，留十余人。以书喻婴，请与相见。婴乃出拜谒，纲喻以祸福。婴还营，将所部万余人与妻子面缚归降，纲单车入垒，散遣部众，任从所之。亲为卜居宅，相田畴，子弟欲为吏者皆引召之。人情悦服，南州晏然。论功当封，梁冀遏之。在郡一岁卒，婴等五百余人为之制服行丧，送到犍为，负土成坟。桓帝元嘉元年五月，群臣朝贺。梁冀带剑入省，尚书张陵叱出，敕羽林虎贲夺剑。冀跪谢，陵不应，即劾奏冀，请廷尉论罪。有诏以一岁俸赎，百僚肃然。永兴元年，冀州河溢，民饥，流亡数十万户。诏以朱穆为刺史，令长闻穆济河，解印绶去者四十余人。及到官，奏劾诸郡贪污官吏，有至自杀或死狱中者。宦者赵忠丧父归葬，僭为玉匣，穆下郡案验，吏发墓剖棺出之。帝闻大怒，征穆下廷尉狱，输作左校。李云之下狱也，弘农掾杜众伤云以直谏获罪，上书愿与云同死。帝怒，下之狱，杀之。帝问侍中爰延"朕何如主"。对曰："中主。"帝曰："何以言之？"对曰："尚书令陈蕃任事则治，中常侍黄门与政则乱，是以知陛下可与为善，可与为非。"帝曰："敬闻阙矣。"拜延五官中郎将。延数谏诤，帝不能用，遂称疾免归。宋均为九江守，五日一听事。悉省掾史，闭督邮府内，属县无事，百姓安业。明帝知其贤，征拜尚书令。成都民物丰盛，邑宇逼侧，旧制禁民夜作以防火灾，而更相隐蔽，烧者日众。廉范为蜀郡太守，毁削先令，但严使储水而已，百姓以为便。周纡为洛阳令，下车先问大姓主名，吏数闾里豪强以对。纡厉声曰："本问贵戚若马窦等辈，岂能知卖菜佣乎？"于是部吏争以激切为事。贵戚局蹐，京师肃清。朱晖守临淮，有善政，坐法免官。章帝知其贤，征拜尚书仆射。廷尉陈宠性仁矜，数议疑狱，每引经典，务从宽恕。王涣为洛阳令，居身平正，能以明察发擿奸伏，外猛内慈，人皆悦服。任峻为洛阳令，选用文武，各尽其用。发奸不旋踵，民间不畏吏。苏章为冀州刺史，有故人为清河太守。章行部欲案其奸，乃为设酒甚欢。太守喜曰："人皆有一天，我独有二天。"章曰："今夕与故人饮者私恩也。明日冀州刺史案事者公法也。"遂举正其罪，州境肃然。后以榷折权豪，坐免。胶东相吴佑政崇仁俭，民不忍欺。啬夫孙性私赋民钱，市衣以进其父，父怒曰："有君如此，何忍欺之，促归伏罪。"性惭惧自首。佑曰："掾以亲故受污秽之名，所谓观过知仁矣。"使归谢其父。荀淑少博学，有高行，李固、李膺等皆师宗之。尝举贤良对策，讥刺贵幸。梁冀忌之，出为朗陵相，莅事明治，称为神君。桓帝时，群盗公孙举等聚众至三万人，寇青兖徐州，州兵讨之，连年不克。尚书选能治剧者。永寿二年，以韩韶为嬴长，群盗相戒不入其境。流民万余户入县境，韶开仓赈之。主者争不可，韶曰："长活沟壑之人而以此伏罪，含笑入地矣。"韶与同郡荀淑、锺皓、陈寔，皆尝为县长，以德政称，时人谓之颍川四长。刘矩为雍丘令，以礼化民，民皆感悟自革。有讼者常引之于前，提耳训告。以为忿恚可忍，县官不可入。使归更思，讼者感之，辄各罢去。刘宠为会稽太守，除烦苛，禁非法，郡中大治。桓帝征拜司空，有五六老叟，自若邪山谷间出。人赍百钱送宠，宠为人选一大钱受之。刘宽历典三郡，温仁多恕，虽在仓卒，未尝疾言遽色。吏民有过，但用蒲鞭罚之，示辱而已，终不加苦。有功善推之于下，有灾异则引躬自责。每见父老，慰以农里之言。见少年勉以孝弟之训，人皆悦而化之。丁鸿之父陵阳侯琳卒，鸿当袭封，上书称病，让国于弟盛，不报，乃逃去。友人九江鲍骏遇鸿于东海，让之。鸿感悟，乃还就国。明帝以鸿有经学，征拜侍中。毛义以行义称于乡里，南阳张奉慕义名，往候之。坐定而府檄适至，以义守安阳令，义捧檄而入，喜动颜色。奉心贱之，辞去。后义母死，征辟皆不至。奉乃叹曰："贤者固可不测，往日之喜，乃为亲屈也。"郑均兄为县吏，颇受礼遗，均谏不听，乃脱身为佣。岁余，得钱帛归，以与兄曰："物尽可复得，为吏坐赃，终身捐弃。"兄感其言，遂为廉洁。章帝闻其名，赐义均谷各千斛，命长吏存问。薛包少有至行，父娶后妻，憎包，分出之。包日夜号泣，不忍去，至被殴扑，不得已。庐于外，旦入洒扫，父怒，逐之。乃庐于里门，昏晨不废，积岁余，父母惭而还之。及父母亡，弟子求分财异居。包不能止，乃中分其财。奴婢引其老者，曰："与我共事久，若不能使也。"田庐取其荒顿者，曰："我少时所治，意所恋也。"器物取其朽败者，曰："我素所服食，身口所安也。"弟子数破其产，辄复赈给。安帝闻其名，征拜侍中，不就。李固、杜乔之下狱也，固弟子郭亮未冠，左提章钺，右秉铁锧，诣阙上书，乞收固尸，不报。与董班具往临哭不去。乔故掾陈留杨匡，号泣星行至洛，著故赤帻，托为夏门亭（即洛阳西北门外万岁亭）吏，守护尸丧。诣阙上书，并乞二公骸骨。太后许之。匡送乔丧还家，葬讫行服，遂与亮、班皆隐匿，终身不仕。固死州郡收其子基、兹，并下狱，杀之。固弟子王成，携其幼子燮乘江东下，入徐州界，变姓名为酒家佣，而成卖卜于市。各为异人，阴相往来。积十余年，梁冀既诛，燮乃还乡里。徐稚家贫，常自耕稼，非其力不食。恭俭义让，所居服其德，屡辟不起。陈蕃为豫章太守，以礼请署功曹，稚既谒而退。蕃性方峻，不接宾客。稚来，特设一榻，去则悬之。后举有道，家拜太原太守，皆不就。稚虽不应诸公之辟，然闻其死丧，辄负笈赴吊。常豫炙一鸡，以酒渍绵一两，暴乾裹之。到冢隧外，以水渍绵，白茅借饭，以鸡置前，醊毕留谒，不见丧主而行。姜肱与弟仲海、季江，具以孝友著称，尝具诣郡。夜遇盗，欲杀之。肱曰："弟年幼，父母所怜，又未聘娶，愿杀身济弟。"季江曰："兄年德在前，家之珍宝，国之英俊，乞自受戮以代兄命。"盗两释焉，但掠夺衣资而已。既至郡中，见肱无衣服，怪问其故。肱托以他辞，终不言盗。盗闻而感悔，就肱叩头谢罪，还所掠物。肱不受，劳以酒食而遣之。桓帝征魏桓，其乡人劝之行。桓曰："夫干禄求进，所以行其志也。今后宫千数，其可损乎。厩马万匹，其可减乎。左右权豪，其可去乎。"皆对曰："不可。"桓乃慨然叹曰："使桓生行死归，于诸子何有哉。"遂隐身不出。太原郭泰博学，善谈论，性明知人，好奖训士类。茅容年四十余，耕于野，与等辈避雨树下，众皆夷踞，容独危坐。泰见而异之，因请寓宿。旦日，容杀鸡食母，余半庋（举绮反板为阁以藏物也谓以所余半鸡置之于庋）置，自以草蔬与客同饭。泰曰："卿贤哉远矣，郭林宗犹减三牲之具以供宾旅，而卿如此，乃我友也。"起对之揖，劝令从学，钜鹿（今河北大名道，县名）孟敏荷甑堕地，不顾而去。泰见问之，对曰："甑已破矣，视之何益。"泰以为有分决，亦劝令游学。陈留（今河南开封道陈留县）中屠蟠为漆工，鄢陵（今河南开封道鄢陵县）庚乘为门士。泰奇之，后皆为名士。自余或出于屠沽卒伍，因泰奖进成名者甚众。或问范滂曰："郭林宗何如人？"滂曰："隐不违亲，贞不绝俗。天子不得臣，诸侯不得友。吾不知其他。"泰举有道，不就，或劝之仕，泰曰："吾夜观乾象，昼察人事。天之所废，不可支也。吾将优游卒岁而已。"然犹周旋京师，诲诱不息。徐稚以书戒之曰："夫大木将颠，非一绳所维。何为栖栖不遑宁处？"泰感悟曰："谨拜斯言，以为师表。"陈留仇香，至行纯嘿，乡党无知者，年四十，为蒲亭（亭名，属陈留郡考城县，今隶开封道）长。劝人生业，为制科令，令子弟就学，赈恤穷寡，期年大化。民有陈元，独与母居。母诣香告元不孝，香惊曰："吾近日过元舍，庐落整顿，耕耘以时。此非恶人，当是教化未至耳。母守寡养孤，苦身投老，奈何以一旦之忿，弃历年之勤乎。且母养人遗孤，不能成济，若死者有知，百岁之后，当何以见亡者。"母涕泣而起，香乃亲到元家，为陈人伦，譬以祸福。元感悟，卒为孝子。考城（县名，今属开封道旧属归德府）令王奂署香主簿，谓之曰："闻在蒲亭，陈元不罚而化，得无少鹰鹯之志邪。"香曰："以为鹰鹯，不若鸾凤，故不为也。"奂曰："枳棘非鸾凤所集，百里非大贤之路。"乃以一月俸资香，使入太学。其父子兄弟师友吏民之，间以道义相尚如此，儒教之感人者深矣。然而好名之念太重，往往故为矫激之行。批评当时人物，号为激浊扬清。受其毁誉者，一语之褒，荣于华兖，一语之贬，严于斧钺。当时名儒王符作潜夫论，朱穆作绝交论，盖有慨乎其言之。又好广交际，通声气，有互相标榜之习。黄琼之卒也，四方名士来会其葬者六七千人。郭泰初游洛阳，时人莫识。陈留符融一见嗟异，因以介于河南尹李膺，膺与为友。后归太原乡里，诸儒送至河上，车数千辆，太学诸生三万余人。郭泰、贾彪为其冠，与李膺、陈蕃、王畅，更相褒重。学中语曰："天下模楷李元礼，不畏强御陈仲举，天下俊秀王叔茂。"于是中外承风，竞以臧否相尚。自公卿以下，莫不畏其贬议，屣履到门。

第三节　第一次钩党之狱

初，桓帝为蠡吾侯时，受学于甘陵（郡名，即清河郡改名）周福。及即位，擢福为尚书，时同郡房植有名当朝。乡人为之谣曰："天下规矩房伯武，因师获印周仲进。"二家宾客互相讥揣，遂成尤隙，由是甘陵有南北部。党人之议，自此始矣。汝南太守宗资，以范滂为功曹。南阳太守成瑨，以岑晊为功曹。皆悉以听任，使之褒善纠违，肃清朝府。滂尤刚劲，嫉恶如仇，郡中中人以下莫不怨之。于是二郡为之谣曰："汝南'太守'范孟博，南阳宗资主画诺。南阳'太守'岑公孝，弘农成瑨但坐啸。"宛有富贾张泛，恃后宫中官，用执纵横。岑晊劝瑨收捕。既而遇赦，瑨意诛之。后乃奏闻，小黄门晋阳赵津贪横放恣，太原太守刘瓆亦于赦后杀之。侯览使泛妻上书讼冤，宦官因缘谮诉瑨、瓆。帝大怒，征下狱。有司承旨，奏当弃市。山阳太守翟超，以张俭为督邮。侯览家在防东（县名，今山东济宁道金乡县），残暴百姓，大起茔冢。俭举奏览，破其冢宅，籍没资财。徐璜兄子宣为下邳令，求故汝南太守李皓女，不得，遂将吏卒至皓家，载其女归，射杀之。东海相黄浮收宣家属，无少长悉案弃市，宦官诉冤。帝又大怒，超、浮并坐髡钳输作。太尉陈蕃上疏力争，上不纳，瑨、瓆俱死狱中。瑨、瓆素刚直，有经术，知名当时，天下惜之。岑晊逃窜获免。河内张成善风角，推占当赦，教子杀人。司隶校尉李膺收捕，逢赦，竟案杀之。成素以方技交通宦官，宦官教成弟子牢修上书，告膺等养太学游士，共为部党，诽讪朝廷，疑乱风俗。帝震怒，班下郡国，逮捕党人，布告天下，使同忿疾，下膺等北寺狱。辞连太仆杜密及陈寔、范滂之徒二百余人，或逃遁不获，皆悬金构募。陈蕃上书极谏，上怒，免其官。朝臣震栗，莫敢复为党人言者。后父城门校尉槐里侯窦武上疏以去就力争，尚书霍谞亦为表请，帝意稍解。膺等多引宦官子弟，宦官惧，请帝天时宜赦，遂赦，改元。党人二百余人皆放归田里，书名三府，禁锢终身，是为第一次钩党之狱。起桓帝延熹九年七月，终永康元年六月，凡延亘一年。

第四节　第二次钩党之狱

党狱之初起也，所染皆天下名贤。度辽将军皇甫规自以西州豪杰，耻不得与，乃自上言：“臣前荐故大司农张奂，是附党也。太学生张凤等上书讼臣，是为党人之所附也。臣宜坐之。”朝廷不问。范滂之遇赦还乡也，汝南南阳士大夫迎之者车数千辆。滂曰：“是重吾祸也。”遂遁还。李膺等虽废锢，天下士大夫皆高尚其道，而污秽朝廷，更相标榜，为之称号，以窦武、陈蕃、刘淑为三君，君者，言一世之所宗也。李膺、杜密等八人为八俊，俊者，言人之英也。郭泰、范滂等八人为八顾，顾者，言能以德行引人者也。张俭、岑晊瑨等八人为八及，及者，言其能导人追宗者也。度尚、张邈等八人为八厨，厨者，言能以财救人者也。其受人崇拜不善韬晦类如此，第二次党狱之祸从此伏矣。

是年（西历纪元一六七年）十二月，桓帝崩，凡在位二十一年。尊皇后窦氏为皇太后。太后临朝，以窦武为大将军，陈蕃为太傅，与司徒胡广参录尚书事。遣使迎河间孝王曾孙解渎亭（故城在今河北保定道安国县，即故祁州）侯宏入京师即位，年才十二，是为孝灵皇帝。灵帝幼冲昏庸，为宦官所愚弄。武、蕃柄政，外戚清流结为一系，联合以排宦者，于是第二次党狱复起。

初，窦太后之立也，陈蕃有力焉，及临朝，政无大小，皆委于蕃。蕃与窦武同心戮力以奖王室，征天下名贤李膺、杜密、尹勋、刘瑜等共参政事。天下延颈想望太平，而帝乳母赵娆与中常侍曹节、王甫等共相朋结，谄事太后。太后信之，数出诏命有所封拜。蕃、武疾之，会有日食之变。蕃说武斥罢宦官，以塞天变。武乃白太后，请悉诛废宦官以清朝廷。太后曰："故事世有宦官，但当诛其有罪者，岂可尽废耶。"时中常侍管霸颇有才略，专制省内。武先白收霸，诛之。复数白诛节等，太后犹豫不忍。建宁元年八月，太白犯房之上，将入太微。刘瑜劝武速定大计。武乃奏收长乐尚书郑飒送北寺狱，使尚书令尹勋、黄门令山冰杂考之，辞连曹节、王甫。勋、冰奏收节等，使刘瑜纳奏。会武出宿归府，典中书者先以告长乐五官史朱瑀。瑀盗发武奏，骂曰："放纵者自可诛耳。我曹何罪，而当尽见族灭。"乃夜召所亲共普等十七人歃血共盟，节请帝出御前殿。召尚书官属，胁以白刃，使作诏版，拜甫为黄门令，持节至北寺狱，收勋、冰杀之。出飒。还兵劫太后，夺玺绶，使飒持节收武等。武驰入步兵营，召会北军五校士数千人屯都亭。蕃闻难，将官属诸生八十余人，拔刃突入尚书门。甫使剑士收蕃，送北寺狱，杀之。时护匈奴中郎将张奂征还，节等矫制，使奂率五营士讨武，武兵败自杀。甫收捕武宗亲宾客，悉杀之。迁太后于南宫。徙武家属于日南（郡名，今安南顺化府等处），自公卿以下尝为蕃、武所举者，及门生故吏，皆免官禁锢。节迁长乐卫尉，与王甫、朱瑀、共普等皆封列侯，于是群小得志，士大夫皆丧气。张奂迁大司农，封侯。奂深病为节等所卖，固辞不受。

侯览怨张俭尤甚，览乡人朱并承览意指，上书告俭与同乡二十四人，别相署号，共为部党，图危社稷，诏刊章捕俭等。建宁二年十月，曹节讽有司，奏诸钩党者故司隶校尉李膺、太仆杜密等，请下州郡考治。是时上年十四，问节等曰："党人何用为恶而欲诛之耶？"对曰："相举群辈，欲为不轨。”上曰：“不轨欲如何?”对曰：“欲图社稷。”上乃可其奏，收膺、密等百余人，皆下狱死，妻子徙边。天下豪杰及儒学有行义，宦官一切指为党人。有怨隙者，阴相陷害。睚眦之忿，滥入党中。或有未尝交关，亦罹祸毒。其死徙废禁者又六七百人，是为第二次钩党之狱。起灵帝建宁元年八月，终二年十月，凡延亘一年二月。距第一次党狱仅隔一年。

第五节 党狱之余波及其结果

两次党狱，天下名贤诛戮殆尽，独陈寔、申屠蟠、袁闳、夏馥、郭泰等不与焉。初，中常侍张让父死，归葬颍川。虽一郡毕至，而名士无往者，让耻之，陈寔独吊焉。及诛党人，让以实故，多所全宥。范滂等非讦朝政，自公卿以下，皆折节下之，太学生争慕其风，申屠蟠独吊曰：“昔战国之世，处士横议。列国之王至为拥彗先驱，卒有坑儒烧书之祸，今之谓矣。”乃绝迹于梁、砀（二郡，今河南开封道东部江苏徐海道西部）之间，因树为屋，自同佣人，卒免于祸。袁闳为司徒安玄孙，世为宰相。中常侍袁赦推崇以为外援，闳见时方险乱，而家门富盛，心窃忧之，及党祸起，欲投迹深林，以母老不忍去，乃筑土室四周于庭，不为户，自牖纳饮食。母思闳，时往就视。母去，便自掩闭。兄弟妻子莫得见也。潜身十八年，卒于土室。夏馥自剪须变形，入林虑山（在今河南河北道林县）中，隐姓名为冶家佣，亲突烟灶，形貌毁瘁，积二三年，人无知者。弟静载缣帛追饷之，馥不受曰：“弟奈何载祸相饷乎。”郭泰虽好臧否，而不为危言骇论，故能处浊世而怨祸不及焉。是为党狱后之硕果仅存者。

建宁四年，帝加元服，赦天下，唯党人不赦。次年（熹平元年），太后崩。曹节、王甫欲以贵人礼殡葬，帝不可，乃发丧成礼。节等欲别葬太后，太尉李咸、廷尉陈球力争，乃止。有人书朱雀阙（北宫南掖门阙在宫门外），言曹节、王甫幽杀太后。诏司隶校尉刘猛逐捕，猛以其言直，不肯急捕。月余，主名不立。诏以段颎代猛，颎乃四出逐捕，及太学游生，击者千余人。节等又使颎以他事奏猛，论输左校。王甫与渤海王悝有隙，谮杀之。悝妃宋氏，皇后之姑也。甫因谮皇后，下暴室，以忧死。父及兄弟皆被杀。

熹平五年，永昌太守曹鸾上书，请赦党人。上怒，槛车收鸾下狱，掠杀之。诏州郡更考党人，门生故吏父子兄弟在位者悉免官禁锢。爰及五属，是为党狱余波。自是以后，正人绝迹，政柄尽入于宦官之手。直至中平元年，黄巾贼起，始纳中常侍吕强谏，赦党人，然已无及矣。

党锢要人袭

三君　窦武，陈蕃，刘淑

八俊　李膺，荀昱，杜密，王畅，刘佑，魏朗，赵典，朱寓

八顾　郭泰，宗慈，巴肃，夏馥，范滂，尹勋，蔡衍，羊陟

八及　张俭，岑晊，刘表，陈翔，孔昱，范康，檀敷，翟超

八厨　度尚，张邈，王考，刘儒，胡毋班，秦周，蕃向，王章

第十五章　东汉之衰亡

自来儒者出处之道，合则留，不合则去。孔子曰：“危邦不入，乱邦不居。天下有道则见，无道则隐。”又曰：“不在其位，不谋其政。”又曰：“邦有道危言危行，邦无道危行言逊。”孟子曰：“可以仕则仕，可以止则止，可以久则久，可以速则速。”盖叔季之世，大局已无可为，留此有用之身，犹可为全国社会，维持道德命脉于一线。为己身计、为国家计、为社会计，势固不得不尔也。东汉李、杜诸贤，昧于斯义，热心国事，盲进不已，及其废黜，犹不自韬晦，反广通声气，批评朝政。有结党之嫌，有诽谤之迹，终以莫须有之狱为宦官所歼戮。虽灵帝昏庸、宦官狡狠有以致之乎，抑亦诸贤所自取也。诸贤逝后，汉室凋零，宦官弄权，朝政紊乱，国事破坏，不堪闻问。黄巾贼起，草寇弄兵。董卓入朝，大盗窃国。州牧郡守各据地自王，攻城略地。战争相循，小民疲于兵革。曹操乘隙勃起山东，剪锄群雄。统一黄河流域。中国内地，一时小康。然而政柄下移，奸雄盗国，大好河山，已非复刘氏所有矣。郭泰有言：“诗云：人之云亡，邦国殄瘁，汉室灭矣。但未知瞻乌爰止，于谁之屋耳。”盖善人为国家元气，元气伤则国削，元气尽则国亡。汉室末运，实党人之狱有以促成之。诸贤牺牲一身，为孤注一掷之举，为个人名誉计则得矣，为国家及社会前途计则未也。中庸有言：“君子依乎中庸，遁世不见知而不悔，唯圣者能之。”盖儒者之道，宽以待人，静以持己，操切手段与暴烈举动，不能成事，反足以害事，君子所不取。春秋之义，责备贤者。论史者安敢为李、杜诸贤讳也。兹述其事迹如下。

第一节 黄巾贼之乱

两次党狱，天下名贤诛戮殆尽，大权悉归于宦官。宗戚子弟布满郡县，政治日益腐败。第二次党狱之后十五年，黄巾贼张角等起。张角者，钜鹿人，事黄老，以妖术教授，号太平道。咒符水以疗病，遣弟子游四方，转相诳诱。十余年间，徒众至数十万。青、徐、幽、冀、荆、扬、兖、豫八州之人，莫不毕应。司徒杨赐上言："宜敕州郡，简别流民。护归本郡，以孤弱其党。然后诛其渠帅，可不劳而定。"事留中，司徒掾刘陶复上疏申赐前议。帝殊不为意，角遂置三十六方（方犹将军也）。大方万余人，小方六七千，各立渠帅。讹言"苍天已死，黄天当立。岁在甲子，天下大吉"。以白土书京城寺门及州郡官府，皆作甲子字。大方马元义等先收荆、扬数万人，以中常侍封谞、徐奉等为内应，约以三月五日，内外俱起。角弟子唐周告之。于是收元义车裂，诏三公司隶。案验宫省直卫及百姓事角道者，诛杀千余人。角等知事已露，驰敕诸方，一时俱起，皆著黄巾为识。角自称天公将军，弟宝称地公将军，梁称人公将军。时人谓之黄巾贼，所在燔劫。旬月之间，天下响应。安平（今大名道冀县，即故冀州）、甘陵（今大名道清河县，即故广平府）人各执其王以应贼。京师惊动，帝诏群臣会议。北地太守皇甫嵩、中常侍吕强，请解党禁。帝惧而从之。发天下精兵，遣中郎将卢植讨张角，皇甫嵩、朱俊讨颍川黄巾。植连战克捷，围角于广宗（今大名道，即故顺德府广宗县）。帝遣小黄门左丰视军，求赂不得，还谮植于帝。帝怒，槛车征植还，以中郎将董卓代之，卓无功，乃诏皇甫嵩移军讨角。时角已死，嵩与其弟梁、宝战，皆破斩之。复与朱俊分兵讨诸郡群盗，悉破灭之。黄巾之乱平，时中平元年，西历纪元一八四年也。

第二节 十常侍之乱

是时宦官张让、赵忠等十人有宠，号十常侍。帝尝言：“张常侍是我父，赵常侍是我母。”由是宦官无所惮，第宅拟宫室。上尝欲登永安宫候台（候望之台），宦官恐望见其居处，乃使人谏曰：“天子不当登高，登高则百姓虚散。”上自是不敢复升台榭。及谓、奉事发，上诘责诸常侍曰：“汝曹常言党人欲为不轨，皆令禁锢。今党人更为国用，汝曹反与角通，为可斩未?”皆叩头求退。征还宗亲在州郡者。中常侍吕强数谏诤，有忠直节。赵忠、夏恽共谮强云：“与党人共议朝廷，数读霍光传。”帝使中黄门持兵召强，强自杀。侍中向栩上便宜，讥刺左右。让诬栩与角为内应，杀之。郎中张钧上书弹劾十常侍，帝以钧章示之，皆免冠徒跣顿首。乞自致雒阳诏狱，并出家财以助军费，有诏，皆冠履视事如故。帝怒钧曰：“此真狂子也。十常侍固当有一人善者不。”御史遂诬奏钧学黄巾道，收掠死狱中。豫州刺史王允破黄巾，得张让宾客与黄巾交通书，上之。帝责怒让，竟不能罪也。让由是以事中允，下狱，减死论。皇甫嵩之讨张角也，过邺，见赵忠舍宅逾制，奏没入之。张让私求赂于嵩，嵩不与，由是二人怨嵩。黄巾平后，嵩以车骑将军，出屯三辅，讨凉州群盗北宫伯玉。让、忠谮嵩无功费多，征还，免其官。寻以讨张角功为名，封张让等十二人为列侯。以赵忠为车骑将军，置西园八校尉，以小黄门蹇硕为上军校尉，大将军以下皆领属焉。于是宦官之势益张，朝政日益紊乱。

当是时巴郡贼张修、凉州群盗北宫伯玉、边章、韩遂、王国、江夏贼赵慈、渔阳贼张举、张纯、长沙贼区星等，更迭作乱。先零羌、武陵蛮、屠各胡（匈奴别种）与南匈奴右部，乘之侵略中国边境。韩遂兵最强，杀边章及北宫伯玉，拥兵十余万，围陇西。凉州刺史耿鄙政治不修，其别驾杀之以应遂，遂围汉阳（今甘肃兰山道陇西县，即故巩昌府）。太守傅燮力战，死之。耿鄙司马马腾亦拥兵反，与韩遂合，共拥王国为主，寇掠三辅。蹇硕忌后兄大将军何进，与诸宦官共说帝，遣进西击韩遂，帝从之。进知其谋，奏遣袁绍收徐兖二州兵，须还而西，以稽行期。中平六年（西历纪元一八九年），帝崩，凡在位二十二年。皇子辩即位。

先是灵帝数失皇子，何后生辩，养于道人史子眇家，号曰史侯。王美人生协，董太后自养之，号曰董侯。群臣请立太子，帝以辩轻佻无威仪，欲立协，犹豫未决。会疾笃，属协于蹇硕。帝崩，硕时在内，欲先诛何进而立协，使人迎进。进往，硕司马潘隐迎而目之。进惊，驰归营，引兵入屯百郡邸，称疾不入。辩即位，年十四，尊皇后曰皇太后，太后临朝。封协为陈留王，以袁隗为太傅，与进参录尚书事。

进既秉政，忿蹇硕图己，袁绍因劝进悉诛诸宦官。袁绍者，故司徒安之玄孙，司空敞之曾孙，太尉汤之孙也。汤生三子，曰成、逢、隗。成生绍，逢生术。逢为司空，隗为太傅，中常侍袁赦以逢、隗相家，与之同姓，推崇以为外援，故袁氏贵宠于世。富奢甚，不与他公族同。绍壮健有威容，爱士养名，宾客辐凑。术亦以侠气闻。进以袁氏累世贵宠，绍与术皆为豪杰所归，因信用之，复博征智谋之士何颙、荀攸、郑泰等二十余人与同心腹。硕不自安，与赵忠等谋诛进。中常侍郭胜，进同郡人，以告进。进使黄门令收硕诛之，因悉领其屯兵。

骠骑将军董重者，灵帝本生母孝仁皇后董氏兄子。与何进权势相害，中官挟重为助。董太后每欲参预政事，何太岳辄禁塞之。董后忿詈曰："汝今辀张。怙汝兄邪。吾敕骠骑断何进头，如反手耳。"何太后告进，进与三公共奏："故事藩后不得留京师，请迁宫本国。"因举兵围骠骑府，收重，免官。重自杀。董后忧怖暴崩。民间由是不附何氏。

袁绍说进悉诛诸宦官，进白太后，请尽罢中常侍以下，以三署郎补其处。太后曰："中官统领禁省，汉家故事也。且先帝新弃天下，我奈何楚楚与士人共对事乎。"进难违太后意，且欲诛其放纵者。太后母舞阳君，及弟车骑将军苗，受宦官赂遗，为其障蔽。进又新贵，素敬畏中官。虽外慕大名，而内不能断。绍等又为画策，召四方猛将，使引兵向京城以胁太后。进然之。时前将军董卓拥兵在河东，进召之使将兵诣京师。卓素跋扈，有野心。闻召即时就道，并上书，请收让等以清奸秽。太后犹不从。卓至渑池，而进更狐疑，遣使宣诏止之。袁绍惧准变计，因胁之曰："事久变生，复为窦氏矣。"进于是以绍为司隶校尉，绍促卓使驰驿上奏欲进兵平乐观。太后乃恐，悉罢中常侍、小黄门，使还里舍，皆诣进谢罪，唯所措置。绍劝进便于此决矣，再三不许。谋颇泄，张让恳其子妇言于舞阳君，愿复一入直。让子妇，太后之妹也，为舞阳君言之，入白太后。太后诏诸常侍皆复入直，进入长乐宫，请太后尽诛诸常侍。张让、段珪潜听，具闻其语，乃率其党数十人，持兵伏省户下，伺进出，斩之。即伪诏以樊陵为司隶，许相为河南尹。尚书得诏版，疑之，请大将军出共议。中黄门以进头掷与曰："何进谋反，已伏诛矣。"进部曲将吴匡引兵烧南宫青琐门，让等劫太后、帝及陈留王，从复道走北宫。袁绍矫诏，召樊陵、许相斩之。引兵屯阙下，闭北宫门，勒兵捕诸宦者，无少长皆杀之，凡二千余人，或有无须而误死者。进攻省内，让、珪等困迫，遂将帝与陈留王数十人步出谷门（洛阳正北门），夜走小平津（在河洛道巩县西北）。尚书卢植、河南中部掾闵贡，追至河上，贡厉声责让等，因手剑斩数人。让等惶怖，投河而死。贡扶帝与陈留王，夜逐萤光南行，至雒舍止。明旦，公卿稍有至者，董卓亦到，因与公卿奉迎于北芒阪下。卓初入，步骑不过三千，俄而进及弟苗部曲皆归之。卓又阴嗾武猛都尉丁原部曲吕布，杀原而并其众，卓兵于是大盛，乃讽朝廷，以久雨策免司空刘弘而代之，于是朝廷大权归于卓。时灵帝中平六年，西历纪元一八九年，第二次党狱后二十一年，黄巾乱后第六年也。

第三节　董卓之乱

初，董卓之奉迎于北芒也，与帝语，语不可了，乃更与陈留王语。问祸乱之由，王答自初至终，无所遗失。卓以为贤，遂有废立意。袁绍力争，不得，出奔冀州。卓废帝为弘农王而弑之，并弑何太后。立陈留王为帝，是为献帝。时年九岁，自为相国，专国政。初平元年，袁绍以渤海兵讨卓，关东州郡皆起兵应之，推绍为盟主。卓以山东兵盛，欲迁都以避其锋，朝臣多谏阻者。卓怒，奏免太尉黄琬、司徒杨彪官，杀城门校尉伍琼、尚书周毖，又杀袁绍叔父太傅袁隗、从兄太仆袁基，灭其家。收诸富室，杀之，没入其财物。悉驱徙其余民数百万口于长安，卓自留屯毕（音毕）圭苑（苑名，在洛阳宣平门外）中。悉烧宫庙官府居家，二百里内无复鸡犬。发诸帝陵及公卿冢墓，收其珍宝。绍等畏卓之强，莫敢先进。奋武将军曹操自以部兵追之，与卓将徐荣战于荥阳，败绩，还屯河内。二年，长沙太守孙坚进兵讨卓，击破其兵于洛阳城下。卓西奔长安，以其弟旻为左将军，兄子璜为中军校尉，典兵事。宗族内外并列朝廷，侍妾怀抱中子，皆封侯。弄以金紫，车服僭拟，召呼三台尚书以下诣府启事。筑坞于郿，高厚皆七丈，积谷三十年储。自云“事成，雄据天下，不成，守此足以毕老”。忍于诛杀，诸将言语有蹉跌，便戮于前，人不聊生。司徒王允、司隶校尉黄琬、仆射士孙瑞，密谋诛卓。中郎将吕布便弓马，膂力过人。卓爱信之，誓为父子。卓性刚褊。常小失卓意，卓拔手戟掷布，布拳捷得免。卓又常使布守中阁，布与卓侍婢私通，恐事觉，益不自安。王允素善待布，布见允言状，允因以诛卓之谋告之，使为内应。布曰：“如父子何?”允曰：“君自姓吕，本非骨肉。掷戟之时，岂有父子情耶。”布遂许之。三年四月，帝有疾新愈，大会未央殿。卓朝服乘车入，陈兵夹道。令布等捍卫前后，允使士孙瑞自书诏以授布。布令勇士十余人，伪著卫士服，守北掖门。卓入，以戟刺之。卓衷甲不入，伤臂，堕车。乃大呼曰：“吕布何在?”布曰：“有诏讨贼臣。”应声持矛刺卓，趣兵斩之。即出怀中诏版以令吏士曰：“诏讨卓耳，余皆不问。”吏士皆称万岁。诏允录尚书事，以布为奋威将军，共秉朝政。

第四节 凉州诸将之乱

初，董卓之入关也，遣部将李傕、郭汜、张济，击河南尹朱俊于中牟（今开封道中牟县），遂掠颍川。卓既诛，吕布劝王允尽杀卓部曲。允不从。李傕等还至陕，遣使诣长安求赦。允又不许。傕等惧，从校尉贾诩计，与卓故部曲樊稠等合，西攻长安。吕布军有叟兵（蜀兵）内反，引傕等入城。布战败，东走出关。傕等遂杀允及司隶校尉黄琬，自为将军。济出屯弘农，傕、汜、稠管朝政，时三辅民尚数十万户。傕等放兵劫掠，加以饥馑，二年之间，民相食略尽。傕、汜、稠矜功争权，傕以稠勇而得众，忌其能，诱而杀之，由是诸将转相疑贰。傕、汜各治兵相攻，傕遂将兵围宫，劫帝入其营，放兵入掠宫人御物，放火烧宫殿官府。汜将兵夜攻傕门，矢及帝帷。傕复迁乘舆幸北坞（傕营在长安城中），内外隔绝，侍臣皆有饥色。傕、汜相攻连月，死者以万数。傕将杨奉谋杀傕，事泄，叛去，傕众稍衰。张济自陕入朝，欲和傕、汜，迁乘舆权幸弘农。帝亦思旧京，遣使宣谕十反。傕、汜许和，车驾发长安东归。将军董承及杨奉，以兵扈从。至弘农，济与奉、承不相平，复叛，与傕、汜合兵追帝，大战于东涧（在弘农县东）。奉、承兵败，百官士卒死者不可胜数。帝露次曹阳（亭名，在弘农县，即今陕县东三十里）。奉、承密遣间使至河东，招故白波帅李乐、韩暹、胡才等与连兵击傕等，大破之。车驾发东，傕等复来追，奉、承兵败，帝由陕渡河，幸安邑。河内太守张杨来朝，谋以乘舆还洛阳。建安元年秋七月，杨奉、韩暹奉帝东还，时宫室烧尽，百官披荆棘，依墙壁间。州郡委输不至，尚书郎以下，自出采梠（音吕米稻在野不因播种而自生者），或饥死墙壁间，或为兵士所杀。皇室威严，扫地以尽。

初，帝之幸安邑也，沮授说袁绍迎帝都邺。绍不从，至是曹操在许（今河南开封道许昌县，即故许州），谋迎天下。众以山东未定，韩暹、杨奉负功恣睢，未可猝制，颇以为难。司马荀彧力劝之，操乃遣曹洪将兵西迎天子。董承等拒之，操不得进。议郎董昭以杨奉兵强而少党援，乃作操书与奉，约与连合共辅王室。奉语诸将，共表操为镇东将军。韩暹矜功专恣，董承患之，因潜召操，操乃将兵诣洛阳，自为司隶校尉，录尚书事。从董昭计，迁帝于许，自为大将军，封武平侯。自是政归曹氏，天子拱手。又阅二十年，曹操略定黄河流域全土，自立为魏王。又阅五年，操卒。子丕立，遂篡汉，称皇帝。宗室汉中王备即位于益州，绍汉正统。孙坚之子骠骑将军南昌侯权亦称帝于吴。于是天下三分，东汉遂鼎革矣。时献帝建安二十五年，蜀汉昭烈帝章武元年，魏文帝黄初元年，西历纪元二二〇年也。

东汉自光武即位，至献帝逊国，凡传八世、十二帝、一百九十六年，中间女主之有权者七人，外戚之握政权者八姓，宦官之干涉政权者七辈。凌夷至于末年，酿成黄巾之变及董卓之乱，盖履霜坚冰，其所由来者渐矣。兹试列女主、外戚、宦官对照表于下，以供参考。

女主、外戚、宦官对照表

帝号	在位年代	女主之有权者	外戚之有权者	宦官之有权者
光武帝	三十三年	无	无	无
明帝	十八年	无	无	无
章帝	十二年	母明德马皇后	舅马廖、马防、马光	无
和帝	十七年	嫡母章德窦皇后	舅窦宪	郑众、蔡伦
殇帝	一年	嫡母和熹邓皇后	舅邓骘	郑众、蔡伦
安帝	十九年	叔母和熹邓皇后 后安思阎皇后	邓骘、嫡母舅耿宝、后兄阎显	江京、李闰、樊丰、刘安、陈达
北乡侯	七个月	从嫂安思阎皇后	阎显	江京、李闰、刘安、陈达

帝号	在位年代	女主之有权者	外戚之有权者	宦官之有权者
顺帝	十九年	后顺烈梁皇后	后父梁商、后兄梁冀	孙程等十九人
冲帝	一年	母顺烈梁皇后	舅梁冀	曹腾
质帝	一年	再从伯母顺烈梁皇后	梁冀	曹腾
桓帝	二十一年	从嫂顺烈梁皇后	梁冀	单超、具瑗、唐衡、左悺、徐璜
灵帝	二十二年	从伯母桓思窦皇后	窦武	曹节、王甫等
帝辩	半年	母灵思何皇后	舅何进	张让、赵忠等
献帝	三十一年	无	无	无

又东汉君主，多以冲龄践祚，壮年夭逝。故女主外戚宦官，得以乘机窃弄国柄。兹试列东汉历代君主即位及崩逝年龄表于下，以供参考。

东汉历代君主即位及崩逝或废黜年龄表

帝号	即位之年	崩逝或废弑之年	在位年代	出身
光武帝	三十岁	六十二岁	三十三年	平民
明帝	三十岁	四十八岁	十八年	太子
章帝	二十一岁	三十三岁	十三年	太子
和帝	十岁	二十七岁	十八年	太子
殇帝	一岁	二岁	一年	皇少子
安帝	十三岁	三十二岁	十九年	清河王子
顺帝	十一岁	三十岁	十九年	废太子
冲帝	二岁	三岁	一年	太子
质帝	八岁	九岁	一年	渤海王子
桓帝	十五岁	三十六岁	二十一年	蠡吾侯子
灵帝	十二岁	三十四岁	二十二年	解渎亭侯子
帝辩	十四岁	同岁	半年	皇长子
献帝	九岁	四十岁	三十一年	皇弟

第十六章　秦汉时代之文化

第一节　制度

一、内官制

秦时中央集权制度实行，置丞相为行政长官，置太尉以掌兵，又置御史大夫以贰丞相。相或左右并设，或以一人为之。汉代官制，有公、有卿、有大夫、有士。公有三等：太师、太傅、太保为上公；丞相、太尉、御史大夫为三公。大将军、骠骑将军、车骑将军为比公。卿有三等：前后左右将军为上卿；太常、光禄勋、卫尉、太仆、廷尉、大鸿胪、宗正、大司农、少府为正卿；执金吾、大长秋、太子太傅、将作少府、城门校尉、北军中侯、司隶校尉、京兆尹、左冯翊、右扶风等为陪卿。大夫有三等：二千石为上大夫、千石为中大夫、六百石为下大夫。士自一爵以上，至不更，凡四等。

汉初，丞相之权甚重，无所不统。至武帝时，天子亲揽庶政，九卿更进用事，于是丞相之权始轻，仅足以备顾问而已。御史大夫之职，每郡国以事上，得以意平决。武帝始置中书省，以宦者为之。居中受事，诏书直下郡国，不由御史大夫，于是其任亦轻，不过为掌刑狱之官而已。成帝始罢中书省，置尚书省，以士人为尚书，置尚书令为其长官，以尚书仆射副之，复以贵戚重臣领尚书事，于是政权渐由丞相府移入尚书省。汉兴，战时设太尉以掌兵，平时则阙。武帝中年，设大司马以冠将军之号，主兵柄，由是太尉罢不设。昭帝初年，霍光以大司马大将军领尚书事，由是政柄亦入于大将军之手。成帝末年，改丞相为大司徒，大将军为大司马，御史大夫为大司空，而实权在大司马手。光武初年，因之。晚年，诏三公去大名，改司马曰太尉，然政权实在尚书省。章帝初年，太傅赵熹、太尉牟融，并以本官录尚书事，于是令仆以上复设录尚书事一官，握宰相之实权。不录尚书事之三公，等于虚位矣。和帝初年，以窦宪为大将军，位在太傅下，三公上，于是三公以外，复设大将军一官，例以贵戚为之，其权力在三公以上。然时置时废，非固定之位置也。至东汉末年，曹操柄政，始罢三公，自为丞相，自尚书令以下，遍置私人，遂成天子孤立之势矣。

二、外官制及地方制

其地方制度。秦时分天下为三十六郡，又平百越，得四郡，合为四十郡。郡设守、尉、监，执行民政、军政、监政各大权，为地方行政长官。关内百里不属郡，置内史为行政长官。内史及郡以下有县，县设令、长为亲民官。汉兴，封建诸侯。异姓王者七国（楚、梁、赵、韩、淮南、燕、长沙），同姓王者九国（齐、荆、楚、淮南、燕、赵、梁、代、淮阳），中央政府所直辖者，只有十五郡。国设内史，郡设太守，为行政长官。设都尉为军政长官，三分内史地，设京兆尹、左冯翊、右扶风，谓之三辅，为京畿行政长官。三辅及郡国之下有县，县设。令长为亲民官。景帝时，诸国陆续皆灭，而汉郡乃至八九十。武帝攘胡，平越，灭朝鲜，通西南夷及西域，辟地渐广，其疆域东迄朝鲜之汉江，南暨交趾，西南界云南大理，西抵俄领中亚，北尽沙漠。其间郡与国相间，郡凡一百有三，国凡二百四十一，所属县邑一千三百十四。始分天下为十三部：曰司隶校尉部、曰豫州刺史部、曰冀州刺史部、曰兖州刺史部、曰徐州刺史部、曰青州刺史部、曰荆州刺史部、曰扬州刺史部、曰益州刺史部、曰凉州刺史部、曰并州刺史部、曰幽州刺史部、曰交趾刺史部。部设刺史为监政官，位卑而权重。司隶校尉统三辅弘农及三河（河南河东河内），位列九卿，为畿内重臣。

成帝时，改刺史为州牧，位次九卿。光武都洛阳，改河南太守为尹，余官如故。灵帝时，置州牧，选列卿尚书以本秩居任，总揽一州行政司法各大权，州秩始尊矣。

汉代官制表

名称	沿革	职掌
丞相	沿秦旧哀帝时改大司徒，光武末年去大字	总理庶政辅佐君主
太尉	沿秦旧武帝时改大司马，光武末年改太尉	总理全国军政
御史大夫	沿秦旧成帝时改大司空，光武末年去大字	副丞相理庶政兼掌言论及纠察
奉常	沿秦旧后改太常	祭祀
郎中令	沿秦旧后改光禄勋	宫殿掖门
治粟内史	沿秦旧后改大农令，又改大司农	钱谷
宗正	沿秦旧后改宗伯	王族之事
廷尉	沿秦旧后更名大理	刑狱
典客	沿秦旧后更名大行，又改大鸿胪	宾客朝觐之事
太仆	沿秦旧	舆服车马
少府	沿秦旧	山泽租税
卫尉	沿秦旧后改中大夫令	门卫屯兵
中尉	汉置后改执金吾	北军
将作少府	沿秦旧后改将作大匠	营造之事
将行	沿秦旧后改大长秋	统率宦官及宫内后妃之事
典属国	汉置	属国之事
水衡都尉	汉置	苑囿、果木、池沼之事

名称	沿革	职掌
司隶校尉	汉置	察三辅三河等处非法之事
内史	沿秦旧后改京兆尹	掌畿辅之事
主爵都尉	沿秦旧后改都尉，又改右扶风	辅佐内史扶助风化
左内史	汉置后改左冯翊	冯辅翊佐与扶风同
部刺史	汉置后改名牧	刺察十二州
郡守	沿秦旧后改太守	一郡之事
县令	沿秦旧	一县之事

汉代州郡表

州名	领郡	领国	今地
司隶校尉	七	无	陕西中部及东南部，河南西部、北部，山西西南部
豫	三	三	河南东南部，安徽北部，江苏西北部，山东西南部
冀	四	八	河北东南部，河南北部，山东西北部
兖	五	五	山东中部、西部，河南东部，河北南境之一部
徐	三	三	山东南部，江苏北部
青	六	三	山东北部、东部
荆	六	一	河南西南境之一部，湖北、湖南全部，广西贵州之一部
扬	六	一	江苏、安徽大部，江西、浙江、福建全部
益	十	三	四川大部，甘肃东南部，云南贵州各一部
凉	十	二	甘肃大部，新疆东部，宁夏南部
并	九	无	山西大部，陕西北部，绥远全部及察哈尔之一部
幽	十	二	河北东北部，辽宁南部及朝鲜之一部
交趾	八	无	广东全部，广西大部，安南北部

三代以来之封建制度，至秦时全废，汉初复兴，有王、侯二阶级。王有同姓、异姓之别，大者跨州连郡，势力与帝室相抗。大约以封皇子皇兄弟，而大功臣亦与焉。侯有三等，皇子而封侯者曰诸侯，王子而封侯者曰

王子侯，异姓以功封侯者曰彻侯。侯国之大者数万户，小者亦数千户。王国、侯国之领土，俱在天子直辖领土以外，其功不及封侯者，赐食邑于关内，名曰关内侯。高帝末年，异姓诸王剪灭殆尽。七国乱后，同姓诸王国之大者，亦剪灭殆尽。武帝以后，王国微弱，无抵抗帝室之实力。自此以后，割据之祸不兴，而夹辅之效果亦失。外戚宦官乃肆无忌惮，盗弄国柄矣。

三、兵制

秦汉之初，犹沿古制，兵农不分。始皇灭六国后，销民间兵器，置材官于各郡征发民兵。遣戍边郡，动辄数十万。筑城建宫，徭役烦苦。陈胜、吴广辈遂起自闾左（秦时复除者居闾里之左），斩木揭竿以亡秦。汉兴，置南北军于京师。南军以卫宫禁，卫尉主之。北军以巡城门，中尉主之。南军调之于郡国，北军调之于三辅。地方之兵，有车骑，用之于平地；有材官，用之于山地；有楼船，用之于水地。其时犹兵农不分，民年二十三以上皆就兵役，为正卒。在官四十二年，至六十五乃免。有卒更、践更、过更之制。正卒一岁中给役一月而受更，是谓卒更。正卒出钱，雇人代役，其直内地，其役一月，是谓践更。正卒输钱于县官，雇人代役，其直边疆，其役三月，是谓过更。统名曰更赋。武帝在位，始选北地陇西良家子能骑射者，期诸殿门，谓之期门羽林。后更名虎贲，隶南军。又增置八校尉，募习知胡越人充，以知胡事者为胡骑，知越事者为越骑，隶北军。是为募兵之始。于是国家多养兵之费，兵民成分离之势。东汉之世，南北军如故，而废轻车骑士材官之都试法，郡国之武备因以不振，又南北军有纳钱谷为兵者，京师之禁旅亦衰。灵帝时，置西园八校尉，以小黄门蹇硕为上军校尉，总统诸军，是为宦官典兵之始。灵帝崩后，大将军何进柄政，召外兵以制宦者。而董卓之祸以起，袁绍倡义关东，谋诛董卓。义旗四举，州牧郡守各专兵柄，天下遂成瓦解之势矣。

西汉兵制表

京师兵
- 南军……以卫宫禁，卫尉主之，调之于郡国
- 北军……以巡城门，中尉主之，调之于三辅

地方兵
- 车骑……用之于平地
- 材官……用之于山地
- 楼船……用之于水地

兵役……二十三岁以上至六十五岁为正卒
- 卒更……正卒一岁中给役一月而受更
- 践更……正卒出钱，雇人代役，其直内地，其役一月
- 过更……正卒输钱于县官，雇人代役，其直边疆，其役三月

募兵
- 期门羽林……选北地陇西良家子能骑射者充之，隶南军
- 八校尉……中垒，步兵，虎贲，射声，屯骑，越骑，胡骑，长水，隶北军

附战术 车战之法几乎不用，专以步兵骑兵水师为主。经略西北多用骑兵，经略东南多用水师，亦地势限制使之然也

附屯田制 自文帝募民耕塞下，始有屯田之制。武帝屯田车师渠犁，始有屯田之名。宣帝时，赵充国击先零羌，罢骑兵，屯田以待其敝。东汉置农都尉，主屯田殖谷。至明帝之后。西北边郡俱有屯田。大抵因用兵之日，转饷多艰，或以道路阻修，十石不能致一石。欲使士马饱腾，而内地不知转运之苦，惟此法为最便，而其法又有民屯、兵屯之别。民屯者，招致土著之人，授田使耕，而分其所入饷军。兵屯者，即以招募之人，任耕耘之事，以其余闲练习技艺，亦合于古人农隙讲武之意。

四、田制及赋税制

秦以前国家度支，只仰给于田赋，天子治王畿，诸侯各治其封邑，地狭事简，故取给于此而已足。自商鞅废井田，民始得私蓄田产，遂改什一之制计亩而定赋。始皇时，始舍地而税人，凡田租、口赋、盐铁之利，二十倍于古时。其贫者为人佣耕，以五输其田主，而国民之负担遂日重。汉兴，定天下田租，十五而税一，量吏禄度官用以赋于民。文景之世，蠲减

田租，三十税一，藏富于民，而国用亦因之日裕。此外又有算赋，民年十五以上，至五十六，出钱人百二十，为一算，高帝时创之。武帝屡事征伐，国用不足。算赋之外，复有口赋。民年十岁至五十四岁，出钱人二十二。昭宣之世，天下无事，时常减免田租，然田产私有制既行，兼并之风日甚一日，富者田连阡陌，贫者无立锥之地。王莽欲复井田，不得其道，反滋烦扰。东汉之世，仍令三十税一，民不为病。至桓灵之世，加税天下田，亩十钱，名修宫钱，则溢出于三十取一之外矣。

附平准均输法　武帝屡事征伐，国用不足，乃设平准均输法，以算商贾之财。令诸贾人末作，各以其物自占，为名簿送之官。率缗钱二千而一算，诸作（手作也）四千一算，及民有船车者皆算。其匿不自占而有人告发者，即以半畀之，谓之告缗。王莽时，既榷商贾之货，而取其十之一。又设五均之官，效商贾之为，而官自买卖，其取民之法，比武帝为更甚矣

附专卖制度　武帝之世，兵连不解，县官大空。富商大贾，冶铸鬻盐，财累万金，不佐公家之急。于是以齐大煮盐东郭咸阳、南阳大冶孔仅为大农丞，领盐铁事。官自煮盐铸铁，鬻之于民。后郡国以官作盐铁苦恶，强民买之不便，卜式以为言，帝不听。元帝初元五年，罢盐铁官，不久而复。东汉之世，郡有盐官铁官。和帝即位，罢盐铁之禁，令民得自煮铸。献帝建安初年，关中百姓流入荆州者十余万，及闻本土安宁，皆跂望思归，而无以自业。于是御史卫觊上议，请依旧置使者，监卖盐，以市犁牛。百姓归者以供给之，曹操用其言，流人果还，关中充实。

榷酒亦始武帝，至昭帝罢之。王莽设官自卖酒，颇含寓征于禁之意

西汉赋税制表

一，田租　汉兴，十五而税一。文景之世，三十税一。桓灵之世，加税天下田，亩十钱，名修宫钱

二，算赋　民年十五以上至五十六，出钱人百二十，为一算，高帝时创之

三，口赋　民年十岁至五十四岁出钱人二十二，为口赋，武帝时创之

四，平准均输法　商贾之货，值缗钱二千者为一算，诸作四千一算，民有船车者皆算

五，专卖法　武帝时，官自煮盐铸铁，鬻之于民，和帝初，罢；献帝建安初，复置盐官

六，榷酒　武帝时创，昭帝罢，王莽设官自卖酒

附货币制度　货币制度，古者或用金、或用珠玉、或用龟贝、或用布帛，然皆值无定准，民多不便。自齐太公立九府圜法，外圆内方，轻重以铢，而钱之制始备。周礼有外府、泉府二官，专司出入。周景王之世，患钱轻，更铸大钱。文曰大泉，径一寸二分，体为肉，孔为好，肉好皆有轮廓。秦兼天下，币为二等。黄金为上币，铜钱为下币。质如周钱，文曰半两，重如其文。凡珠、玉、龟、贝、银、锡之属，为器饰，不为币。汉初，以秦钱大难用，更铸荚钱，物价腾踊。文帝更铸四铢钱，除盗铸令，令民自铸。时吴王濞以诸侯王，即山铸钱。弄臣邓通得幸，赐蜀道铜山，许其铸钱，吴邓之钱满天下。景帝时，定铸钱弃市律。武帝更铸三铢钱，后改为五铢钱。大抵半两太重，三四铢钱太轻，惟五铢为得轻重之平，民间便之。又以钱不足，取白鹿皮方寸，缘以缋为皮币，直四十万。更造银锡白金，以为天用莫如龙，地用莫如马，人用莫如龟，故文亦以三者为别，后俱不行。王莽更铸大钱，重十二铢。又造契刀、错刀，契刀直五百，错刀直五十。后以刘字有金刀，乃罢契刀、错刀不用。更铸小钱，小钱之上有幺钱、幼钱、中钱、壮钱诸名目，民间苦其不便，多不肯用。建武中兴，复用五铢钱，灵帝更铸四出文钱。献帝初平元年，董卓坏五铢钱，更铸小钱，悉取洛阳长安铜人、钟、虡、飞廉、铜马之属以充铸。其钱无文章，不便于用

上古至汉币制表

一，古代用金、珠、玉、龟、贝、布、帛

二，齐太公立九府圜法，外圆内方，轻重以铢

三，周景王铸大钱，文曰大泉，径一寸二分，体为肉，孔为好，肉好皆有轮廓

四，秦以黄金为上币，铜钱为下币，文曰半两，重如其文

五，汉初铸荚钱

六，文帝铸四铢钱

七，武帝铸三铢钱，后改铸五铢钱，又以白鹿皮为皮币，更造银锡白金钱

八，王莽铸大钱，重十二铢，又造契刀，错刀，后更铸小钱

九，光武中兴，复用五铢钱

十，灵帝更铸四出文钱

十一，献帝初平元年，董卓铸小钱

五、刑制

秦任刑法，死刑之属，有斩、枭首、戮尸、车裂徇、弃市、坑、具五刑、腰斩、灭宗、夷族等。其非死刑之属，有劓、刵、鬼薪、黥为城旦等。汉高帝初入咸阳，约法三章。杀人者死，伤人及盗抵罪，余悉除去秦苛法。然尚有三族之诛，及烹醢之惨。萧何捃摭秦法，作律九章。文帝时，除收拿律，以笞刑代肉刑，当黥髡者钳为城旦舂（城旦者旦起治城舂者，妇人不预外徭，但舂作米皆四岁刑也），当劓者笞三百，当斩趾者笞五百，然多笞死者。景帝时减其笞数，又命晁错五定刑律。武帝用酷吏，刑辟大重。张汤、赵禹、义纵、王温舒之徒，条定法令，作见知故纵、监临部主之法（见知而不举告为故纵，而所监临部主亦有罪，并连坐），缓深故之罪（吏深害及故入人罪者皆宽缓之），急纵出之诛（吏释罪人疑为纵出则急诛之）。其后奸猾巧法，转相比况，律令烦苛。张汤又奏九卿见令不便，不入言而腹诽者，论死。自后遂有腹诽之法。又因盗多，郡国不胜治，乃作沈命法曰："盗起不发觉，发觉而捕勿满品者，二千石以下至小吏主者皆死。"于是小吏畏诛。虽有盗不敢发，而民生益困。其时刑制之可考者，一曰夷三族、二曰腰斩、三曰磔、四曰弃市、五曰腐刑（（即宫刑）、六曰髡钳、七曰完（民年七十以上十岁以下有罪当刑者皆完之谓不加肉刑也）、八曰城旦舂、九曰鬼薪白粲（取薪给宗庙为鬼薪坐择米使正白为白粲皆三岁刑也）、十曰耐（罚使造酒也）、十一曰罚作、十二曰盗械（盗者逃也恐其逃亡故著械也）、十三曰颂系（颂者容也言见

宽容但处曹吏舍不入狴牢也）、十四曰笞、十五曰箠。光武中兴，屡下省刑薄罚之诏。其后世大臣，亦多有以轻法为言者，故残酷之风无之。其刑名大率与西汉同，惟刖右趾、输作司寇、输作左校、输作右校（养马之官）、输作右卢（狱名主鞠将相大臣者）、及女徒雇山（女子犯徒遣归家每月出钱雇人于山伐木）、女子宫刑等，则为西汉所无。

西汉刑制表

一、夷三族	二、腰斩	三、磔	四、弃市	五、腐刑
六、髡钳	七、完	八、城旦舂	九、鬼薪白粲	十、耐
十一、罚作	十二、盗械	十三、颂系	十四、笞	十五、箠

东汉刑制表

一、刖右趾	二、输作司寇	三、输作左校	四、输作右校
五、输作右卢	六、女徒雇山	七、女子宫刑	余与西汉同

六、学校制及选举制

三代时，有家塾、党庠、州序、国学，以为教育机关。战国以后，学校沦废。秦始皇帝焚书坑儒，普通教育阙而不讲，所讲者只有法令。士之欲学法令者，以吏为师。教育主义之狭小，至斯而极。汉高帝起于马上，轻蔑儒生。武帝时，用董仲舒言，始兴太学，置五经博士弟子员五十人。或补自太常，或择之郡国，是为汉代兴学校之始。元成间，增至三千人，其学科以明经为重，故经学特盛。

郡国之学，自文翁治蜀始。翁当景帝时守蜀，以蜀地僻陋，有蛮夷风，乃奖励学风，起学宫于成都市中，招下县子弟而教之。由是大化，比齐鲁焉。武帝时，令天下郡国皆立学校。平帝时，定郡国曰学，县邑曰校，各置经师一人。乡曰庠，学曰序，各置孝经师一人，于是教化渐盛。

当时教育之途至狭，士之得列名学校者无多，国民教育既不普及，即人才教育亦不足国家之用。于是选举之途不能不宽，其所举人数，率以户口多寡为差。讫于西汉之末，屡诏选举，大率因一时所缺之人材，朝廷乃立格求之。最普通之目有三，曰贤良方正，孝廉秀才，及博士弟子是也。贤良方正之举，始自文帝，其后每召对辄百余人，又征诣公车。上书自炫鬻者恒以千数，盖不必真有德行。但稍有文墨材学者，皆可以充选故也。孝廉季才之举创议于董仲舒，然武帝之诏，以为阖郡不荐一人，则实行之士，其难得可知矣。博士弟子始于武帝，凡郡国县官好文学、敬长上、肃政教、顺乡里、出入不悖者，皆得荐补，此三者皆士子出身之常途也。此外有文学高第，明兵法，有大虑，及茂材异等，可为将相及使绝域者。其名甚多，但不为常制。

东汉光武，奖励儒术，四方之士，云集京师。明章之世，辟雍讲射，白虎谈经，一时称盛。然极其盛也，太学生亦不过三万人，而举辟之法其途尤多，明经孝廉名目不一。盖自汉以后，学校之制虽复，而教育实不能普及。此学风之一大变，而国民智识之进步所以日阻也。士之讲学者，或多出于私家授徒，马融绛帐，前授生徒，后列女乐，其无学校规则抑可知矣。

汉代学制表

一、武帝时，京城设太学，置博士弟子员五十人；元成间，增至三千人；东汉盛时，增至三万人

二、武帝时，令天下郡国皆立学校；平帝时，定郡国曰学，县邑曰校，各置经师一人，乡曰庠，聚曰序，各置孝经师一人

汉代选举制表

一、贤良方正	二、孝廉秀才	三、博士弟子
四、文学高第	五、明兵法，有大虑	六、茂材异等可为将相及使绝域者

第二节　学　术

学术派别范围，较春秋战国时代差为狭小。秦始皇焚书，儒学精华与

各学派同归于尽，唯法学独存。汉兴，萧何、曹参皆起秦刀笔吏，致位通显。高帝以马上得天下，唾弃儒者，鄙为迂腐。武帝号为尊经，罢斥百家，而学术之途益以狭隘，于是儒家绪余只存糟粕。经学训诂，仅附庸于文学一门，不得复视为哲学。黄老之术得以乘之，虽摈弃于汉武，而流衍于魏晋。只尚空谈，无当弘旨。佛氏又乘之，以宗教之流传，夺清谈之一席。士大夫思想学术，更为之一变。墨氏学说汉初尚流行，朱家郭解之流，皆以实行家，名重天下。其后屡经霸主芟夷，遂归于尽。东汉末年，虽多气节之士，然头巾气重，无复有豪侠气概矣。兹述其派别如下。

一、经学

自哲学衰而经学之名始出，其实经学仅文学之一支部而已。秦汉以后，始有六经之名。六经者，《易》、《书》、《诗》、《礼》、《乐》、《春秋》也，后乐经衰缺，又有五经之称。其文或属于哲学家言，或属于史学家言。自儒者尊之为经，又出于秦火之劫余，乃断断以考订为事，而训诂之学兴矣。《易》传于田何，《书》授于伏胜，其后孔安国又得古文尚书于坏壁中。《诗》则汉初以鲁申培、齐辕固、燕韩婴三家列入学官，而其后则以毛苌所传者，尤为通行。《礼》分《仪礼》、《周礼》、《礼记》三种，《仪礼》传于鲁高堂生，《周礼》为汉武帝时河间献王所献，《礼记》亦为河间献王所得。因戴德、戴胜加以删削，故称大戴礼、小戴礼。春秋传有公羊高、谷梁赤、左丘明三家。夷考其时，汉儒治经者最多。其著名者，推马融、郑康成。许慎之说文虽属字书，亦于六经训诂之学裨益不少。

群经异名表　（据罗元鲲本国史表解卷上转载）

一，六经　《诗》、《书》、《易》、《礼》、《乐》、《春秋》

二，五经　六经中，乐亡

三，七经　五经中，《礼》分为《周礼》、《仪礼》、《礼记》

四，九经　七经中，春秋分为《公羊》、《谷梁》、《左传》

五，十三经　九经外，加《论语》、《孟子》、《尔雅》、《孝经》

两汉以来今古文传授表　（据本国史表解上转载，名上有□者为西汉十四博士）

经	派别	学派	经师	兴	废
《易》	今文	田氏之学	齐人田何	武帝立学官	东汉未立
		施氏之学	□沛人施雠	宣帝立学官,光武复立	晋怀帝永嘉之乱亡
		孟氏之学	□东海孟喜	宣帝立学官,光武复立	永嘉之乱,孟易无传
		梁邱氏学	□琅邪人梁邱贺	宣帝时立学官,光武复立	永嘉之乱,梁邱易亡
		京氏之学	□东郡京房	元帝立学官,光武复立	成帝时,刘向考易屈之
	古文	费氏之学	东莱费直	刘向考易,惟费氏与古文同,由是兴	备考据后汉书云,费氏兴,京氏遂衰,经典释文及江藩经师经义,皆云费兴而高微
		高氏之学	沛人高相	宣帝时盛行,与费易两汉未立	
《书》	今文	欧阳之学	□千乘人欧阳生	武帝立学官,光武复立	永嘉之乱亡
		大小夏侯之学	□大夏侯胜 □小夏侯建	宣帝立学官,光武复立	永嘉之乱亡
	古文	孔氏之学	孔安国	平帝立学官,东汉未立	乱于东晋伪古文
《诗》	今文	鲁诗	□鲁申培公	武帝立学官	亡于平帝元始五年
		齐诗	□齐辕固生	武帝立学官	亡于平帝元始五年
		韩诗	□燕韩婴	武帝立学官	亡于平帝元始五年
	古文	毛诗	赵毛苌	平帝立学官,东汉未立	迄今传世(备考)毛诗立学官,据经典释文,汉书无考

经	派别	学派	经师	兴	废	
《礼》	今文（仪礼）	后仓礼	东海后仓	武帝立学官,东汉未立		
		大戴礼	□梁戴德	宣帝立学官,光武复立	迄今传世	
		小戴礼	□梁戴圣	宣帝立学官,光武复立	迄今传世	
		庆氏礼	沛庆普	宣帝立学官,东汉未立		
	古文	周礼	刘歆	王莽立学官,东汉未立	迄今传世	
		逸礼	不详传者	平帝立学官,东汉未立		
《春秋》	今文	公羊之学	齐胡母生广川董仲舒	武帝立学官	迄今传世	备考左氏传据汉书废于建武,据经典释文,则和帝元兴十一年后立学官,而汉学师承记,则云始立于元兴十一年
			□东海严彭祖 □鲁颜安乐	光武立学官		
		谷梁之学	瑕丘江公	宣帝立学官	迄今传世	
	古文	左氏之学	阳武张苍	平帝立学官,光武复立,后罢	迄今传世	
		邹氏	有书无师			
		夹氏	有录无书			

二、史学

史学自司马迁作《史记》，上自黄帝，下至汉武帝，其书至为繁博，为古今绝大著作。班固继之，著为《汉书》。史以时代为断盖自固始，编年之体始于荀悦之《汉记》，而裨官小说，亦出于汉代，则杂史野乘体裁也。

史汉内容对照表　（据本国史表解卷上转载）

《史记》	一，上起黄帝，下讫汉武，为通史之祖
	二，十二本纪，十年表，八书，三十世家，七十列传，凡五十二万六千五百字
	三，径重创造，采世本、国语、国策等以成书
	四，迁工于文，叙三千年事，共词简
	五，尊项羽为本纪，列孔子为世家，游侠刺客货殖有传，史公具有特识

《汉书》	一，上起高祖，下终王莽，为断代史之祖
	二，十二本纪，八年表，十志，七十列传，共八十余万字
	三，固多剽窃，自高至武，全用迁书
	四，固密于体，叙二百年事，其文繁
	五，详经世之典，明六艺之旨，凡汉人美文，班书备录无遗

三、文学

韵文自战国时代，屈原创为《离骚》。汉兴，贾谊、司马相如、枚皋、东方朔、扬雄、班固之徒继之，于是词章学始独树一帜。诗歌学创始于三百篇。秦汉以后，风气稍变。汉初，有五言体，滥觞于苏武、李陵之赠答。有七言体，滥觞于项羽之《垓下歌》、汉高帝之《大风歌》、汉武帝之《秋风词》。其乐府诸诗，则当日谱之乐歌者也。散文以司马迁之《史记》为最，浑灏流转，气势沉雄，为记事文之轨范。余若贾谊、董仲舒、晁错之《对策》，及两汉之《诏敕》，渊懿朴茂，皆议论文之雄者也。

附文字学　文字日渐趋于简单。秦作小篆及隶书。汉有古文、奇字、篆书、佐书、缪篆、虫鸟等六书。古文，孔子壁中书也。奇字，古文之变体也。篆书，秦篆也。佐书，隶书也。缪篆，所以摹印也。虫鸟之书，所以书幡信也。东汉时多石刻，铭功写经皆用之。上谷太守王次仲创楷书，或谓之八分书，与隶法相似者也。颍川刘德升创行书，汉元帝时，黄门令史游作急就章，是为草书之始。后汉张伯英因之创一笔草，除去波磔，使之相连而成者也。又有飞白体，变楷为之，轻微而不满，蔡邕最工此

附文具　文具亦渐发达，古者以刀削竹简，以漆书之。至秦始皇时，

蒙恬始以柘木为管、鹿毛为柱、羊毛为被以成笔。东汉和帝时，中常侍桂阳蔡伦，始创意用树肤、麻头、敝布、旧网以为纸，自此以后，得书始易

文景以来学者入官表　（据本国史表解卷上转载）

类别	人名	人数
一、以博士入官者	贾谊、董仲舒、疏广、薛广德、彭宣、贡禹、韦贤、夏侯胜、辕固、后仓、韩婴、胡母生、严彭祖、江公	凡十四人
二、以太常掌故入官者	晁错	凡一人
三、以博士弟子入官者	息夫躬、儿宽、终军、朱云、眭弘、萧望之、匡衡、马宫、何武、翟方进、王嘉、施雠、房凤、召信臣	凡十四人
四、以郡文学入官者	梅福、隽不疑、韩延寿、王章、郑崇、盖宽饶、诸葛丰、张禹	凡八人

汉代文学表

一、散文	司马迁之《史记》
	贾谊，晁错，董仲舒之《对策》
	西汉之《诏敕》
二、韵文	贾谊，司马相如、枚皋、东方朔、扬雄、班固之赋
	《垓下歌》、《大风歌》、《秋风词》之七言体
	苏武、李陵赠答之五言体

四、画学及雕刻法

汉时画学，以人物为多。宣帝时，图功臣于麒麟阁；明帝时，画二十八将于云台，其最著者也。雕刻亦渐进步。武帝时代之石刻画像，受希腊影响，变化最甚。

五、天文学

天文学亦渐发达。其新发明之器具，有浑天仪、地动仪，虞书称在璇玑玉衡（璇珠也，机机也，以璇饰机所以象天体之转运也；衡横也，以玉为管横而设之所以窥机而齐七政之运行也），以齐七政，是为浑天仪之权舆。其后遭秦而灭。汉武帝时，洛下闳始经营之。鲜于妄人又量度之。宣帝时，耿寿昌始铸铜

而为之象，衡长八尺，孔径一寸，玑径八尺，圆周二丈五尺，旋转而望之，以知日月星辰之所在，即璇玑玉衡之遗法也。安帝之世，太史令张衡，复作地动仪以配之。其法以精铜铸成，状如酒樽，置机其中，每遇地动，视之以知方向。其候气之法，冬至先三日，垂土炭于衡之两端，轻重适均，冬至阳气至则炭重，夏至阴气至则土重。又一法，取竹为管，实葭灰其中，验灰之动以定节候。唐人时句，所谓“吹葭六琯动飞灰”者是也。

六、医学

医学亦渐发达。相传古者民有疾病，未知药石，神农始味草木之滋，察其寒温平热之性，辨其君臣佐使之义，遂作《方书》以疗民疾，是为本草之滥觞。黄帝能察五气，咨于岐伯而作《内经》，有灵枢素问等篇，后世言医者宗之。战国时，扁鹊善医，著有《难经》一书。汉初，有淳于意，擅方术。东汉时，有张机者，南阳人，字仲景，官于长沙，感其家人多以伤寒致死，乃推本黄帝内经、扁鹊难经、及神农本草经之旨，著《伤寒诸病论》，及《金匮玉函经》等书，为中国医家之祖。金匮玉函者，示宝贵秘藏之意也。

七、术数学

卜筮、望气、形法等仍盛行。卜筮以严君平为最著，卖卜于成都，颇著奇验。望气以汉武欲尽杀狱中囚一事为著。时宣帝系狱，望气者言狱中有天子气故也。光武居南阳，望气者言其佳气郁葱，亦有奇验。形法之著者，英布之黥而王，卫青之奴而侯，周亚夫、邓通之富贵而饿死是也。此外尚有三种：

甲、谶纬　起于洪范阴阳五行之说，遇事能前知，故自夏以来已有之。

亡夏者桀一语，夏癸因之大杀豪杰；亡秦者胡一语，始皇因之北击匈奴，然二语皆有奇验。谶纬之学，盖兆于此时矣。汉兴，董仲舒以五行相生相胜之理说春秋，其学说极盛一时。至哀平时，遂有谶纬之名。有易纬、书纬、诗纬、礼纬、春秋、纬孝、经纬等，多载奇异。谶者验也，纬者所以翼经也。儒家重五行，方士重气运，黄老尚占验。汉时三派并重，末流糅合，遂成此派，王莽尤信之。其国师刘歆，因谶文有“刘秀为天子”一语，至改名为秀以求应之，卒以谋叛死。

光武以赤伏符即位，故最信谶纬之说，多以之决嫌疑。初即位，即按赤伏符“王梁主卫作玄武”之文，以王梁为大司空（时梁为野王令野王故卫地也）；又以河图会昌符，有“赤刘之九会命岱宗”之说，乃封禅泰山。更宣布图谶于天下，由是其学大行，郑玄大儒，所注经书多采其说。

乙、星命 从阴阳五行及天文之学而出。汉书艺文志，有太乙子星等书，推五行以定吉凶，兼考五星以为占验。

丙、堪舆 起于西汉。刘向劾王氏，有“墓屋梓柱生枝叶，扶疏上出屋，根函地中”之语，即堪舆家说也。东汉王充作论衡之书，载移徙之法，有曰：“徙抵太岁凶，负太岁亦凶，抵太岁名曰岁下，负太岁名曰岁破。”与今堪舆之言同。又袁安父死，母使安访求葬地，道逢三书生，指一处曰：“葬此地当世为上公。”须臾不见。安异之，遂葬于所占之地，其后果累世贵盛。

汉代术数学表

一、卜筮　二、望气　三、形法　四、谶纬　五、星命　六、堪舆

第三节 风 俗

一、两汉风俗之奢靡

夏尚忠，商尚质、周尚文，风俗之变迁，三代各有特色。秦以武力并

吞诸侯，一反周代尚文之习，故其国民尚武敢战，颇有强毅之风。然以劫于专制淫暴之威，民气摧残，俛焉不可终日，铤而走险，遂以一夫夜呼，乱者四应。且其时六国之民，各自本其国之风气，因秦之暴，益以生其祖国之思。燕赵之豪侠，齐楚之大族，遂并起而亡秦矣。汉初，游侠之风极盛，历文景两朝，摧抑之者无所不至。然其时长安贵族，竞以奢侈相尚。富商大贾，豪暴兼并，往往竞畜奴婢，炫耀车服，生利者寡，游食者众，去本就末，风俗日偷。至晁错上贵粟重农之疏，乃令民人粟，得以拜爵赎罪。于是富贵利达之念，益复深中于人心，而廉耻道丧矣。王莽乘之，以篡取大位。即真之后，颇欲矫而革之，禁民卖买名田及奴婢，泥古不化，大乱以滋。光武中兴，奖励名节，明章之世，学校大兴。朝野每多气节之士，危言深论，痛斥豪强，党锢狱兴，士气不稍沮抑。然贵族豪富侈靡之风，乃较西汉为尤甚。读班固东都赋，与王符潜夫论，具见当时社会之状况。盖其时京洛游侠之士，竞事狗马征逐，游手盈邑，车马塞途，丁夫习于游惰，或为微业以诈民财。妇女荒具本职，好学巫祝以欺愚瞽。贵族奢侈逾制，仆御竞为华饰，嫁娶者车骈数里，缇帷竟道，一燕飨之所费，恒破终身之业。富者如此，负者耻而效尤。京师如此，四方传为风气。后经黄巾与董卓之乱，群雄蜂起，中原瓦解，于是民不聊生，物力尽矣。

二、家族制度及社会制度

贵族与平民阶级渐废，趋于平等主义。中国自上古以来，家族主义发达，经三代而至春秋战国，国家政治恒操诸贵族。秦汉以后，封建既废，而社会之中，仍以家族为本位，故宗法尚严。家长对于子弟妻妾奴婢，有无上之威权。自秦徙诸郡豪杰于咸阳，汉高祖继之，徙齐诸田及楚昭屈景诸大族于关中，而贵族之势衰，其后遂夷于庶姓。两汉之时，勋臣外戚，金、张、许、史及马、邓、阎、窦诸勋戚，金貂相继，赫奕一时。及其末年，袁绍犹以四世三公，为人望所系，然较之春秋时代之世卿则迥不如矣。

同时一夫多妻制度流行。秦始皇时，后宫人数之多，以千万计。西汉时代，后宫人数亦无定额。缙绅之家，公然蓄妾，更为法律所不禁矣。

三、姓氏制

姓氏制自秦以后已渐紊乱，其后遂以氏为姓，而男女通用之。司马迁作《本纪》，混姓氏为一。汉高祖赐娄敬姓刘氏，而氏族益淆。此外又有以二字之氏，改为一字者：如马宫本姓马矢，改为马；锺离之改姓锺；司徒、司空之改姓司；司马氏之去司而为马，或去马而为司皆是也。又如孙氏本有二，一出于卫之孙良夫，一出于楚之孙叔敖。而公孙、叔孙、士孙、王孙之类，亦皆改而为孙。则非特古姓云亡，而氏族亦不可别矣。

四、别号与易名之典

名字谥法日渐趋于复杂。上古之人只有一名，其后周末文胜，乃有字有谥。秦汉之间，商山四皓乃有别号，为后世用别号之始。东汉末年，郭泰卒，士林私谥曰有道，为私谥之始。

五、丧葬之礼

丧葬之制，大率沿袭古礼，惟殉葬之风渐息。其后佛教盛行，遂有火葬之制，东汉之末，陈寔卒，赴葬者共刊石碑；郭泰卒，蔡邕为作郭有道墓碑，是为墓碑铭志之始。贵者之葬其亲，含饭之属，附身之衣饰，殉葬之器物，多有用珠玉金银者。摸金发冢之事，亦屡见之。

第四节　宗　教

宗教之流行为中古特色。上古期中，只有尊天敬鬼之仪式，无宗教之可言。至中古则佛教自印度传入。神仙方士之说，亦渐与黄老家言杂糅，合并而成为一种不规则之宗教，即所谓道教是也。佛教之流行于中国，正值学术衰歇、思想束缚之时，于文化上不无转移之潜势力，然偏于迷信者多，关于学术者少，故附属于风俗变迁之后，以此事关系于风俗礼教者较多也。

一、道教

秦汉时，方士神仙之说盛行，其后分为二派。一为丹鼎派，以炼丹求仙郤老为主，即秦皇汉武所信之方士是也。一为符箓派，出于巫觋，以祈祷符咒疗病为主。相传张良九世孙名陵者，以光武十年生于吴之天日山（今浙江钱塘道临安县），及长，遍游名山，得道于龙虎山（今江西豫章道贵溪县），著道书二十四篇，能治病降魔，百姓翕然奉之。及卒，以经箓印剑传其子衡，衡传其子鲁，其道大行。灵帝时，张角以符水惑众，作乱，即其一派。又有巴郡张修者，亦能以术疗病，令病家出五斗米，号五斗米师，聚众寇掠郡县，时人谓之米贼。角既被诛，修亦亡去，鲁因修法，又益以祖父之传而增损之，遂据汉中地，后为曹操所逐，走巴中，使其子盛还龙虎山，奉其祖正一玄坛。自是张氏世居龙虎山为道教主，其徒称道士。

二、佛教

佛教为中印度迦比罗卫城王子释迦牟尼所创，其教旨以慈悲忍辱为主，排斥阶级制度，提倡平等主义，专以济度众生为业。周敬王四十三年

（西历纪元前四七七年），释迦入寂。其高弟摩诃迦叶，召集佛弟子五百人于王舍城，编纂经典，周敬王四十四年（西历纪元前三二五年），印度孔雀王朝勃兴，创立摩揭陀帝国，统一全印度，定佛教为国教。战国末年，其英主阿输迦在位，派遣高僧二百五十六人传教于外国，西至大夏（今阿母河流域），南至狮子国（今锡兰岛）。秦始皇帝时，似已有人中国者（据《朱士行经录》）。汉武帝元狩二年（西历纪元前一二一年），骠骑将军霍去病伐匈奴，收休屠王祭天金人，列于甘泉宫，是为佛像入中国之始。哀帝元寿元年（西历纪元前二年），博士弟子秦景宪从大月氏使臣伊存口授浮屠经，是为佛经入中国之始。东汉初年，光武帝皇子楚王英，为浮屠斋戒祭祀，于是佛教始流行于上流社会。桓帝时代，宫中立黄老浮屠之祠（据《后汉书·襄楷传》），于是佛教始流入于宫廷。其详已见于拙著《东洋史》中，兹从略。

释迦牟尼事略表　（据本国史表解卷上转载）

- 释迦牟尼
  - 甲、佛祖概况
    - 一、家庭
      - 父 净饭王
      - 母 摩耶夫人
      - 妻 耶输陀罗
      - 子 罗喉罗
    - 二、略历
      - 二十九岁出家。（或曰十九）
      - 三十五岁得道。（或曰三十）
      - 说法四十余年
      - 八十岁入寂
    - 三、十大弟子
      - 舍利弗，摩诃迦，阿那律，日莲，须菩提，富楼那，迦旃延，优婆离，罗喉罗，阿难
    - 四、宗旨
      - 提倡平等主义
      - 以慈悲救世为主
    - 五、四结集
      - 第一次—迦叶会佛徒五百人于王舍城。在孟加拉部巴哈尔西南
      - 第二次—耶舍陀会佛徒七百人于毗舍离。在摩苏佛普尔西南
      - 第三次—阿育王会佛徒千人于华子城。在孟加拉之巴德拿
      - 第四次—迦腻色迦王会佛徒五百人于罽宾。今阿富汗之喀布尔
    - 六、三藏
      - 经藏 释迦所说，治心散乱，定学
      - 律藏 佛门戒律，制身邪行，戒学
      - 论藏 门徒所说，去迷开悟，慧学

- 七、派别
  - 佛理方面
    - 大乘教，为上智说法
    - 小乘教，为普众说法
  - 地域方面
    - 南派以锡兰为根据地，后到
    - 北派以北印度为根据地，先来
- 乙、佛教东来
  - 一、汉武帝时，得匈奴祭天金人，为佛像之始
  - 二、哀帝时，秦景宪口受浮屠经，为佛经之始
  - 三、明帝时，蔡愔出使
    - 摄摩腾　竺法兰东来，为梵僧之始
    - 洛阳建白马寺，为佛寺之始
    - 译经四十二章，为译经之始
  - 四、魏文帝时，许国人薙度为僧，为出家之始

参考书

《东洋史》（中古史　第一期　第四章　第十一章）　　自著

《梁任公近著第一辑》（中卷　佛教之初输入）　　梁任公先生

第五节　实　业

秦以后专制愈甚，人主制度各为其私，又偏重文词，民间实业，除农业稍稍整饬外，其余悉听民自由，或摧抑之，殆无可言者。今举其著者凡三端。

一、农业

自井田废后，贫者无立锥地，多处闾左而为富户之佃民，能自耕者鲜。汉武帝时，赵过为搜粟都尉，设代田法，一亩作三圳，每年必易其圳，农业稍有改良。又作耕器，教授田事，其不能人耕者，使牛，一日可开三十亩，少亦十余亩，用力少而得谷多，故当时田野甚辟。汉代君主甚重农事，入粟可以拜爵，可以赎罪，力田者受赏与孝弟同科，而各循吏亦孜孜于此，故农事振兴。

二、商业

秦汉重农，卑视商业。汉时禁商人乘车及著绢，限其子孙不得入仕，征税甚重。武帝设均输之官，尤不利于商贾。其时以商致富者，如刁间以善畜奴，使之逐渔盐商贾之利，而起富数千万。师史转谷贾诸郡国间，致富七千万。此外《史记·货殖传》所载者尚多，皆商人也。与域外互市之物品，如汉之美锦，至于大秦，蜀之印杖，见于身毒，皆是也。

三、矿业

秦时有巴寡妇清，其先得丹穴，擅其利数世。始皇以为贞女而客之，为之筑怀清台。又有卓氏，本赵人，虏徙蜀，以铸铁致富。运筹策，倾滇蜀之民，拟于人君。程郑者，亦山东迁虏，以治铸富，与卓氏相埒。孔仅者，先本梁人，秦迁之于南阳，大鼓铸，致富数千金。汉文帝时，吴王濞即豫章铜山（今浙江钱塘道安吉县东有铜岘山）铸钱，富埒天子。大中大夫邓通，以宠幸赐蜀铜严道铜山（在今四川建昌道荣经县北），使铸钱，财过王者。以故吴邓钱满天下，可知当时矿业必发达矣。自武帝后，盐铁专卖，实行官山之策，始不复振。

第二期　三国两晋南北朝时代

第一章　东汉末年群雄割据之形势

中国历史现象，乱世人才多，治世人才少；割据之世人才多，一统之世人才少。盖智慧以交换而愈新，精神以磨砺而愈振，武力以竞争而愈烈。非比较研究，不足以历炼人才也。中国人才之多，以春秋战国时代为最，后此者则为三国时代。自东汉末叶，至西晋初年，其间人杰辈出，逞智谋，振雄辩，奋腕力，互相攻击，皆欲握政治上及社会上之无上权力。东汉全盛时代之人物，贵名节，高独行，不屑立人下风，故其乱也。豪杰之士，皆富有帝王思想，有志统一天下者，必先于此等人物，笼络之，或讨灭之，使为我用，不为我害，方能收统一之效果。顾此等人物，其智力不相下，若欲笼络讨灭，终非一人一生之力所能奏功。故曹操、刘备、孙坚之徒，皆以一世骁雄，同时并起。备传子禅，操传子丕孙睿，坚传子策及权。祖孙父子相继经营数十年，虽割据一方，各自称王称帝，而卒不能统一中国于一主权者之下者，职是之由。昔者嬴秦末年，厉行暴政，豪杰蜂起，倒秦政府，大英雄项籍、刘邦二人，同时并出，占政治上及社会上之无上势力。天下豪杰，自以为不能及，皆敛手倾心于此二人，故天下统一与否，决于刘、项之成败。王莽暴乱天下，汉室子孙，蜂起讨之。然皇族终少英雄，其崭然露头角者，只有光武帝一人。豪杰争趋附之，故其成功亦易。东汉末年，民生涂炭已极，然其乱源决非发于俄顷。其始由于外戚之跋扈，继以宦官之专横，终以外戚与清流之结合及其对宦官之冲突，为一大结束，激而成黄巾之乱与董卓之乱。政治上之压制，其急剧固不如秦皇新莽，然于磨练英雄，养成豪杰，则至为适当。社会形势，亦不如从前之危险。草野之人犹思爱戴皇室，当世大野心家，利用皇室威灵，牢笼民心，提倡尊王主义，讨黄巾、诛宦官、伐董卓，表面上将以扩张中央政府主权，事实上却养成自己之潜势力。董卓卤莽无谋，弑天子、屠公卿、去洛阳、迁长安，终至败死。皇室威灵亦同归于尽。其同等之豪杰，互相吞噬，以扩张自己势力。同时出现之豪杰，其数异常之多，其势力亦各不相下，其于社会上之名望，亦不大相悬隔，欲以一人制服之，甚非易易。于是竞争数十年，而变为三国之世。

第一节　地方政府势力发达之原因

东汉自光武帝以来，鉴于西汉初年封建之弊，取中央集权主义。王国之幅员，大率以一郡为限，最大亦无过二郡以上者。地方最大之行政区域以郡为断，设太守都尉为其长官。郡以上虽有州，设刺史以监督行政，然刺史之位置，远在太守以下，其对于太守之关系，略如前明各省巡按御史之对于司道，只有监政权，初无行政权，不得谓为地方行政长官也。

灵帝之时，四方多故。凉州刺史耿鄙、并州刺史张懿，益州刺史郤俭等，相继为群盗所杀。太常刘焉建议，以为“四方兵寇，由刺史威轻，且用非其人所致，宜改置牧伯，选清名重臣以居其任”。朝廷从之，选列卿尚书为州牧，各以本秩居任，总揽一州之民政、财政、军政各大权，监督所属郡守国相及都尉。各州有时仍设刺史，然刺史之权亦渐重。对于所属守尉，俨有长官与属僚之别。州任之重自此始矣。

第二节　河北之形势　袁绍公孙瓒之冲突

其后袁绍以渤海举兵，率关东州郡讨董卓，朝廷命令不能达于山东，各州牧郡守皆有半独立之势。车驾西迁之后，关东诸将议以朝廷幼冲，逼于董卓，欲共立宗室幽州牧刘虞为主以从人望，虞力拒不受。已而绍用其客逄纪谋，逐韩馥，自领冀州牧，以沮授为奋武将军，监护诸将。田丰、审配、许攸、逄纪、荀谌为谋主，蚕食幽并诸郡，于是河北霸权，渐有入于绍之势。

是时袁术据南阳，与孙坚联合。朝廷以刘表为荆州刺史，徙治襄阳。南阳富庶甲天下，户口数百万，而术奢淫肆欲，征敛无度，百姓苦之，稍稍离散。降虏校尉公孙瓒屯右北平，与刘虞不睦。虞子和为侍中，帝使逃归，令虞以兵来迎。术留和，使以书与虞，虞遣骑诣和。公孙瓒亦遣其弟越以骑诣术，教术执和夺其兵，虞、瓒由是有隙。是时关东州郡，务相兼并以自强大，袁绍、袁术亦自相离二。术结公孙瓒，而绍连刘表。术遣孙坚击董卓未还，绍遣周昂袭夺坚阳城（县名，在今河南河洛道登封县东南）。坚还，击昂，走之，复南击刘表。与表部将黄祖战，为伏兵所狙射，没于阵，术军由是不振。

孙坚之击周昂也，袁术遣公孙越助坚，中流矢，没于阵。公孙瓒怒，出兵击袁绍。屯于磐河（故九河中之钩盘河，在今津海道东光县南），冀州诸城多弃绍从瓒。绍自将拒瓒于界桥（在今河北大名道，即故广平府威县北），大败之，乘胜略取山东半岛东部。表其子谭为青州刺史，于是山东东部北部皆入于绍。瓒与刘、虞积不相能，筑小城于蓟城东南以居，虞恐其终为乱，率兵十万讨之。时瓒部曲放散在外，仓促掘城欲走。虞兵无部伍，不习战，又爱民庐舍，不听焚烧，攻围不下。瓒乃简募锐士数百人，因风纵火，直冲之，大破虞兵，执虞杀之，于是幽州属部皆入于瓒。

孙坚死后，袁术为刘表所逼，弃南阳，引兵北向，进屯封丘（县名，属河北道），为曹操所破，走寿春，逐扬州刺史陈瑀，自领州事，于是江北淮南诸郡皆入于术。

第三节 河南山东江北之形势 曹操之势力扩张 吕布袁术之破灭

是时曹操已据兖州，占领山东西部，曹操者，沛国谯（今安徽淮泗道亳县）人，字孟德，小字阿瞒。其父嵩，为中常侍曹腾养子，莫能审其生出始末，或云夏侯氏子也。操少机警，有权数，而任侠放荡，不治行业，时人未之奇也。唯桥玄及何颙异焉，玄谓操曰："天下将乱，非命世之才不能济也。能安之者，其在君乎？"颙见操叹曰："汉家将亡，安天下者必是人也。"时汝南许劭与从兄靖，有高名，好核论乡党人物，每月辄更其品题，故汝南俗有月旦评焉。操往造劭，问之曰："我何如人？"劭鄙其为人，不答，操劫之。劭曰："子治世之能臣，乱世之奸雄。"操喜而去。后举孝廉为郎，以骑都尉助皇甫嵩、朱俊讨黄巾有功，迁济南相，灵帝置西园八校尉，拜操典军校尉。董卓之乱，操变易姓名，间行东归，至陈留，散家财，募士卒，与袁绍等共起兵讨卓。荥阳之败，操马中创，从弟洪以马授操，仅而获免。说绍等进兵，绍不听，操乃还屯河内。已而绍与韩馥构衅，袭据冀州，诸将皆散归本郡。操知绍不足与有为，乃移军东郡，绍因表操为东郡太守。会黄巾余党寇兖州，杀刺史刘岱，操引兵入据兖州，自称刺史，击贼众，悉破降之，得卒三十余万，收其精锐号青州兵。于是操士马精强，雄于东方。

是时操父嵩避乱在琅玡，操遣使迎之。徐州牧陶谦别将守阴平（县名，故城在今江苏徐海道即故海州沭阳县西北六十里），利嵩资财，掩袭嵩于华费（二县名，在今济宁道即故沂州府费县境内）间，杀之。操大怒，引兵击谦，攻拔十余城，皆屠之，坑杀男女数十万口于泗水，鸡犬亦尽，墟邑无复行人。谦走保郯（今江苏徐海道东海县），于是平原相刘备引兵救徐州，昭烈帝始出现矣。

备字玄德，涿郡涿县（今京兆涿县）人，汉景帝子中山靖王胜之后也。少孤贫，与母以贩履为业。有大志，少语言，喜怒不形于色，好交结诸豪侠。黄巾贼起，备合徒众，从校尉邹靖讨贼，有功，除安喜（县名，属中山郡）尉。督邮到县，求谒不通，遂直入，缚督邮，杖二百，以绶系其颈，遂亡去。后复以功除下密丞，迁高唐（今山东东临道高唐县）令，为贼所破，奔公孙瓒。备少与瓒同师事同郡卢植，情好甚笃，故往依之。瓒表为别部司马，使与部将田楷徇青州，有功，因表为平原相。备少与河东关羽、涿郡张飞相友善，以羽、飞为别部司马，分统部曲。备与二人寝则同床，食则同席，恩若兄弟。而稠人广坐，二人侍立终日，随备周旋，不避艰险。常山赵云为本郡将吏兵诣公孙瓒，备见而奇之，深相结纳，云遂从备至平原，为备主骑兵。曹操攻徐州，陶谦告急于田楷，楷与备救之，备遂归谦，谦表领豫州刺史，屯小沛（今江苏徐海道沛县属沛国，后汉沛国治相县而沛各自为城故称小以别之），与谦犄角。操攻破谦，所过残灭，还击破备于郯东。谦恐，欲走归丹阳，会陈留太守张邈举兵迎吕布以拒操，操乃还。

初，邈少时好游侠，袁绍及操皆与之善。及绍为盟主，有骄色，邈正议责绍，绍怒，使操杀之，操不听，而邈终不自安。操据兖州，邈隶其部下（后汉兖州统陈留、东郡、东平、任城、泰山、济北、山阳、济阴八郡），前九江太守边让素有才望，操以其讥议己而杀之，由是兖州士大夫皆怨惧。操部将陈宫刚直壮烈，内亦自疑，乃与邈弟超，共说邈迎布以拒操，邈从之，迎布为兖州牧。

初，布之出奔也，自武关走南阳，依袁术，术待之甚厚。布纵兵抄掠，术患之。布不自安，走河内，依太守张杨，至是布遂据濮阳（县名，故城在今东临道濮县，即故曹州府濮州城东二十里），兖州郡县皆应之，唯鄄城（县名，故城在今濮县）、范（今东临道，即故曹州府范县）、东阿（今东临道，印故泰安府东阿县）未下。操闻警，还救，攻布于濮阳。败绩，走鄄城，布屯定陶。次年，操攻拔定陶，布东走徐州，依刘备。张邈南走寿春，求救于袁术，留弟超守雍丘（今开封道杞县）。操攻拔雍丘，超自杀，邈在途中为其下所杀，兖州复为操所有。操以荀彧、荀攸、郭嘉为谋主，三人皆好谋能断，操宠信之，于是操部下号多士。中平以来，民弃农业，诸军并起，率乏粮谷，饥则寇掠，饱则弃余，瓦解流离无敌自破者不可胜数。羽林监枣祗请建置屯田，操从之。以祗为屯田都尉，任峻为典农中郎将，募民屯田许下，得谷百万斛。于是州郡例置田官，所在仓廪皆满，故操征伐四方，无运粮之劳。

是时陶谦已卒，遗命请刘备兼领徐州。袁术来攻，备使张飞守下邳，自将拒术于盱眙（今安徽淮泗道，即故泗州盱眙县）、淮阴（县名，故城在今江苏淮扬道淮安县城西四十里）。相持经月，互有胜负。术与吕布书，劝令袭下邳，许助以军粮。布引兵东下，张飞败走。布虏备妻子及将吏家口。备收余兵东取广陵，与术战，又败，饥饿困踧，请降于布。布亦忿术军粮不继，乃召备复以为豫州刺史，与并势击术，使屯小沛，布自称徐州牧。术畏布之强，为子求婚于布，布许之。术遣将纪灵等攻刘备，备求救于布，布救却之。备收散兵得万余人，屯小沛，布恶之，攻备。备败，走归许，曹操厚遇之，以为豫州牧。益其兵，给粮食，使东至沛，收散兵以图布。建安二年，术称帝，置百官，郊祀天地。告布，因求迎妇，布遣女随之。沛相陈珪恐徐扬合从，为难不已，乃说布追还绝婚，械送其使，枭首许市。操以布为左将军，术遣其大将张勋等攻布，布击破之。操因乘势东击术，术弃军，走渡淮，留其将桥蕤等拒操，操击斩之。

已而布复与术通，遣将高顺、张辽等攻备，破沛城，虏备妻子。备单身西走，操自将击布，至彭城，陈宫劝布逆击之，布不听。广陵太守陈登率郡兵为操先驱，进至下邳，布屡战皆败，还保城不敢出。操围下邳久，疲敝欲还，荀攸、郭嘉阻之。乃引沂泗水灌城，月余，布困迫请降，操斩之。于是淮北皆入于操。

袁术骄奢淫佚，媵御数百，无不兼罗纨，餍粱肉，而士卒冻馁，莫之简恤。既为操所败，资食空尽，不能自立，乃烧宫室，奔其部曲陈简，复为简所拒，士卒散走。忧懑不知所为，乃遣使归帝号于袁绍。绍子谭自青州迎术，欲从下邳北过，操遣刘备邀击破之。术还走寿春，发愤呕血死，妻子奔皖城（皖县，名故城在今安庆道怀宁县北）。于是淮南亦入于操，时献帝建安四年，西历纪元一九九年也。

第四节　袁曹之竞争　公孙瓒袁绍之破灭

是时袁绍已破公孙瓒，尽取河北州郡。朝廷以绍为大将军，兼督冀、青、幽、并四州，声势远在曹操以上。先是瓒既破刘虞，尽有幽州，恃其才力，不恤百姓。虞故从事鲜于辅等，率州兵欲报瓒。以燕国阎柔素有恩信，共推为乌桓司马，招诱胡汉，得数万人，与瓒所置渔阳太守邹丹战，斩之。乌桓峭王感虞恩德，亦率种人随辅，南迎虞子和，与绍将麴义合兵十万共攻瓒，瓒兵数败。于是代郡、广阳（郡名，本燕国故城，在今京兆良乡县东）、上谷、右北平，各杀瓒所置长吏，瓒徙镇易（今河北保定道雄县），为堑十重，筑京高十丈，为楼其上，以铁为门，专与姬妾居，疏远宾客，希复攻战。绍连年攻之，不能克，欲与释憾连和，瓒不答，而增修守备。绍于是大兴兵以攻瓒。先是瓒别将有为敌所围者，瓒不救，曰："救一人，使后将恃救不肯力战。"及绍来攻瓒南界，别营知不见救，或降或溃，绍军径至其门，为地道，穿其楼下烧之。瓒乃悉缢其姊妹妻子，然后引火自焚。于是河北州郡皆入于绍，始南向与曹操宣战矣。

初，车驾之幸安邑也，沮授劝绍勤王，绍不听。车驾幸许以后，曹操以诏书下绍，责以地广兵多，而不闻勤王之师，但擅相讨伐。绍上书陈愬，乃以绍为太尉，绍耻班在操下，辞不受。操惧，请以大将军让绍，而自为司空，行车骑将军事。绍每得诏书，患其有不便于己者，欲移天子自近，使说曹操以“许下卑湿，洛阳残破，宜徙都鄄城，以就全实”。操拒之。建安三年，操南击张绣，田丰说绍乘虚袭许，奉迎天子，绍不从。公孙瓒灭后，绍益骄。贡御稀简，简精兵十万，骑万匹，欲以攻许。许下诸将闻绍兵南下，皆惧。操曰：“吾知绍之为人，志大而智小，色厉而胆薄，忌克而少威，兵多而分画不明，将骄而政令不一。土地虽广，粮食虽丰，适足以为吾奉也。”遂进军黎阳，分兵守官渡（城津名，古鸿沟，在今开封道中牟县北十二里），经略河北。

先是吕布既平，刘备从曹操还许，操表以为左将军，待之甚厚。操专横无上，帝心不平，藏诏书于衣带中，授车骑将军董承，使图之。承乃与备密谋诛操。会操遣备邀袁术于下邳，破灭之。备遂杀徐州刺史，留关羽守下邳，身还小沛，郡县响应。备有众数万人，遣使与袁绍联和。会承谋泄，见杀。操自将东攻备，田丰说绍乘虚袭许，绍辞以子疾，不肯出兵。操遂击破备，备奔青州，投绍。操乃旋师屯官渡，于是绍始议攻许，田丰谏以形势不可，绍不从。自将屯黎阳（县名，故城在今河南河北道浚县东北），遣骁将颜良、文丑以锐师攻白马（县名，故城在今河北道即故卫辉府滑县治南），兵败，皆为操所杀。绍军阳武（县名，在今河北道），沮授说曰：“北兵虽众，而劲果不及南，南兵虽精，而资储不如北。南幸于急战，北利在缓师。宜徐持久，旷以日月。”绍不从，进营稍前，东西数十里。操亦分营与相当，遂合战，操军不胜。复还坚壁，操众少粮尽，士卒疲乏，乃与荀彧书，议欲还许。彧报书力言其不可，操乃坚壁持之。绍运谷车数千乘至官渡，操击烧之。许攸说绍遣兵袭许，以绝操后路，绍不听。会攸家犯法，审配收系之。攸怒，奔操军，说操以轻兵袭乌巢（地名，在今河北道，即故卫辉府延津县东南），焚烧绍辎重，杀其将淳于琼，绍军惊扰大溃。绍以八百骑走渡河，余众多降，操尽坑之，前后所杀凡七万余人。于是袁绍之势衰，曹操始无敌于天下矣。时献帝建安五年，西历纪元二百年也。

袁、曹之相拒也，汝南黄巾刘辟等举兵应绍，绍遣刘备将兵助辟，郡县多应之。操既破绍，乃还攻备，备兵败，奔荆州投刘表。操以绍兵新破，欲南击表，荀彧不可，操乃还军官渡。绍以兵败惭愤，发病呕血卒，审配逢纪奉其幼子尚嗣位。长子谭自青州来奔丧，闻尚已立，心不平，引兵屯黎阳，操攻破之。谭与尚争位内讧，谭兵败，请降于操。尚围谭于平原（今山东东临道平原县），操攻邺以救谭，尚还战，败走幽州，依其次兄幽州刺史熙。操遂入邺，自领冀州牧。谭复背操，操击斩之，遂取青州。幽州将吏焦触、张南等逐熙，以州降操，熙与尚俱奔乌桓。操遂进破并州，击斩其刺史高干（绍甥），复移兵攻乌桓，斩其单于蹋顿，熙、尚俱奔辽东。太守公孙康斩其首以献操，袁氏遂亡，冀、青、幽并四州皆为操所有。

第五节　南方之形势　曹操之南攻　张绣刘琮之降　孙刘之联合　赤壁之战

车驾之初至洛阳也，李傕、郭汜寇掠三辅，韩暹、杨奉寇掠扬徐间，李乐、胡才盘据河东河内，到处骚扰，颇为民患。刘备在沛，诱杨奉，诛之。暹与郭汜、胡才皆为人所杀，李乐病死。将军段煨等奉诏讨李傕，夷二族，于是董卓余党与故白波帅皆尽。独张济引兵自关中入荆州，攻穰城（南阳郡属县，故城在今汝阳道邓县东南二里），中流矢卒。族子绣代领其众，与刘表连合，屯宛，贾诩走往依之，为之谋主。曹操击绣，军于清水。绣举众降。操纳济妻，绣恨之，袭败操军，杀操长子昂。已而操复击绣，围绣于穰。刘表遣兵救绣，操击败之。会田丰劝袁绍袭许，操闻之，大惊，解围而还。袁、曹相拒于黎阳，绍遣人招绣，并与贾诩书结好，绣欲许之。诩以操挟天子，令诸侯，有必胜之势，力劝绣从操，绣乃率众诣许降，于是自宛以北皆入于操。

刘表爱民养士，从容自保，境内无事，学士归之者以千数。攻长沙（今湖南长沙道）、零陵、桂阳（二郡，今湖南衡阳道），皆下之，地方数千里，带甲十余万，不供职贡，郊祀天地，居处服用，僭拟乘舆。曹操东征北伐，表坐镇江汉，不与之争。刘备奔荆州后，表以上宾之礼待之，益其兵，使屯新野。（今河南汝阳道新野县）操与袁氏相持于河上，备劝表袭许，表不能从。河北平后，曹操屯邺，作玄武池以肄舟师，豫备经略东南。建安十三年，南击表。会表已卒，后妻蔡氏立其幼子琮嗣位。操军至新野，琮举州降操。时备屯樊（在今湖北襄阳县北），琮降，不以告备。操军至宛，备始觉之，大惊。或劝备攻琮，袭取荆州，备不忍，率其众南下，荆州人多归之。别遣关羽乘船会江陵（今湖北荆南道江陵县），操以江陵有军实，恐备据之，乃释辎重，将精兵急追之。及于当阳之长坂（在今湖北襄阳道，即故安陆府当阳县北百一十五里），备弃妻子走，与关羽船会，得济沔。会刘表长子江夏太守琦率师来迎，乃与俱至夏口。

初，琅玡诸葛亮，寓居襄阳隆中（山名，在今湖北襄阳道襄阳县西二十里），每自比管仲、乐毅，时人莫之许也，惟颍川徐庶、崔州平然之。刘备访士于襄阳司马徽，徽举亮与襄阳庞统。徐庶亦力荐亮于备，备由是诣亮，凡三往乃见。谘以时事，亮曰："今曹操已拥百万之众，挟天子而令诸侯，此诚不可与争锋。孙权据有江东，已历三世，国险而民附，贤能为之用，此可与为援，而不可图也。荆州北据汉沔，利尽南海，东连吴会，西通巴蜀，此用武之国，而其主不能守，此殆天所以资将军也。益州险塞，沃野千里，天府之土，刘璋暗弱。张鲁在北，民殷国富，而不知存恤，知能之士，思得明君。将军既帝室之胄，信义著于四海，若跨有荆益，保其岩阻，西和诸戎，南抚夷越，外结孙权，内修政理，天下有变，则命一上将，将荆州之军以向宛洛，将军身率益州之众出于秦川，百姓孰敢不箪食壶浆以迎将军者乎？诚如是，则霸业可成，汉室可兴矣。"备大喜，于是与亮情好日密。至是亮说备求救于孙权，备从之。以亮为使，说权共拒曹操。

初，孙坚娶钱塘吴氏，生四男策、权、翊、匡，及一女。坚从军于外，留家寿春（今安徽淮泗道寿县）。策年十余岁，已交结知名。舒人周瑜英达夙成，与策同年交好。坚死，策年十七，还葬曲阿（今金陵道，即故镇江府丹阳县），结纳豪俊，有复仇之志。袁术上策舅吴景领丹阳太守，从兄贲为都尉，策携家往依之。术表策为怀义校尉，以坚余兵千余人还策。扬州刺史刘繇逐景贲，景贲退屯历阳（今安徽安庆道和县）。坚旧将丹阳朱治见术政德不立，劝策归取江东，策从之。厨瑜助以资粮，渡江转斗，所向皆破。攻刘繇于曲阿，繇兵败，奔豫章（今江西豫章道）。策南攻吴郡（今江苏苏常道故苏州府）、会稽（今浙江会稽道），皆下之。繇卒，策徇庐江（今安徽安庆道故庐州府）、豫章，皆下之，尽取江南诸郡。建安五年，袁、曹相持于河上，策欲乘虚袭许，为盗所刺，创发而卒。弟权代领其众。权知人善任，礼张昭、张纮等为上宾，以周瑜、鲁肃等为大将，江东悦服。河北平后，曹操下书，责权任子，权不受命。刘表以黄祖为江夏太守，权报父仇，袭破斩之。表以长子埼为江夏太守，代祖。表卒，鲁肃说权，与刘备联合，共拒曹操。权遣肃使荆州，比至南郡而琮已降，肃遂迎备于当阳长坂。宣权旨，致殷勤之意，备甚悦，遣诸葛亮与肃诣权，见于柴桑（县名，故城在今江西浔阳道九江县），说以联合拒操之利，权大悦，选精兵三万人，以周瑜、程普为左右督，与备并力逆操，遇于赤壁（山名，在今湖北江汉道嘉鱼县东北江滨）。时操军已有疾疫，初一交战，操军不利，引次江北。瑜等在南岸，部将黄盖取蒙冲斗舰十艘，载燥荻枯柴，灌油其中，裹以帷幕，上建旌旗，豫备走舸，系于其尾。先以书遗操，诈云欲降。时东南风急，盖以十舰最著前，中江举帆，余船以次俱进。去北军二里余，同时发火，火烈风猛，船往如箭，烧尽北船。延及岸上营落，烟焰涨天，人马烧溺死者甚众。瑜等率轻锐继其后，北军大坏，刘备与瑜水陆并进，追至南郡，操军死者大半，乃引军北还。备表刘琦为荆州刺史，引兵南徇武陵（今湖南武陵道）、长沙、桂阳、零陵、诸郡，皆下之。以诸葛亮为军师中郎将，督诸郡赋税以充军实。琦寻卒，权表备为荆州牧，分南岸地给备，以妹妻之。于是孙、刘攻守同盟之局成，东南之势强，曹操势始弱矣。

第六节　关中之形势　韩马诸将之变

董卓之初入关也，说韩遂、马腾共图山东。遂、腾率众诣长安，会卓死，李傕等皆以为将军。傕等专横，腾以兵讨之，不克，还屯凉州。车驾东迁之后，曹操用荀彧策，命侍中钟繇守司隶校尉，持节督关中诸军以安辑之。繇至长安，移书腾、遂等，为陈祸福，腾、遂各遣子入侍。袁、曹相争，关中诸将多中立观望。操用卫觊策，复治盐官，以其值益市耕牛以供归民，徙司隶校尉治弘农以监督之。由是诸将日削，郡县日强。河北平后，征马腾为卫尉，以其子超为偏将军，代领其众。建安十六年，操遣钟繇击张鲁，马超、韩遂等疑为袭己，与侯选、程银、杨秋、李堪、张横、梁兴、成宜、马玩等凡十部，共举兵拒操，其众十万，屯潼关。操自将击之，自潼关北渡河，为超击破，几为所虏。已而操自蒲阪渡西河，循河为甬道而南，超等退拒渭口。操乃纵反间计，离间超、遂，因乘隙大破其兵，斩成宜、李堪等，超、遂奔凉州。操留夏侯渊屯长安。逾年，超复率羌胡击陇上诸郡，尽取之。拔冀城，杀凉州刺史韦康。凉州参军杨阜与抚夷将军姜叙，起兵击超。超兵败，奔汉中。次年，复以张鲁兵围祁山（在今渭川道即故巩昌府西和县北七里山上有城，极为险固），夏侯渊击破之。因乘势袭韩遂于显亲（县名，故城在今甘肃渭川道天水县东南），遂兵败走死。于是雍、凉二州皆入于操，遂谋经略汉中。

第七节　西南之形势　刘备取益州 刘备孙权分荆州　曹操取汉中

先是灵帝末年，以太常刘焉为益州牧。焉见王室多故，阴图异计。巴郡张修以妖术疗病，令病家出五斗米，聚众寇掠郡县，时人谓之米贼。沛人张鲁，自祖父陵以来客蜀，世奉五斗米道。焉以鲁为督义司马，将兵掩杀汉中太守，断绝斜谷阁，诛杀州中豪强，及太守校尉，作乘舆车具千余乘。时焉子璋从帝在长安，帝使喻焉，焉留不遣。献帝兴平元年，焉卒，州大吏赵韪等贪璋温仁，共上以为刺史，诏以为益州牧。张鲁以璋暗懦，不复承顺，遂据汉中，复袭取巴郡。朝廷力不能讨，遂就宠鲁为镇南中郎将，领汉宁（分汉中以置，故城在今汉中道汉阴县西二十四里）太守，通贡献而已。

曹操之南征也，璋遣别驾张松致敬于操。松为人短小放荡，操已定荆州，不存录松，松怨之，归劝璋绝操，与刘备相结。璋使军议校尉法正使荆州，正以备有雄略，归说松，密谋奉戴以为州主。会操遣钟繇向汉中，璋惧，松因说璋迎备以拒操，璋从之。遣正迎备，正至荆州，阴说备取益州。备留诸葛亮、关羽等守荆州，自将步卒数万而西，至涪城（今东川道涪陵县，即故涪州），璋往会之。增备兵，厚加资给，使击张鲁。备北至葭萌（县名，今嘉陵道，即故保宁府广元昭化二县地），厚树恩德以收众心。

已而备袭据涪城，杀璋将杨怀、高沛。益州从事郑度说璋，尽驱巴西（今嘉陵道故保宁府）、梓潼（今西川道，即故绵州梓潼县）民纳涪水以西，焚烧野谷，深沟高垒以困备。璋不能用，遣其将吴懿、李严、费观等拒备，兵败，皆降。备进围雒城（今西川道广汉县，即故成都府汉州），守将张任败死。诸葛亮留关羽守荆州，与张飞、赵云将兵溯江而上，克巴东（今东川道故夔州府）、巴郡（今东川道故重庆府），获太守严颜。进克江阳（今永宁道故泸州）、犍为（今永宁道故叙州府，今建昌道故嘉定府）、巴西等郡，雒城溃。备进围成都。马超知张鲁不足与计事，亦来请降，备令引军屯城北，城中震怖，璋开城降。备入成都，自领益州牧，以诸葛亮为军师将军。时董和、黄权、李严等，本璋所任用；吴懿、费观，璋之姻亲；彭羕，璋所摈弃；刘巴，素昔所忌恨；备皆处之显任，尽其器能。有志之士，无不竞劝，益州之民是以大和。孙权乘备西征之隙，遣使来求荆州，于是孙、刘之交涉起矣。

先是备在荆州，周瑜等数劝权取蜀，备力阻之。周瑜卒后，权以鲁肃为奋武校尉，代总其兵。备西攻益州，留关羽守江陵，与肃数生疑贰。益州定后，权令诸葛瑾从备求荆州，备不与。权遣吕蒙攻长沙、零陵、桂阳三郡，下之。备自至公安（今湖北荆南道公安县），遣羽争三郡。会闻曹操将攻汉中，备乃求和于权，分荆州。以湘水为界，长沙、江夏、桂阳，以东属权，南郡、零陵、武陵，以西属备。备使羽守江陵，权使肃屯陆口（陆水入江之口，在今湖北江汉道蒲圻县界）以镇抚之。于是均势之局成，三分之界定矣。

曹操闻备已取益州，乃自将经略汉中以图张鲁。至阳平（关名，在今汉中道褒城县西百八十里），鲁欲降，其弟卫不肯，率众拒关坚守。操攻阳平诸屯，不克。军食且尽，意沮欲还。会前军夜迷，误入张卫别营，卫军惊溃，鲁奔南山，即巴山山脉入巴中，操遂入南郑。遣使招鲁，鲁降，汉中平。于是司隶、豫、冀、兖、青、徐、幽、并、雍、凉十州及荆、扬、益三州北境皆入于操。有天下三分之二，始谋篡位矣。

第八节　曹操之专横　耿韦之举义

操自河北平后，罢三公官，自为丞相。荆州平后，以其子丕为五官中郎将，为丞相副。关中平后，赞拜不名，入朝不趋，剑履上殿。以冀州十郡自立为魏公，加九锡，建宗庙社稷于其国。置尚书侍中六卿，纳其三女宪、节、华为贵人以监视帝。时董承女亦为贵人，操诛承，求贵人杀之。伏后惧，与父完书，令密图操。事泄，操收后下暴室死，鸩杀后所生之皇子二人，后兄弟宗族坐死者百余人。立节为皇后。汉中平后，操自进爵为王，用天子车服，出入警跸，立子丕为王太子。先后杀汉直臣大中大夫孔融、尚书崔琰等，群臣侧目。会刘备进兵汉中，操发兵南下。京兆金祎者，故相金日磾之后，自以世为汉臣，乃发愤与少府耿纪、司直韦晃、太医令吉本等，共起兵于许，讨操，兵败，皆死。于是操益肆无忌惮，公然谋禅代矣。

第九节　刘备取汉中关羽之败没孙刘之分离与孙曹之联合

汉中之初下也，主簿司马懿说操攻刘备，操不从，留夏侯渊等守汉中而还。张鲁之走巴中也，黄权说备遣兵迎鲁，会鲁已降操。操遣张郃徇三巴，备使巴西太守张飞迎击败之，郃走还。法正说备进兵经略汉中，操遣曹洪拒之。备使讨虏将军黄忠击斩渊于定军山（在今汉中道沔县东南十余里），操兵瓦解。操自将出斜谷以拒备，赵云逆击其兵，败之，操引还。备遂取汉中，复遣刘封、孟达等攻拔房陵（郡名，今襄阳道房县等地）、上庸（郡名，今襄阳道竹山县等地），于是汉水上流流域皆入于备。

是时关羽自江陵举兵北伐，大破操兵。擒其将于禁，杀其将庞德，克襄阳，围樊城，自许以南，往往遥应羽，羽威震华夏。操议徙许都以避其锐。司马懿、蒋济劝操联络孙权，令权起兵蹑羽后，许割江南以封权。权诱于利，从之。于是吴、蜀之国交离，吴、魏之国交合。孙、刘攻守同盟瓦解，西南形势始不振矣。

初，鲁肃镇陆口，常劝权以"曹操尚存，宜且抚辑关羽，与以同仇"。权从之。肃卒，权以吕蒙代镇陆口。蒙以羽骁雄，有兼并之心，且居上流，其势难久，乃密劝权图羽。羽率师北伐，留南郡太守麋芳守江陵、将军傅士仁守公安，各率重兵以当蒙。蒙乃诈称疾笃，权露檄召蒙还，以陆逊代镇陆口。逊至镇为书与羽，称其功美，深自谦抑。羽意大安，稍撤兵以赴樊。逊具启形状，权以蒙为大督，率师袭江陵。芳、仁皆降，蒙入江陵，得羽及将士家属，皆抚慰之。曹操自将救樊，军摩陂（地名，在今河洛道临汝县，即故汝州），使徐晃击羽，破之。羽撤围走还，羽军士知家门无恙，皆无斗志。权自至江陵，诸郡皆降。羽西走，兵皆解散。权将马忠获羽及其子平于章乡（在今湖北当阳县东北），杀之。于是荆州皆入于权。逾年，将军孟达以上庸、房陵等郡叛降于魏，魏与权联合，共拒益州。西南形势孤危，昭烈匡王之志，自此不能振矣。

第十节　孙权取岭南　曹丕之篡

先是士燮为交趾太守，表其三弟领合浦、九真、南海太守。燮体器宽厚，中国士人多往依之，雄长一州。交州刺史张津为其下所杀，孙权表其将步骘为交州刺史以镇抚之。燮率兄弟奉承节度，由是岭南服于权。关羽没后，权尽取荆州。于是西江流域，及扬子江中流下流流域，皆为权所有。曹操表权为骠骑将军，假节，领荆州牧。封南昌（今江西豫章道南昌县）侯。权上书称臣于操，称说天命。尚书陈群等皆逢迎劝进，操曰："若天命在吾，吾为周文王矣。"次年，操卒。子丕立，废帝为山阳（县名，故城在今河南河北道修武县）公，自称皇帝，是为魏文帝。东汉由是遂亡。时献帝建安二十五年，西历纪元二二〇年也。

第二章　三国之分离及其合并

第一节　昭烈之绍统　猇亭之战

先是刘备既克汉中，诸葛亮等奉备为汉中王。曹丕篡后，蜀中传言帝已遇害，群臣劝进，王乃即位，是为昭烈帝。改元章武，以亮为丞相，任以国政。

帝耻关羽之没，自将伐孙权。将军赵云等谏，不听；权遣使求和，不许。权以陆逊为大都督，督朱然等五万人拒守。遣使称臣于魏，魏封权为吴王。帝进军猇亭（属夷道县，在今荆南道宜都县），白巫峡建平（郡名，治巫县，即今东川道巫山县），连营至夷陵（今荆南道宜昌县）界，立数十屯。自正月与吴相拒，至六月不决。逊令部下各持一把茅，以火夹攻，破四十余营，诸军大溃。帝奔还白帝城（即永安县，故城在今东川道奉节县，即故夔州府城东北赤甲山上），舟械军资略尽，将军傅彤、从事祭酒程畿等皆死之。帝愤惋成疾，次年，崩于永安。丞相亮受遗诏辅政，太子禅即位，是为后主。

第二节　魏主丕之南侵　吴魏之分离与吴蜀之复合

先是赤壁战后，曹操留张辽等守合肥，孙权屡自将攻之，不克。权乃夹濡须水口立坞（一名东兴堤，亦名偃月城，状如偃月，在今安庆道巢县东南四十里，其水源出巢湖，在巢县西十五里东北流入江），与之相拒。操屡自将攻之，亦不克。关羽之围樊城也，权上书于操，请讨羽自效，且乞不漏使羽有备，操不从，敕徐晃以权书射著围里及羽屯中。荆州陷后，羽撤围走还，曹仁欲追之，部将赵俨曰："权、羽连兵，恐我承其两疲，故顺辞求效耳。今羽已孤迸，更宜存之以为权害。"操敕仁从其策。关羽没后，权劝进于操，操以示外曰："是儿欲踞著吾炉火上耶。"不应。昭烈之东征也，权称臣于魏，朝臣皆贺。刘晔独曰："权无故求降，必有内急。恐中国往承其衅，故委地求降。一以却中国之兵，二假中国之援，以强其众，而疑敌人耳，宜大兴师径渡江袭之。"魏主丕不听。猇亭败后，昭烈还白帝城。吴徐盛等请进攻，陆逊恐魏乘虚南侵，不许。魏主丕遣使责吴任子，不至。丕怒，乃命将军曹休、曹仁、曹真等，分三路南攻。权卑辞上书乞和，不听，权乃临江拒守。丕自将击之，不利，引还。是时昭烈帝驻跸永安，吴人惧其复东征，遣使请和，许之。遣太中大夫宗玮报聘。昭烈帝崩后，丞相亮遣尚书邓芝使吴，吴使张温来报聘。于是吴、魏之国交离，吴、蜀之国交复合，魏主丕怒，复两次自将击吴，皆不利，引还。后主建兴四年，丕殂，太子睿立，是为魏明帝。吴王权乘丧北伐，使诸葛瑾攻襄阳，自将围江夏，皆不克，引还。自此吴、魏交恶。

第三节 诸葛亮之南征

蜀自赤壁之战以后，国势骤张。昭烈帝由益州北上，克汉中；关羽由荆州北上，取襄阳。曹操奔走御敌不暇，形势与诸葛亮隆中计划相符合。孙权若明大义，遣将率一旅之师，渡江由淮南北伐，与蜀策应，东西大举以讨操，操虽强亦几有左支右绌之势。吕蒙佥人，见利忘义，袭荆州、杀关羽，为虎作伥，使曹氏坐大。昭烈帝东征，败于秭归，赍志以殁，西南形势自此不振，隆中计划归于失败。汉室之亡，孙权与有力焉。其与曹操所处之地位不同，而其为国贼则同也。昭烈帝崩后，诸葛亮秉政，锐意经营伐魏。是时越嶲叟帅高定、益州耆帅雍闿，各杀其太守以叛。牂牁郡丞朱褒，权太守事，亦与之联合，南中大乱。亮以新遭大丧，抚而不讨。务农殖谷，闭关息民，民安食足而后用之。建兴三年，自将南征，所向皆捷，斩雍闿等。闿郡人孟获素为夷汉所服，收余众拒亮，亮募生致之。既得，使观于营阵间。纵使更战，凡七纵七擒，而亮犹遣获，获止不去，曰："公天威也，南人不复反矣。"遂入滇池。益州、永昌、牂牁、越嶲四郡皆平，亮即其渠率而用之，悉收其俊杰孟获等以为官属，出其金银、丹漆、耕牛、战马以给军国之用。终亮之世，夷不复反。

第四节　诸葛亮之北伐

南中既平，亮乃经营北伐。建兴五年，率诸军出屯汉中。使长史张裔、参军蒋琬，统留府事。临发，上疏，殷殷以格君心复国仇为念。是年冬，孟达以新城（即上庸房陵西城三郡故地）来降，亮遂乘机伐魏。是时夏侯渊子楙（音茂）都督关中，怯而无谋。丞相司马魏延请以精兵五千，负粮五千，从褒中（今汉中道褒城县）出循秦岭而东，当了午（谷名，于北午南取谷中道通南北之义，在汉中道洋县东百六十里长安县城南百里并通褒斜大路）而北，径袭长安。亮以此为危计，不如安从坦道，可以平取陇右，十全必克而无虞，故不用延计，扬声由斜谷（汉中郡西北，有斜谷路险不容行，架木为阁道而度百五十里，有栈阁二千九百八十九间板阁二千八百九十二间，在今汉中道褒城县北）取郿（县名，旧属凤翔府今属关中道）。魏使大将军曹真，督诸军军郿以拒之。亮乃率大军攻祁山（在今甘肃渭川道西和县北七里），戎阵整齐，号令明肃。天水（今渭川道故秦州）、南安（郡名，今兰山道故巩昌府）、安定（郡名，今泾原道故平凉府镇原县等地）三郡皆降，关中响震。魏主睿如长安，使右将军张郃率师五万拒亮。亮使参军马谡督诸军与郃战于街亭（山名，即街泉亭，在今渭川道秦安县东北）。谡违亮节度，举措烦扰，舍水上山，不下据城。郃绝其汲道，击大破之。亮乃拔西县千余家还汉中。魏司马懿袭陷新城，杀孟达，汉兵无功而还。亮上疏请自贬二等，诏以右将军行丞相事。亮乃考微劳，甄壮烈，引咎责躬，布所失于天下，厉兵讲武以为后图。戎士简练，民忘其败。时建兴六年，西历纪元二二八年也。

是年夏，吴使鄱阳（郡名，故城在今江西浔阳道鄱阳县北）太守周鲂，诈以郡降魏。魏扬州牧曹休率师十万向皖城以应之。吴陆逊逆战于石亭（在今安庆道潜山县东北），大破其兵，休走还。亮闻休败，魏兵东下，关中虚弱，复举兵伐魏，出散关（在今关中道宝鸡县西南），围陈仓（县名，故城在今宝鸡县东二十里）。魏将郝昭固守，亮粮尽，引还。魏将王双来追，亮击斩之。七年春，复伐魏，拔武都（郡名，今渭川道故阶州）、阴平（郡名，今渭川道故阶州文县等地），复拜丞相。是年，吴王权称皇帝，是为吴大帝，遣使来告。诏遣卫尉陈震使吴，与权盟，约中分天下。八年秋，魏曹真寇汉中。亮次于城固（今关中道城固县）、赤坂（在今汉中道洋县龙亭山东）以待之。会天大雨三十余日，栈道断绝，真未至汉中而还。九年春，亮伐魏，围祁山。魏大将军司马懿督军拒守。亮大破其兵于卤城（在今渭川道天水县西），会粮尽引还。懿遣张郃追之，至木门（地名在今天水县西南九十里），为亮伏兵所败，中弩而卒。

亮以累次用兵，皆阻于粮运，使己不得竟其志，乃劝农讲武，作木牛流马，运米集斜谷口。息民休士，三年而后用之。建兴十二年，悉众十万，由斜谷北伐，军于渭水之南。司马懿方屯渭北，亦引军渡渭而南，背水为垒以拒汉兵。郭淮曰："亮若跨渭登五丈原（在今陕西关中道郿县西三十里），连兵北山，隔绝陇道，摇荡民夷，非国之利也。"懿乃使淮先据北原，堑垒未成，汉兵大至，于是五丈原遂为汉有。自长安以西、渭水以南诸郡县皆入于汉。亮以前者数出，皆因馈饷不继，使己志不伸，乃分兵屯田，为久驻之计。耕者杂于渭滨居民之间，而百姓安堵，军无私焉。懿惩于卤城之挫，一意坚守，不敢出战。汉兵数挑战，懿终不出，乃遗以巾帼妇人之服以辱之，懿怡然受之，不以为忤。是时亮已寝疾，常遣使者至懿军。懿问其寝食，及事之烦简。使者曰："诸葛公夙兴夜寐，罚二十以上，皆亲览焉。所啖食，不至数升。"懿告人曰："孔明食少事烦，其能久乎！"是年八月，亮薨于军。长史杨仪整军而出，百姓奔告懿，懿追之。仪反旗鸣鼓，若将向懿者，懿不敢逼。于是仪结阵而去，入谷然后发丧。朝廷遵亮遗嘱，以蒋琬为尚书令，总统国事。时新丧元帅，远近危悚。琬拔处群僚之右，既无戚容，又无喜色，神守举止，有如平日，由是众望渐服。寻诏以琬为大将军，录尚书事；费祎为尚书令。时军国多事，祎省读书记，举目暂视，已究其意，终亦不忘。二人协心辅政，凡事一遵亮遗规，蜀境称治。

第五节　公孙氏之破灭　魏取辽东

是时魏主睿在位已久，日渐流于奢侈。修洛阳宫；起昭阳、太极殿；筑总章观，力役不已，农桑失业。又耽于内宠，自贵人以下，至掖庭洒扫凡数千人。司空陈群、廷尉高柔、少府杨阜等屡谏，不听。诸葛亮卒后，汉廷取保守主义，对于魏境久不出兵。西南无警，魏乃转锋东北下，经略辽东。先是献帝初年，公孙度为辽东太守，东伐高句骊，西击乌桓，越海收东莱诸县，置营州刺史，自立为辽东侯、平州牧。建安九年，度卒，子康嗣。十二年，曹操征破乌桓，袁熙、袁尚奔辽东，康斩之以献于操。操表康为左将军、封襄平侯。康卒，子晃、渊皆幼，弟恭嗣。魏王丕篡立后，拜恭为车骑将军，封平郭侯。恭劣弱不任事。建兴六年，渊胁夺恭位。魏主睿拜渊扬烈将军、辽东太守。渊阴怀异志，数与吴通。魏主睿使汝南太守田豫督青州诸军自海道、幽州刺史王雄自陆道击之，不克。建兴十一年，渊遣使奉表称臣于吴，结为外援。吴主权遣太常张弥、执金吾许晏等将兵万人，金宝珍货九锡备物，乘海授渊，封为燕王。渊知吴远难恃，乃斩张弥等首，传送于魏。魏拜渊大司马，封乐浪公。使者至，渊陈兵出见，又数对国中宾客出恶言。魏遣幽州刺史毋丘俭击之，不利，引还。渊因自立为燕王，诱鲜卑以扰北方。延熙元年，魏遣太尉司马懿将兵四万击之。渊使其将卑衍、杨祚等，将步骑数万拒辽隧（故城在今辽沈道海城县西六十里）。懿多张旗帜，欲出其南，而潜济水出其北，直趋襄平（县名，辽东郡治渊所都也，今辽沈道辽阳县）。衍等惊恐，引兵还，懿击破之。进围襄平，城溃。渊将余骑突围走，懿追斩之，辽东平。辽东、玄菟、乐浪、带方四郡皆入于魏。

第六节　司马懿之专横　曹爽王凌之死

是年十二月，魏主睿寝疾，以叔父燕王宇为大将军，与夏侯献、曹爽、曹肇、秦朗等辅政。先是魏太祖当国，以刘放、孙资为秘书郎。文帝更命秘书曰中书，以放为监，资为令，遂掌机密。睿即位后，二人尤见宠任，每大事，朝臣会议，常令决其是非，于是政府实权入于二人之手。献、肇等心不平，至是献、肇同时入政府，放、资惧，阴图间之。宇性恭良，陈诚固辞，放资因力劝睿免宇等官，以爽为大将军，召司马懿还朝辅政。延熙二年，睿殂，太子芳立，年甫八岁。爽、懿并加侍中，都督中外诸军，录尚书事。爽以懿年位素高，常父事之，每事谘访，不敢专行。其党何晏、丁谧等欲令爽专政权，谋白转懿为太傅，而以爽弟羲、训等皆为将军，握兵柄。延熙七年，其党李胜、邓飏欲爽立威名于天下，劝使伐蜀，发关中兵十余万寇汉中。前监军王平据关守险拒之，爽兵败，引还，失亡甚众，关中为之虚耗。爽用何晏等谋，迁太后郭氏于永宁宫，擅朝政，多树亲党，懿不能禁，遂称疾不与政事。爽骄奢无度，饮食衣服拟于乘舆。延熙十二年（魏主芳嘉平元年）正月，魏主芳谒高平陵（魏明帝陵），爽与弟羲、训、彦皆从。懿与其子师、昭谋，以皇太后令，闭诸城门，勒兵据武库。奏“爽背弃顾命，败乱国典，僭拟专权，有无君之心，请罢爽兄弟吏兵，以候就第。”爽得奏，迫窘不知所为。大司农桓范劝爽以天子诣许昌，发四方兵自辅，爽不听，奉芳还宫。懿收爽兄弟及何晏、邓飏、丁谧、毕轨、李胜、桓范等，皆杀之，夷三族。于是大权尽入于懿。扬州都督王凌与其甥兖州刺史令狐愚并典重兵，专淮南任，阴谋以魏主幼弱，制于强臣。武帝子楚王彪有智勇，欲共立之，迎都许昌。会愚病卒，黄华代为兖州刺史，密以其谋告懿。延熙十四年，懿袭凌，杀之，诸相连者悉夷三族。复杀彪，幽诸王公于邺。是年八月，懿卒，其子师自为抚军大将军，录尚书事，代总国政。

第七节　东兴之役　诸葛恪之死

是时吴主权年渐高，听信谗言，数以喜怒废杀太子。辅吴将军张昭、丞相顾雍、大将军诸葛瑾、丞相陆逊、步陟、大司马朱然、全琮等，相继逝世。老成凋谢，后起无人。延熙十四年（吴大帝元年），权疾笃，以瑾子恪为大将军，辅政。次年，权殂，太子亮立。以恪为太傅，总统国事。恪修东兴堤（即濡须坞），左右结山，夹筑两城，使全端留略守之。魏司马师遣胡遵、诸葛诞将兵攻东兴，恪使将军丁奉、吕据救之，大破魏兵。遂欲乘隙伐魏，群臣固谏，不听。自将大军围新城（合肥新城也，即合肥县谢步镇），不利，引还，失亡甚众，吴民怨叹。恪为人刚愎自用，既还建业，益治威严，多所罪责。侍中孙峻因民怨众嫌，谮恪谋反，伏兵杀之，夷三族，自为丞相、大将军，都督中外诸军事，于是大权归于峻。

第八节 司马师昭之专横 曹芳曹髦之废弑 毌丘俭文钦诸葛诞之举义

当是时魏司马师专政已久。魏主芳年长，渐不能平。太常夏侯玄，故曹爽亲故，光禄大夫张缉，芳后父，皆与师不平，而与中书令李丰亲善。芳数独召丰语。师知其议己，诘之，不以实告，师怒，杀丰。遂收玄、缉，皆夷三族。废皇后张氏。以太后令废芳为齐王，迎立文帝孙、东海定王霖子、高贵乡公髦，时年十四。时延熙十七年，魏主髦正元元年也。

次年正月，扬州都督毌丘俭、刺史文钦，起兵寿春，移檄州郡，讨师，师自将击之。次于南顿（县名，故城在今开封道项城县西），深沟高垒不与战。吴孙峻将兵袭寿春，俭、钦进不得斗，退恐寿春见袭，计穷不知所为。将士家皆在北，降者相属，寿春溃。钦奔吴，俭走慎县（故城在今淮泗道颍上县西北），为人所杀，淮南平。是岁，师卒，弟昭自为大将军，录尚书事。

淮南之初定也，司马师以诸葛诞为镇东大将军，都督扬州诸军事，镇寿春。诞素与夏侯玄等友善，玄等死，毌丘俭、文钦相继诛灭，诞内不自安。乃倾帑赈施，曲赦有罪，以收众心。养轻侠数千人为死士。司马昭初秉政，长史贾充以慰劳四征为名，至淮南，见诞论时事，因讽以禅代之事，诞严辞拒绝。充还洛阳，劝昭征诞。诞益疑惧，延熙二十年，起兵寿春，讨昭。惩于毌丘俭之败，使少子靓为质于吴，称臣求救，结为后援。昭挟其主髦及太后为质，自将击之。败吴救兵，遂围寿春。逾年，粮尽，城破，诞与麾下数百人同时死难。

自此以后，昭专横滋甚，髦不胜其忿。景耀三年，亲率殿中宿卫讨昭。昭使贾充率师与髦战于南阙下，嗾其党成济弑髦，迎立燕王宇子常道乡公奂，时年十五。

第九节　黄皓之弄权　钟邓之入寇　蜀汉之亡

先是诸葛亮、蒋琬相继秉政，以董允为侍中，监督宫省。允秉心公亮，献替尽忠，帝严惮之。宦官黄皓便辟有宠，允数责之。终允之世，位不过黄门丞。延熙八年，琬、允相继卒。诏以姜维为卫将军，与大将军费祎并录尚书事。选曹郎陈祗，矜厉有威容，多技艺，挟智数，祎以为贤，拔擢为侍中以代允。十四年，进位尚书令。祗与皓相表里，皓始预政，迁中常侍，操弄威柄。

十六年，魏降人郭循刺杀祎，诏以维为大将军，辅政。维恃其材武，连年伐魏，互有胜负。蜀国小民贫，疲于兵役。陈祗以巧佞有宠。维虽位在祗上，而多处外，权任不及祗。景耀二年，祗卒，以董厥为尚书令，诸葛瞻（亮子）为仆射。四年，进厥为辅国大将军，瞻为卫将军，共平尚书事。樊建为尚书令，辅政。时黄皓用事，厥、瞻皆不能矫正，蜀政益衰。魏司马昭乘衅，遂谋大举入寇。

初，昭烈定汉中，实兵诸围以御外敌，其后皆承此制。及姜维用事，建议令汉中兵郤屯汉寿（本广汉郡葭萌县，昭烈帝时改名汉寿，即今四川嘉陵道故保宁府广元县），分守乐城（故城在今汉中道成固县南）、汉城（今汉中道沔县），于是阳平关之险失。黄皓用事，谋以其党阎宇代维，维惧。因求种麦沓中（在今甘肃兰山道临潭县西南），不敢归成都。景耀五年，魏以钟会都督关中诸军事，谋大举入寇。维表遣左右车骑将军张翼、廖化，督诸军分护阳安关（在汉中道宁羌县西北，今曰阳平关营）及阴平桥，（在今渭川道文县南跨白水上）以防未然。黄皓信巫鬼，谓敌终不自致，启帝寝其事。次年秋，魏遣陇右都督邓艾督三万余人，自狄道趣沓中以缀维；雍州刺史诸葛绪督三万余人，自祁山趣武街（水经注浊水东迳武街城南浊水，今曰下辨水，在今渭川道武都县南）桥头，绝维归路。钟会统十万余众，分从斜谷骆谷子午谷趣汉中，以卫瓘持节监军事。朝廷遣廖化为维继援，张翼、董厥诣阳安关口，为诸围外助。敕诸围不得战，退保汉乐二城。会平行至汉中，使兵围二城，径趣阳安口，守将傅佥（彤子）拒守。其下蒋舒率众迎降，佥战死。会遂长驱而前，大得藏库积谷。维闻会已入汉中，引兵还。艾遣兵追蹑于强川口（在今兰山道临潭县西），维败，走还。至阴平合众欲赴关城，闻其已破，遇化、翼、厥等，合兵守剑阁以拒会。

邓艾进至阴平，欲与诸葛绪自江油（今西川道江油县）趋成都。绪以西行非本诏，遂引兵与钟会合。会欲专军势。密白绪畏懦不进，槛车征还，军悉属会。维列营守险，会攻之，不能克，欲引还。艾言蜀已摧折，宜遂乘之，乃自阴平行无人地七百余里，凿山通道，造作桥阁。山高谷深，粮运将匮，濒于危殆。艾以毡自裹，推转而下，将士皆攀木缘崖，鱼贯而进。先登至江油（今四川西川道故龙安府江油县），守将马邈降。诸葛瞻督诸军拒艾，战于绵竹（今西川道绵阳德阳二县地），败绩，死之。朝廷不意魏兵猝至，不为城守调度。闻艾已入平地，乃遣使奉玺绶诣艾降，汉亡。时后主炎兴元年，魏元帝景元四年，西历纪元二三六年也。

第十节　钟邓之内讧　司马炎之篡

后主之请降也，邓艾辄承制，拜汉帝以下官。姜维等及诸郡县围守得敕，皆诣钟会降。将士咸怒。艾在成都，颇自矜伐，司马昭疑之。会有异志，姜维知之，欲构成扰乱，以图克复，因劝会谋反。会与卫瓘密白艾有反状。次年（魏咸熙元年），诏以槛车征艾。会遣瓘先至成都收艾，执其父子，置之槛车，送赴京师。会所惮惟艾，艾既就擒，遂决意谋反。欲使姜维为前驱，自随其后，乃称受郭太后遗诏，起兵讨司马昭。悉召诸将，闭诸曹屋中，更使亲信代领诸军。瓘诈称疾笃，出就外廨。维欲使会尽杀北来诸将，已因杀会，复立故汉帝。会犹豫未决，护军胡烈亲兵出取饮食，烈使亲兵语其子渊。渊遂率其父兵出门，诸军鼓噪，争先赴城，所闭诸人各缘屋出，与其军士合，共斩会及维，死丧狼藉。艾本营将士，追出艾于槛车迎还，瓘自以与会共陷艾，恐其为变，乃遣护军田续袭艾父子于绵竹西，斩之。于是西征两大将皆亡，益州、庲降等地皆入于魏，司马昭益志得意满，公然谋篡位矣。

钟邓之出师也，昭自进位相国，封晋公，加九锡。汉亡后，昭自进爵为王，以其子炎为副相国。次年，昭卒，炎嗣。废魏主奂为陈留王，自称皇帝，国号晋，是为晋武帝。魏亡。时魏元帝咸熙二年，西历纪元二三八年也。

第十一节　孙綝之专横　孙皓之暴虐　羊陆之交欢　吴之衰亡与晋之一统

吴孙峻自当国以后，骄矜淫暴，国人侧目。峻卒后，从弟綝自为大将军，辅政，骄横甚于峻。杀大司马滕胤、将军吕据、王惇等。吴主亮幼而聪敏，对于綝表奏多所难问。綝怒，称疾不朝，使弟据入宿卫，恩、干、闿，分屯诸营以自固，亮恶之。景耀元年，阴与后父全尚、将军刘承，谋诛綝。谋泄，綝杀尚、承，废亮为会稽王，迎立亮兄琅玡王休，自为丞相。休与将军丁奉、张布等谋，因腊会诛之，夷三族，于是大权复归于君主。自孙权殂后至是，凡政在大臣者七年。

魏师之西侵也，蜀遣使告急于吴。休使大将军丁奉向寿春，将军丁封孙异向沔中，伐魏以救汉。闻汉亡，乃罢兵。次年，休殂。丞相濮阳兴、左将军张布、左典军万彧等，受遗诏辅政。以太子𩅦年幼，不能莅政，共立故南阳王和子乌程侯皓。皓粗暴骄淫，多忌讳，好酒色。既得志，遂杀兴、布、彧及将军留平、大司农楼玄等，朝野失望。晋武帝有灭吴之志，以羊祜都督荆州，镇襄阳。祜绥怀远近，甚得江汉之心，与吴人开布大信，降者欲去皆听之。减戍逻之卒，以垦田八百余顷。其始至也，军无百日之粮，及其季年，乃有十年之积。祜在军常轻裘缓带，身不被甲，铃阁之下，侍卫不过十数人。适值吴以陆抗（逊子）为大司马、荆州牧，都督诸军，治乐乡（在今荆南道松滋县），与祜对垒。抗才具德望，与祜相伯仲，内修政事，外抚蛮夷，是以主昏于下，政清于上。荆州无隙可乘。晋武帝泰始八年（吴主皓凤凰元年），吴步阐据西陵（县名，宜都郡治也，故城在湖北荆南道宜昌县），叛降晋。晋遣荆州刺史杨肇逆之，抗击败肇兵，拔西陵，诛阐。祜自将救之，不及，祜归自江陵，务修德信以怀吴人。每交兵，刻日方战，不为掩袭之计。将帅有欲进谲计者，辄饮以醇酒，使不得言。军行吴境，刈谷为粮，皆计所侵，送绢偿之。每游猎，常止晋地。所得禽兽，或先为吴所伤者，皆送还之。于是吴边人皆悦服。祜与抗对境，使命常通。抗遗祜酒，祜饮之不疑。抗疾，祜与之成药，抗即服之。人多谏抗，抗曰："岂有鸩人羊叔子哉。"吴主用诸将谋，数侵盗晋边，抗力谏，不从。

泰始十年（吴凤凰三年），抗卒。吴主以其子晏、景、玄、机、云，分将其兵，机、云皆善属文，名重于世，而无将略，由是上流军事逐渐不振。祜上书请伐吴，晋武帝深然之，群臣皆以为难，唯杜预、张华，与武帝同意。晋咸宁四年，祜疾笃，召还，举预自代而卒。次年（吴天纪三年）十一月，诏遣徐州都督琅玡王伷、益州刺史王浚等，与预分道，东西大举伐吴。诸军并进，所向皆克，浚兵下巴东，击破吴兵。吴人于江碛要害之处，并以铁锁横截之，又作铁锥，长丈余，暗置水中，逆拒舟舰。浚作大筏数十，方百余步，令善水者以筏先行。遇铁锥，锥辄著筏而去。又作大炬长十数丈，大数十围，灌以麻油，在船前遇锁，燃炬烧之。须臾，融液断绝，船无所碍。遂克西陵、荆门、夷道。

预遣兵袭乐乡，虏吴都督孙歆，进克江陵。于是沅湘以南，接于交广，皆望风降附。浚击杀吴水军都督陆景，攻降武昌，长驱直指建业，吴人大震。浚兵至石头，吴主皓面缚舆榇，诣军门降，吴亡。于是中国复归于一统。吴自大帝建元黄武，至是凡传四主，共五十九年。时晋武帝太康元年，西历纪元二八〇年也。

三国大势表　（据本国表解卷上转载）

- 魏
  - 甲，操之性质——性机警，以权术驭人
  - 乙，创业情形
    - 1.根据兖州，以争天下
    - 2.奉迎天子，以令群雄
    - 3.屯田许下，以足军食
  - 丙，所领州郡——十三州
    - 司隶，冀，并，幽，
    - 青，兖，徐，扬，荆，
    - 豫，雍，秦，凉
    - ——据有黄河流域，土地最广
  - 丁，兴亡概略
    - 建国在先，亡国次之
    - 传五君四十六年
    - ——都洛阳
- 蜀
  - 甲，备之性质——性宽厚，以性情感人
  - 乙，创业情形
    - 1.以荆州为根本
    - 2.以益州定鼎
    - 3.以汉中为门户
  - 丙，所领州郡——三州——益，梁，交——有长江上游，土地最狭
  - 丁，兴亡概略
    - 建国次之，亡国在先
    - 传二世四十三年
    - ——都成都
- 吴
  - 甲，权之性质——性沈毅，以意气感人
  - 乙，创业情形
    - 1.席父兄之业，据有江东
    - 2.从张昭之言，力图大业
    - 3.用鲁肃周瑜之说，决计拒曹
  - 丙，所领州郡——五州——扬，荆，郢，交，广——据有长江下游，土地次之
  - 丁，兴亡概略
    - 建国在后，亡国亦后
    - 传四君凡五十二年
    - ——都建业

第三章 晋室衰乱之原因

自来一代时势，非一二英雄所能造成。而一二英雄所设施，往往影响及于一代之时势。自东汉末年，天下纷扰，曹操以诈力驾驭群雄，称王命以戡定天下。其用人惟才气是选，所得者皆富贵功名之士。托孤寄命，世无其人。传子丕，孙睿，政权渐入于强臣之手。历芳、髦、奂三主，皆被废弑，终为司马氏所篡夺。刘备则任贤勿贰，与大臣多以道义相交。君臣之间，情逾骨肉。故昭烈崩后，群臣爱戴后主，一如昭烈生时。惜刘禅不才，诸葛忠武薨后而国渐弱。孙权为政，界乎二者之间。故所受利弊，亦亚于二者。孙峻、孙綝之专横，类乎司马氏，而才干不及焉。孙皓之暴虐，远在刘禅以上，而庸暗较胜焉。盖创业时代所种之因，即后世所收之果也。司马氏辅戴魏室，政自己出，挟其诈力，欺人寡妇孤儿，狐媚以取天下。封建子弟为大国，遍布要地，并吞吴蜀，统一中原。一时势力范围之所及，几与有汉初年相伯仲。顾以诈力得国者，道德节义之士多不屑仕于其朝。凡百臣僚，皆富贵功名之士，可与共安乐，难与共患难，国基自然薄弱。其子弟所受之家庭及社会教育，亦以篡夺争斗为事，无法律思想，无道德观念，习于乱暴，竞争权利，互相倾轧。惠帝昏庸过于刘禅，内制于悍妇，外制于诸王，大权下移，乾纲不振。皇族中之觊觎帝位者，公然谋反、谋大逆，同室操戈，自相屠戮。于是鹬蚌相持，渔翁得利。羌胡之杂居内地者乘衅暴发，略取黄河流域及扬子江上流流域，建立若干短命之帝国王国。汉族奔避于江南，苟延残喘，于是上古汉族文化之起源地化为异族蹂躏之场。中国文化渡江而南，移入苗民根据地矣。

第一节　诸王之典兵　武帝之荒淫与惠帝之庸暗

晋武帝之初即位也，惩魏室孤立之弊，大封宗室，令诸王皆得自选国中长吏。咸宁三年，从卫将军杨珧等议，拜诸王为都督，遣就国，各徙其国，使与州相近（徙叔父亮为汝南王督豫州，伦为赵王督邺城，从叔辅为太原王监并州，叔父伷督徐州徙封琅玡王，骏督关中徙封扶风王。太康十年，以皇子秦王东督关中，楚王玮督荆州，淮南王允督扬江二州），是为诸王典兵之始。武帝耽于内宠，即位之后，选公卿以下女备六宫，有蔽匿者以不敬论。采择未毕，权禁天下嫁娶。公卿女中选者，为三夫人、九嫔，二千石将校女，补良人以下。又取良家及小将吏女，入宫选之，母子号哭于宫中，声闻于外。平吴以后，怠于政事，颇事游晏。选吴伎妾五千人入宫，掖庭殆将万人。尝乘羊车，恣其所之。至便宴寝，宫人竞以竹叶插户，盐汁洒地，以引帝车。后父杨骏及弟珧、济用事，旧臣多被疏退。帝尝问司隶校尉刘毅曰："朕可方汉何帝？"对曰："桓灵。"帝曰："何至于此？"对曰："桓灵卖官，钱入官库。陛下卖官，钱入私门。以此言之，殆不如也。"帝大笑曰："桓灵之世，不闻此言。今朕有直臣，固为胜之。"太子衷幼而不慧。其妃贾氏，嬖臣贾充之女，长于太子二岁，妒忌多权诈，太子嬖而畏之。尚书令卫瓘知太子昏庸，不堪为嗣，常密以讽帝，帝不能从。帝弟齐王攸贤而有德望，嬖臣荀勖、冯统恶之，谮之于帝，出为青州都督。攸愤怨，发病呕血而卒。帝恣意声色，遂至成疾，在位二十六年崩。后父杨骏以太尉受遗诏辅政。太子即位，是为惠帝，尊皇后为皇太后，立妃贾氏为皇后。以骏为太傅大都督，假黄钺，录朝政，百官总己以听，于是大权入于骏。

第二节 士风之雕弊

宫庭之腐败，既不堪闻问如此矣。而民气之委靡，士风之颓弊，亦日甚一日焉。先是东汉末年，名士辈出，尚气节，重名义，委身于道德，不以利害为去就。党祸一起，杀人如草，俊顾厨及，一网打尽。其学节冠一世，位望至三公者，亦皆骈首就戮，若屠羊豕。人心彷徨，罔知所适。于是反对之风起，以隐匿韬晦为潜身远祸之计。其末流所极，变为风流放诞，虚浮诈伪，兹略举其派别如下，以供参考。

一、韬晦派

献帝初年，中原大乱。辽东太守公孙度威行海外，中国人士避乱者多归之，北海管宁、邴原、王烈皆往依焉。宁、原俱以操尚称，度虚馆以候之。宁既见度，乃庐于山谷，避难者渐来从之，旬月而成邑。宁每见度，语唯经典，不及世事，还山，专讲诗书，习俎豆，非学者无见也。由是度安其贤，民化其德。原性刚直，清议以格物，度已下，心不安之。宁谓原曰："潜龙以不见成德，言非其时，皆招祸之道也。"密遣原逃归，度亦不复追也。烈器业过人，善教诱，有盗牛者，主得之。盗请罪曰："刑戮是甘，乞不使王彦方（烈字）知也。"烈闻而使人谢之，遗布一端。或问其故，烈曰："盗惧吾闻其过，是有耻恶之心，既知耻恶，则善心将生，故与布以劝为善也。"后有老父遗剑于路，行道一人见而守之。至暮，老父还，寻得剑，怪之。以事告烈，烈使推求，乃先盗牛者也。诸有争讼曲直，将质之于烈，或至途而反，或望庐而还。皆相推以直，不敢使烈闻。度欲以为长史，烈辞之。为商贾以自秽，乃免。其不惜匿名以全身如此，是为士风雕弊第一种现象。

二、乡愿派

魏之晚年，琅玡王祥以清名重望，仕至太尉，尝与司徒何曾、司空荀顗，共诣司马昭。顗谓祥曰："相王尊重，何侯与朝臣，皆已尽敬。今日便当相率而拜，无疑也。"祥曰："王公相去，一阶而已，安有天子三公，可辄拜人者。君子爱人以礼，我不为也。"及入，顗拜，而祥独长揖。昭谓祥曰："今日然后知君见顾之重也。"其高自位置受人尊敬如此。及魏室已亡，祥循例进位太保，封睢陵公，安富尊荣，毫无建白，优游没世。子孙袭其余业，秉国钧数百年，享大名据高位者代有其人。东晋及南朝佐命，皆为其苗裔，福祚之长远在帝室以上。司马懿父子之秉政也，懿次弟孚优游魏室台阁三十余年，位至太傅，性忠慎，常自退损。每逢废立之际，未尝预谋。魏主髦之被弑也，孚奔往，枕之股而哭。其哀，曰："杀陛下者，臣之罪也。"魏主奂之被废也，出舍金墉城，孚拜辞流涕，歔欷不自胜。曰："臣死之日，固大魏之纯臣也。"及晋武帝即位，大封宗室，孚循例封安平王，进位太宰（晋之太师以避司马师讳改名）、都督中外诸军事。其子望（义阳成王）、辅（太原成王）、晃（下邳献王）、环（太原烈王）珪（高阳元王）、衡（常山孝王）、景（沛顺王）等皆封王，恩礼甚重。每元会，诏孚乘舆上殿。武帝于阼阶迎拜，即坐，亲捧觞上寿，如家人礼。孚虽见尊宠，常有忧色。泰始八年，孚卒。临终，遗令曰："有魏贞士河内司马孚，字叔达，不伊不周，不夷不惠，立身行道，终始若一，当衣以时服，敛以素棺。"卒年九十三，谥曰献。诏赐东园温明秘器，其家遵遗旨，一不施用。此二人为当时元老，为士林模范。计其生平事迹，与自作长乐老叙之冯道、三年不言之息夫人，大相类。足为贰臣传生色，是为士风雕弊第二种现象。

三、放荡派

曹操之柄政也，崇奖跅弛之士。冀州平后，下令曰："孟公绰为赵魏老则优，不可以为滕薛大夫，若必廉士而后可用，则齐桓其何以霸世。今天下得无有被褐怀玉，而钓于渭滨者乎。又得无有盗嫂受金，而未遇无知者乎。二三子其佐我明扬仄陋，唯才是举，吾得而用之。"汉中平后，又下令曰："昔伊挚傅说，出于贱人；管仲，桓公贼也，皆用之以兴。萧何曹参，县吏也；韩信陈平，负污辱之名，有见笑之耻，卒能成就王业，声著千载。吴起贪将，杀妻自信，散金求官，母死不归，然在魏则秦人不敢东向，在楚则三晋不敢南谋。今天下得无有至德之人，放在民间，及果勇不顾，临敌力战；若文俗之吏，高才异质；或堪为将守，负污辱之名，见笑之行；或不仁不孝，而有治国用兵之术；其各举所知，勿有所遗。"其提倡才术轻蔑道德如此，于是风俗大坏。人心一变，士贵通达，贱守节，以名教纲常为桎梏人心之具。刍狗礼义廉耻，弁髦仁义道德，一变而为放浪，再变而为堕落，持现世主义快乐主义，聊以自娱。至于个人言行，影响于世道人心者何若，则非所计也。魏室末年，嵇康为中散大夫。康文辞壮丽，好言老庄，而尚奇任侠，与阮籍、籍兄子咸、山涛、向秀、王戎、刘伶相友善，号竹林七贤，皆崇尚虚无，轻蔑礼法，纵酒昏酣，遗落世事。籍为步兵校尉，其母卒，方与人围棋，对者求止，籍留与决赌，既而饮酒二斗，举声一号，吐血数升，毁瘠骨立，居丧饮酒，无异平日。司隶何曾面质籍于司马昭座曰："卿纵情背礼，败俗之人，不可长也。"因谓昭曰："公方以孝治天下，而听籍以重哀饮酒食肉于公座，何以训人；宜摈之四裔，无令污染华夏。"昭爱籍才，常拥护之。咸素幸姑婢，姑将婢去，咸方对客，遽借客马追之，累骑而还。伶尤嗜酒，常乘鹿车，携一壶酒，使人荷钟道之。曰："死便埋我。"当时士大夫皆以为贤，争慕效之，谓之放达。钟会闻康名，造之。康箕踞而锻，不为之礼。会将去，康曰："何所闻而来，何所见而去？"会曰："闻所闻而来，见所见而去。"遂深衔之。涛为吏部郎，举康自代。康与涛书，自说不堪流俗，而非薄汤武。昭闻而怒之。康与东平吕安亲善，安兄巽诬安不孝，康为证其不然。会因谮康尝欲助毋丘俭，与安皆有盛名于世，而言论放荡，害时乱教，宜因此除之。昭遂杀安及康。晋惠帝时，王戎为司徒，与时浮沉，无所匡救。委事僚寀，轻出游放，性复贪吝，园田遍天下。每自执牙筹，昼夜会计，常若不足，家有好李，卖之，恐人得种，常钻其核。凡所赏拔，专事虚名，阮咸之子瞻尝见戎，戎问曰："圣人贵名教，老庄明自然，其旨异同？"瞻曰："将无同。"戎咨嗟良久，遂辟之。时人谓之三语掾。王衍为尚书令，乐广为河南尹，皆善清谈。宅心事外，名重当事，朝野争慕效之。衍与弟澄好品题人物，举世以为仪准。衍神清明秀，少时山涛见之，曰："何物老妪，生此宁馨儿，然误天下苍生者，未必非此人也。"广性冲约清远，与物无竞。每谈论，以约言析理，厌人之心，而其所不知默如也。凡论人必先称其所长，则所短不言自见。澄及阮咸、咸从子修、胡毋辅之、谢鲲、王尼、毕卓，皆以任放为达。醉狂裸体，不以为非。辅之尝酣饮，其子谦之厉声呼之曰："彦国年老，不得为尔。"辅之欢笑，呼入共饮。卓比舍郎酿熟，因夜至瓮间盗饮，为掌酒者所缚。明旦视之，乃毕吏部也。广闻而笑之曰："名教内自有乐地，何必乃尔。"其风流放诞不自检束如此，是为士风雕弊第三种现象。

四、虚浮派

两汉时代，训诂学发达。学者守师说，争门户，所谓"碎义逃难，便辞巧说。说五字之文，至于二三万言，幼童而守一艺，白首而不能通"。学问之汩没性灵至是已极。物极必反，矫枉过正。魏室中叶以后，名士何晏、王弼等祖述老庄，立论以为“天地万物，皆以无为本。无也者，开物成务，无往不存者也。阴阳恃以化生，贤者恃以成德，故无之为用，无爵而贵矣”。此后如阮籍、嵇康、刘伶、王衍、王戎、乐广、卫玠、阮瞻、郭象、向秀之流，皆以谈玄有大名于时，乃至父兄之劝戒，师友之讲求，莫不以推究老庄为第一事业。当时六经之中，除易理外尽皆阁束。而诸传中称扬入学问者，皆谓为“研精老易”。此风流行既久，遂养成清谈派一流人物。身在廊庙之上，心游江湖之中，终日挥麈清谈，无所事事，以放浪形骸者为高士、实心任事者为俗人。其所提倡者，为怀疑主义、厌世主义、隐诡主义、破坏主义。其所实行者，为自利主义、乐天主义、自然主义、为我主义。道德伦理破坏殆尽，欲同人道于牛马。两晋南北朝之学风皆华而不实。文人学士丰采甚都，叩其两端，空空如也。惠帝之世，裴頠（鱼毁反）当国，常作崇有论以救之。然习欲已成，迄不能救，是为士风雕弊第四种现象。

五、豪奢派

中护军羊琇，为司马师夫人之从父弟；后将军王恺，为武帝后之弟；散骑常侍石崇，为故扬州都督苞之子。三人皆富于财，奢侈相尚。恺以饴沃釜，崇以蜡代薪；恺作紫丝步障四十里，崇作锦步障五十里。崇涂屋以椒，恺用赤石脂。武帝每助恺，尝赐以珊瑚树，高二尺许。恺以示崇，崇以铁如意碎之。恺怒，崇悉取其家所藏，高三四尺者六七株，如恺者甚众，恺乃怅然自失。其豪华奢侈如此，是为当时士风雕弊第五种现象。世道人心颓废如此，汉族已成麻木不仁之症。西北民族乘机侵入中国。西周末年之惨剧，复出现于世界矣。

自王祥、司马孚，以当世名流，效法张禹、孔光，逢迎权臣，坐视其篡弑而不过问，于是名节二字遂为南北朝时代文人学士脑筋中之除外物。

后来之王谧、徐羡之、王弘、褚渊、王俭、王僧虔、王晏、王亮等，皆以前朝宰相，为后朝佐命。当时之士大夫绝不非难之，即后之论史者亦多不复论及之（王弘，王俭皆以贤相著名，王僧虔以退让著名，史书皆誉其贤不问其名节）。遂为贰臣传中别开一新生面。兹试列琅玡王氏世系表于下，以代表当时模范人物。

三国西晋士风表

一，韬晦派　管宁，邴原，王烈

二，乡愿派　王祥，司马孚

三，放荡派　嵇康，阮籍，阮咸，山涛，向秀，王戎，刘伶

四，虚浮派　何晏，王弼，阮籍，嵇康，刘伶，王衍，王戎，乐广，卫玠，阮瞻，郭象，向秀

五，豪奢派　羊琇，王恺，石崇

竹林七贤表　（据罗元鲲本国史表解卷上转载）

一，嵇康　字叔夜，谯郡人，性好锻，善鼓琴，以谗被杀

二，阮籍　字嗣宗，瑀之子，好为青白眼，穷途痛哭，人以为狂

三，向秀　字子期，河内人，好老庄之学，有庄注行世

四，山涛　字巨源，河内人，以启事著称

五，刘伶　字伯伶，沛国人，性嗜酒，以酒德颂著名

六，王戎　字璇仲，琅玡人，家有好李，恐人得种，钻其核

七，阮咸　字仲容，籍之侄，尝曝布犊鼻曰，“未能免俗，聊复尔耳。”

第四章　贾后之乱与八王之乱

第一节　贾后之乱

初，贾后之为太子妃也，尝以妒手杀数人，又以戟掷孕妾，子随刃堕。武帝大怒，将废之，杨后力谏而止。后数诫厉妃，妃不知助己，后以为恨，至是不以妇道事太后。又欲预政，而为骏所抑。乃与殿中中郎孟观、李肇、帝弟楚王玮谋，诬骏谋反。元康元年（西历纪元二九一年）三月，命宗室东安公繇率兵击杀骏，夷三族。废太后为庶人，迁于金墉（在今洛阳县东北）而杀之。以帝叔祖父汝南王亮为太宰，与太保卫瓘录尚书事；楚王玮为卫将军，领北军中候，总禁兵。玮刚愎好杀，亮等患之，欲夺其兵柄，遣就国。玮长史公孙宏、舍人歧盛劝玮自昵于贾后。后留玮领太子少傅。盛素善于杨骏，瓘恶其反复，将收之。盛乃因将军李肇，矫称玮命，谮亮、瓘于后云："将谋废立。"后素怨瓘，且患二公秉政，已不得专恣。是年六月，使帝作手书，命玮收亮、瓘，皆杀之。盛劝玮乘势诛贾后，玮不能从。后用张华谋，加玮以矫诏专诛罪，杀之。并诛宏、盛，夷三族，于是大权尽归于后。

后既秉政，以从兄贾模，及张华、裴頠、裴楷为侍中，与右仆射王戎并管机要。后淫虐日甚，私于太医令程据等。又以簏箱载道上少年入宫，复恐其漏泄，往往弑之。裴頠与贾模、张华议废后，模、华不能从。模数为后言祸福，后反以为毁己而疏之，模忧愤而卒。帝为人戆（陟降反）骙（五骇反）尝在华林园闻虾蟆，谓左右曰："此鸣者，为官乎，为私乎？"时天下荒馑，百姓饿死。帝闻之曰："何不食肉糜？"由是权在群下，政出多门。执位之家，更相荐托，有如互市。

后淫荡无子，谢淑媛生太子遹，幼而聪颖。武帝之时，宫中尝夜失火，武帝登楼望之。遹年五岁，牵帝裾入暗中曰："暮夜仓促，宜备非常，不可令照见人主。"武帝由是奇之。尝称遹似宣帝，知帝不才，然恃遹明慧，故无废立意。后母郭槐以后无子，常劝后慈爱太子，欲以妹婿韩寿女为太子妃，太子亦欲婚韩氏以自固，寿妻午及后皆不听。太子幼有令名，及长不好学，惟与左右嬉戏。后复使黄门辈诱之为奢虐，由是名誉浸减。或废朝侍而纵游逸，于宫中为市，使人屠酤，手揣斤两，轻重不差。其母本屠家女也，故太子好之。又令西园卖葵菜、蓝子、鸡、面等物而取其利。又好阴阳小术，多所拘忌。中舍人杜锡每尽忠谏，劝太子修德业，保令名，言辞恳切，太子患之，置针著锡常所坐毡中，刺之流血。太子性刚，知后甥贾谧恃中宫骄贵，不能假借之。谧谮于后，后乃宣扬太子之短，又诈为有娠，纳藁物产具，取韩寿子养之。左卫率刘卞劝张华废后，华不能从。后闻之，出卞为雍州刺史，卞自杀。元康九年，后诈称帝不豫，召太子入朝，置于别室，遣婢陈舞以帝命赐酒三升，逼使尽饮之，遂大醉。后使黄门侍郎潘岳作书草，称诏使书之。文曰："陛下宜自了，不自了，吾当入了之。中宫又宜速自了，不自了，吾当手了之。"并与谢妃共要刻期两发，扫除患害。太子醉迷，遂依而写之。字半不成，后补成之，以呈帝，遂废太子为庶人。与其子霦、臧、尚，皆幽于金墉。寻徙之许昌，杀谢淑媛，众情忿惋。

第二节　赵王伦之乱

右卫督司马雅、常从督许超，皆尝给事东宫，与殿中郎士猗等谋废贾后，复太子，以帝叔祖父右军将军赵王伦执兵柄，性贪暴，可假以济事。乃因伦党孙秀以说伦，伦然之，秀因说伦“宜迁延缓期，俟贾后害太子，然后废后，为太子报仇，岂徒免祸，更可以得志”。伦然之。秀因使人行反间，言殿中人欲废皇后，迎太子。次年（永康元年）三月，后使程据和毒药，遣黄门孙虑至许昌，逼太子弑之。伦矫诏，敕三部司马率师入宫，迎帝幸东堂。召贾谧，斩之。废后为庶人，迁于金墉城而弑之。杀司空张华、仆射裴頠，自为使持节、都督中外诸军事、相国、侍中。以秀为中书令，伦素庸愚，受制于秀，秀威权振朝廷。追复故太子位号，立太子次子临淮王臧为皇太孙。

皇弟淮南王允，以骠骑将军、领中护军，性沉毅，宿卫将士皆畏服之。知伦、秀有异志，谋讨之。伦、秀转允为太尉，外示优崇，实夺其兵权。允遂率国兵数百人讨伦，不克而死。次年（永宁元年）正月，伦自称皇帝，尊帝为太上皇，迁之金墉。废太孙臧为濮阳王而杀之。以孙秀为侍中、中书监，余党与皆为卿将。奴卒亦加爵位，所与共事者皆邪佞之士。惟竞荣利，无深谋远略；志趣乖异，互相憎疾，于是人心怨愤，中外解体。

是时皇弟成都王颖，以平北将军镇邺；从弟齐王冏，以平东将军镇许昌；宗室河间王颙（安平献王孚之孙），以镇西将军镇关中；各拥重兵，专方面。同遣使告颖、颙，与皇弟常山王乂、宗室南中郎将新野公歆等，共举兵讨伦。京师响应，左卫将军王舆等帅营兵入宫，诛伦、秀及其党羽，迎帝复位。诏以冏为大司马、颖为大将军、颙为太尉。三王府各置掾属四十人，武号森列，文官备员而已。识者知兵之未戢也。歆说冏夺颖兵权，乂亦劝颖图冏，闻者忧惧。邺令卢志为颖谋主，劝颖归藩，颖从之。由是士民之誉皆归颖。

第三节　齐王冏成都王颖河间王颙长沙王乂之乱

帝之初复位也，立皇孙襄阳王尚为皇太孙，寻卒。齐王冏欲久专政权，以帝子孙俱尽。大将军颖有次立之势，乃白立皇侄清河王覃（皇弟清河王遐子）为皇太子，以冏为太子太师。冏骄奢擅权，起府第与西宫等，耽于晏乐，不入朝见，坐拜百官，符敕三台，选举不均，嬖宠用事，中外失望。

是时长沙王乂，以骠骑将军，领左军将军，在内握兵柄。河间王颙长史李含说颙以"成都王至亲，有大功。齐王越亲而专政，朝廷侧目。宜檄长沙王使讨齐，齐王必诛长沙。吾因以为齐罪而讨之，去齐立成都，除逼建亲以安社稷"。颙从之。次年（太安元年）十二月，表陈冏罪，请长沙王乂废之。遣含与其将张方等率师趋洛阳，同遣兵袭乂，乂将左右百余人驰入宫，闭诸门，奉帝攻大司马府，城内连战三日，群臣死者相枕，冏众大败。执冏，斩之。冏党皆夷三族，乂虽在朝廷，事无巨细，皆就邺谘颖。

颙初用李含计，欲俟冏杀乂而讨之，因废帝而立颖，以己为相。既而不如所谋，颖亦恃功骄奢，百度废弛，嫌乂在内，不得逞其欲，欲与颙共攻乂。太安二年九月，诏以乂为太尉，都督中外诸军事。奉帝讨颖、车驾次于缑氏（县名，故城在今河洛道偃师县南二十里）。击颖兵，走之。颙将张方率师七万东寇，将军皇甫商以兵万人拒之于宜阳，败绩。方入洛阳，大掠而还，臣民死者万数。颖将陆机以重兵进逼建春门（洛阳城东门），乂使司马王瑚拒之，大破其兵，机走还。乂遂奉帝讨张方，不克。颖兵进逼京师，是时宗室东海王越在京，畏张方兵强。次年（永兴元年）正月，与其党袭执乂，送张方，杀之。颖入京师，自为丞相，遣将石超等帅兵屯十二城门，殿中宿所忌者皆杀之，身还镇邺，废皇后羊氏及太子覃，颙表颖为皇太弟，都督中外诸军事，自为太宰、大都督、雍州牧。于是大权尽归于颖。

颖既得政，僭侈日甚，嬖幸用事，大失众望。是年七月，东海王越复谋奉帝讨之。战于荡阴（今河北道汤阴县），败绩，百官侍御皆散，帝为颖军所得。越走归国，张方乘虚复入洛阳。幽州都督王浚、并州刺史东嬴公腾，起兵讨颖，大破其兵。邺中奔溃，颖仓促以数十骑，奉帝御犊车，南奔洛阳。浚大掠邺中而还。自是以后，方拥兵专制朝政。在洛既久，剽掠殆竭。是年十一月，引兵入殿以所乘车迎帝，迁帝及颖与豫章王炽等于长安，帝兄弟二十五人，是时存者惟颖、炽及吴王晏。晏材庸下，炽冲素好学，河间王颙奏废颖为成都王，立炽为皇太弟，自为都督中外诸军事。以张方为中领军，录尚书事，于是朝廷大权归于颙。

第四节　东海王越范阳王虓之乱

东海中尉刘洽以张方劫迁车驾，劝越起兵讨之。永兴二年七月，越传檄山东州郡。徐州长史王修说刺史东平王楙以州授之，越乃自领徐州都督。豫州都督范阳王虓、幽州都督王浚等共推越为盟主。越以琅玡王睿监徐州诸军事，留守下邳，自发兵西屯萧县（今徐海道萧县）。范阳王虓自许屯于荥阳。越承制以豫州刺史刘乔为冀州刺史，以虓领豫州刺史。乔以虓非天子所命，发兵拒之。遣其子佑将兵拒越，越兵不能进。

河间王颙闻山东兵起，甚惧，表成都王颖都督河北诸军事，镇邺。以张方为大都督，统兵十万，与刘乔连兵拒虓。乔袭许昌，破之。虓与部将刘舆、刘琨俱奔河北。琨说冀州刺史温羡使让位于虓，虓遂自领冀州刺史。是时成都王颖据洛阳，遣其将王阐据河桥，石超屯荥阳，与刘乔、张方连合，共拒关东兵。虓遣刘琨乞师于幽州，王浚以突骑资之。琨将以击王阐，斩之。遂与虓济河，击斩石超、刘佑。乔众奔溃，东海王越进屯阳武（属河北道）。王浚遣其将祁弘帅突骑鲜卑、乌桓为越前驱。

初，越之起兵也，使人说河间王颙，令奉帝还洛，约与分陕为伯。颙欲从之，张方自以罪重，恐为诛首，不从，颙乃止。及刘乔败，颙惧，欲罢兵，恐方不从。次年（光熙元年）正月，诱方帐下督郅辅使杀方，送首于越以请和，越不许。遣祁弘等帅鲜卑西迎车驾，前锋进逼洛阳。成都王颖奔长安，越进屯温，使弘将兵西上，连破颙兵，遂入长安。所部鲜卑大掠，杀二万余人，百官奔散，颙单马逃入太白山（在今关中道郿县东南四十里）。弘等奉帝乘牛车东还，关中皆服于越。越自为太傅，录尚书事。以范阳王虓为司空，镇邺。于是朝廷大权归于越。成都王颖自武关奔新野，荆州司马郭励作乱，欲奉颖为主，不克而诛。颖故将公师藩起兵寇掠赵魏，颖乃北济河，收故将士，欲赴藩。是年九月，顿丘（郡名，故城在今大名道清丰县西南二十五里）太守冯嵩执颖送邺，范阳王虓幽之。十月，虓卒。长史刘舆以颖素为邺人所附，恐其乘丧作乱，矫诏诛之。东海王越以诏书征颙为司徒，颙就征。南阳王模自许昌遣将邀之于新安，诛之。综计诸王相残，前后亘十六年。帝忽废忽立，忽东忽西，一任臣下之播弄。羊后与太子，忽废忽立亦如之。自古人君之昏弱，未有如是之甚者。而生民之涂炭，尤不堪闻问矣。帝在位十七年，是年十一月，为越所鸩崩。太弟炽即位，是为怀帝。

晋代分封简表

国名	人名	亲属	封地
汝南	亮	宣帝子	河南东南部
琅玡	伷	宣帝子	山东东南部
赵	伦	宣帝子	河北西南部
齐	攸	武帝弟	山东中部
楚	玮	武帝子	湖北中部
长沙	乂	武帝子	湖南北部
淮南	允	武帝子	江苏安徽中部

国名	人名	亲属	封地
成都	颖	武帝子	四川中部
河间	颙	宣帝从孙	河北东南部
东海	越	宣帝从孙	江苏东北部
范阳	虓	宣帝从孙	河北东北部

第五章　五胡十六国之乱

西北游牧各族本与中国杂居，不能详其所自始。战国之末，诸侯力征，诸戎乃为中国所灭，余类奔迸，逸出塞外。其后族类稍繁，又复出为中国患，两汉之世，竭天下之力，历百战之苦，仅乃克之。乌桓、鲜卑、匈奴、氐羌、西域之众，悉稽首汉廷称臣仆。汉人优待异族，往往于其请降之后，即迁之内地。宣帝时，纳呼韩邪，居之亭鄣，委以候望；赵充国击西羌，徙之于金城郡。光武时，亦以南庭数万众，徙入西河，后亦转至五原，连延七郡。而煎当之乱，马援迁之三辅。在汉人之意，以为迁地之后，即可同化于汉族，不复为中国患，不知其后之患转甚于未迁时也。魏晋之交，鲜卑、乌桓杂居于辽宁与今河北北境；匈奴遗族杂居于山陕北境；氐、羌二族杂居于陕甘四川西境；时常作乱，汉民苦之。晋武帝平吴以后，罢州郡兵。大郡置武吏百人，小郡五十人。交州牧陶璜、仆射山涛上疏争之，不听。惠帝初年，戎狄之祸渐亟，太子洗马江统以为戎狄乱华，宜早绝其原，乃作徙戎论，以警朝廷，朝廷仍不能用。元康以后，贾后之乱与八王之乱接踵而起，中原鼎沸。匈奴遗族之刘渊、石勒，鲜卑民族之慕容涉归、氐族之蒲洪、羌族之姚弋仲等，相继蜂起，黄河流域与扬子江上流流域沦于左衽。晋室衰微，不能自立，汉族遂南迁矣。兹述其事迹如下。

第一节 前赵之勃兴与西晋之沦灭

一、刘渊之家世及其幼年事迹

先是东汉初年，匈奴降附，内徙五原、西河。其后遂留居塞内，与编户大同，而不输贡赋。议者恐其户口滋蔓，浸难禁制，欲豫为之防。汉献帝建安二十二年（西历纪元二一七年），南匈奴单于呼厨泉入朝于魏。魏王操因留之于邺，使右贤王去卑监其国。单于岁给绵绢钱谷如列侯，子孙袭号，分其众为五部，各立其贵人为帅，选汉人为司马以监督之，居并州境内。南匈奴自谓其先本汉室之甥，因冒姓刘氏。魏室中叶以后，呼厨泉从子左贤王豹为左部帅，部族最强。豹子渊幼而俊异，师事上党崔游，博习经史，尝谓同门生曰："吾尝耻随陆无武，绛灌无文。"于是兼学武事。及长，猿臂善射，膂力过人，姿貌魁伟。为侍子在洛阳，王浑及其子济皆重之。荐之于晋武帝，使经略东南，孔恂、杨珧曰："非我族类，其心必异。"乃止。是时鲜卑秃发树机能方陷凉州。帝问将于李熹，熹因荐渊。恂曰："渊果枭树机能，则凉州之患方更深耳。"帝乃止。东莱王弥家世二千石，弥有学术勇略，善骑射，青州人谓之飞豹。渊与弥友善，谓弥曰："王李以乡曲见知，每相称荐，适足为吾患耳。"因纵酒长啸，歔欷流涕。齐王攸闻之，言于帝曰："陛下不除刘渊，臣恐并州不得久安。"王浑曰："大晋方以信怀殊俗，奈何以无形之疑，杀人侍子乎？"帝然之。

二、前赵之建国

咸宁五年，豹卒，渊代为左部帅。渊轻财好施，倾心接物，五部豪杰，幽冀名儒，多往归之。惠帝永兴元年（西历纪元三〇四年），拜建威将军，匈奴五部大都督。成都王颖镇邺，表渊为冠军将军，监五部军事，使将兵在邺。渊从祖右贤王宣谓其族人曰："汉亡以来，我单于徒有虚号，无复尺土。今吾众虽衰，犹不减二万。奈何敛手受役，奄过百年。左贤王英武超世，天苟不欲兴匈奴，必不虚生此人也。今司马氏骨肉相残，四海鼎沸，复呼韩邪之业，此其时矣。"乃相与谋推渊为大单于，使其党呼延攸诣邺告之。渊白颖，请归会葬，颖勿许。渊令攸先归，告宣等使招集五部，声言助颖，实欲叛之。及王浚东嬴公腾起兵攻邺，渊请归发五部兵以击浚、腾，颖悦，拜渊北单于，参丞相军事。渊至左国城（在今山西冀宁道离石县北），刘宣等上大单于之号。二旬之间，有众五万，都于离石（今山西冀宁道离石县，即故汾州府永宁州），自称汉王，是为前赵高祖。侵略太原西河等郡，并州骚动。是时并州大饥，数为胡寇所掠，吏民万余人，皆随刺史东燕王腾（即东嬴公进爵改封）就谷冀州，号为乞活。所余户不满二万。寇贼纵横，道路断塞。光熙元年（西历纪元三〇六年），东海王越奏以刘琨为并州刺史。琨募兵上党，得五百人，转斗而前。至晋阳，府寺焚毁，邑野萧条。琨抚循劳徕，流民稍集。

是时王弥作乱，寇青徐，杀东莱太守。公师藩余党汲桑、石勒寇河北，杀冀州都督新蔡王腾（即东燕王改封），南寇兖州，刺史苟晞大破之。桑奔马牧（今山东东临道茌平县），为人所杀。石勒奔乐平，（今山西冀宁道昔阳县，即故平定州乐平乡）与胡部大张訇督等（胡人一部之长呼为部大姓张氏名訇督），俱归汉。弥为苟晞弟纯所败，与其党刘灵亦降汉。汉以弥为镇东大将军、青徐二州牧、都督缘海诸军事。弥收集亡散，兵复大振。分遣诸将攻掠青、徐、兖、豫四州，遂入许昌。凉州刺史张轨遣督护北宫纯将兵卫京师，弥入自轘辕（关名，在今河南河洛道登封县西北轘辕岭），败官军于伊北（伊水之北在今洛阳城南），遂至洛阳，京师大震。司徒王衍督军出战，北宫纯募勇士百余人突阵。弥兵大败，走平阳。汉王渊遣兵寇平阳河东，皆陷之。徙都平阳，称皇帝。遣王弥、石勒连兵寇邺，冀州部内诸郡多陷。

三、洛阳之陷落　怀帝之被弑

是时怀帝亲览大政，留心庶事，东海王越不悦，固求出镇许昌。越专执威权，而选用表请，尚书犹以旧制裁之，越怒，杀中书令缪播、帝舅散骑常侍王延等十余人。帝叹息流涕。越复使将军何伦领东海国兵入宿卫，尽罢殿省旧人，由是帝之左右皆为越党。汉兵屡寇洛阳，京师饥困。越遣使以羽檄征天下兵入援，卒无至者。流民王如作乱，寇南阳，击破荆州都督兵，大掠沔汉。朝议多欲迁都以避难，王衍以为不可，乃止。

永嘉四年（西历纪元三一〇年），汉主渊殂，太子和立，性猜忌无恩，杀顾命大臣齐王裕、鲁王隆等，其弟楚王聪弑而代之。以刘曜、王弥、石勒等为大将，连年南寇，勒击并王如兵，遂寇襄阳。东海王越以胡寇益盛，内不自安，乃戎服入见，请讨石勒。留何伦防察宫省，用王衍为军司，朝贤宿望悉为佐吏，名将劲卒咸入其府，于是宫省无复守卫，荒饥日甚，盗贼公行。越东屯于项（今河南开封道项城县）五阅月，逗留不敢进。青州刺史苟晞移檄州郡，陈越罪状，遣骑收越党尚书刘曾、侍中程延等，斩之，五年三月，越忧愤成疾而卒。众推王衍为元帅，衍推辞不敢当，奉越丧还葬东海，石勒以轻骑追及之于苦县（故城在今开封道，即故归德府鹿邑县东七十里），执衍等杀之，将士十余万人无一免者，越世子毗及宗室四十八王皆没于勒。苟晞表请迁都仓垣（县名，故城在今开封道祥符县东北晋兖州刺史治也），帝将从之，公卿犹豫不果行。既而洛阳饥困，人相食，百官流亡者什八九。帝将行，而卫从不备，无车舆，乃步出西掖门，至铜驼街，为盗所掠，不得进。是年六月，汉主聪使呼延晏将兵寇洛阳，刘曜、王弥、石勒皆引兵会之。破宣阳门（洛阳城西南门），入宫大掠，士民死者三万余人。发掘诸陵，焚宫庙，杀太子诠（清河康王遐子），执帝迁于平阳。拜左光禄大夫，封平阿公。逾年正月朔，聪宴群臣于光极殿，使帝著青衣行酒。晋故臣庾珉、王俊等不胜悲愤，因号哭，聪恶之。有告珉等谋以平阳应刘琨，聪遂杀珉等，并弑帝。时愍帝建兴元年，汉主聪嘉平三年，西历纪元三一三年也。计怀帝在位五年而被执，又逾一年而被弑，是为秦汉以后中国君主被辱于戎狄之始，周幽王以后所仅见矣。

四、长安之陷落　愍帝之被弑

先是洛阳陷后，汉刘曜移兵寇长安，陷之，杀秦雍都督南阳王模。冯翊太守索綝、安夷护军曲允、安定太守贾疋等，谋复晋室，帅众五万向长安。雍州刺史曲特、新平太守竺恢、扶风太守梁综等以兵十万会之，大破刘曜于黄丘（故城在今关中道泾阳县西北七十里），又破刘粲于新丰，兵势大振。关西胡晋翕然响应；豫州刺史阎鼎奉皇侄秦王业（吴王晏子）入关，疋等迎置于雍城（雍县城也，在今陕西关中道凤翔县）。次年，进围长安。刘曜兵败，驱掠士女八万余口，走平阳。业入长安，疋等奉为皇太子，建行台。怀帝凶问至长安，皇太子举哀。因加元服，即帝位，以曲允、索綝为仆射。是时长安城中，户不盈百，蒿荆成林。公私有车四乘，百官无章服印绶，唯桑版署号而已。寻以綝为卫将军，领太尉，军国之事，悉以委之。汉兵屡寇长安，允、綝拒之，王师多败。允性仁厚，无威断，喜以爵位悦人。诸郡太守皆领征镇，村坞主帅小者犹假银青将军之号。然恩不及下，故诸将军骄恣，而士卒离怨。建兴四年（三一六年）十一月，刘曜兵逼长安。安定太守焦嵩、新平太守竺恢等引兵来救。皆畏汉兵强，不敢进。秦州都督南阳王保遣胡崧入援，击曜于灵台（周文王所筑在长安西四十里），破之。崧恐国威复振，则曲、索势盛，还屯槐里（县名，故城在今关中道兴平县东南十里）。曜攻陷长安外城，城中食尽，人相食。帝乘羊车肉袒出降，曜送帝于平阳。汉主聪以帝为光禄大夫，封怀安侯。次年十一月，聪出畋，以帝行车骑将军，戎服执戟前导。见者指之曰："此故长安天子也。"故老有泣者。

十二月，聪飨群臣，使帝行酒洗爵。已而更衣，又使帝执盖。晋臣涕泣，有失声者，尚书郎辛宾起，抱帝大哭。聪怒，斩之。会洛阳守将赵固、河内太守郭默等伐汉，攻河东，扬言曰："要当生缚刘粲以赎天子。"粲表聪请杀帝以绝晋望。聪遂弑帝。时晋元帝建武元年，汉主聪麟嘉二年，西历纪元三一七年也。

第二节　两赵之冲突与前赵之灭亡

一、刘氏之内乱

汉主聪淫暴，篡立以后，杀其嫡兄恭，烝于其太后单氏。单氏之子太弟乂屡以为言，单氏惭恚而卒，乂宠由是渐衰。寻以其子粲谗（粲使其党斩准告乂谋反），杀乂。以粲为相国大单于，总百揆。粲少有俊才，自为宰相，骄奢专恣，远贤亲佞，严刻愎谏，国人皆恶之。中常侍王沈、郭猗等，宠幸用事。聪游宴后宫，或百日不出，政事一委粲。惟杀生除拜，乃使沈等入白。沈等多自以其私意决之，屡谗杀直臣，政刑紊乱。

晋元帝太兴元年（西历纪元三一八年）七月，聪殂，粲即位。太宰上洛王景、大司马济南王骥、大司空靳准等，受遗诏辅政。聪后四人，皆年未二十，粲多行无礼。准素有异志，谗杀景骥等。粲游宴后宫，军国之事，一决于准。是年八月，准勒兵升殿，执粲，杀之。刘氏男女无少长皆斩东市。发渊、聪二陵，斩聪尸，焚其庙。自称大将军、汉天王。刘曜闻乱，自长安赴之，至赤壁（水名，在今河东道安泽县，即故平阳府岳阳县），自立为帝。石勒引兵讨准，破其兵，将军乔泰、王腾等杀准，推准从弟明为主以拒勒。勒攻拔平阳，明奔赤壁。曜收其族，无少长皆斩之。勒遣左长史王修献捷于汉，汉主曜惑于修舍人曹平乐之谗（平乐留仕汉言于曜曰勒遣修来实觇强弱俟其得志将袭乘舆曜怒斩修），斩修。勒大怒，与汉绝，刘、石相攻自此始矣。

二、石勒之势力扩张　王浚刘琨之败没

石勒者，本上党武乡（今山西冀宁道，即故沁州武乡县）羯人，匈奴别部羌渠之胄也，有胆力，善骑射。惠帝中叶以后，并州大饥。刺史东嬴公腾执诸胡于山东，卖充军实，勒亦被掠，卖为茌平（今东临道茌平县）人师欢奴，欢奇其状貌而免之。勒乃与牧帅汲桑结壮士为群盗。惠帝永兴二年（西历纪元三〇五年），成都王颖故将公师藩起兵寇掠赵魏，桑与勒帅数百骑赴之。兖州刺史苟晞击斩藩，桑与勒逃回苑中（即山东茌平县马牧苑），聚众声言为成都王报仇，所向辄克，遂入邺，杀冀州刺史新蔡王腾。是年七月，苟晞击斩桑，勒走降汉，屡寇冀州部内诸郡，百姓望风降附，勒众至十余万。集衣冠人物，别为君子营，以张宾为谋主，刁膺为股肱，夔安、孔苌、支雄、桃豹、逯明为爪牙，并州诸胡羯多从之，其势日盛。

洛阳陷后，太子诠弟豫章王端（清河康王遐子）东奔仓垣。司空苟晞奉为皇太子，建行台，徙屯蒙城（蒙县城也，在今开封道商丘县，即故归德府城北四十里），勒袭而执之。汉大将军王弥与勒外相亲而内相忌，勒诱而斩之，皆并其众，于是勒兵日强。汉主聪大怒，遣使让勒专害公辅，有无君之心，然犹加勒镇东大将军以慰其心。永嘉六年，勒引兵南掠豫州诸郡，临江而还，屯于葛陂（在今汝阳道汝南县，即故汝宁府城西南三十里），课农造舟，将攻建业。会大雨，三月不止，军中饥疫，死者大半。集将佐议所向，张宾劝以北据邺城以营河北，勒从之。引兵济河，是时并州刺史刘琨以兄子演镇邺，保三台（在邺城西北皆因城为基魏武帝所起中曰铜雀台，高十丈；南曰金雀台，高八丈；北曰冰井台，高八丈；在今河南河北道临漳县）以自固。勒诸将欲攻之，张宾曰：“攻之未易猝拔，舍之彼将自溃。方今王彭祖（幽州刺史王浚）、刘越石（并州刺史刘琨），公之大敌也，宜先取之。且天下饥乱，明公拥兵羁旅，

人无定志，非所以保万全，制四方也。不若择便地而据之，广聚粮储，西禀平阳，以图幽并，此霸王之业也。”勒从之，进据襄国（旧顺德府，今河北大名道邢台县）。分命诸将攻冀州郡县，运谷以输襄国，汉以勒为冀州牧。

是时河北藩镇，只余王浚、刘琨二人。琨屯晋阳，兵微将寡，西临强敌，其势岌岌。琨乃心王室，以扫平河朔为己任。结鲜卑拓跋部酋长猗卢为援，表封为代公，移其部落于陉（岭名，在今雁门道代县西北）北，以为应援。永嘉四年，上书东海王越，请出兵共讨刘聪、石勒。越忌苟晞为后患，不许。浚屯蓟城，拥重兵，专方面，以天下方乱，阴有帝制自为之意，欲结援夷狄，乃以一女妻鲜卑段部酋长务勿尘，表封为辽西公。洛阳陷后，自领尚书令，称受中诏，承制封拜，备置百官，列署征镇。琨长于招怀，而短于抚御。一日之中，虽归者数千，而去者亦相继。琨遣其族人刘希合众于中山（今河北定县），幽州所统代郡、上谷、广宁之民多归之，众至三万。浚怒，遣燕相胡矩与段务勿尘之子疾陆眷，共攻希，杀之，驱掠三郡士民而去。石勒既据襄国，浚遣督护王昌帅诸军，及段疾陆眷、与弟匹磾、文鸯、从弟末柸攻之。末柸勇悍轻敌，乘胜逐击，为勒所执。疾陆眷以铠马金银赂勒，且以末柸三弟为质，而请末柸。诸将皆劝勒杀之，勒曰：“辽西鲜卑，健国也，与我素无仇雠，为王浚所使耳。今杀一人而结一国之怨，非计也。归之必深德我，不复为浚用矣。”乃遣其从子虎与疾陆眷盟，礼末柸而归之，由是段氏专心附勒。愍帝建兴元年，浚谋称尊号。前渤海太守刘亮、北海太守王抟、司空掾高柔切谏，浚皆杀之。燕国霍原志节清高，浚以尊号事问之，原不答，浚亦杀之，士民骇怨。而浚矜豪日甚，不亲政事，所任皆苛刻小人。勒用张宾计，两次遣使奉表称臣于浚，以骄其心，浚不悟。次年（建兴二年），勒袭陷蓟城，杀浚。以故尚书刘翰行幽州刺史，戍蓟，置守宰而还。翰不欲从勒，乃归段匹磾。匹磾遂据蓟城。

王浚既败，刘琨遂孤。琨素奢豪，喜声色。徐润以音律得幸，骄恣干预政事。护军令狐盛数以为言，琨收盛杀之。盛子泥奔汉，具言虚实。永嘉六年，汉主聪遣刘曜袭晋阳，陷之。琨奔常山，求救于代。代公猗卢自将救琨，大破曜于晋阳。曜走还平阳，琨徙屯阳曲（县名，今属冀宁道本旧太原府附郭首县），招集亡散。建兴元年，石勒攻陷邺城。二年，攻杀王浚。琨东西受敌，其势日危。然犹恃代为援，奏进猗卢爵为王，遣其从事莫含往佐之。建兴四年二月，代内乱，猗卢为其子六修所弑，勒乘隙西侵。是年十一月，击破琨兵，攻陷乐平（今山西冀宁道昔阳县），琨长史李弘据阳曲叛降勒。琨奔蓟依段匹磾。元帝大兴元年，匹磾之兄辽西公段疾陆眷卒，叔父涉复辰自立。从弟末柸杀而代之，南侵幽州，攻匹磾，匹磾兵败。石勒乘虚遣兵侵略幽州诸郡，皆下之。匹磾奔乐陵（今山东济南道乐陵县），依冀州刺史邵续。三年，勒攻乐陵，执续。四年，破厌次（故城在今济南道，即故武定府阳信县），匹磾与其弟文鸯皆死之，于是幽、冀、并三州皆入于勒。

太兴二年（西历纪元三一九年），勒自称赵王，是为后赵高祖。加张宾大执法，专总朝政；以石虎为骠骑将军，督诸军。明帝太宁元年，虎引兵击青州，陷广固（故城在今胶东道益都县，即故青州府城西北八里），杀刺史曹嶷，于是青州亦入于后赵。进侵淮水流域，晋兵屡败，徐州刺史卞敦退保盱眙（今安徽淮泗道盱眙县）；兖州刺史郗鉴退屯合肥（今安徽安庆道合肥县）；豫州刺史祖约退屯寿春（今安徽淮泗道寿县）。明帝太宁三年，后赵将石生寇河南，司州刺史李矩、颍川太守郭默兵数败，乃附于前赵以求救。赵主曜自将击生，败绩。矩、默率众南归。于是司、豫、徐、兖四州皆入于后赵，以淮为境矣。

三、刘曜之末路

汉主曜之初即位也，迁都长安，改国号曰赵。秦州诸将张春、杨次杀都督南阳王保，保故将陈安降赵以讨贼，杀之，遂据上邽。陇上氐羌皆附于安，有众十余万，自称凉王。曜击安，斩之。氐羌皆送任请降，于是秦州入于赵。成帝咸和三年，后赵石虎攻赵蒲坂，曜自将击破，走之。遂围石生于金墉，决千金堨（在洛阳县城外）以灌之，荥阳野王皆降，襄国大震。后赵王勒自将救洛阳，击曜兵于城西，大破之。曜昏醉坠马，为后赵所执，见杀。曜太子熙与其兄南阳王胤弃长安，西保上邦（故城在今甘肃渭川道天水县西六十里）。次年，后赵石虎攻拔上邦，执熙、胤以下三千余人，皆杀之。前赵亡，凡传五主，二十六年（西历纪元三〇四至三二九）。雍、秦二州皆入于后赵，时东晋成帝咸和四年，赵主曜光初十三年，后赵王勒太和二年，西历纪元三二九年也。

第三节　前燕之勃兴与后赵之沦灭

上述之前赵、后赵皆为匈奴。继匈奴而兴者，则为东胡民族。东胡民族之根据地，在内蒙古东部。秦汉之交，为匈奴所灭。其遗族散保乌桓山及鲜卑山，因分为二大部落，以山名为部落号。三国时代，乌桓衰亡，其遗族半入于鲜卑，于是鲜卑独盛。西晋中叶以后，中原多故，鲜卑人乘势分股南下，略取辽河流域及河北、山西北境，建立大国。其中崭然露头角者有四，曰慕容氏、曰段氏、曰宇文氏、曰拓跋氏。

一、慕容氏之家世及其建国事迹

慕容氏之祖莫护跋，始自塞外入居辽西棘城（在今津海道，即故永平府昌黎县境内）之北。莫护跋生木延，木延生涉归，迁于辽东之北，世附中国，数从征讨有功，拜大单于。晋武帝太康四年（西历纪元二八三年），涉归卒，弟删篡立。六年，为其下所杀，部众迎立涉归之子廆。廆雄武，有智略，东侵扶余（东夷国名，在今吉林西南境）。扶余王依虑自杀。廆夷其国城，驱万余人而归。时宇文氏、段氏方强，数侵掠慕容氏，廆卑辞厚币以事之。段国单于阶以女妻廆，生皝、仁、昭三子。廆以辽东僻远，徙居徒河（故城在今辽沈道北镇县，即故锦州府广宁县）之青山。惠帝元康四年，徙居大棘城（今辽宁辽沈道义县），击宇文氏，大破之，自称大单于。又破鲜卑素喜木丸部，并其众。是时中国多故，士民避乱者，多北依幽州都督王浚。浚不能存抚，又政法不立，士民往往复去之。段氏兄弟专尚武勇，不礼士大夫。惟廆政事修明，爱重人物，故士民多归之。廆举其英俊，随才授任，国势益振。

长安陷后，廆遣使诣建康劝进。元帝即位，授廆龙骧将军、大单于，封昌黎公。平州刺史崔毖自以中州人望镇辽东，而士民多归廆，心不平，阴说高句骊（东夷国名，在今朝鲜北境与辽宁东境）、段氏、宇文氏，使共攻之。围棘城，廆闭门自守，独以牛酒犒宇文氏。二国疑宇文氏与廆有谋，各引兵归。时宇文氏兵强，带甲数十万，连营四十里。其大人悉独官将以独力攻廆，廆与了翰内外夹击，大破之。悉独官仅以身免，毖奔高句骊，廆遂取辽东，遣使来献捷。太兴四年（西历纪元三二一年），朝廷拜廆车骑将军、平州牧，封辽东公。成帝咸和八年（西历纪元三三三年），廆卒，世子皝立，自称燕王，是为前燕。是时辽西公段末柸已卒，子牙立。疾陆眷之孙辽弑之而自立，攻前燕，取柳城（今热河凌源县）。咸康四年（西历纪元三三八年），皝与后赵王虎合兵击破之，拔其都城令支（县名，今津海道，即故永平府迁安县）。辽奔密云山，遣使请降于燕。皝迎归，杀之。段氏遂衰。

二、后赵之衰乱

晋成帝咸和八年（西历纪元三三三年），后赵主勒殂，太子弘立。九年，从兄虎弑而代之。虎残忍暴虐，尽杀勒子孙。大营宫室，横征暴敛，百姓怨叹。虎子邃、宣，皆凶狼暴厉，有父风，相继以谋大逆伏诛。段辽灭后，前燕与后赵接境，利害渐不相容。成帝咸康六年，虎合兵五十万，具船万艘，自河通海，运谷一百万斛于乐安城（在今津海道乐亭县境内），将大举击燕。燕王皝袭破高阳（国名，今河北保定道蠡县安肃博野等地），焚烧其积聚，赵兵乃还。八年，皝迁都龙城（今热河朝阳县）以逼赵。东击高句骊，破丸都（高句骊都城，在今辽宁东边道辑安县境内）。高句骊王钊请降。越二年（康帝建元二年西历纪元三四四年），复西击宇文部，灭之。其大人逸豆归走死漠北，宇文部由此散亡。又越二年（穆帝永和二年西历纪元三四六年），复袭夫余，虏其王玄，于是东北诸小国皆羁縻于燕。

永和四年（西历纪元三四八年），皝殂，世子俊立。五年四月，后赵主虎殂，太子世立。其兄遵弑而代之。以虎养子冉闵都督中外诸军事。既而忌其勇，谋杀之。是年十一月，闵遂弑遵，立虎庶子鉴为帝。鉴又欲杀闵，闵知胡羯终不为已用，遂率赵人以诛胡羯，无贵贱男女少长皆杀之，死者二十余万人。其屯戍四方者，皆命赵人为将帅者诛之。或高鼻多须，滥死者半。六年闰正月，并弑鉴及虎孙三十八人，尽灭石氏，自称皇帝，改国号曰魏。鉴弟新兴王祗称帝于襄国，胡、羯、氐、羌、段氏、巴蛮六种人据州郡者皆应之，中原大乱，前燕王俊乘势南下，攻拔蓟城，遂徙都之。七年二月，闵攻祗于襄国，祗求救于燕。燕王俊遣兵救之，击败闵兵，乘势略取幽冀部下诸郡。祗遣其将刘显攻邺，为闵所败。显惧，请降，求杀祗以自效，遂还，弑祗而自立。八年正月，闵复攻显，杀之。燕王俊乘衅遣其弟恪率师大举南下。是年四月，击闵于魏昌（县名，故城在今保定道无极县东北二十八里），大破，斩之。遂取邺城，自称皇帝，后赵亡。凡传七主，三十三年（西历纪元三一九至三五一）。时晋穆帝永和八年，燕王俊元玺元年，西历纪元三五二年也。

第四节　前秦之勃兴与黄河流域之一统

一、前秦之建国

后赵衰亡以后，与鲜卑慕容氏同时并起角逐于黄河流域建立大国者，厥为前秦。前秦始祖蒲洪，本略阳临渭（县名，略阳郡治在今渭川道境内）氐酋，骁勇多权略，群氐畏服之。晋怀帝永嘉四年，自称护氐校尉、秦州刺史、略阳公。前赵主曜迁都长安，洪降于赵，曜封洪率义侯。前赵亡后，洪降于后赵。后赵王勒以洪监六夷军事。勒殂后，石虎徙秦雍民及氐羌数十万户以实东方，拜洪龙骧将军、流民都督，居枋头（故城在今河北道，即故卫辉府淇县南八里）。从击燕有功，拜都督六夷诸军事，封西平郡公。虎疾笃，拜洪都督雍秦诸军事，雍州刺史，进封略阳郡公。虎殂，遵立，罢洪都督，洪怒，归枋头。秦雍流民相帅西归，路由枋头，共推洪为主，众至十余万。是时后赵衰乱，洪阴有据关右之志。穆帝永和六年（西历纪元三五〇年），羌酋姚弋仲遣其子襄击洪，洪迎击破之。自称大都督、大将军、大单于、三秦王，改姓苻氏。故赵将麻秋鸩杀之，洪子健斩秋，自称晋征西大将军、都督关中诸军事、雍州刺史。率师西上，是时京兆杜洪据长安，健袭击，破之。三辅郡县皆降，遂入长安，自称皇帝，国号秦，是为前秦。分遣使者问民疾苦，搜罗俊异，轻徭薄赋，凡赵政之不便于民者皆罢之，民是以和。

十一年（西历纪元三五五年），健殂，子生立。性粗暴，尽杀顾命大臣太师鱼遵、丞相雷弱儿、太傅毛贵、司空王堕等。即位未几，后妃公卿以下至于仆隶，凡杀五百余人。群臣得保一日，如度十年。升平元年（西历纪元三五七年），从弟东海王坚弑之而自立。坚知人善任，以北海王猛为谋主，授以国政。举异才、修废职、课农桑、恤困穷、礼百神、立学校、旌节义、继绝世，秦民大悦。

二、前燕之势力扩张

先是后赵末年，中原大乱，冉闵部下徐、兖、荆、豫、洛州皆来降。朝廷乘衅遣兵北伐，恢复河南、淮北诸郡。冉闵灭后，前燕与晋室接境，时起冲突。前燕主儁以其弟太原王恪为大司马，率师东略地，与段部酋长龛冲突。先是段辽为前燕所灭，弟兰收其遗民，居于令支（县名，故城在今河北津海道迁安县）。兰卒，龛领其众，因石氏之乱，南徙广固。晋穆帝永和七年（西历纪元三五一年），据青州来降，拜镇北将军，封齐公。十一年（西历纪元三五五年），恪引兵击之，破广固，执龛，尽取齐地。遂乘胜南下，侵略河南。升平四年（西历纪元三六〇年），儁殂，太子暐立。以恪为太宰，辅政。恪智勇兼济，屡破晋兵，尽取河南淮北州郡，国势日张。

三、前燕之衰亡

帝奕太和二年，恪卒。暐年幼不能亲政。叔祖上庸王评（廆子）以太傅辅政，贪谗娼嫉，黩货无厌。恪弟吴王垂，勇武知兵，善于治国。评忌其才能，不敢用。太和四年，大司马桓温率师伐燕，屡败其兵。进至枋头，评大惧，将奉暐奔龙城。垂自请率师逆战，大破晋兵，温走还。垂威名益振，评愈忌之，垂乃出奔秦。

秦王坚之初即位也，生弟晋公柳据蒲坂，赵公双据上邽，魏公庾据陕城；燕公武据安定，各举兵反。庾求救于燕，燕范阳王德请乘势发兵击秦。太傅评不听。秦讨柳等，皆斩之。国势渐固。

桓温之北伐也，暐遣使求救于秦，许割虎牢以西地。秦人救之，及温退而燕靳不与地，秦人以是怨之，有图燕之志，惮垂不敢发。及闻垂至，秦王坚大喜，郊迎，拜冠军将军。是年十二月，遣王猛等伐燕，取洛阳，河南风靡。次年，复伐燕，克壶关（汉县名，故城在今山西冀宁道长治县东），入晋阳，大破燕太傅评兵于潞川（即漳河在今冀宁道潞城县境）。遂入邺，执燕主暐送长安，前燕亡。凡传四主，五十年（西历纪元三二一至三七〇）。司豫冀青幽并等州皆为秦所有。时晋帝奕太和五年，前燕主暐建熙十一年，前秦王坚建元六年，西历纪元三七〇年也。

四、仇池杨氏之兴亡

前燕已亡，东方无警。秦乃转锋西上，经略仇池。仇池杨氏之祖驹，本略阳清水（今渭川道清水县）氐人，始居仇池（山名，在今渭川道成县西北一百里）。仇池方百顷，其旁平地二十余里，四面斗绝而高，羊肠蟠道三十六回而上。至其孙千万，附魏，封为百顷王。千万孙飞龙浸强盛，徙居略阳，以其甥令狐茂搜为子。晋惠帝元康六年（西历纪元二九六年），茂搜避秦雍氐羌齐万年之乱，帅部落还保仇池，自号辅国将军、右贤王，关中人士避乱者多依之。愍帝建兴元年（西历纪元三一三年），遣其子难敌寇陷梁州，州人张咸等起兵逐之，以州降成。元帝建武元年（西历纪元三一七年），茂搜殂，子难敌立。与弟坚头分领部曲，难敌屯下辨（县名，武都郡属故城在今甘肃渭川道成县西），坚头屯河池（县名，故城在今甘肃渭川道徽县西）。前赵主曜自将击之，难敌兵败，请降，曜封为武都王。成帝咸和九年（西历纪元三三四年），难敌殂，子毅立。咸康三年（西历纪元三三七年），族兄初弑之而自立，称臣于后赵。桓温灭成以后，初遣使来称藩。诏授初雍州刺史，封仇池公。穆帝永和十一年（西历纪元三五五年），毅弟宋奴杀初，初子国复杀宋奴而自立。次年，国从父俊弑国，自立为仇池公。国子安奔前秦。升平四年（西历纪元三六〇年），俊殂，子世立，称臣于晋与前秦，为两属之国。帝奕太和五年（西历纪元三七〇年），世殂，子纂立，始与秦绝。秦王坚遣其宗室西县侯雅与杨安、王统等，帅师伐之。破仇池，纂降。雅送纂于长安。以安为南秦州都督，统为刺史，镇仇池。杨氏亡。凡传八主，七十六年（西历纪元二九六至三七一年）。时晋简文帝咸安元年，前秦王坚建元七年，仇池公纂十年，西历纪元三七一年也。

五、前凉张氏之兴亡

仇池既亡，前凉王张天锡惧，称藩入贡。张天锡者，故太尉凉州牧西平武穆公轨之曾孙，司空凉州牧西平元公实之孙，大将军凉州刺史西平忠成公骏之子也。武穆公轨者，安定乌氏县人，汉赵景王耳十七代孙。惠帝永宁元年（西历纪元三一〇年），拜护羌校尉、凉州刺史。时州境盗贼纵横，鲜卑为寇。轨至，悉讨破之，威著西土。会刘、石乱起，洛阳长安相继沦陷。轨忠于王事，练兵筹饷，接济京师。战比有功，累拜太尉、凉州牧，封西平郡公。愍帝建兴二年，（西历纪元三一四年）薨，诸将奉世子寔嗣位，是为元公。史称之曰前凉。寔绍述父志，世笃忠贞，屡遣兵入援长安。以功累拜司空、凉州牧，袭父爵。元帝太兴三年（西历纪元三二〇年），为妖人刘弘党羽所刺。世子骏幼，诸将奉寔弟茂嗣位，是为成公。乘前赵与陈安构兵之隙，略取陇西、南安（今兰山道故巩昌府），置秦州。陈安灭后，前赵主曜来攻，茂惧，遣使称藩，曜封茂为凉王。明帝太宁二年（西历纪元三二四年），薨。兄子骏嗣，是为忠成公。屡与前赵构兵，互有胜负。前赵亡后，骏与后赵接境，称臣纳贡以求免祸。屡遣使上表于建康，求联兵恢复中原。朝廷嘉之，累拜大将军、都督陕西雍秦凉州诸军事，袭爵西平公。骏勤修庶政，总御文武，咸得其用，民富兵强，远近称之。成帝咸康元年，遣将西伐龟兹、鄯善，西域诸国焉耆、于阗之属，皆诣姑臧（凉州治所故城在今武威县城东二里）朝贡。穆帝永和二年（西历纪元三四六年）薨。世子重华嗣，是为敬烈公。以谢艾为大将，屡破后赵兵。诏命袭父官爵，九年（西历纪元三五三年）薨。子曜灵才十岁，嗣位，是为哀公。重华庶兄祚弑而代之，恣为淫虐。杀重华妃裴氏及谢艾，自称凉王，改元，用天子礼乐。十一年（西历纪元三五五年），将军宋混等起兵讨斩之。而立曜灵之弟玄靓，去王号，仍称凉州牧，是为敬悼公。哀帝兴宁元年（西历纪元三六三年），叔父天锡弑之而自立，称藩于秦。秦王坚拜天锡大将军、凉州牧，封西平公。天锡荒于酒色，不亲庶务。孝武帝太元元年（西历纪元三七六年），秦遣将军苟苌、梁熙将兵击之。天锡将马建迎降，掌据战死。秦兵遂至姑臧，天锡面缚舆榇出降，凉亡。凡传九世，七十六年（西历纪元三〇一至三七六）。时秦王坚建元十二年，天锡嗣位后第十三年也。

六、代之兴亡

前凉既亡，西方无警，秦乃转锋北上，经略察绥及山陕北境。是时山陕北部尚为鲜卑拓跋氏所据。拓跋氏者史称之曰索头部，其先世居北荒，至可汗毛，始强大。统国三十六，大姓九十九。后五世至可汗推寅，南迁大泽，又七世至可汗邻，分部众为十族。邻老，子诘汾立。南迁匈奴故地，诘汾殂，子力微立。复徙居定襄之盛乐（故城，即今绥远省城归绥县之归化城），部众寖盛，诸部畏服之。蜀汉后主景耀四年，始遣子沙漠汗入贡于魏，因留为质。沙漠汗久留中国，既还，诸部大人共谮而杀之。晋武帝咸宁三年（西历纪元二七二年），力微以忧殂，时年一百四。子悉禄立，国势遂衰。太康七年（西历纪元二八六年），悉禄殂，弟绰立。惠帝元康三年（西历纪元二九三年），绰殂，子弗立。次年，弗殂，叔父禄官立。禄官分其国为三部，一居上谷之北，濡源（濡音滦，即今河北东北境之滦河源出独石口外一百余里之巴延屯图古尔山）之西，自统之；一居代郡参合陂（在今山西雁门道朔县境内）之北，使兄沙漠汗之子猗㐌度漠北巡。因西略诸国，积五岁，降附者三十余国。刘渊之起兵叛晋也，并州刺史东嬴公腾乞师于猗㐌，猗㐌与猗卢合兵击渊于西河（郡名，今山西冀宁道汾阳离石等县），败之。诏假猗㐌大单于。

永兴二年（西历纪元三〇五年），猗㐌卒，子普根袭位。怀帝永嘉元年（西历纪元三〇七年），禄官殂，猗卢总摄三部。助并州刺史刘琨讨匈奴别部刘虎有功，诏拜大单于，封代公。猗卢以封邑去国悬远，民不相接，乃帅部落万余家，自云中入雁门，从琨求陉北之地。琨欲倚之为援，乃徙楼烦（今雁门道朔县）、马邑（今山西雁门道神池五寨二县地）、阴馆（今雁门道代县西北部及山阴县）、繁畤（今雁门道繁峙县）、崞（今雁门道崞县）五县民于陉南，以其地与猗卢。猗卢城盛乐以为北都，治故平城为南都。又作新平城于㶟水（即桑乾水之源出雁门道马邑县西北十里洪涛山下）之阳（当在今雁门道应县境内），使其子六修居之，统领南部，国势益盛。寻以助刘琨讨前赵有功，进爵为王。愍帝建兴四年（西历纪元三一六年），六修作乱，弑猗卢，普根讨斩之而自立。寻殂。其子始生，猗㐌妻惟氏立之。未几，复殂。国人立其从父郁律。郁律善用兵，击刘虎，大破之。虎走出塞，郁律西取乌孙故地（今伊犁河流域），东兼勿吉（今松花江流域）以西，士马精强，雄于北方。惟氏忌其强，元帝太兴四年（西历纪元三二一年），弑之而立子贺傉，临朝称制。明帝大宁三年（西历纪元三二五年），贺傉殂，弟纥那立。成帝咸和四年（西历纪元三二九年），贺兰部及诸大人共立郁律之子翳槐为王，纥那奔宇文氏。咸康四年，西历纪元三三八年翳槐殂，弟什翼犍立。

自猗卢卒后，国多内难，部落离散。什翼犍雄勇有智略，能修祖业，国人附之。始置百官，分掌众务。始制反逆杀人奸盗之法，号令明白，政事清简，国人安之。于是东自涉貊（今乌苏里江图们江流域），西及破落那（古大宛，今俄领中亚费尔干省），南距阴山，北尽沙漠，率皆归服，有众数十万人。

晋孝武帝太元元年（西历纪元三七六年），什翼犍与匈奴刘卫辰（虎之孙）搆兵，卫辰求救于秦。秦王坚遣其弟行唐公洛，率师十万击代，大破其兵。是时什翼犍年渐高，世子寔早卒，诸子争立。庶长子寔君遂杀诸弟，并弑什翼犍。秦将军李柔等擒寔君，斩之，代亡。自猗卢建国至是，凡传七世，七十年（西历纪元三〇七至三七六）。时秦王坚建元十二年，代王什翼犍三十九年也。

七、西域之归附

前燕、仇池、凉、代皆亡，黄河流域为前秦所统一。北方无警，秦乃分兵经略西域。晋孝武帝太元七年（西历纪元三八二年），车师鄯善入朝于秦，请为乡导，以伐西域之不服者。因如汉法置都护以统理之。秦王坚以将军吕光为都督，总兵十万以伐西域。光行越流沙，焉耆等国皆降。惟龟兹固守，光进攻，大破之。入据其城，抚宁西域，恩威甚著，远方诸国皆来归附。西域自汉末与中国绝，凡二百三十余年（一五二至三八四），至是复通。于是东夷西域诸国来朝贡于秦者六十二国，时太元九年，秦王坚建元二十年，西历纪元三八四年也。

第五节　前秦之衰亡与黄河流域之瓦解

一、淝水之战

前燕、仇池、凉、代皆亡，西域诸国亦归附，秦乃转锋南下，侵略晋室领土。孝武帝宁康元年（西历纪元三七三年），攻陷梁、益二州。太元三年（西历纪元三七八年），陷南阳、襄阳、彭城、淮阴（今淮阳道西部）、魏兴（今襄阳道西部）盱眙（今淮泗道东部）等郡。于是扬子江上流及汉水淮水流域，皆为所有。前锋进逼广陵（今淮扬道东部），江南大震。监江北军事谢玄击破其兵于三阿（今江苏淮扬道高邮县北阿镇），秦兵乃退。王猛卒后，秦王坚渐骄。屡次动兵，民疲于役。国内种族太杂，匈奴、鲜卑、西羌，皆与氐为世仇。坚重用其酋豪，委以兵柄。孝武帝太元七年（西历纪元三八二年），坚谋大举南侵。左仆射权翼、右卫率石越及坚弟阳平公融、太子宏、幼子诜，与所幸张夫人等皆谏，不听。八年（西历纪元三八三年）八月，大举入寇。戎卒六十余万，骑二十七万，东西并进。以融为征南大将军，率师三十万，先至颍口（颍水入淮之口，在今安徽淮泗道寿县正阳关口）。

是时晋室以谢安为相，桓冲为大将，政事修明。安兄子玄勇武知兵，朝廷使监江北军事，镇广陵。募骁勇之士，得彭城人刘牢之等数人，以为参军。常领精卒为前锋，战无不克，时号北府兵，敌人畏之。至是朝廷以安弟尚书仆射石为征讨大都督，玄为前锋都督，将兵八万拒秦。是年十一月，秦阳平公融攻破寿阳（今寿县），刘牢之以精兵五千击其前锋，破之，杀其将梁成。石等进军与秦兵夹淝水（在今寿县境内）而阵。玄遣使谓融："请移阵小却，使我兵得渡以决胜负。"秦王坚欲乘晋师半济而击之，乃麾阵使却。秦兵遂退，不可复止。玄等引兵渡水击之，融骑而略阵，欲以率退者，马倒为晋兵所杀，秦兵遂溃。玄等乘胜追击，秦兵大败，自相蹈藉而死者，蔽野塞川。其走者闻风声鹤唳，皆以为晋兵且至。昼夜不敢息，草行露宿，重以饥冻，死者十七八，坚走还长安。

淝水之战表　（据本国史表解卷上转载）

- 一、两方将领
  - 秦——苻融，张蚝，慕容垂，姚苌等
  - 晋——谢石，谢玄，谢琰，刘牢之等
- 二、两方兵力
  - 秦——戎卒六十万，骑二十七万
  - 晋——兵卒八万，精骑五千
- 三、战时状况
  - 晋兵逼淝水而阵，请秦兵稍退
  - 秦麾兵使却，朱序阵后呼败，遂退不可复止
- 四、胜败原因
  - 秦败
    - 一、苻坚违众举事，人心不齐
    - 二、恃众轻敌，犯兵家之忌
    - 三、秦之部曲，半皆亡国遗族，尝思乘隙而起
  - 晋胜
    - 一、晋人怵于危亡，合力致死
    - 二、大敌当前，出以镇静
    - 三、晋之将帅，皆中原士大夫，与国家关系密切

二、后燕之建国

初，秦王坚之南侵也，大臣多谏，独慕容垂、姚苌劝行。淝水败后，秦兵皆溃，独垂所将三万人全师而返。坚以千余骑赴之。垂子宝劝垂乘隙取坚，垂不听，悉以兵授坚。从行至渑池（县名，今属河洛道），请于坚，愿奉诏书镇慰北方，坚许之。行至邺西，潜与燕故臣谋复燕祚。会丁零翟斌叛秦，谋攻洛阳。坚驿书使垂讨之，遣族人苻飞龙帅氐骑一千监其军。垂留其子农等于邺，而自与飞龙南行。至河内，夜袭飞龙军，尽杀之。遂与斌合。秦豫州牧平原公晖遣骁将毛当击斌，垂从子凤大破之，斩当。农等亦奔列人（今大名道肥乡县）起兵，与秦冀州牧长乐公丕战，大破之，杀其骁将石越。斌推垂为盟主。太元九年正月，垂自称燕王，是为后燕世祖。合兵攻邺，分兵侵略河北山东诸郡，十年，拔邺，关东六州郡县多降，遂定都中山。

三、西燕之建国

毛当、石越之败死也，秦人骚动，盗贼蜂起。故燕主暐之弟济北王泓起兵华阴（县名，今属关中道），自称雍州牧。秦王坚以其子钜鹿公睿为大将，率师五万击之。以姚苌为睿司马，泓惧，将奔关东。睿粗猛轻敌，欲驰兵邀之，苌谏，不听。进兵击泓，败死。泓弟中山王冲亦起兵平阳，秦遣窦冲击之。冲兵败，奔华阴。泓众至十余万，遂进逼长安。泓部将高盖等以泓德望不如冲，且持法苛峻，乃杀泓，奉冲为主。太元十年正月，据阿房城，自称皇帝，是为西燕。

四、后秦之建国

钜鹿公睿之败死也，姚苌遣长史诣坚谢罪。坚怒，杀之。苌惧，奔渭北马牧（牧马苑也）。天水尹纬、尹详、南安庞演等，纠煽羌豪，推苌为盟主，徙屯北地（今甘肃泾原道），自称秦王，是为后秦太祖。

姚苌者，南安赤亭（今兰山道，即故巩昌府陇西县）人，羌酋烧当之苗裔也。东汉初年，烧当七世孙填虞寇扰西州，为马武所败，走出塞。其后滇良、滇吾、迷吾、号吾、迷唐等屡为边患，西方骚动，朝廷为之旰食。东汉末年，虞九世孙迁那率种人来归，汉廷嘉之，处之赤亭。那玄孙柯回生弋仲，始以姚为姓。弋仲少英毅，不营产业，惟以收恤为务，众皆畏而亲之。永嘉之乱，东徙榆眉（故城在今关中道，即故凤翔府汧阳县东三十里），戎夏襁负随之者数万。自称护西羌校尉、雍州刺史、扶风公。前赵主曜灭陈安，弋仲送任请降。曜拜弋仲平西将军，封平襄公，居之陇上。后赵灭前赵，徙氐羌十五万落于司冀州。以弋仲为六夷左都督，石虎摄政。徙秦雍豪杰于关东，以弋仲为西羌大都督，封襄平县公，居清河。冉闵之乱，弋仲起兵讨之。后赵主祗拜弋仲右丞相，待以殊礼。弋仲阴有据关右之志，遣其子襄击蒲洪，为洪所败。会刘显弑祗，石氏尽灭。弋仲乃遣使来请降于晋，诏授弋仲车骑大将军、六夷大都督。穆帝永和八年（西历纪元三五二年）卒，子襄代领其众。

襄少有高名，雄武冠世，好学，善谈论。受父遗命，率众来归。诏处之谯城（今淮泗道亳县，即故颍州府亳州）。襄以燕秦力强，无意北伐，乃移屯历阳（今安庆道和县）。夹淮广兴屯田，训厉将士以为后图。是时殷浩柄政，嫉襄强盛，迁之蠡台（今开封道商丘县，即故归德府），表授梁国内史。九年七月，遣将军魏憬袭之，败绩。十月，自将击之，亦败。襄复渡淮，屯盱眙，招掠流民，众至七万。分置守宰，劝课农桑，所部多劝北还，乃移据许昌。十二年，诏桓温为征讨大都督，督诸军讨之。破其兵于伊水，襄北走，据襄陵（县名，故属平阳府今属河东道）。次年移据黄落（今黄堡镇在关中道同官县），将图关中。前秦遣将军邓羌等率师击斩之。弟苌以众降秦。秦王坚以为将，屡立战功。至是始叛秦，屯北地，羌胡归之者甚众。秦王坚自将击之，不克。

五、前秦之衰亡

西燕之破灭。西燕主冲既据阿房，攻长安甚急，秦王坚乃还长安，与西燕相持。后秦王苌乘虚侵略岭北诸郡（即九嵕山北新平北地安定等郡），皆下之。西燕屡破秦兵，长安城中食尽，人相食。秦王坚乃出奔五将山（在关中道岐山县北三十里）。冲入长安，纵兵大掠，死者不可胜计。后秦王苌遣兵围五将山，执坚以归，弑之。时太元十年，西历纪元三八五年也。

是时邺城被围已久，刍粮俱尽。秦冀州牧长乐公丕弃邺城，将赴长安。将军张蚝、并州刺史王腾，迎入晋阳。得坚凶闻，乃发丧，称皇帝。西燕主冲乐在长安，且畏后燕王垂之强，不敢东归。课农筑室，为久居之计，鲜卑咸怨。大元十一年，左将军韩延因众心不平攻弑冲，立冲将段随为燕王。左仆射慕容恒、尚书慕容永，复袭杀随，立宜都王子颛，帅鲜卑男女四十余万口，去长安而东。恒弟韬杀颛，恒又立冲之子瑶，永又杀瑶而立泓之子忠，寻复弑之而自立。至闻喜（县名，旧属绛州今属河东道），遣使诣秦主丕，求假道东归，丕不许。与战于襄陵（今山西河东道，县名），秦兵大败。是时河南诸郡已悉为谢玄所恢复，丕奔东垣（故城在今河洛道新安县），将袭洛阳。将军冯该自陕邀击，杀之。永进据长子（县名，旧属潞安府今属冀宁道），称皇帝，于是河东皆入于永。是时长安空虚，后秦王苌始取长安，称皇帝。关中皆入于后秦，而陇西犹为前秦守。

先是河州刺史卫平衰老，枹罕（县名，故城在今兰山道导河县治西）诸氐废之，推前秦主丕从子狄道（县名，属兰山道）长登为雍河二州牧。帅众下陇，攻南安（故城在今陇西县东二十五里），拔之。驰使请命于丕，丕封以为南安王。登屡破后秦兵，至是闻丕凶问，乃发丧即位于南安，自将兵伐后秦。连兵数年，互有胜负。太元十四年，后秦主苌袭破秦辎重于大界（地名，在安定新平之间)，登后毛氏战没，登众渐衰。十八年，秦丞相窦冲叛降后秦，苌使太子兴救之，遂袭平凉，大获而归，登势日蹙。十九年（西历纪元九三三年)，苌殂，兴立。自将击登，杀之。登太子崇立，奔湟中，寻与陇西王杨定合兵攻西秦，为西秦王乞伏乾归所败，见杀。前秦亡。凡传六主，四十四年（西历纪元三五一至三九四)。雍秦二州皆入于后秦。

是年，后燕主垂围长子，拔之，杀西燕主永，西燕亡。凡传六主，十年（西历纪元三八五至三九四)。幽、冀、并三州皆入于后燕。时晋孝武帝太元十九年，前秦主崇延初元年，后秦主兴皇初元年，后燕主垂建兴九年，西燕主永中兴九年，西历纪元三九四年也。

第六章　东晋之中原恢复策

东晋偏安江左，时常以恢复中原为念。顾其所以不能成功者，有二大原因：一东晋君主多昏庸、或幼弱、或不永年，不足以大有作为，故无对外发展势力之能力；二东晋大臣多跋扈、或叛逆，中央政府实权，或为权臣所把持，或虽不在权臣手，而政府当局者，时常须分出一大部分精神，以对付强藩，或受强藩所操纵，不能用全副精神对外，故所收效果有限故也。兹分述其事迹如下。

第一节　元帝之绍统

初，琅玡武王伷生恭王觐，觐生睿，袭封琅玡王。东海王越之起兵也，以睿为平东将军，监徐州诸军事，留守下邳。俄转安东将军，都督扬州诸军事，镇建业（今江宁县）。睿以王导为谋主，王敦、陶侃、周访等为大将，讨荆扬群盗杜弢、杜曾等，悉平之。愍帝即位，拜左丞相、督陕东诸军事，寻进位丞相，都督中外诸军事。长安陷后，诸将奉睿为晋王。愍帝遇弑，即皇帝位，是为元帝。是时黄河流域及扬子江上流流域皆陷，晋室所有者，仅荆、扬、江、湘、交、广、宁七州。建都建康（建业改名），号为东晋。诸大臣多宴安江左，无北伐之志。其慨然以恢复中原为己任者，仅有祖逖一人而已。

第二节　祖逖之北伐

祖逖者，范阳人。少有大志，与刘琨相友善。中原乱后，逖渡江，依元帝，帝为丞相，拜逖军谘祭酒。逖居京口（今丹徒县，故镇江府），纠合骁健，请自为前锋，进兵恢复中原。帝素无北伐志，拜逖豫州刺史，给千人廪，布三千匹，不给铠仗，使自召募。逖将其部曲百余家，渡江屯淮阴（今江苏淮扬道淮阴县），起冶铸兵，募得二千余人而后进。元帝建武元年，遂取谯城（今安徽淮泗道亳县），河南诸坞多降。与后赵将桃豹战，屡破其兵，进屯雍丘（今开封道杞县），尽复河南诸郡。练兵积谷，为恢复河北计。会大将军王敦与尚书令刁协、青徐都督刘隗构衅，内乱将作。逖知大功不成，感激发病。元帝太兴四年，卒于雍丘。诏以其弟约代之。约无绥御之才，不为士卒所附。后赵屡寇河南诸郡，约兵败，退屯寿春。数年之间，淮北复沦于左衽矣。

第三节　王敦之乱

王敦者，导之从兄。愍帝时代，以讨平江南群盗功，拜镇东大将军，都督江扬、荆、湘、交、广六州诸军事，江州刺史。元帝即位，进位大将军，领江州牧。敦恃功骄横，阴有不臣之志，帝畏而恶之。乃引刘隗、刁协等为腹心，稍抑损王氏之权。导亦渐见疏外。导能任真推分，澹如也，而敦益怀不平。太兴三年（西历纪元三二〇年），梁州侨治襄阳刺史周访卒。四年（西历纪元三二一年），豫州刺史祖逖卒。敦益无所忌惮。永昌元年（西历纪元三二二年），遂举兵反。前锋至石头（在今江宁县城西二里），将军周札开门纳之。敦据石头，纵兵劫掠，宫省奔散。敦杀骠骑将军戴渊、尚书仆射周𫖮及诸异己者，分兵攻陷长沙、襄阳，杀湘州刺史谯王承、梁州刺史甘卓，改易百官及诸军镇，惟意所欲。四方贡献多入其府，将帅岳牧皆出其门。帝在位六年，以是年闰十一月，忧愤成疾崩。太子绍即位，是为明帝。

明帝明敏有机断，任用王导以抵制敦。敦谋篡位。太宁二年（三二四年），诏以导为大都督，与丹阳尹温峤、将军郗鉴等，分督诸军以讨之。是时敦已病笃，闻诏，复反。遣其兄含率师五万，奄至江宁南岸，人情恟惧。帝亲率诸军讨破之。敦闻含败，愤恚而卒。含奔荆州，为刺史王舒所杀。余党钱凤、沈充等皆伏诛，于是朝廷大权复归于帝室。

第四节　苏峻之乱

明帝在位三年，以太宁三年（西历纪元三二五年）崩。司徒王导、中书令庾亮、尚书令卞壸等受遗诏辅政，太子衍即位，是为成帝。年甫五岁，不能亲政，尊皇后庾氏为皇太后，临朝称制。亮以帝舅秉国钧，特见信任。亮褊急操切，任法裁物，颇失人心。豫州刺史祖约、历阳内史苏峻等皆不平。峻屡立战功，威望渐著，卒锐器精，有轻朝廷之意。招纳亡命，众力日多，皆仰食县官。稍不如意，辄肆忿言，亮疑而畏之。咸和二年，（三二七年）征峻为大司农，王导、卞壸恐激成剧变，力言其不可。温峤亦累书止亮，亮不听；峻辞，不许。遂联合祖约举兵反，袭陷姑孰（城名，在今芜湖道当涂县）。朝廷遣亮督诸军讨之，江州都督温峤、徐州都督郗鉴，各欲起兵勤王，亮不许。三年（西历纪元三二八年）正月，峻兵袭陷慈湖（水名，在今芜湖道当涂县城北六十五里），杀将军司马流。由小丹阳（在江宁县南与安徽芜湖道当涂县接界，因丹阳尹治建康故称丹阳县为小丹阳）步行袭建康。卞壸督军拒战于西陵（在当涂县牛渚山东北），败绩，死之。亮奔寻阳（今江西浔阳道九江县），依温峤。峻兵犯阙，皇太后庾氏以忧崩。峻迁帝于石头，自为骠骑将军，录尚书事，专国政。温峤、郗鉴，与荆州都督陶侃等，起兵勤王，击破峻兵于石头城下，斩峻于阵前。余党奉峻弟逸为主，挟帝固守石头不下。祖约为后赵所攻，奔历阳，四年（西历纪元三二九年）正月，将军赵胤攻拔历阳，约奔后赵，后赵主勒族诛之。二月，诸军攻破石头，诛逸及其党，乱平。

第五节　康穆之幼冲　何庾之辅政

是时后赵之势方张，王导辅政，内乱踵作，汲汲谋自保，不敢更言北伐。咸康五年（西历纪元三三九年），导卒。诏以何充为护军将军，庾冰为中书监、扬州刺史，参录尚书事，辅政。冰经纶时务，不舍昼夜，宾礼朝贤，升擢后进，朝野翕然，称为贤相。帝在位十六年，以咸康八年（三四二年）崩。皇弟琅玡王岳即位，是为康帝。在位二年（三四四年）崩。太子聃即位，是为穆帝，年方二岁。皇太后褚氏临朝称制。庾冰、何充相继卒，以叔祖会稽王昱为抚军大将军，录尚书六条事；顾和为尚书令；殷浩为扬州刺史，辅政。昱美风仪，善容止，留心典籍，清虚寡欲，尤善玄言，而无经世大略；和、浩皆书生，无政治手腕。于是朝廷大权，渐入于方镇之手。

第六节　桓温之西征　成李氏之兴亡

初，晋室之南迁也，以扬州为京畿，谷帛所资出焉；以荆江为重镇，甲兵所聚在焉；常使大将居之。三州户口，居江南之半。陶侃、温峤卒后，庾亮及其弟冰、翼，相继为荆江都督，屡出兵伐后赵，谋逐渐恢复中原，不克。穆帝永和元年（西历纪元三四五年），翼卒。诏以桓温为荆州刺史，都督荆梁等六州军事，代翼。桓温者，谯国人，父彝为宣城（旧宁国府今宣城县）内史。苏峻之乱，起义兵讨之，不克而死。温尚明帝女南康公主，豪爽有雄略。初为琅琊内史，佐翼经略中原。渐擢至徐州刺史，至是遂以代翼。二年（西历纪元三四六年），率师伐汉。汉之先本为巴氏，秦以前已居于巴。秦并天下，以其地为黔中郡，薄赋其民，口出钱四十，巴人谓赋为宝，因以为名焉。汉末，张鲁据汉中。宝人（在今四川嘉陵道广安县）李氏自巴西宕渠（县名，故城在今四川东川道渠县东北）往依之。魏武帝克汉中，以李虎为将军，迁之略阳，号曰巴氐。其孙辅、特、庠、流、骧，皆有材武，善骑射，性任侠，州党多附之。晋惠帝初年，秦雍氐羌齐万年反，关中荐饥。略阳天水等六郡流民移入汉川者数万家，道路有疾病穷乏者，特兄弟赈救之，由是得众心。流民至汉中，上书求寄食巴蜀，朝议遣侍御史李苾持节慰劳。且监察之不令入剑阁，蕊受流民赂，表言“流民十万余口，非汉中一郡所能赈赡，蜀有仓储，宜令就食”。从之。由是散在梁益，不可禁止。益州刺史赵廞见晋室衰乱，阴有据蜀之志，乃倾仓廪赈流民以收众心。以李特兄弟材武，其党类皆巴西人。与廞同郡，厚遇之，以为爪牙。永康元年（西历纪元三〇〇年），遂据成都反，李庠以众四千人归之。庠骁勇得众心，廞嫉而杀之。次年（永宁元年西历纪元三〇一年），特袭杀廞，遣使诣洛阳，陈廞罪状。朝廷以罗尚为益州刺史，符下秦雍，召还流民入蜀者，州郡逼遣，人人愁怨，相率归特。是年十月，特袭据广汉（县名，属西川道），屡破尚兵，进攻成都，与民约法三章，蜀民大悦，其相据为坞者皆送款于特，特分流民于诸坞就食。太安二年（西历纪元三〇三年），尚乘其势分，袭破其兵。斩特及辅，弟流代领其众，徙据郫城（县名，旧属成都府今属西川道），与尚相持。是年，流卒。特子雄代领其众，遂破成都，尽有益州之地。永兴元年（西历纪元三〇四年），自称成都王，寻称成帝。愍帝建兴元年（西历纪元三一三年），仇池将杨难敌袭陷梁州。次年（西历纪元三一四年），州人张咸起兵逐难敌，以州降成。于是汉嘉、涪陵、汉中之地，皆为成有。雄虚己好贤，随才授任，刑政宽简，狱无滞囚，轻徭薄赋，百姓称便。是时天下大乱，而蜀独无事。年谷屡熟，境内小康，雄立兄荡之子班为太子。成帝咸和九年（西历纪元三三四年），雄殂，班立。雄子越弑之而立弟期。期骄虐，多所诛杀。从叔梁州刺史汉王寿（特弟骧之子）素贵重，有威名，尤为期民所。咸康四年（西历纪元三三八年），寿作乱，自涪袭成都，弑期而自立。尽杀雄诸子，改国号汉。大修宫室，民疲于役，思乱者众。康帝建元元年（西历纪元三四三年），寿殂，子势立，骄淫不恤国政，罕接公卿，信任左右，谗谄并进，刑罚苛滥，中外离心。至是温乘隙率轻兵伐之，破其兵于笮桥（在今成都县城西四里），势面缚舆榇降，成亡。凡传五主，四十四年（西历纪元三〇四至三四七）。时晋穆帝永和三年，汉主势嘉宁二年，西历纪元三四七年也。

第七节 桓殷之构衅 桓温之北伐 桓温之废立

温既灭蜀，以功拜征西大将军。既据上流，地广兵强，有轻朝廷之意。会稽王昱以殷浩有盛名，朝野推服，乃引为心膂，欲以抗温。由是与温寖相疑贰，是时后赵方乱。永和五年（西历纪元三四九年），朝廷遣徐兖都督褚裒伐之，战于代陂（在彭城鲁郡间），败绩，引还。七年（西历纪元三五一年），后赵青、徐、兖、荆、豫、洛等州相继来降，于是自河以南多羁縻于晋。八年（西历纪元三五二年），殷浩使督统谢尚、荀羡进屯寿春，经略中原。赵降将张遇据许昌，叛降于前秦，尚等击之，败绩。九年（西历纪元三五三年），浩复自将北伐，为姚襄所袭，亦败。温因朝野之怨，上疏请废之。朝廷不得已，免浩为庶人。自此内外大权一归于温。

十年（西历纪元三五四年），温率师伐秦。入自武关，大败其太子苌兵于蓝田。进军灞上，三辅郡县皆降。民争持牛酒迎劳，耆老有垂泣者曰："不图今日复睹官军。"温复与秦丞相东海王雄兵战于白鹿原（在蓝田县西五里），不利，死者万余人。初，温指秦麦以为粮，既而秦人悉芟麦，清野以待之。温军乏食，徙关中三千余户而归。

十二年（西历纪元四五六年），温奉诏督诸军北讨姚襄，败其兵于伊水，遂入洛阳。于是河南复入于晋。是年前燕大司马慕容恪破青州，执镇北将军段龛。进寇河南诸郡，围洛阳。徐兖都督荀羡、郄昙、司豫监军谢万等屡出兵击燕，皆不利。帝在位十七年，以升平五年（西历纪元三六一年）崩。成帝长子琅琊王丕即位，是为哀帝，在位四年，以兴宁三年（西历纪元三六五年）崩。弟琅琊王奕即位，是为废帝。是时桓温专政已久，进位大司马，都督中外诸军、录尚书事，领扬州牧，移镇姑孰。燕人乘中国多故，连陷河南诸郡，遂破洛阳，将军沈劲死之。复寇山东，陷兖州部下诸郡。徐兖刺史庾希退屯山阳（旧淮安府，今淮安县），豫司监军袁真退屯寿阳（旧寿州，今寿县）于是淮北皆陷。帝奕太和四年（西历纪元三六九年），温自将步骑五万北伐，屡破燕兵。进至枋头，燕主暐大惧，谋奔和龙（即龙城）。吴王垂力谏，乃以垂为都督，率众五万拒温。战于枋头，王师不利。温引还。

是时征役既频，加以疫疠，死者十四五，百姓嗟怨。温恃才略位望，阴蓄不臣之志，欲先立功河朔以收时望，还受九锡。及枋头之败，威名顿挫。乃用其客郄超计，欲行废立以镇压四海。越二年（简文帝咸安元年，西历纪元三七一年），入朝，诬帝有痿疾，废帝为东海王，杀皇子三人及其母，迎会稽工昱入即位，是为简文帝，次年（西历纪元三七二年）崩。遗诏令温居摄。侍中王坦之于帝前毁诏书，与仆射王彪之、吏部尚书谢安等奉太子昌明即位，是为孝武帝。

第八节　谢安之相业　谢玄之武功

温初望简文帝临终禅位，不尔便当居摄。既不副所望，颇怏怏。安与坦之尽忠帝室，屡设计阻温，使不得遂所欲，颇为温所嫉，欲杀之，未果。次年（孝武帝宁康元年，西历纪元三七三年）温卒，弟冲代温督扬、豫、江州军事，尽忠帝室，与彪之、安、坦之等同心辅政。是时前秦方强，乘晋室主少国疑之际，寇陷梁、益二州，进攻汉水、淮水流域。宁康三年（西历纪元三七五年），坦之卒。越二年（太元二年，西历纪元三七七年），彪之卒。冲以安有重望，以扬州让安。诏以安为中书监，扬州刺史、录尚书事，辅政。冲都督江、荆等州军事，守上游，安兄子玄监江北军，守下游，以拒秦。是时秦人屡入寇，连陷南阳、襄阳、魏兴、盱眙、彭城、淮阴等郡，众心危惧。安每镇以和静，其为政务举大纲，不为小察。朝廷累进其官，安每辞不受。淝水之役，秦人势大，朝野恟惧。虽桓冲亦深以根本为忧，安以弟石为大将，兄子玄为前锋，子琰为偏将，督诸军拒战。调兵转饷，步骤不紊，故为镇静以安人心。及秦兵已败退，朝廷赏安之功，进位太保，都督十五州诸军事。安上书请乘苻氏倾败，开拓中原。太元九年（西历纪元三八四年），以玄为前锋都督，大举伐秦，恢复青、徐、兖、司、豫等州，于是山东、河南、淮北诸郡皆入于晋。复遣梁州刺史杨亮等率师伐蜀，连克汉中、成都，于是梁、益二州亦入于晋，王师大振。

第九节 会稽王道子之弄权 王恭殷仲堪之跋扈

太元十年（西历纪元三八五年），安卒。十三年（西历纪元三八八年）正月，玄卒。十二月，石卒。以皇弟会稽王道子领扬州刺史，录尚书，都督中外诸军事。于是朝廷大权归于道子。帝在位既久，溺于酒色，委政于道子。道子亦嗜酒，日夕与帝以酣歌为事。又崇尚浮屠，穷奢极费。所亲昵者，皆姏（老妇能以言悦人者）姆女师僧尼。近习弄权，交通请托，贿赂公行，官爵滥杂，刑狱谬乱。道子恃宠骄恣，侍宴酣醉，或亏礼敬。帝寖不能平，乃擢用王恭、殷仲堪、王殉、王雅等，居内外要职以防之。道子亦引王国宝、王绪为心腹，由是朋党竞起，无复向时友爱之欢矣。帝嗜酒，流连内殿，外人罕得进见。太元二十一年（西历纪元三九六年）九月，醉寝清暑殿，贵人张氏以被蒙帝面而弑之，凡在位二十四年。是时太子暗弱，道子昏荒，遂不复推问。太子德宗即位，是为安帝。

安帝幼而不慧，口不能言，寒暑饥饱亦不能辨，饮食寝兴皆非己出。母弟琅琊王德文尝侍左右，为之节适。王国宝、王绪党附道子，共为邪陷，恶王恭、殷仲堪，欲裁损其兵权。时恭方都督青兖，镇京口。次年（隆安元年，西历纪元三九七年）遂以诛国宝等为名，举兵反。道子惧，杀国宝、绪以谢恭，恭乃罢兵还镇。道子忌恭等之强，以其世子元显为征虏将军，司马王愉为江州刺史，引谯王尚之及弟休之为腹心以防之。南郡公桓玄以仕宦不得志，亦深憾朝廷，说荆州都督殷仲堪与恭联合。隆安二年（西历纪元三九八年），恭以讨王愉及尚之兄弟为名，复举兵反。仲堪以玄及南郡相杨佺期为前锋，举兵应之。袭破江州，执愉，朝廷大震。恭素以才地傲物，既杀王国宝，自谓威无不行，仗司马刘牢之为爪牙，而以部曲将遇之。牢之负才怀恨，元显知之，遣人说牢之使叛恭，事成授以恭位号。牢之乃执恭以降，送京师，斩之。俄而玄、佺期奄至石头，仲堪奄全芜湖，上书为恭申理。道子用桓修计，以重利啗玄与佺期，使倒戈取仲堪。乃以玄为江州刺史，佺期为雍州刺史，玄等喜于朝命，不复进兵，仲堪不得已，罢兵还镇。

已而玄复与仲堪有隙。隆安三年（西历纪元三九九年），举兵攻江陵，杀仲堪、佺期，表求兼领荆江。朝廷不得已，以玄为都督荆、江、司、雍、秦、梁、益、宁八州及扬豫八郡军事，荆江州刺史，于是扬子江上流皆入于玄，有晋室天下三分之二，异志渐萌矣。

第十节 桓玄之乱

桓玄者，温之少子。温卒后，袭爵南郡公。负其才地，以雄豪自处。

朝廷疑而不用，年二十三，始拜太子洗马。尝诣琅琊王道子，值其酣醉，张目谓众客曰："桓温晚途欲作贼云何。"玄伏地流汗不能起。由是益不自安，尝切齿于道子。后出补义兴（今江苏苏常道宜兴县）太守，郁郁不得志。叹曰："父为九州伯，儿为五湖长。"遂弃官归国。至是表其兄伟为江州刺史，镇夏口。部将刁畅督八郡，镇襄阳。数使人上己符瑞，欲以惑众。又致笺于会稽王道子，为王恭申理，朝廷大惧。是时道子年高，世子元显自为扬州刺史、录尚书、都督十六州诸军事，与之争权。父子之间，各分朋党，号称东录西录（道子府在东元，显府在西）。元兴元年（西历纪元四〇二年）正月，元显用其党张法顺计，自加征讨大都督，假黄钺，大举击玄。以青兖都督刘牢之为前锋，谯王尚之为后部。玄闻变，遂举兵反。牢之素恶元显，又虑功高不为所容，自恃材武，拥强兵，欲假玄以除执政，复伺玄隙而自取之。是年二月，玄兵至姑孰，牢之叛附于玄。元显军溃，玄入建康。自以太尉总百揆，录尚书都督中外诸军事。杀元显及谯王尚之等，夺牢之兵，以为会稽内史，牢之自杀。复杀会稽王道子。次年（元兴二年，西历纪元四〇三年）九月，自为相国，封楚王，加九锡。十一月称皇帝，废帝为平固王，迁于寻阳。元兴三年（西历纪元四〇四年）二月，建武将军刘裕与刘毅、何无忌等起兵京口，讨玄，连破其兵，玄挟帝奔江陵。五月，宁州督护冯迁击斩玄，帝复位。闰月，玄弟振复陷江陵，刘毅等进兵讨之，不克。是年十月，毅等复攻沿江诸垒，皆下之。次年（义熙元年四〇五年）正月，进克江陵，振亡走，乱平。诏以裕为徐州刺史，都督十六州军事，镇京口。四年，拜侍中、扬州刺史，录尚书事。于是朝廷大权归于裕。裕雄武有大略，复倡议恢复中原，灭南燕后秦，于是晋势复张，山东、河南、陕西等地皆入于晋。

东晋北伐表

主将姓名	主动者	凭藉	时代	目的	进兵道路及方向	成绩	结果
一、祖逖	本人	无	元帝时	伐后赵	由安徽向河南	破后赵兵，恢复河南	逖卒后弟约嗣职，河南复为后赵所陷
二、庾亮	本人	湖北江西	成帝时	同	由湖北向河南	无功	
三、庾冰庾翼	同	同	康帝时	同	同	无功	
四、褚裒	朝廷	淮南	穆帝永和五年	同	由淮南向淮北	无功	
五、殷浩	本人	中央政府	同八年	讨姚襄	由安徽向河南	无功	激叛姚襄，为桓温奏免官
六、桓温	同	湖北	同三年	伐汉	由湖北向四川	灭成李氏恢复四川	
七、同	同	同	同十年	伐前秦	由湖北向陕西	大败前秦兵于蓝田	复战不利引还
八、同	朝廷	同	同十二年	讨姚襄	由湖北向河南	败姚襄兵于伊水，复河南	
九、同	本人	中央政府	帝奕时	伐前燕	由淮南经河南向河北	屡败前燕兵，进至枋头	复战不利引还

主将姓名	主动者	凭藉	时代	目的	进兵道路及方向	成绩	结果
十、谢玄	谢安	淮南	孝武帝时	伐前秦	由淮南向淮北	破前秦兵，恢复山东河南	
十一、杨亮	同	中央政府	同	同	由湖北向四川	破前秦兵，恢复四川及陕西汉中道	
十二、刘裕	本人	同	晋安帝时	伐南燕	由淮南向山东	灭南燕，恢复山东	
十三、同	同	同	同	伐后秦	由淮南向河南陕西	灭后秦，恢复河南陕西	

东晋内乱表

主动者	出身	根据地	势力范围地	时代	结果
一、王敦	军阀	湖北江西	两湖三江及浙闽	元帝时	明帝初年为温峤、郗鉴讨破，以愤恚卒
二、苏峻	同	江苏和县	江苏安徽南部	成帝时	为陶侃、温峤、郗鉴讨破，伏诛
三、王恭	名士	江苏镇江及江北		安帝时	司马刘牢之执恭以降斩之
四、殷仲堪	名士	湖北江陵		同	为桓玄所袭见杀
四、杨佺期	军阀	湖北襄阳			

主动者	出身	根据地	势力范围地	时代	结果
五、桓玄	贵族	湖北江西	几及全国惟四川不服	同	为刘裕、刘毅、何无忌等所讨破，伏诛
六、孙恩	妖人	浙东流寇	江苏苏州及浙江全省	同	为刘牢之，刘裕所败赴海死
七、卢循	流寇	广东番禺	闽粤江西	同	为刘裕所破，走交州伏诛
七、徐道覆	同	广东曲江			
八、谯纵	官吏	成都	四川	同	刘裕遣朱龄石讨破斩之

第七章　刘裕之武功与中原之恢复

东晋勃兴以后，其领土之大小，常随五胡十六国之强弱以为伸缩。元帝初年，领土狭小，北不得徐、豫，西不至益、梁。至祖逖北伐而势一伸，及后赵南侵而势又一缩。后赵衰亡以后，桓温当国而势再伸，及前秦南侵而势再缩。前秦衰亡以后，谢玄北伐而势三伸，及后秦、南燕勃兴而势又缩。刘裕当国，灭后秦南燕，略取黄河流域大半为晋室领土，幅员之广，为东晋创国以来所仅见。独惜裕有骁雄之才，乏忠贞之节，功名心重，私而忘公。对外势力虽一时骤张，而为欲心所牵制，无暇壹意对外，所恢复之领土，旋得旋失。晋室随以丘墟，可慨也。兹述其事迹如下。

第一节　刘裕第一次北伐　南燕之兴亡

初，后燕主宝之初即位也，以其叔父范阳王德为冀州牧，镇邺。魏王珪东侵，遣其从子东平公仪攻邺，德击破之。中山陷后，德以邺迫近魏境，城大难守，晋安帝隆安二年（西历纪元三九八年），南徙滑台（今河北道滑县），阻河为固，自称燕王以统府行帝制，是为南燕。三年，其将苻广反。德留鲁阳王和守滑台，自将击广，斩之。和长史李辩杀和，以城降魏。于是河北皆入于魏。德进退失据，从尚书潘聪议，引兵东寇青兖，陷广固，杀晋幽州刺史辟闾浑，遂徙都之。分兵略定其傍各郡县，于是山东半岛皆入于南燕。德自称皇帝，更名备德。

义熙元年（西历纪元四〇五年），德殂，兄子超立，性猜虐，盘于游畋，嬖臣公孙五楼用事，大臣多不自安。顾命大臣北地王钟、段宏等，陆续奔避外国。超屡遣兵侵掠淮南北诸郡。义熙五年（西历纪元四〇九年），刘裕率舟师伐之，自淮入泗，至下邳，留辎重，步进，至琅琊，所过皆筑城，留兵守之。燕将多劝超守大岘山（在临朐县南，即春秋时之穆陵关）之险，超不从。裕兵入险，与南燕兵战于临朐（县名，旧属青州府今属胶东道）南，大破之。遂围广固，六年，拔之。执超送建康，斩之。分兵略定其傍各郡，南燕亡。凡传二主，十三年（西历纪元三九八至四一〇）。时晋安帝义熙六年，南燕主超太上六年，西历纪元四一〇年也。

第二节　卢循之乱

南燕已亡，山东半岛复入于晋。刘裕欲留镇下邳，经略司雍。会卢循作乱，朝廷急征裕入援。裕乃留韩范都督八郡军事，封融为渤海太守，留镇青州。自将诸军南还。

初，琅琊孙泰，学妖术于钱塘杜子恭，士民多奉之。尚书令王珣恶之，流泰于广州。丹阳尹王雅荐之于孝武帝，云知养性之方，召还。累官至新安（郡名，故城在今浙江金华道淳安县西）太守，泰知晋祚将终，因王恭之乱，以讨恭为名，收合兵众，三吴之人多从之。识者皆忧其为乱。以会稽世子元显与之善，无敢言者。隆安二年（西历纪元三九八年），会稽内史谢輶发其谋，元显诱而杀之。其兄子恩逃入海，聚合亡命作乱。三年，陷会稽，杀内史王凝之，转掠缘海诸郡。吴国（故苏州府）、临海（故台州府）、吴兴（故湖州府）、义兴（故常州府）、永嘉（故温州府）、东阳（故金华府）、新安（故严州府）等郡皆陷。朝廷以谢琰为会稽太守，讨之，兵败，为其下所杀。诏以刘牢之代琰，牢之引刘裕为参军，连战破之。元兴元年（西历纪元四〇二年），恩败窜至临海，赴海死。余党数千人，推恩妹夫卢循为主，寇掠浙东诸郡。桓玄当国，以循为永嘉太守，羁縻之。循虽受命，而寇掠不已。二年，刘裕连败之于东阳，循走闽中，伪楚之乱，循乘隙陷番禺。朝廷力不能讨，以循为广州刺史。义熙六年（西历纪元四一〇年），刘裕伐南燕。循与其姊夫始兴（今广东岭南道故韶州府）相徐道覆乘虚北上，袭陷长沙（今长沙道）、南康（今赣南道）、庐陵（今庐陵道）、豫章（今豫章道）等郡。江荆都督何无忌拒战于豫章，败绩，死之。豫州都督刘毅拒战于桑落洲（在九江县城东北），败走。循进逼建康。朝廷震骇，刘裕引兵还救，屡破循兵。循退还寻阳（今江西九江县），裕自将追循。连破之于大雷（戍名，在今安徽安庆道望江县）、左里（地名，即彭蠡湖口，在章江之左，今江西浔阳道都昌县西九十五里），循南走。裕遣将军刘藩等追循。孙处等率舟师由海道袭取番禺。循至番禺，攻城，不克。走交州。刺史杜慧度击斩之，乱平。前后凡十四年（西历纪元三九八至四一）。时义熙七年，西历纪元四一一年也。

第三节 谯纵之乱

卢循之乱既平，东方无警。裕乃分兵经略梁、益以图谯纵。谯纵者，故益州刺史毛璩参军。桓玄篡位，璩起兵讨之。桓振再陷江陵。璩遣其弟西夷校尉瑾、蜀郡太守瑗，与纵及参军侯晖等，率师分道东下。蜀人不乐远征，晖乘衅作乱。义熙元年（西历纪元四〇五年），逼纵为主，袭杀瑾于涪城。还破成都，杀璩及瑗，灭其家，纵自称成都王。二年，刘裕遣将军毛修之讨之，不克。四年，遣将军刘敬宣与修之连兵讨之，纵称藩于后秦。后秦王兴封纵为蜀王，遣兵援之。敬宣与战，不利，引还。六年，纵乘卢循之乱，请兵于后秦，遣桓谦与秦将苟林连兵入寇荆州，刺史刘道规大破斩之。八年，刘裕以朱龄石为益州刺史，率师伐蜀。次年（西历纪元四一三年）大破其兵，斩侯晖，遂入成都，纵走死。余党皆伏诛，乱平，前后凡九年。

第四节　后秦之势力扩张　后凉之兴亡　南凉北凉西凉之建国

卢循、谯纵皆平，内地无警。裕乃转锋西上，经略后秦。后秦自太元十九年，击灭前秦，尽取秦、陇等地，国势渐张。安帝隆安元年（西历纪元三九七年），乘晋有王恭、殷仲堪、桓玄之乱，侵略河南诸郡，陷湖陕二戍（皆在弘农）。三年（西历纪元三九九年），陷洛阳。于是淮汉以北多降于后秦。四年（西历纪元四〇〇年），破西秦兵，降其王乾归。五年（西历纪元四〇一年），击后凉，大破之。后凉请降。西凉、南凉、北凉，皆遣使入贡，于是后秦势力范围，扩张至河西陇右，逾年，遂灭后凉。

后凉王吕光者，本氐人，前秦太尉吕婆楼之子。事前秦王坚，为骁骑将军。晋孝武帝太元七年（前秦王坚建元十八年，西历纪元三八二年），奉坚命，率师十万伐西域，越流沙，焉耆等国皆降。进破龟兹，欲留居之。从天竺沙门鸠摩罗什劝，乃以驼二万余头，载外国珍宝奇玩，驱骏马万余匹而还。十年（西历纪元三八五年），至凉州，会中原已乱，凉州刺史梁熙谋闭境拒之。光击杀熙，入姑臧，自领凉州刺史。十一年（西历纪元三八六年），前凉王天锡庶子大豫，起兵攻之。光击杀大豫，自称大都督、大将军、凉州牧、酒泉公。寻自称三河（郡名，治白土，即今甘肃西宁县东南之白土城，三河谓金城河赐支河湟河也）王，复自称凉天王，是为后凉。光猜忌，多杀大臣，用法严而无恩，士民不附。

南凉王秃发乌孤者，本河西鲜卑人八世祖匹孤，自塞北迁于河西。匹孤卒，子寿阗立；寿阗卒，孙树机能立；树机能壮果多谋略。晋武帝泰始中（西历纪元二七〇年）作乱，杀秦州刺史胡烈，遂陷凉州，将军马隆击斩之。从弟务丸立。传三世至乌孤，雄勇有大志，与大将纷随谋取凉州。后凉王光以为河西鲜卑大都统，封广武县侯，乌孤阳受命以骄之，而阴谋进取。太元二十年（西历纪元三九五年），击乙弗折掘等部（皆在青海东部），皆破降之。徙都廉川（堡名，在今西宁道境内）。安帝隆安元年（西历纪元三九七年），治兵广武（郡名，故城在今兰山道皋兰县城西二百二十里），攻后凉金城（今兰山道故兰州府），克之。自称大都督、大将军、大单于、西平王。二年（西历纪元三九八年），取广武西平（后汉置郡，故城在今青海省西宁县）、乐都（凉郡名，即唐鄯州故城，在今青海省碾伯县）、湟河（前凉张骏置郡，在湟水流域故西宁府北部）、浇河（后凉郡名，今青海省循化贵德巴戎等县地，故城在黄河南岸贵德县境内，即吐谷浑王阿豺旧理唐廓州城也）五郡。于是洪池岭（岭名，在姑臧南）以南皆入于乌孤。更称武威王，是为南凉。

北凉王沮渠蒙逊者，匈奴沮渠王后，世居张掖。伯父罗仇仕后凉为尚书，曲粥为三河太守。隆安元年（西历纪元三九七年），后凉王光使其弟天水公延攻西秦，罗仇、曲粥从行。延轻敌，败死。光归罪于罗仇、曲粥而杀之。蒙逊素雄杰，有策略，涉书史。以报诸父仇为名，起兵叛后凉。拔临松（郡名，故城在今张掖县城南一百里），据金山（县名，故城在今山丹县西南）。其从兄男成亦起兵攻建康（郡名，故城在今安肃道高台县），与蒙逊共拥建康太守段业为盟主。业自称凉州牧、建康公；寻称凉王：以男成为辅国将军；蒙逊为征西将军。二年（西历纪元三九八年），使蒙逊攻后凉，取西郡（郡名，故城在今甘肃甘凉道山丹县西南）、晋昌（郡名，即唐瓜州，故城在今安肃道酒泉县城西五百二十六里）、敦煌、张掖四郡。业儒素长者，无他权略，蒙逊与男成阴谋除之。男成不从，蒙逊反谮男成于业而杀之。隆安五年（西历纪元四〇一年），遂起兵弑业，自立为凉州牧、张掖公，是为北凉。

西凉公李皓者，陇西成纪（今渭川道天水县）人，汉前将军广十六世孙。世为西州右姓，皓好文学有令名。北凉王段业建国以后，敦煌太守孟敏以郡降之。业以敏为沙州刺史，敏以皓为效谷（敦煌属县名）令。隆安四年（西历纪元四〇〇年）敏卒。治中索仙等以皓温毅、有惠政，推为敦煌太守，请于业，业因授之。将军索嗣谮之于业，业因以嗣代皓，皓逆击，大破之，嗣走还。晋昌太守唐瑶举兵叛北凉，推皓为沙州刺史、凉公，尽取玉门以西诸城，是为西凉。

是时后凉王光年高，诸子争权，大臣外叛，国势寝衰。屡与南凉、北凉构兵，后凉多败，西方诸郡相继为南凉、北凉所取。隆安三年（西历纪元三九九年）光殂，太子绍立，庶兄纂弑而代之。纂嗜酒好猎。五年（西历纪元四〇一年），从弟超弑之而立其兄隆。隆多杀豪望，人不自保。魏安人焦朗说后秦陇西公硕德，乘衅取之。是年七月，后秦来攻，凉兵败绩，隆请降。硕德表隆为凉州刺史。南凉、北凉互出兵攻之，姑臧日危。越二年，后秦征隆为散骑常侍，徙吕氏宗族于长安，后凉亡，凡传四世十八年（西历纪元三八六至四〇三）。时晋安帝元兴二年，后秦王兴弘始五年，后凉王隆神鼎三年，西历纪元四〇三年也。

第五节　刘裕第二次北伐　后秦之衰亡

后秦王兴好事虚名而无实用。既灭后凉，又降西秦、南凉、北凉、西凉等国，皆遣使授以官爵。兴在位久，崇奉佛法，以鸠摩罗什为国师，奉之如神。帅群臣沙门听讲，命罗什翻译西域经论，大营塔寺，沙门坐禅者常以千数。由是州郡化之，事佛者十室而九，武力渐衰。安帝元兴元年（西历纪元四〇二年），大发兵攻魏，战于柴壁（在汾水东），败绩。其将义阳公平战没。义熙三年（西历纪元四〇七年），其将赫连勃勃叛，自称大夏天王，略取后秦北方诸郡。五年（西历纪元四〇九年），乞伏乾归亦叛，仍称秦王，略取后秦西方诸郡。由是疆宇日蹙。兴宠其幼子广平公弼，以为尚书令。弼倾身结纳朝士，收采名势，以倾东宫，国人恶之。义熙十二年（西历纪元四一六年），兴疾笃。弼与其党侍郎尹冲、南阳公愔等作乱，伏诛，兴殂。太子泓立，懦弱不能治事。是年八月，刘裕督诸军伐之，遣将军王镇恶、檀道济将步军自淮淝向许洛，朱超石、胡藩趋阳城（今河洛道登封县），沈田子、傅弘之趋武关，沈林子、刘遵考将水军出石门（在今河南开封道荥阳县西北。汉灵帝于敖城西北垒石为门以遏浚仪渠口谓之石门西去河三里），自汴入河。以王仲德督前锋，开钜野（泽名，在今济宁道钜野县）入河。檀道济克洛阳，尽取河南诸郡。王镇恶攻潼关，大破秦太宰姚绍兵。北凉、西秦闻晋兵强，皆遣使求内附。十三年正月，裕自将水军自淮泗溯清河西上。先遣使假道于魏，魏不许，遣兵沿河邀击。裕遣将军朱超石击魏兵于河上，大破之，斩其将阿薄干。沈田子以轻兵入武关，大破秦主泓于青泥（在关中道蓝田县东南九十八里，即秦峣关）。裕至潼关，遣王镇恶帅水军自河入渭，大破秦兵，遂入长安。泓出降，送建康，斩之。后秦亡。凡传三世，三十四年（三八四至四一七）。时晋安帝义熙十三年，后秦主泓永和二年，西历纪元四一七年也。

刘裕事略表 （据本国史表解卷上转载）

- 甲、出身
  - 一、彭城人，小字寄奴，汉楚元王交之后
  - 二、以贩履为业，仅识文字，好樗蒲，为乡所贱
- 乙、武功
  - 平内乱
    - 一，破孙恩——江浙平
    - 二，斩桓玄——荆楚平
    - 三，破卢循、徐道覆——广州平
  - 破外敌
    - 一，灭南燕，斩慕容超——山东平
    - 二，破成都，斩谯纵——巴蜀平
    - 三，灭后秦，斩姚泓——关中平
- 丙、略历
  - 初刘牢之引为参军
  - 旋进侍中车骑将军，都督中外诸军，录尚书事
  - 后为宋公，加九锡，篡晋，是为宋高祖

第八章　后魏之勃兴与黄河流域之一统

拓拔氏，本漠北一小部落。三国之末，渐进而南，略取山西北部为根据地。及猗卢在位而势一张，猗卢被弑而势一弛；郁律在位而势再张，郁律被弑而势再弛；什翼犍在位而势三张，什翼犍被弑而系统中绝。及道武帝珪复国，传子明元帝嗣、孙太武帝焘，累世皆英主。灭大夏、北燕、北凉诸国，尽取黄河流域，建立鲜卑民族大帝国，与汉族之南朝对峙。就六大民族之关系言之，亦古来未有之现象也。兹述其事迹如下。

第一节　拓跋珪之复国

先是代世子实早夭，有遗腹子曰珪。代亡，珪母贺氏以珪走依其舅贺讷。前秦王坚分代为二部，使代王什翼犍故臣鲜卑南部大人刘库仁与匈奴别部酋长刘卫辰分领之。自河以东属库仁，以西属卫辰，各拜官爵，使统其众。贺氏以珪依库仁，库仁招抚离散，恩信甚著，奉事珪恩勤周备，不以废兴易意。晋孝武帝太元九年（西历纪元三八四年），后燕主垂起兵攻邺，前秦幽州刺史王永请救于库仁。库仁击后燕兵，破之。将大举救邺，发雁门上谷代郡兵屯繁畤（今雁门道繁畤县），燕慕舆句之子文时在库仁所，知三郡兵不乐远征，因作乱，攻库仁，杀之，窃其骏马奔燕。库仁弟头眷代领部众。十年（西历纪元三八五年）、库仁子显弑头眷而自立，又将杀珪，珪奔贺兰部，依其舅贺讷。珪从曾祖纥罗与诸部大人长孙嵩等，共请讷推珪为主。十一年（西历纪元三八六年）正月，大会于牛川（在今山西雁门道右玉县北边墙外），即代王位，徙都盛乐（故城在今绥远归绥县）。务农息民，国人悦之。寻改号魏，是为后魏。刘显地广兵强，雄于北方，会其兄弟乖争。太元十二年（西历纪元三八七年），珪与后燕连兵击显，大破之，显奔西燕。十三年（西历纪元三八八年），珪击库莫奚（东胡遗民与鲜卑契丹同族）、高车（突厥民族丁零苗裔）、柔然（鲜卑别部）等部，皆破之。漠南皆入于魏，魏势渐强，遂与匈奴刘氏冲突。

第二节　后魏之西侵　匈奴刘氏之兴亡

先是东汉末年，魏王操当国。留南单于呼厨泉居邺，使右贤王去卑监其国。去卑卒，子猛袭爵。晋武帝泰始七年（西历纪元二七一年），猛叛走出塞，寇并州。八年，（西历纪元二七二年）为左部将所杀，从子虎代领其众，居新兴（今雁门道忻县，即故忻州），号铁弗氏（铁弗者北人谓胡父鲜卑母之谓也，虎母鲜卑人故以为号），刘渊叛后，虎附于渊，渊以为楼烦公。怀帝永嘉四年（西历纪元三一〇年），并州刺史刘琨与代公拓跋、猗卢连兵击破之。猗卢卒后，国多内乱。元帝大兴元年（西历纪元三一八年），虎自朔方侵代西部，代王郁律大破之，虎走出塞。

成帝咸康七年（西历纪元三四一年），虎卒，子务桓立，求和于代，代王什翼犍以女妻之。穆帝永和十二年（西历纪元三五六年），务桓卒，弟阏头立，将贰于代。什翼犍引兵西巡，临河，阏头惧，请降。升平二年（西历纪元三五八年），阏头为部下所逐，奔代。兄子悉勿祈立。三年（西历纪元三五九年），悉勿祈卒，弟卫辰杀其子而自立，称臣于前秦，请田内地，春来秋返，秦王坚许之。复求婚于代，什翼犍以女妻之。卫辰狡猾多变，介居秦代之间，利用两大使互相牵制，叛服不常。什翼犍屡自将击之，卫辰兵败，请降于秦。孝武帝太元元年（西历纪元三七六年），引秦兵灭代。秦王坚分代为二部，以西部属卫辰，卫辰屡与刘库仁构兵，为库仁所败。前秦亡后，卫辰称臣于后秦，后秦王苌以卫辰为河西王。太元十五年，卫辰遣子直力鞮攻贺兰部，魏王珪救却之。十六年（西历纪元三九一年），卫辰遣直力鞮率众八九万，攻魏南部。珪以轻兵五六千人大破之，乘胜追奔，自五原金津南济河径入其国，卫辰部落骇乱。珪直抵其所居悦跋城（即代来城，在今鄂尔多斯左翼界），获直力鞮。卫辰出走，为其下所杀。珪诛其宗党五千余人，自河以南诸郡悉降，获马三十余万匹，牛羊四百余万头，魏之国用由是遂饶。

第三节　后魏之东侵　后燕之衰亡与北燕之建国

太元十六年（西历纪元三九一年），魏王珪遣弟觚献见于燕。时后燕主垂衰老，太子宝暗弱，子弟用事。留觚以求良马，珪弗与，阴有图燕之志。二十年（西历纪元三九五年），侵逼附塞诸部，燕遣太子宝将兵击之。珪用长史张兖计，悉徙部落畜产西渡河千余里。燕兵进军临河，会讹言燕主垂已殂。宝弟赵王麟时在军，谋作乱，不克。燕军皆无斗志，宝乃班师。至参合陂（在今雁门道阳高县东北边墙外），珪以精兵追袭之，燕兵大败，死者甚众。垂时已有疾，闻燕军败，怒。二十一年（西历纪元三九六年），自将攻魏，逾青岭（在今保定道涞源县，即故易州广昌县），凿山通道，出魏不意，直指云中，袭破平城。杀魏陈留公虔，魏王珪震怖欲走，诸部皆有二心。会垂疾笃，乃引还，至上谷而殂。宝立。宝素庸愚，士民失望。是年八月，魏王珪乘隙自将击燕，连克晋阳、常山、信都等郡。安帝隆安元年（西历纪元三九七年）三月，进围中山。燕赵王麟作乱，谋弑宝，不克，奔西山。宝惧，率皇族近臣奔龙城。中山无主，百姓共推开封公详（垂从孙）为主，男女结盟，人自为战。魏兵退，详遂自立。详嗜酒奢虐，不恤士民。是年七月，麟袭杀之而自立。魏兵复来攻，城中食尽，人饿死者相枕藉，中山遂破。麟奔邺，后为范阳王德所杀。隆安二年（西历纪元三九八年）正月，魏人入邺，范阳王德徙屯滑台，于是幽、冀、并三州皆入于魏。

是年正月，魏王珪北还。后燕主宝自将南征，谋恢复故地。卫卒段速骨因众心惮远征，作乱。宝众溃而还。三月，速骨攻陷龙城，宝出奔。尚书兰汗击杀速骨，诱宝还龙城而弑之，自称昌黎王。宝子长乐王盛讨杀汗而自立。惩其父以懦弱失国，务峻威刑。又自矜聪察，多所猜忌。群臣有纤介之嫌，皆先事诛之。由是宗亲勋旧，人不自保。隆安五年（西历纪元四〇一年），将军段玑作乱，弑盛。太后丁氏素与盛叔父河间公熙通，乃迎立熙。熙荒淫无道，杀盛弟平原公元及盛太子定，宠幸其后苻氏，并弑丁氏。赋役繁数，民不堪命。义熙三年（西历纪元四〇七年），将军冯跋奉熙养子高云为主，攻弑熙。云自立为天王，以跋都督中外诸军、录尚书事。五年（西历纪元四〇九年），为其宠臣离班、桃仁所弑。跋讨杀班、仁而自立。自是以后，史称北燕。慕容氏系统中绝矣。后燕自慕容垂创国，凡传五世，二十六年（西历纪元三八四至四〇九）。

第四节　道武帝之内政

安帝隆安二年（西历纪元三九八年）七月，魏王珪迁都平城，始营宫室，建宗庙，立社稷。命有司正封畿，标道里，平权衡，审度量。遣使循行郡国，察守宰不法者，亲考黜陟之。魏境以宁。是年十二月称皇帝，是为后魏道武帝。立官制，协音律，制礼仪，定律令。分尚书三十六曹及外署，令八部大人分主之。置五经博士，增国子太学生员合三千人。命郡县搜索书籍，悉送平城。凡百设施，俱效法中国，于是魏之文化始有进步。珪以燕主垂诸子分据势要，权柄下移，遂至败亡，深非之。博士公孙表希旨，上韩非书，劝珪以法治御下，屡杀大臣，群下震栗。又惑于方士之说，饵药以求长生，为寒食散（成药名）所误，性情逐渐暴烈，往往以疑似手杀近臣，群臣多不自安。其子清河王绍凶狠无赖，珪谴责其母贺夫人，将杀之。义熙五年（西历纪元四〇九年）十月，绍遂杀珪。齐王嗣讨杀绍而自立，是为明元帝。以崔浩为谋主，改良庶政。屡破柔然兵，可汗社仑走死，国势大张。适值刘裕灭后秦，留其次子义真守关中，自将大军东旋。夏王勃勃乘虚袭陷长安，略取关中，于是魏之西邻复现出一大国。

第五节　夏之建国

夏王勃勃者，匈奴刘卫辰少子。魏道武帝灭卫辰，勃勃亡奔鲜卑薛干部，珪使人求之。薛干部送于后秦高平公没奕干，没奕干以女妻之。勃勃魁岸美风仪，性辩慧，后秦王兴见而奇之，与论大事，宠遇逾于勋旧，拜安北将军、封五原公，配以杂虏二万余落，使镇朔方。会秦与魏构和，勃勃怒，遂谋叛。晋安帝义熙三年（西历纪元四〇七年），袭杀没奕干并其众。自以为夏后氏苗裔称大夏天王，破薛干等三部，降其众以万数。侵略后秦北部，屡破其兵，杀其大将姚详、杨佛嵩等，岭北夷夏多附之。九年（西历纪元四一三年），以叱干阿利领将作大匠，发岭北夷夏十万人，筑都城于朔方黑水之南，名曰统万（故城在今榆林道横山县，即故怀远县）。阿利性巧而残忍，蒸土筑城，锥入一寸，即杀作者而并筑之。勃勃以为忠，委任之。凡造兵器成，呈之，工人必有死者。射甲不入，则斩弓人，入则斩甲匠。由是器物皆精利。勃勃自谓其祖从母性刘，非礼，乃改姓赫连氏（言其徽赫与天连也），其非正统者为铁伐氏（言刚锐如铁堪伐人也）。

十三年（西历纪元四一七年），刘裕灭后秦。勃勃引兵进据安定（今泾原道故平凉府），岭北诸郡皆降于勃勃。裕留次子义真为安西将军，都督雍、梁、秦三州军事，自将大军东旋。是年十二月，勃勃遣兵向长安，安西参军沈田子与司马王镇恶争权。十四年（西历纪元四一八年）正月，田子矫裕令，杀镇恶，长史王修执田子，诛之。义真信谗言，复杀修。于是人情离骇，莫相统一。义真悉召外兵，闭门拒守，关中郡县悉降于夏。夏王勃勃进据咸阳，长安樵采路绝。是年十一月，义真弃长安东旋，将士贪纵，大掠而东，多载宝货子女，方轨徐进。勃勃遣其子璝追及于青泥（在关中道蓝田县东南九十八里），大破之，将军傅弘之战没。勃勃遂入长安，称皇帝。

勃勃性骄虐，视民如草芥。常居城上，置弓剑于侧，有所嫌忿，手自杀之。群臣迕视者抉其目，笑者凿其唇，谏者先截其舌，然后斩之，以故臣民皆恨怨。宋营阳王景平元年（西历纪元四二三年），魏明元帝殂，太子焘立，是为太武帝。焘勇武知兵，有统一黄河流域之志。宋文帝元嘉二年（魏始光二年，西历纪元四二五年），勃勃殂，太子昌立。三年（西历纪元四二六年），太武帝自将伐之，率轻骑乘兵渡河，袭破统万。别将奚斤取蒲坂及长安，昌奔上邽。元嘉五年（西历纪元四二八年），魏将安颉败夏兵于上邽，执昌。昌弟平原王定自立，奔平凉。七年（西历纪元四三〇年），太武帝自将袭破之，定弃平凉，西攻西秦。

第六节　西秦之建国

西秦王乞伏国仁者，陇西鲜卑人，旧居勇士川（在今兰山道西）。前秦王坚在位，遣兵击之，其父司繁以众降。司繁卒，国仁嗣。前秦王坚之入寇也，以国仁为前将军，领先锋。淝水败后，国仁叔父步颓举兵陇西，叛秦。坚使国仁讨之，国仁叛，与步颓合，侵略诸部，众至十余万，据陇右。晋孝武帝太元十年（西历纪元三八五年），自称单于。分其地为十二郡，筑勇士城而居之，前秦主登封为苑川王。

十三年（西历纪元三八八年），国仁殂。其子公府尚幼。群臣推国仁弟乾归为大单于、河南王，迁都金城。十九年（西历纪元三九四年），击杀秦主崇及陇西王杨定，尽有陇西之地，自称秦王，是为西秦。安帝隆安元年（西历纪元三九七年)，后凉王光击之，为乾归所败。四年（西历纪元四〇〇年)，迁都苑川（今兰山道金县)。后秦王兴来攻，乾归兵败，奔南凉，其故地皆为后秦所有。南凉王利鹿孤待乾归以上宾之礼，乾归恐久而见疑，乃奔长安，降后秦。后秦王兴以为都督河南诸军事，河州刺史、归义侯，使还镇苑川，尽以其故部众配之。义熙五年（西历纪元四〇九年)，乾归以后秦政衰，复叛，自称秦王，攻后秦金城、略阳、南安、陇西诸郡，皆克之，国势复振。八年（西历纪元四一二年)，公府作乱，弑乾归，世子炽磐讨杀公府而自立。

第七节　南凉之衰亡

南凉自秃发乌孤建国，以其弟利鹿孤、傉檀为大将，屡侵后凉南部诸郡。国势日张。安帝隆安三年（西历纪元三九九年)，乌孤卒，利鹿孤立。徙治西平（今西宁)，以逼后凉。元兴元年（西历纪元四〇二年)，利鹿孤卒，傉檀立。适值后秦灭后凉，傉檀畏其强，乃去年号，罢尚书丞郎官，称臣纳质以求免祸。后秦以为恭顺，拜傉檀凉州刺史，守姑臧，以所得后凉之故地与之。傉檀屡与北凉构兵，多败。义熙六年（西历纪元四一〇年)，迁于乐都（故城在今兰山道金县南)，以避北凉之逼。北凉王蒙逊遂取姑臧，屡围乐都，南凉属部多降于北凉。十年（西历纪元四一四年)，傉檀自将袭乙弗部（鲜卑别部，在南凉西)，大破之。西秦王炽磐乘虚袭破乐都，执傉檀妻子。傉檀自归于炽磐，炽磐鸩杀之。南凉亡。时晋安帝义熙十年，南凉王傉檀嘉平七年，西秦王炽磐永康三年，西历纪元四一四年也。南凉凡传三主，十八年（西历纪元三九七至四一四）而亡。

第八节　西秦与夏之衰亡

南凉既亡，西秦遂与北凉接境，时常构兵，互有胜负。北凉王蒙逊用远交近攻策,结夏为援,夹攻西秦。西秦王炽磐称臣入贡于后魏以牵制夏。宋文帝元嘉五年(西历纪元四二八年),炽磐殂,世子暮末立。为北凉所逼,请迎于魏,魏许以平凉安定封之。七年(西历纪元四三〇年),暮末焚城邑,毁宝器,率户万五千,东如上邽。是时安定平凉为夏主定根据地。闻暮末东下,遣兵拒之。暮末留保南安,其故地皆入于吐谷浑,西秦之势日蹙。

是年十一月,魏太武帝自将袭平凉,击破夏兵。夏主定奔上邽,安定、陇西、平凉皆入于魏,夏主定穷蹙。八年(西历纪元四三一年)正月,西攻西秦,破南安,执暮末及其宗族五百人,皆杀之,西秦亡。定畏魏人之逼,拥秦民十余万口,自治城(当在今兰山道境)济河,欲击北凉王蒙逊而夺其地。吐谷浑王慕璝遣骑三万,乘其半济邀击之,执定以归,送于魏,杀之。夏亡。时宋文帝元嘉八年,魏太武帝神䴥四年,夏主定胜光四年,西秦王暮末永弘四年,西历纪元四三一年也。西秦凡传四世,四十七年(西历纪元三八五至四三一)而亡。夏凡传三世,二十五年(西历纪元四〇七至四三一)而亡。雍秦二州地皆入于后魏。

第九节　北燕之衰亡

大夏既亡，西方无警。魏乃转锋东下，经略北燕。先是晋安帝义熙十年（西历纪元四一四年），魏明元帝遣于什门使北燕，待以属国礼。燕王跋怒，留什门。十四年，魏遣将军长孙道生等袭和龙，不克。宋文帝元嘉七年（西历纪元四三〇年），跋寝疾，宠妾宋夫人欲立其子受居，矫诏绝内外。跋弟中山公弘率师入宫，跋惊惧而殂。弘杀太子翼及跋诸子百余人而自立。九年（西历纪元四三二年），魏太武帝伐燕，围和龙。弘长子长乐公崇以辽西叛降魏，弘遣使上表称藩，魏征其太子王仁入朝，不应。十二年（西历纪元四三五年），魏复伐燕，弘奔高丽，为高丽王琏所杀，北燕亡。时宋文帝元嘉十三年，魏太武帝太延二年，北燕王弘太兴六年，西历纪元四三六年也。北燕凡传二世，二十八年（西历纪元四〇九至四三六）而亡。幽、平二州皆入于后魏。

第十节　西凉之衰亡

北燕既亡，东方无警。魏乃转锋西上，经略北凉。北凉王蒙逊在位，屡与后凉、南凉、西凉构兵，互有胜负。晋安帝义熙元年（西历纪元三〇五年），西凉公皓徙都酒泉以逼北凉。蒙逊屡攻之，不克。

十三年（西历纪元四一七年），皓殂，世子歆立。称藩于晋，诏以为镇西大将军、酒泉公。歆用刑过严，又好宫室，国人不悦。从事中郎张显、主簿氾称固谏，歆不能用。越二年，北凉王蒙逊阳为伐西秦，而潜师还屯川岩（在张掖县西南），诱歆与战于怀城，大破，杀之。遂入酒泉，西凉亡。时晋恭帝元熙二年，北凉王蒙逊元始九年，西凉公歆嘉兴四年，西历纪元四二〇年也。西凉凡传二世，二十一年（西历纪元四〇〇至四二〇）而亡。凉州西境皆入于北凉。

第十一节　北凉之衰亡

大夏亡后，北凉纳质入贡于魏。魏遣使拜蒙逊都督凉州、西域、羌、戎诸军事，凉州牧、凉王，王武威、张掖等七郡。蒙逊荒淫猜虐，群下苦之。宋文帝元嘉十年(西历纪元四三三年)，蒙逊殂，子牧犍立。魏太武帝以其妹武威公主妻之。牧犍通于其嫂李氏，李氏毒魏公主。太武帝怒，征李氏，牧犍留不遣。越六年，太武帝自将伐之，击破其兵，遂围姑臧，城溃，牧犍降，北凉亡。时宋文帝元嘉十六年，魏太武帝太延四年，北凉王牧犍永和七年，西历纪元四三九年也。北凉凡传三世，四十三年(西历纪元三九七至四三九)而亡。凉州皆入于后魏，黄河流域复归于一统，遂南向与宋宣战矣。

五胡十六国兴亡一览表

民族	始祖	国名	国都	今地	盛时疆域	兴亡年代	传世	年数	灭于何国
匈奴	刘渊	汉后改赵	平阳，后迁长安	山西临汾 陕西长安	燕晋豫秦四省各一部	三〇四至三二九	和、聪、粲、曜、熙	二六	后赵
	沮渠蒙逊	凉史称北凉	张掖，后迁姑臧	甘肃张掖 甘肃武威	甘肃河西之一部	三九七至四三九	牧犍	四三	后魏
	刘虎	铁弗			山西边外及绥远	二七二至三九一	务桓、阏头、悉勿祈、卫辰	一二〇	后魏
	赫连勃勃	夏	统万	陕西怀远	陕西北部及绥远	四〇七至四三一	昌、定	二五	吐谷浑
羯	石勒	赵史称后赵	邺	河南临漳	中国北部之大半	三一九至三五一	弘、虎、世、遵、鉴、祗、	三三	冉魏

鲜卑	慕容廆	燕史称前燕	蓟，后迁邺	河北蓟县	燕、齐、晋、豫四省及辽宁之一部	三二一至三七〇	皝、俊、暐	五〇	前秦
	慕容垂	燕史称后燕	中山	河北定县	燕、晋二省及豫齐辽宁之一部	三八三至四〇八	宝、盛、熙、云	二六	北燕
	慕容冲	燕史称西燕	长安，后迁长子	山西长子	山、陕二省之一部	三八五至三九四	段随、觊、瑶、忠、永	一〇	后燕
	慕容德	燕史称南燕	广固	山东益都	山东及河南之一部	三九八至四一〇	超	一三	晋
	乞伏国仁	秦史称西秦	苑川	甘肃靖远	甘肃西南部	三八五至四三一	乾归、炽磐、暮末	四七	夏
	秃发乌孤	凉史称南凉	西平	青海西宁	甘肃西部	三九七至四一四	利鹿孤、傉檀	一八	西秦
	段务勿尘	辽西	令支	河北迁安	辽宁辽河西部至河北境		疾陆眷、涉复辰、末杯、牙、辽	二五	前燕后赵
	拓跋猗卢	代	盛乐，后迁平城	绥远山西大同	山西北部、绥远东部及察哈尔	三〇七至三七六	猗卢、郁律、贺傉、纥那、翳槐、什翼犍	七〇	前秦
	宇文普回	宇文	热河				莫那、逸豆归	不详	前燕
巴氐	李特	成，后改汉	成都	四川成都	四川省	三〇四至三四七	流、雄、班、期、寿、势	四四	晋

氐	杨茂搜	仇池			甘肃东南部		八传为苻坚所灭后复立又十一传	七六	后魏
	苻洪	秦史称前秦	长安		中国北部全部与西南部	三五一至三九四	健、生、坚、丕、登、崇	四四	西秦
	吕光	凉史称后凉	姑臧		甘肃西北部及新疆东部与宁夏	三八六至四〇三	绍、纂、隆	一八	后秦
羌	姚弋仲	秦史称后秦	长安		陕、甘、河南三省	三八四至四一七	襄、苌、兴、泓	三四	晋
汉	张轨	凉史称前凉	姑臧		甘肃西北部及新疆东部，河西蒙古等地	三〇一至三七六	寔、茂、骏、重华、耀灵、祚、玄靓、天锡	七六	前秦
	冉闵	魏	邺		前燕故地			三	前燕
	李暠	凉史称西凉	敦煌	甘肃敦煌	甘肃极西北部	四〇〇至四二〇	歆	二一	北凉
	冯跋	燕史称北燕	和龙	热河朝阳	河北东北部及辽宁西南部、热河东南部	四〇九至四三五	弘	二八	后魏
	谯纵	蜀	成都		四川省			七	晋